AF890588

Grundzüge
des
Römischen Privatrechts

Von

Dr. Carl Crome
Geheimem Justizrat,
o. Professor der Rechte an der Universität Bonn.

Zweite,
neu durchgearbeitete Auflage.

BONN
A. Marcus & E. Webers Verlag (Dr. jur. Albert Ahn)
1922

Alle Rechte, besonders das der Übersetzung in fremde Sprachen, bleibt vorbehalten.
Copyright 1922 by A. Marcus & E. Webers Verlag in Bonn.

Otto Wigand'sche Buchdruckerei G. m. b. H., Leipzig.

Vorwort zur ersten Auflage.

Das Buch ist als Seitenstück zu der bekannten deutschrechtlichen Einführung in das Recht unseres Bürgerlichen Gesetzbuchs zu denken, die den Titel „Grundzüge des deutschen Privatrechts" führt. Ein entsprechendes romanistisches Werk fehlt bis jetzt.

Diesen Hauptzweck verfolgend, tritt das Buch in einen gewissen Gegensatz zu den vortrefflichen Arbeiten über das klassische römische Recht, die uns die neue Zeit beschert hat und die jedem unentbehrlich sind, der den Entwicklungsgang der einzelnen Institute von ihrem Ursprung an verfolgen will. Dies konnte hier nur, soweit das Verständnis es erfordert, und oft nur andeutungsweise geschehen. Wenn das vorliegende Buch den historischen Werken des klassischen Rechts zur Seite treten soll, so schöpft es die Berechtigung dazu einzig aus dem Umstand, daß es meiner Ansicht nach für uns auch von erheblicher Bedeutung ist, zu wissen, wie die Institute sich von der justinianischen Kompilation bis zu uns fortgebildet haben, also den späteren Generationen zum Bewußtsein gekommen sind. M. a. W. es muß ein Werk geben, das sich hauptsächlich mit der für uns maßgebend gewordenen Quelle, also dem Corpus juris befaßt und danach den weiteren Entwicklungsgang der einzelnen Institute bestimmt, so daß der Jünger der Rechtswissenschaft den Geist spürt, der von hier zu den heutigen Quellen führt. Trotzdem konnte nicht der Schwerpunkt auf die nachrömische Entwicklung gelegt, letztere vielmehr nur in Anmerkungen und kleineren Anhängen zu den Abschnitten des Textes aufgezeigt werden. Der Grund hierfür liegt einmal darin, daß es unerwünscht wäre, die Eigenart der römischen Systematik durch die späterer Zeiten zu ersetzen, zum Teil auch darin, daß in der bisherigen Literatur die für uns so wichtige Geschichte der römischen Rechtsinstitute seit den Tagen Justinians in ihren Einzelheiten leider noch wenig erforscht ist, eine Gesamtdarstellung aber ohne eingehende monographische Vorarbeiten schlechterdings unmöglich ist.

Hieraus ergibt sich, daß keineswegs ein Rückfall in die alte Pandektenlehre beabsichtigt ist. Diese behandelte ein modifiziertes römisches Recht. Sie war Darstellung eines lebenden Rechts und mußte auf praktische Bedürfnisse Rücksicht nehmen. In Verfolg dessen ist ihr eine Ausbildung der Begriffe gelungen, die weit über das römische Recht hinausgeht. Die Darstellung dieser Errungenschaften ist nicht Aufgabe dieses Buchs: sie gehört dem System des geltenden Rechtes an. Im vorliegenden Zusammenhang würde sie nur falsche Vorstellungen erwecken und den römischen Geist fälschen, durch Hineintragung von Dingen, die erst die Folgezeit in harter Geistesarbeit geschaffen hat. Gerade durch den Kontrast ist hier didaktisch zu wirken.

Daß trotz dieser Beschränkungen das Buch den jungen Juristen vorzugsweise in das systematische Denken einführen soll, halte ich für selbstverständlich. Das römische Recht ist gerade dazu die beste Schule, und ich habe in den Einzelheiten hier lieber nicht zu wenig gegeben. Zur Entlastung in anderer Richtung verweise ich auf zwei Hilfsbücher, in Format und Umfang dem vorliegenden entsprechend, die zweckmäßig als Ergänzung herangezogen werden können: Kipps Geschichte der Quellen des römischen Rechts und Küblers Lesebuch. Letzteres enthob mich des wörtlichen Abdrucks von Quellenstellen, der viel Raum erfordert hätte.

Ich bin mir bewußt, daß manche andere Anforderungen an eine Schrift über römisches Recht stellen werden. Trotzdem komme ich nicht darüber hinweg, daß auch ein Buch mit den hier dargelegten Zielen ein Bedürfnis ist, wenn das Interesse der heutigen Jugend am römischen Rechte wachgehalten werden soll.

Bonn, im November 1919.

Vorwort zur zweiten Auflage.

Die nach verhältnismäßig kurzer Zeit erforderliche Neuauflage hat gezeigt, daß Anlage und Ziel des Buches die richtigen waren. Sie sind geblieben. Zahlreiche Veränderungen der Darstellung im einzelnen suchen die Ergebnisse der neueren Forschung über das reine römische Recht besser zum Ausdruck zu bringen, als dies bei der ersten Niederschrift möglich war. Möge das Buch der juristischen Jugend weiter förderlich sein.

Bonn, im März 1922.

Carl Crome.

Inhaltsverzeichnis.

Einleitung.

Geschichtliche und prozessuale Grundlagen.

I. Buch.

Sachenrecht.

II. Buch.

Schuldrecht.

III. Buch.

Personen- und Familienrecht.

IV. Buch.

Erbrecht.

Literatur.

Gesamtwerke.

P. Krüger, Geschichte der Quellen u. Literatur des röm. Rechts. 2. A. 1912.
Kipp, Geschichte der Quellen des röm. Rechts. 3. A. 1909.
Karlowa, Römische Rechtsgeschichte I 1885, II (Privatrecht) 1901.
Bruns-Lenel, Geschichte u. Quellen des röm. Rechts i. Holtzendorff-Kohler, Enzyklopädie der Rechtswissenschaft. 7. A. I 303 ff.
Puchta, Institutionen. 2 Bde. 10. A. v. Krüger 1893.
Kuntze, Institutionen u. Geschichte d. röm. Rechts. 2 Bde. 2. A. 1879/80.
Czyhlarz, Lehrbuch der Institutionen. 11./12. A. 1911.
Girard, Manuel élémentaire de droit romain. 6. A. 1918 (übers. nach d. 4. A. v. Mayr 1908).
Cuq, Les institutions juridiques des Romains I. 2. A. 1904, II 1902.
— Manuel des instit. jurid. de Rome 1917.
Costa, Storia del diritto romano privato. 1911.
Ferrini (Baviera), Manuale di pandette. 3. A. 1908.
Perozzi, Istituzioni. 2 Bde. 1906.
Bonfante, Istituzioni. 5. A. 1912.
Pacchioni, Corso di diritto romano. 2 Bde. 1910.
Brugi, Istituzioni di diritto privato giustinianeo. 1910 ff.
Sohm, Institutionen. 15. A. 1917.
Pernice, Marcus Antistius Labeo I—III 1873 ff. 2. A. II. 1. 1895, II. 2. 1. 1900.
Mitteis, Römisches Privatrecht bis auf die Zeit Diokletians. I 1908.
Rabel, Grundzüge des röm. Privatrechts i. Holtzendorff-Kohler, Enzyklopädie der Rechtswiss. 7. A. I 399 ff.

Windscheid-Kipp, Pandekten. 9. A. 1906 (mit umfassender Aufzählung der bisherigen Schriften).
Dernburg, Pandekten. 7. A. 1902 ff., 8. A. v. Sokolowski 1911 ff.
Jhering, Geist des röm. Rechts auf den verschiedenen Stufen seiner Entwicklung. B. 1—3 a. 4. A. 1881 ff.

Zeitschriften.

Ztschr. für geschichtliche Rechtswissenschaft (begr. v. Savigny, Eichhorn u. Göschen) 1815—1850.

Ztschr. f. Rechtsgeschichte (Rudorff, Bruns, Roth, Merkel, Böhlau). 13 Bde. 1861—1878. Fortsetzung (seit 1880) für unser Gebiet ist

Ztschr. der Savignystiftung für Rechtsgeschichte, Romanistische Abteilung (Bruns, Bekker, Pernice, Mitteis, Gradenwitz, Seckel).

Romanistische Beiträge zur Rechtsgeschichte (herausgeg. v. Mitteis, Partsch, Rabel) seit 1916.

Archivio giuridico (Ellero, Filippo Serafini) seit 1868.

Rivista italiana per le scienze giuridiche (Schupfer & Fusinato).

Bullettino dell' Istituto di Diritto romano (Vitt. Scialoja) seit 1888.

Nouvelle revue historique de droit français et étranger seit 1877.

Archiv für Papyrusforschung (Wilcken) seit 1900.

Archiv für die zivilistische Praxis.

Jahrbücher für Dogmatik (begr. v. Jhering).

Ztschr. für das Privat- u. öffentliche Recht der Gegenwart (Grünhut).

Kritische Vierteljahrsschrift für Gesetzgebung u. Rechtswissenschaft.

Festschriften, Mélanges, Studi.

Hilfsmittel.

Vocabularium jurisprud. romanae jussu instit. Savigniani compositum (seit 1894) unter Leitung von Kübler.

Seckel, Handlexikon zu den Quellen d. röm. Rechts (Heumann). 9. A. 1914.

Kübler, Lesebuch des röm. Rechts. 2. A. 1914.

Fr. Schulz, Einführung in das Studium der Digesten. 1916.

Pauly-Wissowa, Realenzyklopädie d. klassisch. Altertumskunde.

Einleitung.

Geschichtliche und prozessuale Grundlagen.

§ 1.

Gesetzes- und Gewohnheitsrecht.

Seit Aufdeckung der Irrlehren des Naturrechts wissen wir, daß die Rechtsordnung nicht etwas vernunftgemäß Gemachtes, sondern ein Produkt langsamer geschichtlicher Entwicklung ist; — daß jede Generation die Einrichtungen, die bei ihr Rechtens sind, von ihren Vorfahren empfängt und sie dann zweckmäßig umbildet, wie es ihren Bedürfnissen entspricht. So befindet sich die Rechtsordnung jedes Volkes in beständigem Werden. Und zwar entwickelt sich ihr Inhalt regelmäßig aus unscheinbaren Anfängen zu immer reicherer Blüte, was nicht ausschließt, daß danach auch stellenweise wieder starke Rückschläge kommen.

Diese Entwickelung wird auch durch die gesetzliche Aufzeichnung des Rechtes, wie sie von Zeit zu Zeit im Staate vorkommt, nicht aufgehalten. Die hauptsächlichsten großen Gesetzesaufzeichnungen: die römischen XII Tafeln, Justinians Corpus juris und die großen deutschen Gesetzbücher (das Preuß. Allgemeine Landrecht, das Österreichische Allgemeine bürgerliche Gesetzbuch usw.) liefern dafür den deutlichsten Beweis. Niemals ist durch sie die Weiterentwickelung des Rechts aufgehalten, wenn auch vielleicht zuweilen für kurze Zeit erschwert worden. Das Gesetzesrecht ist eben nur formelles Recht. Der Staat als Gesetzgeber übernimmt, durch von dem Träger der Staatsgewalt ausgeübte Tätigkeit, die zu seiner Zeit im Volke herrschende Rechtsüberzeugung, münzt sie zu positiven Vorschriften aus (Sanktion), und setzt diese durch Verkündigung (Publikation) des Gesetzes, als seinen Willen in die Welt.

Aber daneben bleibt die Wirkung der unmittelbaren Rechtsüberzeugung des Volkes, wie sie sich in seinem Handel und Wandel kundgibt, ungehemmt, resp. setzt sich, wenn sie mit dem formalen Gesetzesinhalt in Widerspruch tritt, doch immer (oft auf längeren Umwegen) mit unerbittlicher Kraft durch. (Gewohnheitsrecht.) Diese unmittelbare Rechtsbildung des Volkes vollzieht sich, oft unbewußt, durch einfache Rechtsanwendung (die bloße Rechtsüberzeugung ohne tatsächliche Anwendung genügt nicht). Sie kann ein vorhandenes Gesetz ergänzen, aber auch seine Bestimmungen abändern oder aufheben. Kurzsichtige Gesetzgeber haben der abändernden (derogatorischen) Kraft des Gewohnheitsrechts bisweilen durch ein Verbot zu begegnen gesucht, aber stets ohne Erfolg. Im späteren römischen Recht ist diese Kraft dagegen ausdrücklich anerkannt[1].

In dieser Weise erwächst also die Rechtsordnung eines bestimmten Volkes stets aus den in seiner Vorgeschichte liegenden Keimen, und für die Kenntnis des gegenwärtigen Rechts ist daher stets eine Kenntnis seiner Vorgeschichte erforderlich. Erst diese gibt uns den Schlüssel zum Verständnis des gegenwärtigen Rechts und zeigt uns zugleich die Richtung, in der die Weiterentwicklung desselben, ohne Wiederholung bereits überwundener Irrtümer, zu erfolgen hat.

Unser heutiges Recht reicht nach zwei Seiten in die Vergangenheit zurück, und nach beiden Seiten ist es daher zur Erschließung des Verständnisses zu verfolgen: nach der Seite unserer altgermanischen Vorzeit hin, und nach der Seite des klassischen Altertums.

Das klassische Altertum ist, wie in so vielen anderen Wissenschaften, auch in der Rechtslehre seit dem Ende des

[1] Vgl. Julian D. 1, 3, 32, 1. Ferner Ulpian Fragm. 1, 4, Hermogenian D. 1, 3, 35; Cod. Theodosianus 5, 12; Cod. Justinianus 8, 52. Entsprechend heutzutage Art. 2 EG. BGB. Vgl. Brie, Die Lehre vom Gewohnheitsrecht I (1899) u. i. d. Festgabe f. F. Dahn (1905) u. das grundlegende Werk von Puchta, Gewohnheitsrecht I, II (1828—1837).

Mittelalters eine Hauptgrundlage unserer späteren Kulturentwicklung geworden, so daß unser jetziges Recht vielfach dem römischen noch heute näher steht als dem altdeutschen. Diese Erfahrung wiederholt sich in den meisten Kulturstaaten. Die Römer sind in der Ausbildung des Rechts auf manchen Gebieten unerreicht. Wie die Griechen für Kunst und Wissenschaft, so haben die Römer eine ganz besondere Begabung für die Ausbildung von Rechtsgrundsätzen an den Tag gelegt, was im Verlauf der Zeit das römische Recht zu einem Weltrecht gemacht hat, an das sich späterhin die meisten Völker in ihren Rechtseinrichtungen anlehnen konnten. Ganz besonders ist dies in Deutschland geschehen, wo nach der sog. Rezeption (§ 3) das römische Recht zeitweise das einheimische zu überwuchern drohte. Auf manchen Gebieten bildet es, wegen der Klarheit und Festigkeit seiner Grundgedanken, noch heute die Grundlage.

Nun hat aber das römische Recht selbst wieder eine Geschichte. Auch das römische Recht ist das Ergebnis einer jahrhundertelangen Kulturentwicklung bei dem römischen Volke selbst. Es ist aus unscheinbaren Anfängen seit der Zeit der Gründung Roms langsam emporgewachsen zu dem machtvollen Gebäude, als welches wir es aus der Kodifikation des Kaisers Justinian in seinem Corpus juris heute erkennen. Mit diesem Entwicklungsgang des römischen Rechtes selbst haben wir es hier soweit zu tun, als es zum Verständnis des ausgebildeten römischen Rechtes erforderlich ist. Was in diesem keine Nachwirkungen zurückgelassen hat, kann zurücktreten.

§ 2.

Entwicklung des römischen Rechts beim römischen Volk*.

I. Jus civile.

In der römischen Republik war das Volk der geborene Gesetzgeber. Die Gesetze waren Volksbeschlüsse: leges,

* P. Krüger, Geschichte der Quellen u. Literatur des röm. Rechts (i. Bindings Handb.) 2. A. (1912); Kipp, Geschichte der Quellen des röm. Rechts 3. A. (1909); Bruns-Lenel, Geschichte u. Quellen des röm. Rechts i. Holtzendorff-Kohlers Enzyklopädie der Rechtswissenschaft, 7. A. (1913) I, 303 ff.

populi scita und plebiscita. Mit seiner Verkündung trat das Gesetz in Kraft, soweit es sich nicht selbst einen anderen Anfangstermin bestimmte. Das wichtigste Gesetz waren die XII Tafeln[1]. Sie waren fons publici privatique juris (Liv. III, 37). Aus ihnen entwickelte man — neben den Bargeschäften des täglichen Lebens, die natürlich schon immer in Gebrauch und Übung waren — die hauptsächlichsten Bestimmungen privatrechtlicher und strafrechtlicher Natur, die uns als älteste in die Erscheinung treten, sowie des Prozesses. Neben dem Kauf tritt uns das Darlehen entgegen. Diese beiden Hauptgeschäfte (mancipatio, nexum) werden per aes et libram geschlossen, d. h. durch Abwägen des noch nicht gemünzten Geldes seitens eines unparteiischen Dritten (des Wagehalters, libripens). Neben diesen Geschäften standen andere, die vielleicht noch älter waren und auf prozessualer Grundlage erwuchsen. Noch heute wird nicht selten ein „freiwilliges Urteil" genommen, d. h. der Übertragende läßt sich auf den versprochenen Gegenstand verklagen und gesteht dann vor dem Richter die Klage zu. Aus solchem Zugeständnis (confessio in jure) stammt die gerichtliche Übertragungsform der sog. in jure cessio, und hielt sich in Übung, auch nachdem ihr die mancipatio (s. o.) zur Seite getreten war.

Seit den XII Tafeln hat die Gesetzgebung seltener in das Privatrecht eingegriffen. Die ersten Jahrhunderte beschäftigen sich mit der vollen Entwicklung des Inhalts der XII Tafeln. Dann kommt die Zeit der Fortbildung über den Inhalt hinaus. Dies vollzieht sich wiederum durch die Gewohnheit, also durch die unmittelbare Rechtsübung (§ 1). Aber bei der Achtung vor dem geschriebenen Gesetz nimmt sie die Form einer interpretatio an, welche den Sinn umwandelt, den Buchstaben des Gesetzes dagegen unberührt läßt. Z. B. entwickelt man die Emanzipation (§ 56) aus den

[1] Die Hypothese der Unechtheit ist überwiegend abgelehnt. S. Lambert, L'histoire trad. des XII. Tables (S. A. 1903); Girard, Nouv. Revue 1902; Erman, Ztschr. d. Sav.-Stift. 23, 450; Lenel, das. 26, 498; Binder, Die Plebs (1909) 488. Auf uns sind nur vereinzelte Zitate gekommen. Zusammenstellungen v. Schoell (1866) u. i. Bruns, Fontes I, 15 ff.

Strafbestimmungen des XII Tafelgesetzes über den Verkauf der Kinder. Es bilden sich feste Formeln, sowohl für die verschiedenen Geschäfte (negotium per aes et libram, Stipulation, Erbeseinsetzung, Legat), als auch für die gerichtlichen Klagen (legis actiones).

Vollzogen wurde diese Interpretation ursprünglich von der Priesterschaft. Die pontifices bildeten die sachverständigen Beiräte der mit der Rechtspflege betrauten jährlich wechselnden Magistrate. Eine weltliche Rechtskunde entsteht erst mit dem Emporkommen der Plebejer [2]. Der erste plebejische pontifex maximus (Tiberius Coruncanius) erteilt seine Rechtsgutachten öffentlich. Von da ab entsteht eine weltliche Rechtskunde, ein öffentlicher Rechtsunterricht und eine Rechtsliteratur. Die weltlichen juris consulti sind es jetzt, die der interpretatio des Gesetzes die Richtung geben; sie bringen das Neue, das sie lehren, auch in die Rechtsanwendung hinein: durch Gutachten (responsa) und indem sie im Prozesse als Geschworene tätig sind. Darum zählt Cicero die gerichtlichen Urteile (res judicatae) geradezu unter die Rechtsquellen (in Wahrheit handelt es sich nur um ein durch die Rechtssprechung vermitteltes Gewohnheitsrecht). Berühmte Juristen dieser älteren Zeit sind Sextus Aelius Paetus (Konsul 198 v. Chr.): er verfaßte schon ein Werk, das über eine Formelsammlung hinausging [3]; der jüngere M. Porcius Cato (gest. 152 v. Chr.) erfand regulae juris, von denen die regula Catoniana (§ 72 I) seinen Namen bewahrt hat; besonders aber Q. Mucius Scaevola, der um 100 v. Chr. sein großes Werk über das jus civile in 18 Büchern schrieb, in welchem schon die einzelnen Rechtslehren und die Arten (genera) der einzelnen Rechtsinstitute hervortreten, z. B. furtum manifestum und nec manifestum, die tutela impuberum und mulierum und die possessio nach den einzelnen causae, in Gegensatz zu dem bisherigen Chaos bloßer Geschäfts- und Klagformeln (D. 1, 2, 2, 41).

---

[2] Vgl. Jörs, Röm. Rechtswissenschaft zur Zeit der Republik (1888).

[3] Tripertita: wahrscheinlich Text (XII Tafeln), interpretatio und Klagformeln, ähnlich den späteren Ediktskommentaren. — Über ein (anderes?) jus Aelianum s. Pomponius D. 1, 2, 2, 38.

Die cautio Muciana (§ 66 IV), die praesumptio Muciana (§ 59 I) tragen seinen Namen.

II. Jus honorarium.

Die Interpretation des jus civile mußte notwendig eine Grenze finden. Auf die Dauer reichte diese Art der Rechtsentwicklung für die fortschreitenden Kulturbedürfnisse nicht aus. Da die Volksgesetzgebung kaum in das Privatrecht eingriff, fiel die Fortbildung des Rechts der Fürsorge der mit der Rechtspflege befaßten Magistrate insbesondere den Prätoren zu[4]. Sie hatten schon im Verkehr der römischen Bürger mit den Fremden (für die natürlich das jus civile nicht galt) die Grundsätze des allgemeinen Fremdenrechts in einem freien Prozeßverfahren zur Anwendung gebracht, also formlose Geschäfte (die formlose Tradition, den formlosen Kauf usw.) geschützt. Maßgebend war hier nicht der formell bindende Abschluß, sondern der Grundsatz von Treu und Glauben im Verkehr (auf Familien- und Erbrecht bezog sich das Fremdenrecht natürlich nicht). Dieselbe Aufgabe erwuchs dem Rechtspflegemagistrat nun auch unter römischen Bürgern, bei Rechtsverhältnissen, denen das frühere Recht (auch im Wege der interpretatio) nicht beizukommen vermochte und die dennoch gebieterisch Schutz verlangten. Zur Vermittelung dieses Schutzes ward (durch die lex Aebutia im 2. Jahrh. v. Chr.) das freie Prozeßverfahren (per concepta verba oder per formulam) dem bisherigen strengen Verfahren zur Seite gestellt, wodurch der Magistrat in die Lage kommt, für alle Fälle, die ihm schutzwürdig erscheinen — also sowohl für die alten zivilrechtlichen, als für die ihm geeignet scheinenden neuen — durch Aufstellung neuer Schriftformeln dem Verletzten Schutz zu gewähren. D. h. er gibt ihm eine Klage und beauftragt den Geschworenen durch die formula, den Beklagten dementsprechend zu verurteilen oder freizusprechen. Der Bildung und Anerkennung neuer Klagen und Einreden (actiones und exceptiones), die vom Magistrat beim

[4] Dazu trat in Sachen des Marktverkehrs die Rechtshandhabung der kurulischen Ädilen. S. bes. u. § 38, I Ziff. 3 b. — Über die röm. Provinzialedikte E. Weiß, Studien z. d. r. Rechtsquellen (1914).

Amtsantritt[5] in seinem Edikt verheißen wurden, war dadurch freie Bahn gegeben. Gesetz waren diese prätorischen Anordnungen nicht: ein Gesetz konnte der Magistrat nicht geben. Aber sie wirkten gesetzesgleich, weil die Anordnung die Kraft hatte, sich im Prozeß durchzusetzen. So entstand neues Recht durch das Mittel des Prozesses. S. u. § 5. Das neue Recht entwickelte sich in der Form von Aktionen und Exzeptionen[6]. Es ist ein Gerichtsrecht (Aktionensystem), — ein jus honorarium oder Amtsrecht. Nach Ablauf der Amtszeit erlosch das Edikt des Magistrats, der es erlassen hatte, aber der Nachfolger konnte die einzelnen Anordnungen (verändert oder unverändert) wiederholen, wie es ihm gut schien. Jede Neuerung ließ sich auf diese Art zunächst auf ihre Zweckmäßigkeit erproben, bis man sie dauernd festhielt. Ein großer Teil des Edikts gewann im Laufe der Zeit festen Bestand (edictum tralaticium). — Vielfach dienten die Bestimmungen nur zur besseren Sicherung des Zivilrechts; vielfach auch zu dessen Ergänzung und Weiterführung, Ausfüllung von Lücken; schließlich aber auch zur Hilfe gegen den formellen Rigorismus des Zivilrechts (man sagt, das prätorische Recht sei juris civilis adjuvandi, supplendi und corrigendi gratia eingeführt). Zahlreiche Bestimmungen drangen gewohnheitsmäßig so sehr in das allgemeine Rechtsbewußtsein ein, daß sie selbst zu zivilrechtlichen wurden, so das allgemeine Kaufrecht, Mietrecht, das Recht des Auftrags, der Gesellschaft (§ 38). Das übrige stand fortan als ein zweites Recht neben dem Zivilrecht, so daß eine doppelte Rechtsordnung entstand: nicht nur ein doppelter Prozeß (Legisaktionenverfahren und Formularverfahren), sondern auch ein doppeltes Eigentum (dominium ex jure Quiritium und ein in bonis esse), ein doppeltes Erbrecht (hereditas und bonorum possessio) usw. Zusammenfassend läßt sich sagen: das Zivilrecht war das ungelenke formelle Stadtrecht der alten

---

[5] Das beim Amtsantritt und für die Amtszeit erlassene Edikt heißt edictum perpetuum. Daneben kamen auch Edikte bei besonderen Anlässen vor. Seit der lex Cornelia v. J. 67 v. Chr. ist der Magistrat an sein Edikt gebunden.

[6] Und im Wege der in integrum restitutio § 5 Ziff. IV.

Bürgergemeinde, das prätorische Recht wurde das Weltrecht des neuen Reiches.

III. In der Kaiserzeit wurde der Staat zwischen dem princeps und den republikanischen Magistraten geteilt (es gab Senatsprovinzen, kaiserliche Provinzen; neben dem alten Volksvermögen, aerarium, das dem Senate untersteht, erhebt sich der fiscus Caesaris usw.). Aber auf die Dauer zeigt sich, daß die kaiserliche Macht keine andere mehr als selbständige neben sich duldet. Auch das prätorische Edikt kann daher nicht mehr nach Belieben bestimmen [7]: der Inhalt wird ihm vorgeschrieben. Der größte Teil war freilich so wie so schon tralatizisch festgelegt (s. o.), seine Aufgabe war im wesentlichen erfüllt. Den Abschluß bildet die Revision und Aufzeichnung, zuzüglich einiger letzten Neuerungen. Diese Arbeit läßt Hadrian um 130 n. Chr. durch den Juristen Salvius Julianus vollziehen [8]. Das Edikt wurde unveränderlich (in diesem Sinne spricht man jetzt vom edictum perpetuum). Die weitere Fortentwicklung geschieht durch das Kaiserrecht.

Und ähnlich wie der rechtsbildenden Macht der Prätoren ging es auch der des Volks und des Senats beim jus civile. Zur Zeit der Republik hatte der Senat kein Recht der Gesetzgebung gehabt (nur das Recht autoritativer Auslegung bei der Ausführung von Gesetzen) [9]. In der Kaiserzeit erhielt er es aus politischen Gründen als formeller Souverän [10], ohne jedoch lange im Besitze der Macht zu bleiben. Denn den Antrag (oratio) zu den senatusconsulta stellte nach Hadrian allein der princeps, und die Zustimmung wurde bald Form-

---

[7] Auch der Senat hatte schon zur Zeit der Republik (vgl. Liv. 41, 9) und besonders in der ersten Kaiserzeit gelegentlich dem Prätor Anweisungen über die Erteilung oder Verweigerung von Aktionen gegeben, so z. B. im SC. Vellaeanum (§ 47 Ziff. II), Trebellianum (§ 74) u. Macedonianum (§ 39 I i. f.). Krüger 93.

[8] Rekonstruktion von Lenel: Edictum perpetuum (2. A. 1907). S. auch Lenel in Bruns-Gradenwitz Fontes 211 ff.

[9] Dazu das o. Note 7 besprochene Recht der Anweisung an die Magistrate.

[10] S. Krüger 89, 90 ff.; Kipp 60 ff.

sache, so daß das Gesetz oft nur nach der Oratio benannt wird [11].

Auch in der Tätigkeit der Rechtsgelehrten (Ziff. I) trat eine entscheidende Änderung ein. Ihrer Wissenschaft war durch die Ausbildung des prätorischen Edikts eine ungeahnte Fülle des Stoffes zugewachsen. Es galt jetzt dessen Inhalt zu erfassen, im einzelnen auszubilden, — vor allem aber, es mit dem jus civile in Einklang zu setzen und die Differenzen auszugleichen. Freilich ging das nur langsam und schrittweise; und ohne die Hilfe der Senatuskonsulte und der kaiserlichen Erlasse (die ihrerseits wieder durch die Kraft der Wissenschaft befruchtet wurden) hätte es kaum gelingen können (ganz ist es überhaupt niemals gelungen). Im Interesse der Rechtsentwicklung, und zur Erhöhung der eigenen Macht verliehen nun Augustus und seine Nachfolger einzelnen besonders angesehenen Juristen das Recht, ihre Gutachten (responsa) unter kaiserlicher Autorität zu erteilen (jus respondendi): so daß der Ausspruch, formell, versiegelt abgegeben, für Magistrat und Geschworene des Prozesses bindend war, falls nicht das Gegengutachten eines anderen ebenso mit jus respondendi versehenen Juristen vorlag. In dieser Form schaffen die responsa prudentium (in Abhängigkeit von der Kaisergewalt) nunmehr auch neues Recht. Die responsa werden in anderen Prozessen und in der Literatur aufs eifrigste nachgeachtet. Sie werden Rechtsquelle, wie die ganzen Schriften dieser Juristen. Zugleich erklärt sich, daß diese Schriften zum größten Teil durchaus kasuistisch sind, und daß in dem Detail ihre Stärke liegt [12].

---

[11] Beispiele in D. 42, 2, 6, 2 (oratio Divi Marci); D. 24, 1, 32, 2; D. 27, 9, 1 (oratio imperatoris Severi über das Mündelgut). — Neueste Forschungen über die Entwicklung des Prinzipats von E. Meyer, Caesars Monarchie u. das Prinzipat des Pompejus (2. A. 1919), Kl. Schriften (1910) 441 ff. (Augustus); O. Th. Schulz, Wesen d. röm. Kaisertums der ersten zwei Jahrhunderte i. Bd. 8, u. Vom Prinzipat zum Dominat i. Bd. 9 von Drerups Stud. z. Gesch. u. Kult. d. Altert. (1919). S. auch Kreller, Ztschr. d. Sav.-Stift. 41, 262, 297; Bruns-Lenel §§ 31 ff., 55 ff.

[12] Im Gegensatz zu den philosophischen Theorien, die sich nicht selten auch bei ihnen geltend machen. Vgl. Sokolowski, Die Philosophie im Privatrecht, 2 Bde. (1902, 1907).

Gleichzeitig, und mit Hilfe dieser Juristen, die er an seinen Hof zieht, greift der Kaiser auch selbst in die Rechtsentwicklung ein (constitutiones principum). Zunächst in seiner Eigenschaft als oberster Magistrat durch edicta (Bekanntmachungen über die Handhabung seiner Gewalt) oder durch mandata (Generalinstruktionen an seine Beamten). Diese Erlasse galten nur während seiner Lebenszeit, vorbehaltlich der Wiederholung durch den Nachfolger. Wichtiger für das Privatrecht sind seine Prozeßentscheidungen, die ähnlich den der Juristen wirkten, und mindestens als authentische Interpretation gesetzesgleiche Kraft hatten. Sie sind entweder direkte Entscheidungen (decreta) oder Gutachten (rescripta), letztere besonders seit Hadrian[13]. Die Antwort auf die Anfrage ergeht auf briefliche Anfrage selbständig (durch epistula), auf einen libellus hin in Form einer Notiz auf dem Gesuch (subscriptio). Die Juristen, welche die Antwort regelmäßig verfaßten, sorgten in ihren Schriften auch für Festhaltung und Verbreitung des Grundsatzes.

Aus allem dem erwächst die Blüte der römischen Jurisprudenz, die in der ersten Zeit noch einen Schulstreit zu überwinden hat. Der noch nicht aufgeklärte Grund des Gegensatzes war wohl ursprünglich ein persönlicher. M. Antistius Labeo und C. Atejus Capito waren die hervorragendsten Juristen unter Augustus: Labeo, wohl der bedeutendere, aus alter plebejischer Familie und Republikaner, Capito sich, etwas würdelos, der neuen Ordnung fügend. Die Kontroversen der beiden Juristen pflanzten sich auf ihre Anhänger fort. Erst von den Nachfolgern (des Labeo) Proculus und (des Capito) Massurius Sabinus scheinen die eigentlichen Rechtsschulen der Proculianer und Sabinianer gegründet zu sein, die sich durch Verschiedenheit des philosophischen Standpunkts und den Stolz auf ihre großen Vorgänger unterschieden. Jedenfalls kann man nicht sagen, daß die einen auch in der Fortbildung des Rechts einen vorge-

[13] Krüger 102 ff.; Kipp 67 ff. Die kaiserliche Rechtsprechung hat z. B. die Fideikommisse (§ 71) geschaffen, das Recht der Kompensation (§ 45 II Ziff. 2) und die Testamente (§ 65) wesentlich beeinflußt.

schritteneren Standpunkt als die anderen eingenommen hätten [14]. Dann beginnt die Zeit der klassischen Jurisprudenz [15], die, unter Überwindung der verschiedenen Richtungen, die gesamten Rechtsquellen (jus civile und honorarium, samt den neuen Kaisererlassen) zum Gegenstand einheitlicher Erörterung macht. Der Prokulianer P. Juventius Celsus der jüngere (unter Hadrian) schrieb Digesten in 39 Büchern, welche jus civile und prätorisches Recht gleichmäßig umfaßten, dieser erste Teil nach Ordnung des Edikts. Der Sabinianer Salvius Julianus (Redaktor des Edikts) schrieb 90 Bücher Digesten nach derselben Ordnung, ebenfalls das gesamte Recht umfassend, von unerschöpflichem Gedankenreichtum in knappster Form [16] (viele Stellen im Corp. juris und noch öfter zitiert). Weniger selbständig, aber sehr belesen und geschichtskundig ist Sex. Pomponius mit seinen Kommentaren — und (ohne jus respondendi) Gaius, der elegante systematisch und historisch gerichtete Verfasser der Institutionen, der freilich hinter den anderen zurücktritt [17]. Sehr bedeutend und zu ihrer Zeit angesehen waren Sex. Ceacilius Africanus, der Schüler Julians, und L. Ulpius Marcellus, welcher der Überkühnheit des Meisters manchmal entgegentritt. Den Höhepunkt erreicht die Rechtswissenschaft mit Aemilius Papinianus (unter Septimius Severus und Caracalla). Hauptsächlich kasuistisch veranlagt, schrieb er bes. responsa

---

[14] Vgl. Bremer, Rechtslehrer u. Rechtsschulen i. d. röm. Kaiserzeit (1868); A. Pernice, M. Antistius Labeo I (1873), 14 ff., 81 ff.; Baviera, Le due scuole dei giurecons. rom. (1898); Krüger 151 ff., 154 ff., 160 ff.; Kipp 115 ff.; Jörs i. Pauly-Wissowa s. v. Cassiani. Die Sabinianer werden auch Cassianer genannt von C. Cassius-Longinus, der dem Sabinus folgte.

[15] Krüger 163 ff.; Kipp 117 ff. u. Zit.

[16] Buhl, Salvius Julianus I 1886. — Vgl. zum Folg. noch Fitting, Alter u. Folge der Schriften röm. Juristen (2. A. 1908).

[17] Die verschiedenen Ansichten über ihn s. bei Mommsen, Jur. Schriften II, 26 ff.; Kuntze, Der Provinzialjurist Gaius (1883); Kniep, Der Rechtsgelehrte Gaius u. die Ediktskommentare (1910); Kübler in Pauly-Wissowa s. v. Gaius; Krüger 201; Kipp 128. Erst durch den Gerichtsgebrauch im 4. Jahrhundert ward ihm die gleiche Autorität wie den anderen großen Juristen beigelegt, was das Zitiergesetz Valentinians III v. J. 426 (s. u.) bestätigte. Seine Institutionen wurden 1816 in Verona von Niebuhr entdeckt. Dazu Kniep Gai Instit. commentar. I, II, III (seit 1911).

(19) und quaestiones (37 Bücher). Dann geht die Kurve abwärts. Man faßt das Erreichte zusammen und ist auf die praktische Anwendung bedacht: Domitius Ulpianus bearbeitet in vielen Schriften (83 libri ad edictum, 51 libri ad Sabinum etc., aus denen ein Drittel der Justinianischen Pandekten besteht) den ganzen Rechtsstoff unter Ausnutzung der Schriften seiner Vorgänger [18], Julius Paulus schrieb ähnlich umfangreiche Werke. Hauptsächlich durch diese beiden ist der Stoff (der leichten Form wegen) der Nachwelt überliefert worden [19].

Bald erlahmt die Kraft der Jurisprudenz, das jus respondendi verschwindet, der Kaiser allein übt es in seinen Reskripten. Oder er entscheidet den ganzen Prozeß in seinem Verwaltungsverfahren (extraordinaria cognitio), ohne Abgabe der Sache an Geschworene, — persönlich oder durch seine Beamten, ohne vor Rechtsneuerungen zurückzuschrecken. Auf den Ursprung des bisherigen Rechts (jus civile — honorarium) wird dabei keine Rücksicht mehr genommen. In der kaiserlichen Rechtsprechung verschwindet der Gegensatz.

Dieses Recht wurde durch eine Entwicklung, welche anfängt mit der Verleihung des Bürgerrechts an die städtischen Provinzialen unter Caracalla (212), in die fernsten Gegenden eingeführt und verdrängte der Form nach die dortigen Rechte. Aber in Wirklichkeit ward es dem dortigen Einfluß ausgesetzt, besonders dem griechischen [19a] und orientalischen. Aus den ägyptischen Papyrusurkunden erkennen wir heute dieses Volksrecht der östlichen Reichsprovinzen [20], dessen Einfluß namentlich nach der Teilung

---

[18] Wohl zu gering beurteilt ihn Pernice, Sitzungsber. d. Berl. Akad. 1885, 443 ff. Vgl. Jörs, Pauly-Wiss. s. v. Domitius Ulpianus.

[19] Wiederherstellung der röm. Juristenschriften durch Lenel, Palingenesia juris civilis (2 Bde. 1889). Die vorhadrianischen s. bei Bremer, Jurisprudentiae antehadrianae quae supersunt (1896, 1898, 1901).

[19a] Vgl. hierüber ausführlich Collinet, Études hist. sur le Droit de Justinien I (1912).

[20] S. Mitteis, Reichsrecht u. Volksrecht i. d. östl. Provinzen des röm. Kaiserreichs (1891); Aus den griechischen Papyruskunden (Vortr. 1900); Gradenwitz, Einführung in die Papyruskunde (1900); Schubart, desgl. (1918); Wenger, Papyrusforschung

des Reichs und der Verlegung des Schwerpunktes nach Konstantinopel naturgemäß sich verstärken mußte.

IV. Mit Diokletian entsteht die absolute Monarchie. Der Kaiser wird der alleinige Gesetzgeber. Die Gesetze ergehen in Form allgemeiner Anordnungen, welche sich im Text als lex generalis oder als edictum bezeichnen. Nach Diokletian wird ihre Sprache weitschweifig, die juristische Korrektheit schwindet. Man bemüht sich weiter an der Vereinheitlichung des Rechts, aber man hat nicht mehr die Kraft, das Neue mit dem Alten (jus vetus) zu vereinigen.

Der Rechtsstoff zerfiel somit jetzt wieder in zwei Teile, die keine Zusammenfassung mehr erfuhren: in das alte Juristenrecht (jus), das in den Schriften der klassischen Juristen den gesamten Stoff der Volksgesetze, Senatsbeschlüsse, des prätorischen Edikts und der älteren Kaisergesetzgebung vereinigte[21], und in die neuen kaiserlichen Erlasse (leges). Auf die Schriften der alten Zeit berief man sich wie auf geschriebenes Recht, bis Theodosius II. und Valentinian III. in ihrem Zitiergesetz vom Jahre 426 hierin eine gewisse Ordnung einführten. Diesem alten Rechte (das somit erstarrt) stehen die leges fortan wie Novellen einer großen Kodifikation gegenüber. Sie werden gesammelt (im Anschluß an die Erlasse seit Hadrian in den Privatarbeiten des Codex Gregorianus und Hermogenianus) durch den i. J. 438 von Theodosius und Valentinian publizierten Codex Theodosianus[22], der die seit Konstantin erlassenen Kaisergesetze enthält, und dem dann weitere Novellen folgten. Diese Konstitutionen sind das einzige Element, wodurch die Rechtsordnung noch weiter fortgebildet wurde. Sie erfüllen sie mit dem neuen christlichen Geiste, suchen die hervortretenden sozialen und wirtschaftlichen Schäden

u. Rechtswissenschaft (1903); Mitteis u. Wilcken, Grundzüge u. Chrestomatie der Papyruskunde (4 Bde. 1912); Paul M. Meyer, Jur. Papyri (1920). S. auch Krüger 259, 272 ff.; Kipp 178 ff.

[21] Zum jus wurde auch der Codex Gregorianus und Hermogenianus gerechnet, — zwei Privatsammlungen, die zwar nur Kaisererlasse enthielten, aber wohl meist solche, die in den Schriften der klassischen Juristen nicht mehr bearbeitet waren.

[22] Vgl. Krüger 316 ff., 324 ff.; Kipp 87 ff., 89 ff., auch über die vorhandenen Ausgaben.

ausz u g l e i c h e n (freilich oft mit sehr fragwürdigen Mitteln), und beginnen die aus der früheren Duplizität der Rechtsquellen hervorgegangenen Doppelinstitute zu beseitigen resp. zu verschmelzen. Aber zum vollen Abschluß ist die Entwicklung nicht gelangt, auch nicht durch Justinian. Z. B. stehen im Corpus juris noch die beiden Erbrechtsordnungen des alten Zivilrechts (hereditas) und des prätorischen Rechts (bonorum possessio), und manches andere nebeneinander. Ja selbst das, was Justinian in seinem Corpus juris wirklich reformiert hat, steht uns nicht in geschlossener Gestalt gegenüber, weil seine Zeit gar nicht imstande war, ihm eine einheitliche Gestalt zu geben. Die Scheidung von jus und lex ist auch in seinem Gesetzeswerk nicht überwunden. In seinen Digesten oder Pandekten (533) ist nur das alte Recht der juristischen Schriftsteller gesammelt[23]: es ist im Grunde nur das tatsächlich ausgeführt, was das Zitiergesetz mit einem Federstrich hatte erreichen wollen. Es wurde (nach der Auffassung der dafür eingesetzten Gesetzeskommission) das aus den alten Schriften noch Brauchbare zusammengestellt[24], wobei man, da es sich um ein neues Gesetz handeln sollte, nicht vor gewaltsamen Abänderungen der alten

[23] Krüger 370 ff.; Kipp 159 ff. u. Zit. Über das Einführungspatent Ebrard, Ztschr. d. Sav.-Stift. 40, 113.

[24] Die einzelnen Fragmente aus den alten Schriftstellern werden als leges (im neueren Sinne) bezeichnet, weil sie von Justinian mit Gesetzeskraft versehen sind. Sie sind nummernweise in einzelnen Titeln zusammengestellt, die Titel zu Büchern. Die Digesten enthalten 50 Bücher. Die einzelnen leges zerfallen in Paragraphen. Der erste Absatz heißt principium, dann folgt § 1, § 2 usw. Zitiermethode: l(ex) 11 pr. oder § 1 D(igestorum) 19 (Buch), 1 (Titel). — Nur Buch 30—32 zerfallen nicht in Titel, sondern haben einen einzigen Gegenstand: de legatis. — Ist Buch und Titel kurz vorher zitiert, so begnügt man sich bei Angabe einer neuen Belegstelle mit Angabe von lex und Paragraph unter dem Zusatz h. t. = hoc titulo (d. i. in demselben Buch und in demselben Titel).

Die neuere philologische Zitierweise für die obige Stelle ist: D 19, 1, 11 pr. oder 1 (also durch einfache Aneinanderreihung der Ziffern von Buch, Titel, lex und Paragraph).

Nach dem byzantinischen Schulunterricht wurden die Digesten in 7 partes zerlegt. I (πρῶτα) Buch 1—4; II (de judiciis) Buch 5—11: hauptsächlich actiones in rem; III (de rebus creditis) Buch 12—19: actiones in personam; IV (umbilicus) Buch 20—27: Pfandrecht, Nutzungen, Beweis, Ehe und Vormundschaft; V Buch 28—36: Testamente, Vermächtnisse; VI Buch 37—44: Bonorum possessio, Intestaterbrecht usw.; VII Buch 38—50.

Texte zurückschreckte (Interpolationen)[25]. In seinem Codex (534) aber hat Justinian (wie früher schon Theodosius) die leges, also die kaiserlichen Erlasse, gesammelt[26]. Eine einheitliche Darstellung der damaligen ganzen Rechtsordnung enthält das vorgefügte kurze (nach dem Muster des Gaius gefertigte) Lehrbuch der Institutionen[27]. — Und schließlich stellt diese ganze Kodifikation in ihrer altgewohnten Dreiteilung (als einleitendes Lehrbuch und als Sammlung von jus und leges) nur den Stand der Rechtsentwicklung vom Jahre 534 n. Chr. dar, während Justinian danach in seinen Novellen bis zum Jahre 565 noch zahlreiche weitere Bestimmungen ergänzenden, abändernden und verschmelzenden Inhalts hat folgen lassen, die erst von Späteren gesammelt und als 4. Teil dem Corpus juris angefügt sind. Aber auch nur wieder in loser Anreihung, ohne daß eine Verarbeitung zu einem Ganzen stattgefunden hätte[28].

Hieraus ergibt sich, daß die im Corpus juris enthaltene neueste Gestalt des römischen Rechts in großem Umfang in einem älteren Gewande erscheint, auf das

---

[25] Sie sind am Stil erkennbar. Die Erkenntnis eröffnet naturgemäß tiefe Einblicke in die Bedeutung der betr. Stelle. Erst in neuester Zeit wird dieses Auslegungsmittel im größten Umfang verwertet. Vgl. Eisele, Ztschr. d. Sav.-Stift. in den Bänden 7, 10, 11, 13, 18, 30; Gradenwitz, Interpolationen i. d. Pandekten (1887); Ebrard, Gr. d. mod. Interpolationenforschung i. d. Ztschr. f. vergleichende Rechtswiss. 36, 1. S. auch Lenel, Palingenesia juris civilis 2 Bde. (1889) in den Anm. In der Mommsenschen Corpus juris Ausgabe v. Krüger sind die Interpolationen durch ‹ › und in den Anm. kenntlich gemacht. Ein Interpolationenindex ist von Mitteis vorbereitet.

[26] Eine schon 529 publizierte erste Ausgabe wurde nach Fertigstellung der Digesten umgearbeitet. Das Material war aus dem Codex Gregorianus und Hermogenianus (Nr. 21 ff.), die hier also den leges zugerechnet werden, dem Codex Theodosianus und späteren Kaisergesetzen gesammelt. Vgl. Krüger 387; Kipp 164 ff.

Die einzelnen leges (auch als c. = constitutiones bezeichnet) mit Paragrapheneinteilung sind in Titeln, wie oben, und 12 Büchern vereinigt. Also z. B. l. 3 pr. C(odicis) 8 (Buch) 34 (Titel) — oder C. 8, 34, 3 pr.

[27] Vgl. Ebrard, Ztschr. d. Sav.-Stift. 38, 327; Krüger 385.

Die Institutionen zerfallen in 4 Bücher, diese in Titel, die Titel in Paragraphen (wie oben). Also z. B. pr. oder § 7 I(nstitutionum), 4 (Buch), 6 (Titel). — Nach der anderen Zitierweise: I. 4, 6, 7 resp. I. 4, 6 pr.

[28] Zitierweise nach der Zahl der Novelle, Kapitel, z. B. Nov. 118 cap. 1 und eventuell dem Paragraphen des Kapitels.

neue Flicken gesetzt sind, so daß nicht möglich ist, das alte Gewand abzustreifen und aus den Fäden ein ganz neues zu weben, weil sie an Farbe, Haltbarkeit und Stärke oft ganz verschieden sind. Besonders ist der Inhalt der späteren Kaisererlasse oft so dürftig, daß trotz der dadurch bewirkten materiellen Änderung des älteren Rechtes, dessen festes systematisches Gefüge nicht gesprengt werden konnte. Insofern muß denn auch unsere Darstellung von der älteren Rechtseinrichtung ihren Ausgang nehmen.

Überlieferung der Quellen.

I. Die vorjustinianischen Quellen sind uns außer einigen Überbleibseln alter Inschriften nur indirekt durch Angaben juristischer und nichtjuristischer Schriftsteller über Quellen der älteren Zeit erhalten. Die Kaisererlasse besitzen wir auf Grund der letzterwähnten kaiserlichen Sammlungen. Geschäfte und Geschäftsgebräuche erkennen wir aus zahlreichen uns erhaltenen Urkunden, bes. auf Wachstafeln (aus Siebenbürgen und Pompeji) und den ägyptischen Papyri (siehe oben).

Am bedauerlichsten ist, daß wir die Schriften der großen Juristen nur unvollständig und im Corpus juris zerstückelt und durch Interpolation verändert besitzen. Über die heutige Rekonstruktion, soweit sie möglich ist, s. o. Was sonst noch an Bruchstücken auf uns gekommen ist (insbesondere die Institutionen des Gaius und einige Fragmente aus Ulpian und Paulus) ergibt sich aus: Collectio librorum juris antejustiniani. In usum schol. ed. P Krüger, Th. Mommsen, G. Studemund: I Gai Institutiones ed. 6 1912; — II Ulpiani liber singularis regularum. — Pauli libri quinque sententiarum. — Fragmenta minora 1878; — III Fragmenta Vaticana etc. 1890. Ferner Jurisprudentiae antejustinianae quae supersunt (Huschke). Ed. 6 E. Seckel et B. Kübler, 2. Bde. 1911.

II. Das Corpus juris ist in selbständigen Handschriften seiner verschiedenen Teile der Nachwelt überliefert worden. Von den Institutionen gab es wegen ihrer Kürze und leichten Faßlichkeit die meisten Abschriften. Besonders wichtig sind für uns eine Bamberger und eine unvollständige Turiner Handschrift (mit der sog. Turiner Institutionenglosse aus der Justinianischen Zeit). — Von den Pandekten gibt es die berühmte Florentiner Handschrift (früher in Pisa), noch aus der byzantinischen Zeit stammend, in der 2. Hälfte des 11. Jahrhunderts neu entdeckt. Die Glossatoren (§ 3) besaßen eine Abschrift der Florentina, worauf ihre Texte (die sog. littera Bononiensis oder vulgata) beruhten, die aber wohl nach einer anderen jetzt verloren gegangenen Pandektenhandschrift durchkorrigiert sind, weil sie einige abweichende Lesarten enthalten. Die Vulgathandschriften, auf denen hauptsächlich die Weiterverbreitung beruhte, waren (wohl nur des Umfangs wegen) in 3 Teile zerlegt, die sich unter den Namen Digestum vetus (B. 1—24, 2), Infortiatum (B. 24, 3—B. 38); ein Schulstück von B. 35, 2 in l. 82—B. 38 auch noch als Unterteil mit den Anfangsworten Tres partes bezeichnet) und Digestum novum (39—50) durch das ganze Mittelalter erhalten haben. Erst später ist die Florentina wieder gebührend herangezogen worden (s. u.). — Vom Kodex gibt es eine (lückenhafte) Veroneser Handschrift aus byzantinischer Zeit und jüngere Handschriften, in denen die griechischen Konstitutionen und die 3 letzten Bücher, die das byzantinische öffentliche Recht behandeln, fehlten, was erst später ergänzt wurde. — Die Novellen waren zuerst nur in einem in Konstantinopel um 556 gefertigten Auszug des Julian (epitome Juliani), dann in einer 134 Novellen enthaltenden lateinischen Sammlung (im Gegensatz zum eben erwähnten Auszug das Authenticum genannt) den Glossatoren bekannt, welche sie in 9 Kollationen einteilten, auch Auszüge (Authenticae) an den entsprechenden Stellen im Kodex einfügten. Eine griechische Sammlung von 168 Novellen ist später bekannt geworden.

Die gedruckten Ausgaben waren zuerst glossierte nach Maßgabe der obigen Handschrifteneinteilung, also in 5 Bänden (Pandekten 3 Bde.). Dem Authenticum (Bd. 5) wurden noch die libri feudorum und einige deutsche Kaisergesetze, als decima collatio, sowie die Institutionen hinzugefügt. Letzte Ausgabe i. 6 Bdn. v. 1627. — Dionysius Gothofredus hat die Glossen beseitigt und das Ganze in der heutigen Einteilung unter dem Namen Corpus juris civilis zusammengefaßt (1583). Der erste, der die Digesten nach der Florentina herausgab, war Torelli (Florenz 1553). Das Höchste in der Erforschung dieser Handschrift leistete Mommsen in seiner Digestenausgabe (2 Bde. 1870). Im Gegensatz zum mittelalterlichen Text der Glossatoren stellte er die unmittelbare justinianische Lesart wieder her. — Heutige beste Ausgabe ist: Corpus juris civilis. Editio stereotypa tertiadecima: Institutiones rec. P. Krüger; Digesta rec. Th. Mommsen, retractavit P. Krüger 1920; Codex Justinianus rec. P. Krüger 1914. Novellae rec. R. Schöll, G. Kroll 1908.

§ 3.

Das römische Recht in Deutschland. — Gemeines und partikulares Recht*.

Im oströmischen Reich[1], wo es geschaffen, ist das Corpus juris im 6. Jahrhundert auf Übersetzungen, erläuternde Umschreibungen (Paraphrasen), verkürzte Wiedergaben und erklärende Bemerkungen so namentlich der Rechtsschulen von Berytus und Konstantinopel) beschränkt geblieben. Dann erlosch die wissenschaftliche Tätigkeit. Eine gesetzliche Zusammenfassung der Justinianischen Sammlung zu einem Ganzen unter Weglassung des Veralteten und nicht mehr Verstandenen sind die Basiliken (unter Basilius Macedo u. Leo um 900)[2], die wieder Kommentare nach sich zogen. Diese und kurze Handbücher, Übersichten und Auszüge befriedigten das Bedürfnis der Zeit bis zum 13. Jahrhundert. Ein letzter Auszug, der Hexabiblos[3] des Har-

* Savigny, Geschichte des röm. Rechts im Mittelalter 2. A. 7 Bde. 1834 ff.; Stobbe, Gesch. d. deutschen Rechtsquellen (1860 ff.) I 609 ff., II 1; Stintzing, Gesch. der populären Literatur des röm.-kan. Rechts in Deutschland (1867); Geschichte der deutschen Rechtswissenschaft (1880 ff.), fortgesetzt von Landsberg 4 Bde.; Seckel, Beiträge zur Geschichte beider Rechte I (1898); Brie, i. d. Festg. f. Dahn (1905) 159 ff.; v. Below, Die Ursachen der Rezeption d. röm. Rechts in Deutschland (1905); Stölzel, Die Entwicklung des gelehrten Richtertums i. d. deutschen Territorien 2 Bde. (1872) u. Die Entwicklung der gelehrten Rechtsprechung; Vinogradoff, Geschichte der mittelalterlichen Rechtsentwicklung (London 1909), trad. v. Riccobono (Palermo 1914).

[1] Vgl. E. Zachariae, Gesch. d. griechisch-röm. Rechts (3. A. 1892), Bruns-Lenel a. a. O. § 69, ferner auch Peters, Die oströmischen Digestenkommentare (1913). — Daneben wirkte das Volksrecht des Morgenlandes griechisch-römischen Einschlags fort (s. o. § 2 bei N. 20) und erhielt sich namentlich in den Gegenden, welche weil sie dem Reich entfremdet wurden, nicht der Herrschaft des Corpus juris unterfielen. Eine wichtige Erkenntnisquelle dieses Rechts ist das syrisch-römische Rechtsbuch, welches in syrischer (aramäischer, armenischer und arabischer) Übersetzung Reste eines klassisch-römischen Werkes aufweist, das, durch Zusätze auf Grund der Kaisergesetzgebung vermehrt, schon in der griechischen Darstellung, auf welche jene Übersetzungen zurückgehen, seiner ursprünglichen systematischen Ordnung beraubt worden war. S. Sachau, Syrische Rechtsbücher 1907 ff.; Ferrini, Ztschr. d. Sav.-Stift. 23, 101 ff.; Partsch, das. 30, 355 ff.; Manigk, Krit. Vierteljahrsschr. 53 (1916) 351 ff.

[2] Basilicorum libri LX v. E. Heimbach 6 Bde. 1833—1897. Supplementum i. Bd. 2. v. Zachariae 1846 u. Bd. 7 v. Ferrini, Mercati 1897.

[3] Ausg. v. Heimbach 1851.

menopulos (eines Richters in Thessalonich v. 1345) erlangte i. J. 1835 für Griechenland Gesetzeskraft. Hier ist das römische Recht verkümmert. Im Abendlande hat es sich die Welt noch einmal erobert.

Infolge der Wiedergewinnung Italiens durch Justinian erlangte das Corpus juris in Italien Gesetzeskraft. Doch erhielt es sich nach Unterwerfung des Landes durch die Langobarden nur im Verkehr der Römer untereinander und wohl auch in ihrem Familien- und Erbrecht. Erst nach der Unterwerfung der Langobarden durch Karl den Großen und den Papst wird es zum gleichberechtigten Personalrecht der römischen Bevölkerung. Erloschen ist der Rechtsunterricht und die juristische Bildung; wichtigste Teile des Gesetzbuchs sind vergessen. Erst gegen Ausgang des 11. Jahrhunderts[4] wird (im Anschluß an die auf der Schule von Pavia an den altlangobardischen Königsedikten und fränkischen Kapitularien geübte exegetische Methode) auf der Rechtsschule zu Bologna auch das römische Recht der glossierenden Behandlung unterworfen. Es entsteht die Schule der Glossatoren[5], die den ganzen ihr bekannten Rechtsstoff bearbeitet, dem Verständnis neu vermittelt, dem Wortlaut und Gehalte nach erklärt, Übereinstimmungen und Widersprüche hervorhebt. Den Höhepunkt der glossatorischen Behandlung erreicht Azo, den Abschluß bildet die zusammenfassende Tätigkeit (glossa ordinaria)[6] des Accursius († 1260). Dann kam es darauf an, den Schatz auch für das praktische Leben nutzbar zu machen. Dafür hat die sich über die italienischen Universitäten aus-

[4] S. Savigny II 122 ff.; Conrat, Geschichte der Quellen u. Literatur des röm. Rechts im frühen Mittelalter I (1891); Kantorowicz, Ztschr. d. Sav.-Stift. 30, 196 ff. Anders Fitting, Die Anfänge der Rechtsschule zu Bologna (1888).

[5] Gründer der Schule ist Irnerius (Guarnerius, Werner). Unter seinen Nachfolgern ragen die „quattuor doctores" Martinus, Bulgarus, Jacobus und Hugo (de Porta Ravennate), Zeitgenossen und Berater des Kaisers Barbarossa hervor. — Vgl. Pescatore, Die Glossen des Irnerius (1888); Kantorowicz, Ztschr. d. Sav.-Stift. 30, 183 ff.; 31, 14 ff.

[6] Was die Glosse nicht behandelt hatte, wurde später auch in Deutschland für nicht brauchbar gehalten und kam nicht in Anwendung. Vgl. Landsberg, Über die Entstehung der Regel: Quidquid non agnoscit glossa, non agnoscit forum (1880), Landsberg, Die Glosse des Accursius (1883).

breitende Schule der Postglossatoren oder Kommentatoren (seit 1250 bis zum 16. Jahrhundert) die größten Verdienste errungen. Ist ihre unmittelbare Einsicht in die römischen Quellen auch geringer, kommentieren sie oft nur die Arbeiten ihrer Vorgänger mit großer Breite, so haben sie dafür einen lebendigen Blick für die Bedürfnisse ihrer Zeit. Sie verschmelzen die römischen Rechtsgedanken mit den langobardischen der verschiedenen Stadtrechte (Statuten) und damit deutschen Rechtsanschauungen, und haben für die spätere Verbreitung des römischen Rechts in Deutschland und anderen Ländern das meiste beigetragen. Bartolus (de Saxoferrato, 1314—1357) und Baldus (1327—1400) sind unmittelbare Quellen unserer deutschen Rechtswissenschaft geworden[7]. Auch das kanonische Recht haben sie mit berücksichtigt. Dieses, aus der Weltherrschaft der Kirche geboren, umfaßte ebenfalls Privatrecht, Strafrecht und Prozeß und war dem römischen Weltrecht zur Seite getreten, manche Bestimmungen des letzteren (z. B. betreffs der bona fides) im mittelalterlichen Geiste ummodelnd und für die Folgezeit bestimmend[8]). Auch die Scholastik, und damit die Herrschaft der Begriffe, haben sie in die Rechtswissenschaft eingeführt, ohne doch die Bedürfnisse des Lebens zu verkennen. Dadurch hat ihr Schaffen etwas ganz Modernes, was den Grund zur Verbreitung ihrer Schriften in Deutschland legte.

Durch sie gelang es, was bei den früheren Zusammenstößen der Römer mit den germanischen Stämmen nicht gelungen war, das römische Recht nach Deutschland zu verpflanzen. Schon seit ungefähr tausend Jahren

[7] Savigny Bd. 6 schätzt sie zu gering ein. Richtig Stintzing I 111 ff. und die Neueren.

[8] Auch das Corpus juris canonici ist aus verschiedenen vorerst selbständigen Teilen zusammengefügt. Der älteste Teil: Decretum Gratiani (Privatarbeit des Bologneser Mönchs Gratian um 1140—1150) ist eine aus kirchlichen Satzungen (canones) mit harmonisierender Verarbeitung derselben bestehende Darstellung des kanonischen Rechts, wovon nur die canones Geltung erhielten. Dann folgte der Liber Extra (d. h. extra Decretum), eine Sammlung der neueren päpstlichen Dekretalen in 5 Büchern (1234), und als Fortsetzung der Liber Sextus (1298) ebenfalls in 5 Büchern; endlich die sog. Clementinae (1317) in gleicher Anordnung. — Friedberg, Corpus juris canonici I (1879), II (1881). S. Stutz i. Holtz.-Kohler Enzyklopädie 7. A. V 318 ff.

bestanden römische Rechtseinflüsse in den deutschen Königreichen der Goten, Burgunder und Franken, und hatten noch vor Justinians Gesetzeswerk zu Aufzeichnungen des römischen Rechts (den sog. Leges Romanae Barbarorum) geführt: dem Edictum Theodorici, der lex Romana Burgundionum oder Papian (beide um 500), und zu der lex Romanana Visigothorum, dem sog. breviarum Alaricianum (506). Letzteres überragt die beiden anderen bedeutend und bringt Auszüge aus den überlieferten römischen Rechtsquellen nach derselben Methode, wie sie später Justinian in seinem Sammelwerk befolgte[9]. Während das ostgotische und burgundische Gesetzbuch mit dem Untergang der betreffenden Reiche ihre Bedeutung verloren, blieb das breviarium Alaricianum, obschon es im 7. Jahrhundert durch ein für die Römer und Westgoten gemeinsames Gesetzbuch beseitigt wurde, im Abendlande als das römische Recht des Westens lebendig. Schon damals drang (bis in das 11. Jahrh.) viel vom römischen Recht in Südfrankreich und Süddeutschland ein, verbunden mit dem, was die Kirche im kanonischen Recht hineinbrachte. Aber alles das ist vom nationalen Rechte überwunden worden resp. wurde mit ihm organisch verwebt. So blieb es in Frankreich auch bei dem zweiten Versuch des Eindringens des römischen Rechts auf Grund der Schriften der Italiener. Die historische Rechtsschule Frankreichs im 16. Jahrhundert unter dem Einfluß von Duarenus, Cujacius und Donellus setzte der deduktiven und praktischen Rechtswissenschaft einen Damm entgegen und zog sich in historischen und philologischen Studien wieder auf das reine römische Recht zurück, Cujacius mehr erklärend[10], Donellus in seinem Hauptwerk[11]

[9] Lex Romana Visigothorum ed. Haenel 1849. — Die Bestandteile waren abgekürzte Stellen aus dem jus und den leges (§ 2). Letztere sind zirka $^1/_6$ aus dem Codex Theodosianus und dessen Novellen; aus dem jus besonders die in 2 Bücher verkürzten Institutionen des Gaius und ein Auszug aus Paulus sententiae. S. über den westgotischen Gaius und Paulus Brunner, Deutsche Rechtsgeschichte I (2. A.) S. 510 ff. u. Zit. Ferner über Römisches Recht im frühesten Mittelalter Conrat (Cohn), Ztschr. d. Sav.-Stift. 34, 13.

[10] Cujacii o. opera 11 vol. Nap. 1722, 1757, 11 vol. Venet. 1758—83.

[11] Commentarii juris civilis (1589 ff. fortges. v. Sc. Gentilis, zuletzt 1801—34).

systematisch. Spätere Größen der französischen historischen Schule sind Jac. Gothofredus (Sohn des Dionysius, § 2 i. f.) und Anton Faber (durch seine Quellenkritik hochberühmt). Doch verlor diese Richtung als Schule der „eleganten Jurisprudenz" den Zusammenhang mit der französischen Praxis, so daß in dieser der germanische Einfluß erhalten blieb. Dagegen setzte sich die historische Schule im 17. und 18. Jahrhundert (durch Voetius, Bynkershoek u. a.) in den Niederlanden fort, bis mit dem Vernunft- oder Naturrecht (s. u. N. 14) eine neue wissenschaftliche Richtung aufkam.

In Deutschland ist währenddem eine rein praktische Rechtsentwicklung zu verzeichnen (Periode der Praktiker), gegen den Widerstand vereinzelter großer Geister, wie Ulrich Zasius. Die Strömung der Zeit ging auf Ersetzung des unheilbar zerrissenen einheimischen Rechts durch das römische Recht der italienischen Juristen. Die Rezeption brachte die Rechtseinheit und ein modernes, scheinbar auf alle Verhältnisse passendes Recht. Die deutschen Gewohnheiten und selbst Gesetze (Stadtrechte, Landrechte und sonstige Statuten) beabsichtigte man nicht aufzuheben. Waren sie doch lückenhaft genug, so daß sie für Einzelheiten sehr gut daneben bestehen konnten, während sie anderseits gerade aller derjenigen juristischen Begriffe ermangelten, die man in den Schriften des römischen Rechtes fand. Dieses erschien als die einzig vernünftige, ja selbstverständliche Grundlage des Rechts (ratio scripta). So erfolgte die Einführung, nachdem sie durch den Einfluß der deutschen Juristen, die in Italien, später auch in Deutschland (an den dort gegründeten Universitäten) ihre Ausbildung empfangen hatten, genügend vorbereitet war, gewohnheitsrechtlich. Vermittelt durch die Praxis der deutschen Gerichte, in welchen die Doctores juris in steigendem Maße Sitz und Stimme gewannen[12]; — begünstigt durch die deutschen Kaiser, die sich schon längst als Nach-

[12] So zunächst beim Reichskammergericht durch die Reichskammergerichtsordnung v. 1495; entsprechend dann auch bei den höchsten Gerichten der einzelnen Territorien usw.

folger der römischen Kaiser betrachteten! Im 16. Jahrhundert war das römische Recht in Deutschland eingebürgert. Es gilt als gemeines subsidiäres Recht Deutschlands, nach welchem die Gerichte in allen Zweifelsfällen, resp. wo das einheimische Recht versagt, urteilen; ja eine maßlose „romanistische" Richtung kämpft für seine alleinige Geltung — freilich ohne Erfolg.

Das aufgenommene Recht war also nicht mehr das rein römische, sondern im Grunde nur das gemeine subsidiäre italienische Recht, dessen kanonischer Bestandteil durch die geistlichen Gerichte schon längst eingeführt war, während das lombardische Lehnrecht (der libri feudorum, § 2 i. f.) vom deutschen zwar abwich, aber doch wesentlich verwandte Züge zeigte. Das römische Recht wurde dann weiter durch die allgemeine deutsche Gewohnheit und einzelne Reichsgesetze gewandelt, so daß seine Anwendung auf die einheimischen Verhältnisse erträglich schien. War ausnahmsweise die Umbiegung nicht möglich, so blieb der Rechtssatz unangewendet. Es entstand der Usus modernus Pandectarum. Die Schriftsteller dieser Periode setzen die Methode der Anpassung im einzelnen fort, was zahlreichen deutschen Rechtseinrichtungen zugute kommt. Durch die Aktenversendung der Gerichte an die Universitäten wurden die Rechtslehrer auch fortwährend auf die Bedürfnisse der unmittelbaren Anwendung des Rechts gestoßen, so daß sie sich dieser Aufgabe von selbst mehr als der historischen Aufdeckung des reinen römischen Rechtes aus den Quellen zuwendeten[13]. Erst im 18. Jahrhundert dringt, durch die auf Hugo Grotius gegründete Naturrechtsschule, der Einfluß der neueren Philosophie in das Recht ein, die zur Weiterbildung der allgemeinen Begriffe auch des römischen Rechtes führt, sich im ganzen aber noch weiter von letzterem entfernt[14].

---

[13] Hauptvertreter sind Benedikt Carpzow († 1666), Dav. Mevius († 1670), Joh. Schilter († 1705), Sam. Stryk († 1710), J. H. Böhmer († 1749), Heineccius († 1741), Leyser († 1752).

[14] Bes. Thomasius († 1728), der auch die Preußische Kodifikation des Allg. Landrechts anregte, wenn er sie auch nicht mehr erlebte.

Hiergegen trat dann schließlich durch Gustav Hugo (1764—1844), Friedrich Carl v. Savigny (1779—1861) und G. Fr. Puchta (1798—1846) die historische Schule auf. Namentlich Savigny hat sie zu internationaler Bedeutung emporgeführt. Man faßt das römische Recht wieder als Produkt einer jahrhundertelangen Entwicklung auf und bestimmt demgemäß seinen Inhalt und Werdegang. Man kehrt zu den Quellen zurück, ohne auf die scharfe Ausprägung der Begriffe zu verzichten. Die Schriften sind darum viel tiefer als die der ehemaligen französischen Schule. Trotzdem ergab sich, daß der Fortschritt vom Usus modernus zum Höhepunkt historischen Erkennens vielfach ein Rückschritt war. Manches wurde als unrömisch verdammt, was auf dem Boden der Notwendigkeit in jahrhundertelanger Arbeit erwachsen war. Nach der Revolution von 1848, die den Sinn auf das Reale und Praktische richtete, erwies sich die konsequente Fortführung dieser Richtung als unmöglich. Bruns, Jhering, Windscheid, Dernburg gingen, ohne das historische, dogmatische und philosophische Moment bei der Erforschung des römischen Rechtes außer acht zu lassen, an den Ergebnissen des Usus modernus nicht mehr vorüber. Dadurch kam schließlich gegenüber der in der letzten Zeit immer mehr vertieften historischen Forschung ein Zwiespalt in die romanistische Wissenschaft. Die einen arbeiteten harmonisierend, die anderen kritisch; so daß es ein Glück war, daß die Fürsorge für die Gegenwart schließlich der Romanistik abgenommen und auf die Wissenschaft des deutschen Bürgerlichen Gesetzbuchs übertragen werden konnte[15].

Der großartigen Kraft des Pandektenrechts hatte das aus den mittelalterlichen Quellen entsprossene deutsche Recht nichts Gleichwertiges entgegenzusetzen gehabt. Die Wissenschaft ging an ihm vorüber und besann sich erst nach Jahrhunderten wieder darauf. Das deutsche Recht behauptete sich, wo die römischen Vorschriften auf das deutsche Volks-

[15] Über die heutige Bedeutung des römischen Rechtsunterrichts vgl. Partsch, Vom Beruf des röm. Rechts in der heutigen Universität (1920).

leben schlechterdings nicht paßten, besonders in den Partikularrechten. Also mit beschränkter Gültigkeit für einzelne Orte, Gemeinden, Stadtgebiete, Provinzen: nach dem Satze „Stadtrecht bricht Landrecht, Landrecht bricht gemeines Recht". Erleichtert wurde die Fortgeltung in einigen deutschen Staaten durch umfassende Gesetzbücher, welche die römischen und lebenskräftig verbliebenen deutschen Bestimmungen in zweckmäßiger Art vereinigten und an Stelle des gemeinen Rechtes traten. Dies geschah hauptsächlich in Preußen durch das Allgemeine Landrecht (1794), in Österreich durch das Allgemeine Bürgerliche Gesetzbuch (1811) und am Rhein durch das französische Recht und Badische Landrecht (1804 resp. 1809). Mit dem Aufkommen der historischen Schule entstand dann neben der vertieften Lehre des römischen Rechts, an der Hand der letzterwähnten größeren und zahlreicher kleinerer Partikularrechte, eine Wissenschaft des deutschen Privatrechts, die zwar kein einheitliches Gesetz zur Grundlage hatte, sondern aus der Vielheit der landesrechtlichen Erscheinungen gemeinsame Grundsätze herausschälte und weiterentwickelte, aber auch so imstande war, im Lauf des 19. Jahrhunderts die am Leben gebliebenen Teile des deutschen Rechtes neben dem römischen wieder zur Geltung zu bringen, bis am Schluß dieses Jahrhunderts im Bürgerlichen Gesetzbuch für das ganze deutsche Reich auch in gesetzlicher Gestalt das große Kompromiß zwischen dem römischen und deutschen Rechtsgedanken geschlossen werden konnte, in dem sich die Kulturentwicklung der romanischen und germanischen Welt auf rechtlichem Gebiet verbindet und durchdringt.

§ 4.

Die Aufgabe der gegenwärtigen Darstellung des römischen Privatrechts.

Aus der geschilderten Entwicklung ergibt sich die Aufgabe unserer Darstellung der Grundzüge des römischen Privatrechts. Den Usus modernus haben wir überwunden. Unsere Darstellung kann wieder die des reinen römischen Rechtes sein. Das Corpus juris, auch nachdem es für uns der gesetzlichen Kraft entkleidet ist, bleibt ein unerschöpfliches Bildungsmittel, auf welches wir nicht verzichten können.

Die Art der Darstellung wird durch diese Erwägungen beeinflußt. Sie kann nicht der römischen Anordnung des Stoffes im Corpus juris folgen, die uns ganz fern liegt. Um dem heutigen Recht zu dienen, muß sie sich mehr modernen Anschauungen anschließen. Aber nicht in dem Maße, daß wir Dinge in das römische Recht hineintragen, die erst die Folgezeit entwickelt hat. Die gewaltige Gedankenarbeit der deutschen Pandektenlehre aus den römischen Quellen gehört ihr selbst, also unserem Rechte an. Die Darstellung eines gewesenen Rechts soll dessen Stoffe nichts hinzutun. Bis ins Detail läßt sich das freilich nicht immer durchführen, um verständlich zu bleiben. Auch die dem römischen Recht eigene Orientierung ins Prozessualische muß hier bei Seite bleiben. Dagegen fehlt ein Allgemeiner Teil im heutigen Sinne unserer Darstellung grundsätzlich. Manche der hier heute aufgestellten allgemeinen Begriffe mangelten den Römern entweder überhaupt, oder sie wurden nur mehr gefühlt als technisch erfaßt.

Das römische Recht unterscheidet grundsätzlich Herrschaftsrechte (absolute Rechte), die eine unmittelbare Gewalt über die beherrschte freie Person (Familienglieder, §§ 52 ff.) oder über Sachen (§§ 7 ff.) verleihen, und relative oder Forderungsrechte, wo eine derartige unmittelbare Herrschaft fehlt und der Schuldner nur verpflichtet ist, dem Gläubiger eine Leistung zu erbringen (§ 29).

Der Unterschied der absoluten und relativen Rechte ist fundamental. Nur widerspricht es unserer Auffassung, bei den Herrschaftsrechten die Sachherrschaft mit der über freie Personen zusammenzustellen. Dies hing mit dem Herrenrecht des römischen Familienvaters über Frau und Kinder zusammen. Wir unterscheiden die persönlichen und vermögensrechtlichen Beziehungen des Individuums.

Die Vermögensrechte, bei denen die Herrschaft (wie auch im späteren römischen Recht) am vollkommensten entwickelt ist, behandeln wir zuerst: Sachenrecht

(I. Buch). Daran schließen wir die relativen Vermögensrechte, auf bloße Verpflichtungen einer freien Person: Schuldrecht (II. Buch). Dann gehen wir zu den persönlichen Beziehungen des Individuums über, einmal zum Rechte der Persönlichkeit (also was zur Rechtsfähigkeit resp. vollen Rechtsfähigkeit gehört), und zum Familienrecht (III. Buch). Bei letzterem werden auch die güterrechtlichen Wirkungen angeschlossen, weil sie aus der zugrundeliegenden Auffassung über die personenrechtliche Verbindung entstanden sind. Der gleiche Zusammenhang besteht beim Erbrecht (IV. Buch). Seine Grundlage ist ebenfalls der Familienverband. Wo fremde Personen erben, werden sie (ähnlich wie auch im Familienrecht durch Adoption und Arrogation) vom Erblasser den Familiengliedern gleichgestellt.

§ 5.

Formales und billiges Recht. Aktionensystem. Klagverjährung. Wiedereinsetzung in den vorigen Stand.

I. Die Unterscheidung des Privatrechts vom öffentlichen Recht ist den Römern schon frühe bekannt[1]. Der Ursprung des ersteren aus den altnationalen Bestandteilen des jus civile, und den allen antiken Gesetzgebungen gemeinsamen Rechtsinstituten (dem sog. jus gentium)[2], welche die römischen Magistrate, insbesondere der Prätor, bei ihrer Rechtsanwendung (im Prozeß) in steigendem Maß für den römischen Bürger zur Anwendung brachten[3], bis sie schließlich zum großen Teil als Amtsrecht, prätorisches Recht oder jus honorarium neben das civile treten, ist bereits angedeutet worden (§ 2). Wenn auch in späterer Zeit beide Bestandteile (unter Zurückdrängung des Veralteten und Aufnahme neuer Institute) mehr und mehr verschmelzen, so tritt in der Rechtssprache der Ursprung einer besonderen Bestimmung als zivile oder prätorische bis

[1] Vgl. Ulpian D. 1, 1, 1, 2; I. 1, 1, 4. Pernice, Ztschr. f. Rechtsgesch. 18, 1.

[2] S. Bruns-Lenel in Holtz-Kohlers Enzyklopädie I § 18; Perozzi, Istituzioni § 5; Mitteis, Röm. Privatr. I 44, 62, 68; Kipp § 3.

[3] Nicht damit zu verwechseln ist das Fremdenrecht. S. u. § 50 Text u. Note 1.

in das Justinianische Recht hinein noch immer hervor und ist praktisch nicht unwesentlich.

II. Vor allem war das alte jus civile hauptsächlich ein strenges und formales[4]. Die von ihm anerkannten Ansprüche waren in bestimmte gesprochene Formeln eingeschnürt, welche festumrissene Tatbestände voraussetzten, wie z. B. den Spruchvertrag bei der Stipulation (§ 34). Dabei war eine Berücksichtigung der Umstände des Einzelfalles (z. B. daß eine betrügerische Ausbeutung des Gegners stattfinde) unmöglich. Nur der Prätor konnte durch besonderes Eingreifen, denegatio actionis, Verweigern des Prozesses, ein Durchdringen des zivilrechtlichen Anspruchs verhindern.

Dagegen hatte das vom Prätor im Wege des freien Prozeßverfahrens (per concepta verba) eingebürgerte, vielleicht zuerst im Peregrinenprozeß ausgebildete Recht von vornherein den Zweck einer Erweiterung der Rechtsordnung (über die primitiven Institutionen des altzivilen Rechtes hinaus), sowie einer Ausgleichung von Widersprüchen zwischen der Starrheit des jus civile und den natürlichen Rechtsanschauungen der Billigkeit[5]. Der Magistrat, der keine Gesetze geben konnte, führte das neue Recht kraft seiner Machtvollkommenheit im Wege des Prozesses ein. § 2 Ziff. II[6]. Und zwar, indem er der, nach seinem Ermessen, schutzbedürftigen Partei Angriffs- oder Verteidigungsmittel: also Klagen wider den Gegner[7], oder

[4] Mitteis, Röm. Privatr. I § 15; Pringsheim, Ztschr. d. Sav.-Stift. 42, 643 ff.

[5] Vgl. über das Prinzip der Billigkeit Voigt, jus naturale I; Kipp in Pauly-Wiss. s. v. aequitas u. Gesch. d. Quellen S. 8 ff.

[6] Dieser Prozeß (der sog. Formularprozeß) ging wahrscheinlich aus dem Fremdenprozeß hervor, in dem der Prätor (seit ca. 242 v. Chr. der Fremdenprätor) immer schon den Fremden, der sich auf die röm. Zivilrechte nicht berufen konnte, in seinen angemessenen Ansprüchen geschützt hatte. — Vgl. Wlassak, Röm. Prozeßgesetze, u. Der Gerichtsmagistrat im gesetzl. Spruchverfahren, Ztschr. d. Sav.-Stift. 25, 81 u. 28, 1; Partsch, Die Schriftformel im röm. Provinzialprozeß (1905); Wlassak, Der Iudikationsbefehl d. röm. Prozesse (Sitz.-Ber. d. phil.-hist. Kl. d. Akad. d. Wiss. i. Wien 1921). S. auch Mitteis, Röm. Privatr. § 3.

[7] Celsus D. 44, 7, 51: Nihil aliud est actio, quam jus quod sibi debeatur, judicio persequendi. Vgl. Bekker Aktionen 2 Bde. (1871 ff.); Wlassak in Pauly-Wiss. s. v. actio; Windscheid, Die actio des röm. Zivilr. (1856); Hellwig, Anspruch u. Klagrecht (1900).

nach Bedürfnis auch Einreden[8] wider eine erhobene Klage gab. Dabei hielt man sich tunlichst immer an das schon Vorhandene. Das Prozeßverfahren gab in Fällen, wo die Verurteilung des Beklagten nach dem Tatbestand zu Unbilligkeiten oder Unzweckmäßigkeiten geführt hätte, dem Richter weiten Spielraum[9]. Klagen, die nach diesem freieren Gesichtspunkt zu erledigen waren, hießen actiones arbitrariae[10]. Kommt man gegenüber neu auftretenden Erscheinungen des Lebens mit dem Bestand der alten Klagen überhaupt nicht aus, so bildet man nach dem Muster einer alten Klage eine neue (actiones in factum conceptae), oder behilft sich mit einer Fiktion, um die Unterordnung des neuen Falles unter eine bisherige actio zu ermöglichen (actiones ficticiae)[11]. Auf diese Weise entstehen neben den actiones civiles analoge Klagen, die sog. actiones utiles. Eine solche Klage steht niemals ohne weiteres zu (competere), sondern wird immer nur vom Prätor von Fall zu Fall gegeben (danda est). — Umgekehrt konnte durch die Zulassung von exceptiones, in Berücksichtigung neuer schutzbedürftiger Verhältnisse und Umstände, eine Einschränkung der Verurteilungsbefugnis des Richters

---

[8] S. Wlassak, Ursprung der röm. Einrede (1910) u. dazu Rabel, Ztschr. d. Sav.-Stift. 32, 413; Wlassak, ebenda 33, 81—159; J. Pétrau-Gay, Evolution histor. des exceptions etc. (1916) u. dazu Koschaker, Sav. Ztschr. 41, 334. — Es gibt peremtorische Einreden, die der Klage dauernd u. unausweichlich entgegenstehen (wie die Einrede des dolus u. metus, § 42), und dilatorische, die nur auf Zeit wirken oder die der Kläger vermeiden kann (z. B. die Einrede der Stundung, § 45 nach N. 20). Näheres bei Kipp, Ztschr. d. Sav.-Stift. 42, 328 ff.

[9] Z. B. bei Verpflichtungen auf ein restituere oder exhibere wegen des Prinzips der Geldkondemnation (§ 29 Ziff. 2); aber auch z. B. bei den Noxalklagen (§ 44 i. f.). Hier konnte der Verurteilung auf die Geldsumme ein Vorbescheid (Restitutionsbefehl) vorausgeschickt werden, so daß erst bei Fruchtlosigkeit desselben die Verurteilung auf den Geldersatz eintrat.

[10] Der Richter kommt dadurch in die freiere Stellung eines arbiter. Einen weiteren Hauptfall s. u. § 31 III. Aufzählung in I. 4, 6, 31. Näheres bei Lenel Edictum (2. A.) 234, 388, 531; Festgabe f. Sohm (1914) 201 ff.; Levy, Ztschr. d. Sav.-Stift. 36, I (auch S. A.).

[11] Hauptfall ist die actio Publiciana (§ 17), wonach dem Besitzer, der die Ersitzungszeit noch nicht vollendet hat, die Klagen des Eigentümers gegeben werden, unter der Fiktion, daß er bereits ersessen hätte.

herbeigeführt werden[12]. Ein Hauptfall ist die exceptio doli, durch die in weitem Umfang auch gegenüber stricti-juris-Klagen eine Berücksichtigung von Treu und Glauben beim Geschäft ermöglicht wurde[13]. — Diese Art der Einführung der neuen Rechtsideen ist für die ganze Struktur des römischen Rechts bis in die neueste Zeit bestimmend geworden.

Im römischen Recht fragt man seitdem nicht mehr, ob Jemand ein Recht hat, sondern vielmehr ob er eine Klage hat, bzw. ob ihm eine Einrede zu Gebote steht. Die Klage ist wichtiger als das Recht; wer die Klage hat, der hat auch recht (oder ein entsprechendes Recht). Mit actio in personam wurden obligatorische Verhältnisse (§ 29 ff.) geltend gemacht. Wenn das Verhältnis als ein strenges aufgefaßt wurde, wie bei der Stipulation, dem Darlehen, ist auch die Klage eine actio stricti juris. Sonst lag ein judicium bonae fidei vor, z. B. bei den Klagen aus Kauf, Miete (§ 38). Die strenge Klage wird, wenn sie abstrakt, d. h. ohne Angabe des Schuldgrunds angestellt werden kann[14], condictio genannt[15]. Man versteht darunter einseitige obligatorische Klagen auf bestimmte, später auch unbestimmte Leistungs-

---

[12] Wie die Klage vom Magistrat auf Grund seines imperium verweigert werden konnte (denegatio actionis), was nach Wlassak (s. o.) ursprünglich exceptio hieß, so erfolgte auch die Einrückung einer exceptio in den Kondemnationsbefehl an den judex, als Vorbehalt für die Verurteilung gegebenenfalls von Amts wegen. S. R. Schott, Das Gewähren des Rechtsschutzes im röm. Zivilprozeß (1903); Röm. Zivilprozeß u. moderne Prozeßwissenschaft (1904); Wlassak, R. Prozeßgesetze II, 335 ff.; Ztschr. d. Sav.-Stift. 25, 81 ff., 28, 1 ff., 108 ff.; Lenel, das. 30, 329 ff. — Mitteis in Jherings Jahrb. 28, 131 ff.; Hölder, Arch. f. ziv. Prax. 93, 54 ff.; Lenel, Edictum (2. A.) 91.

[13] Si in ea re nihil dolo malo factum sit neque fiat. Gai. IV, 119; Pernice, Labeo II, 112 (2. A. 231 ff.); Milone, La exc. doli (1882); H. Krüger, Beitr. z. L. v. d. exceptio doli (1892); Karlowa, R. Rechtsg. II, 1077 ff. Aus der exceptio doli ist z. B. das Zurückbehaltungsrecht (§§ 273, 274 BGB.) hervorgegangen.

[14] Dies ist möglich bei der Stipulation (§ 34) oder dem als Darlehen (§ 38 I) oder ohne Rechtgrund (§ 43 V) Geleisteten. — Ähnlich wie heute bei Wechselklagen.

[15] Man unterschied die Klage auf certa pecunia und certa res: vom Hauptfall (Getreide) auch condictio triticaria genannt. — Vgl. Bekker, Aktionen I, 93 ff.; Baron, Kondiktionen (1881); v. Mayr, Die condictio d. röm. Privatr. (1900); H. H. Pflüger, Ciceros Rede pro Q. Roscio (1904); Condictio u. kein Ende (1911).

gegenstände[16]. Mit der actio in rem dagegen wurden die sachenrechtlichen[17], erbrechtlichen und aus der Familiengewalt[18] entfließenden schutzbedürftigen Beziehungen geltend gemacht. Die gegebenen Klage- und Einredefälle wurden nach und nach zu wirklichen Rechten. Im judicium bonae fidei wurden Billigkeit, Treu und Glauben im Verkehr in ausgiebigstem Maße berücksichtigt. Die betreffenden Geschäfte sind negotia bonae fidei. Aber auch bei strengen Geschäften kann nach Bedarf durch Gewährung einer exceptio doli (N. 13) für Berücksichtigung der Billigkeit gesorgt werden. Diese Einkleidung in actiones und exceptiones erhielt sich. Auch die späteren Juristen reden nach alter Gewöhnung nicht davon, daß hier ein Recht, sondern daß eine bestimmte Klage oder eine bestimmte Einrede gegeben sei. M. a. W., die Fortbildung des römischen Rechts hat im Gewand von Klagen und Einreden stattgefunden. Auch nachdem die Fortbildung der Hand der Prätoren längst entglitten war, blieb die Vorstellung, daß Jemanden in bestimmter Lage das Gericht zur Seite stehe. Statt daß ihm das Gesetz zur Seite steht[19]. Das Rechtssystem als Aktionensystem war durch die Schriften der klassischen Juristen geheiligt, und noch im späteren Prozeß erfolgte der Klagantrag durch Verweisung auf die actio.

III. Schon der Prätor hatte viele der von ihm gegebenen Klagen kurz befristet (actiones temporales). Aus dem

---

[16] Condictio incerti! — Damit verlor die Klage ihre Haupteigentümlichkeit. Streitig, ob schon im klassischen oder erst im justinianischen Recht. Vgl. Mitteis, Jherings Jahrb. 39, 153; Pernice, Labeo III, 201 ff.; Trampedach, Ztschr. d. Sav.-Stift. 17, 96; Pflüger, das. 18, 75; v. Mayr, das. 24, 258; 25, 188; H. Krüger, das. 21, 423; W. Stintzing, Beitr. z. r. Rechtsgesch. (1901) 20 ff.

[17] Z. B. Eigentum, Pfandrecht (a. hypothecaria in rem).

[18] S. u. § 52 ff. Da man die besondere Art der Familienrechte noch nicht genügend erkannte.

[19] Man kann auch sagen: die actio geht auf Gerichtsschutz bzw. auf prozessualische Einlassung des Verpflichteten, der Anspruch des heutigen Rechts (§ 194 BGB.) lediglich auf Leistung. — Oder: die actio stellt ein Zwangsrecht dar, sie begründet ein Haftungsverhältnis; der Anspruch des heutigen Rechts begründet nur ein Schuldverhältnis (s. u. § 29).

Kaiserrecht stammt der Gedanke der Verjährung[20]. Diese verleiht eine Einrede gegen die actio nach Ablauf einer gewissen Zeit, weil es unbillig erschien, den Gegner auf Anstellung einer ständigen Klage über Gebühr warten zu lassen. Nach einer Entwicklung, die ums Jahr 200 beginnt, führte Theodosius im Jahre 424 n. Chr. die regelmäßige Verjährung von 30 (ausnahmsweise 40) Jahren ein[21]. Es gibt aber Hemmungsgründe für die Verjährung (tempus dormiens), so bei Unmündigkeit des Klagberechtigten und bei Minderjährigkeit i. e. S., falls es sich um eine Verjährung unter 30 Jahren handelt; ebenso bei gewissen Hindernissen der Klaganstellung. Hier läuft nach Wegfall des Hindernisses die Frist weiter. Dagegen wird die Verjährung unterbrochen, d. h. der bisherige Zeitlauf völlig bedeutungslos, sobald die Klage wirklich angestellt[22] oder der Anspruch des Klageberechtigten vom Gegner anerkannt worden ist[23]. Mangels erreichter wirklicher Befriedigung läuft dann eventuell eine ganz neue Verjährung. — Die Berechnung der Fristen erfolgt nach vollen Tagen (computatio civilis)[24]. Nach prätorischer Reminiszenz wurden aber zuweilen gewisse, in der Sachlage begründete Erschwerungen des Handelns, durch Aus-

---

[20] S. Unterholzner, Ausf. Entw. d. ges. Verjährungslehre (2. A. v. Schirmer 1858), bes. II § 252 ff.; Reinhardt, Usucapio u. praescriptio d. r. R. (1882); E. Heymann, Das Vorschützen der Verjährung (1895).

[21] Die ehemaligen actiones perpetuae verjähren jetzt in 30 Jahren (unter Beibehaltung des Namens). Die schon früher kurz befristeten Klagen (z. B. a. redhibitoria u. quanti minoris, § 38 I Ziff. 3 i. f.) bleiben unverändert. — Über die Entwicklungsgeschichte der ord. Verjährung s. Mitteis, Ztschr. d. Sav.-Stift. 26, 486; 27, 226; Lenel das. 71.

[22] Anfangs mit der Litiskontestation, s. u. § 45 I, Ziff. 2, später mit der Ladung nach Klaganbringung (litis denuntiatio).

[23] Was auch in Zinszahlung, Pfandbestellung für die Forderung etc. liegen kann.

[24] Dabei ist Ablauf des letzten Tages erforderlich. — Anders römisch bei der erwerbenden Verjährung (Ersitzung, § 15), wo, wie in anderen Fällen des Rechtserwerbs, die Erreichung des letzten Tages der Frist genügt (dies coeptus pro completo habetur. Heutzutage beseitigt.)

schaltung der Tage eines solchen Hindernisses berücksichtigt (Berechnung nach tempus utile)[25].

Die Wirkung der Verschweigung traf die actio, nicht das Recht. Wenn letzteres sich auch in unzähligen Fällen nur unter dem Schutz der actio entwickelt hatte, so bestand es im späteren Rechtssystem doch neben ihr. Die Verjährung blieb aber, richtiger Ansicht nach, auf die actio beschränkt. Darum beginnt die Verjährung nicht schon mit dem Bestehen des Rechts, sondern mit dem Moment der actio nata: das ist der Moment, in welchem ein Zustand der Nichtbefriedigung für den Berechtigten eingetreten ist. Denn früher (z. B. vor Fälligkeit der Forderung, oder vor stattgefundener Verletzung des Eigentums) ist man gar nicht in der Lage, mit Erfolg das Gericht anzugehen. — Konsequent erlischt[26] auch durch vollendete Verjährung nur die actio, nicht das Recht. Z. B. eine stattgefundene Verletzung des Eigentums kann nach Verjährung der betreffenden Klage gegenüber diesem Verletzer nicht mehr abgewendet werden. Das Eigentum selbst ist aber dadurch nicht verloren, und kann, falls der Verletzer es nicht selbst inzwischen ersessen hat (§ 15), noch immer gegen dritte Personen geltend gemacht werden. Ebenso kann eine verjährte Forderung, wenn auch nicht mehr eingeklagt, so doch noch freiwillig erfüllt werden, ohne daß darin eine Schenkung an den Empfänger liegt (vgl. § 30 i. f.). Ebensowenig erstreckt sich regelmäßig die Verjährung auf Einreden, obschon in ihnen auch Rechte liegen[27]. D. 44, 4, 5, 6.

Wenn uns heutzutage der römische Gegensatz von Recht und actio aus dem Bewußtsein verschwunden ist, so hat er die Römer doch auf die richtige Unterscheidung geführt, daß

---

[25] Wir kennen heute die Berechnung nach tempus utile nicht mehr. § 188 BGB. Zuweilen ist der Fristbeginn hinausgeschoben (§ 852).

[26] Allerdings nicht von selbst, sondern ope exceptionis. M. a. W. die Verjährung muß vorgeschützt werden (worauf auch vom Beklagten verzichtet werden kann). Der Klage steht die exceptio oder praescriptio temporis (XXX vel XL annorum) entgegen.

[27] Daher der spätere Spruch: quae temporalia sunt ad agendum, perpetua sunt ad excipiendum.

das Vorhandensein eines Rechts noch nicht zugleich einen Anspruch gegen Dritte auf Befriedigung in sich schließt. Also daß Recht und Anspruch verschiedene Dinge sind. Dabei fällt der heutige Begriff des Anspruchs (§ 194 BGB.) allerdings mit der römischen actio nicht zusammen, da ihm das Moment der Gerichtlichkeit fehlt. Aber darin liegt nur eine Verfeinerung des Gedankens. Daher ist auch die römische Klagverjährung bei uns entsprechend zu einer Anspruchsverjährung geworden, und ist keineswegs eine Verjährung des ganzen Rechts.

IV. Ein anderer prozessualischer Rechtsbehelf der römischen Magistrate, um der Billigkeit gegen das strenge Recht zu Hilfe zu kommen, also im Einzelfall zu helfen, wo Gesetze fehlten, war die restitutio in integrum. Auch in ihr haben sich manche zivilistische Erscheinungen der späteren Zeit im Keime entwickelt. Es handelt sich um Wiedereinsetzung eines durch unbillige Einwirkung verschiedener Art Geschädigten in den vorigen Stand. Auch diese Wiedereinsetzung hatte ursprünglich der Prätor auf Grund seines imperium nach freiem Ermessen durch einen Beschluß (decretum) gewährt. Infolge der Gewährung konnte der Geschädigte seine Rechte, also z. B. die restituierte Klage wieder so geltend machen, wie wenn er sie nicht verloren hätte (im sog. judicium rescissorium). In anderen Fällen half der Prätor mit besonderen Klagen (z. B. mit der actio doli und actio quod metus causa, § 42 i. f.), in noch anderen Fällen durch exceptio (z. B. exceptio legis Plaetoriae, § 61 I). Den Minderjährigen wurde Restitution gegen benachteiligende Wirkung der von ihnen abgeschlossenen Geschäfte erteilt. Es wurde eine Wiedereinsetzung wegen Abwesenheit im öffentlichen Interesse eingeführt (gegen inzwischen eingetretene Klagverjährung oder Ersitzung der zurückgelassenen Sachen des rei publicae causa absens durch Dritte), D. 4, 6, 1, 1; endlich eine Restitution gegen die Nachteile aus einem gegen die Person verübten Zwang (metus), und selbst gegen Irrtum bei gewissen Rechtshandlungen, z. B. nachgesuchter Separation des Nachlasses durch die Erbschaftsgläubiger (§ 79 N. 18), Fristversäumung für die Agnition der bonorum possessio, D. 22, 6, 1, 1 (§ 63) und besonders im Prozesse. Dadurch wurde die Ausbildung genauerer Regeln z. B. über geminderte Handlungsfähigkeit der Jugendlichen, über die Voraussetzungen des Betrugs usw. zum großen Teile erübrigt. Die heutigen gesetzlichen Regeln und auch nur genaueren Fragestellungen über die Begriffe der Betrugs-, Zwangs-, Irrtumsanfechtung usw. darf man daher in das reine römische Recht nicht hineinlegen. Umgekehrt konnte unser heutiges Recht, indem es die Anfechtbarkeit von Rechtshandlungen Minderjähriger, und der Volljährigen wegen wesentlichen Irrtums usw. zu allgemeinen Rechtsregeln herausarbeitete, die Wiedereinsetzung in den vorigen Stand entbehren. Nur im Prozeß lebt sie teilweise noch fort[28].

[28] Vgl. § 233 ff. ZPO. über die Wiedereinsetzung gegen Versäumung von Notfristen im Prozesse, durch Naturereignisse oder andere unabwendbare Zufälle usw. S. auch § 165 der Konkursordnung u. §§ 22, 92, 93, 137 RG. über die Angel. d. freiwilligen Gerichtsbarkeit.

I. Buch.

Sachenrecht.

§ 6.

I. Von den Sachen.

Insofern die Gegenstände in Gestalt des Eigentums und anderer dinglicher Rechte (§ 4) der unmittelbaren Herrschaft der Einzelnen unterworfen sind, kommen als denkbares Objekt nur körperliche Gegenstände in Betracht[1]; im Gegensatz zu den res incorporales, wozu auch selbst wieder Rechte (z. B. die Erbschaft, Forderungsrechte) gehören können, gleichgültig ob letztere ihrerseits auf körperliche Gegenstände gerichtet sind. Denn die Befugnis selbst ist nichts Körperliches, sondern korrespondiert z. B. nur mit der Leistungspflicht des Schuldners[2].

Das Feld der unmittelbaren rechtlichen Herrschaft (des Besitzes und Genusses der Lebensgüter), die wir in diesem I. Buch zunächst behandeln, beschränkt sich also auf die körperlichen Sachen. Dabei verstehen die römischen Juristen unter Sache bald das Objekt selbst, bald das Eigentum an dieser Sache[3]. Entsprechend ist auch ihre Einteilung der Sachen durch die daran vorkommenden Rechte beeinflußt.

I. Dies gilt in erster Linie für die althistorische Einteilung der Sachen in res mancipi und nec mancipi[4]

---

[1] Quae tangi possunt. — Wie auch nach § 90 BGB.

[2] S. u. § 29 über den Begriff des Forderungsrechts (obligatio).

[3] Res incorporales sind dann die übrigen Rechte, von denen die röm. Juristen unbefangen neben den körperlichen Sachen reden. An ihnen erkennen sie unter Umständen einen sog. Quasibesitz an.

[4] Bonfante, Res mancipi e nec mancipi (1888/89).

Bei den ersteren handelt es sich um Gegenstände, welche seit altersher den Grundstock des Vermögens des römischen Bürgers bildeten (§ 7 Ziff. IV) und demselben möglichst erhalten bleiben sollten. Es waren die italischen Grundstücke (das Landgut des römischen pater familias) nebst dem hauptsächlichsten Inventar: den Sklaven und den italischen vierfüßigen Zug- und Lasttieren (Pferde, Esel, Maulesel und Rinder); endlich die zu dem Bauerngut gehörigen Grundgerechtigkeiten (Rustikalservituten, § 21), die natürlich ebenfalls die Benutzung und Ertragfähigkeit des Grundstücks erweitern. Die erwähnten Stücke werden im römischen Sachenrecht besonders behandelt. Die Sklaven und die vier Tiere unterstehen auch dem Ädilenedikt. Die res mancipi sollten nur in feierlicher Form: durch mancipatio (mit Erz und Wage und vor fünf römischen Bürgern als Zeugen) oder durch in jure cessio (vor der Obrigkeit) von einem römischen Bürger auf den anderen übertragen werden können, s. u. § 12 Ziff. I. Die übrigen Mobilien fallen nicht unter das Manzipationsgeschäft und sind daher nicht res mancipi. Die Provinzialgrundstücke aber gehörten als eroberter Boden nach der Theorie der Kaiserzeit dem römischen Volk bzw. dem Prinzeps, so daß es daran überhaupt kein richtiges Privateigentum gab (Ziff. II). Im justinianischen Recht sind alle diese Verschiedenheiten fortgefallen.

II. Gewisse Sachen erscheinen des Eigentums und der Privatherrschaft überhaupt unfähig. Hier spricht man von res extra commercium[5]. Die Auffassung darüber weicht von der unsrigen erheblich ab.

1. In erster Linie sind dem Privatrecht entrückt die res divini juris, die den Göttern eignen. Dahin gehören Tempel und heilige Gefäße (res sacrae), die Stätten,

[5] Vgl. Wappaeus, Z. L. von den dem Rechtsverkehr entzogenen Sachen (1867); Eisele, Rechtsverh. der res publicae (1873); Ubbelohde-Glück, Pand. 43/44, 4 T.; Ossig, Röm. Wasserrecht (1898); E. Costa, Le Acque nel diritto Rom. (1919); Pernice, Die sog. res. communes omnium i. Festg. f. Dernburg (1900). S. auch Sokolowski, Die Philosophie im Privatrecht (1902).

wo ein menschlicher Leichnam beerdigt ist, als den diis manibus geweiht (res religiosae), und befriedete Sachen, wie Stadtmauern usw. (res sanctae)[6].

2. Von den res humani juris sind dem Privatrecht entzogen:

a) Die sog. öffentlichen Sachen (res publicae), welche dem Gemeingebrauch dienen, wie öffentliche Plätze, öffentliche Wege, öffentliche Flüsse[7] u. dgl. Ursprünglich hatten alle dem populus Romanus gehörigen Sachen außerhalb der Privatrechtssphäre gestanden[8]. Mit Entwicklung der Privatpersönlichkeit des Staates im Fiskalrecht tritt dieser als Eigentümer auf (§ 51) und beherrscht zahlreiche den Staatszwecken dienende Sachen. Dagegen blieben die res publico usui destinatae in ihrer ursprünglichen Stellung. Sie sind also extra commercium, unterliegen dem öffentlichen Recht[9], und die Befugnis der Einzelnen, die Sache ihrer Bestimmung gemäß zu gebrauchen, ist nur eine prekäre Einräumung. Der Gemeingebrauch wird durch zahlreiche Interdikte geordnet[10].

Nach deutscher Auffassung gehören diese Sachen dem Staate oder einem anderen öffentlichrechtlichen Verbande zu Eigentum, und der Unterschied vom gewöhnlichen Privateigentum dieser Verbände liegt nur darin, daß die dem öffentlichen Gebrauch dienende Sache dieser ihrer Bestimmung nicht willkürlich entzogen werden kann. Die Eigen-

---

[6] Die letzteren bilden bei uns keine besondere Kategorie mehr, wenn sie auch vielfach besonderen Schutz, z. B. Strafschutz bei Verletzung genießen. Die beiden ersteren stehen im Eigentum der kirchlichen oder weltlichen Gemeinden, wenn auch unter besonderen Verkehrsbeschränkungen.

[7] Als öffentliche werden nach röm. Recht alle flumina perennia, nicht wie bei uns bloß die schiffbaren angesehen.

[8] Dazu gehörten im älteren Recht auch die Provinzialgrundstücke (als sog. ager publicus). S. M. Weber, Röm. Agrargeschichte (1891) u. o. Ziff. I i. f. Klingmüller i. Philologus 69 (1910) 71 ff. — Davon bestand nur eine Ausnahme, wenn einer römischen Bürgergemeinde, einer Kolonie oder einem Municipium das jus Italicum verliehen worden war. Dann war der Grund und Boden als italischer (Ziff. I) des quiritischen Privateigentums fähig. Alles dies änderte sich, als später das Reich hauptsächlich aus Provinzialboden bestand. Heisterbergk, Ius italicum (1885).

[9] Die Rechtssprache der Romanen bezeichnet sie noch heute als domaine public.

[10] Z. B. interdictum ne quid in loco publico, flumine publico fiat etc. Vgl. Dig. 43, 8 u. 43, 13.

schaft der Sache als res extra commercium ist hiernach mit einem Eigentum des Staats oder der Gemeinde wohl vereinbar.

Während in öffentlichen Flüssen die Fischerei römisch ganz frei war (I. 2, 1, 2), setzte sich daran in Deutschland ein staatliches Regal durch, das vielfach auch an die Gemeinden oder an Private überging. Dagegen stehen Privatflüsse im Eigentum der Uferanlieger, jedoch unter Beschränkungen im Interesse der Gesamtheit an der Benutzung des Wasserlaufes. Die Materie ist landesrechtlich geordnet (Art. 60 EG).

b) Als selbstverständlich erschien ohne weiteres, daß die freie Luft, das fließende Wasser [11] und das Meer nicht im Privateigentum und Verkehr stehen. Diese sog. res communes omnium sind eigentlich keine Sachen im Rechtssinne.

III. Die Teile einer Sache [12] sind, weil nicht körperlich selbständig, keine Sachen; so daß besondere Rechte daran nicht anerkannt werden [13]. Wenn die ehemaligen Bestandteile aber körperlich selbständig werden [14], so ändert sich dies; ebenso wie umgekehrt die feste Verbindung mehrerer ehemals selbständiger Sachen zu einer neuen das Eigentum an dem nunmehrigen Bestandteil auf den Eigentümer der ganzen Sache überträgt [15]. — Während der Eigentümer seine Sache immer teilen (auch zerstören) kann, darf der Richter (im Teilungsverfahren) nur die reell teilbaren Sachen körperlich zerlegen und die Teile verschiedenen Gemeinschaftern zuweisen. Solche Teilbarkeit liegt

---

[11] Im Gegensatz zu abgegrenzten Teilen, die im Privateigentum stehen können. Vgl. Pernice, Berl. Festg. f. Dernburg (1900) 125.

[12] S. Göppert, Über einheitliche, zusammengesetzte und Gesamtsachen (1871). Hauptstelle ist Pomponius D. 41, 3, 30: tria genera sunt corporum: 1. quod continetur uno spiritu (ut homo, tignum, lapis), 2. quod ex contingentibus (cohaerentibus) constat (ut aedificium, navis), 3. quod ex distantibus constat (veluti populus! legio! grex). Eine rein philosophische Einteilung.

[13] Z. B. die Frucht auf dem Stamme gehört dem Grundeigentümer, trotzdem das Grundstück vielleicht verpachtet ist oder im Nießbrauch eines anderen steht. Über den Erwerb des anderen s. u. § 14 Ziff. II.

[14] Bei Grundstücken durch Abgrenzung, bei beweglichen Sachen regelmäßig nur durch Aufhebung des körperlichen Zusammenhangs. S. Eisele, Arch. f. d. ziv. Prax. 84, 305 ff.

[15] Über die Frage, wann eine solche feste Verbindung vorliegt, s. u. § 14 Ziff. I über den Eigentumserwerb durch Verbindung (Akzession).

vor, wenn die Zerlegung keine Wertminderung herbeiführt, wie z. B. bei Grundstücken. Reell unteilbare Sachen werden zum Zwecke der Auseinandersetzung an Dritte verkauft oder im Teilungsprozeß an einen einzelnen Teilhaber (gegen Vergütung) überwiesen [16]. Oder man beläßt sie in der Gemeinschaft, wo dann jeder Miteigentümer seinen Rechnungsanteil oder gedachten Anteil (pars pro indiviso) an dritte Personen veräußern kann, wodurch diese in die Gemeinschaft eintreten. Die Teilung in Quoten ist in Wirklichkeit natürlich gar keine Teilung.

Kollektivganze (universitates rerum distantium), z. B. eine Herde, eine Bibliothek, sind an sich keine Sache; sondern nur die einzelnen Stücke, aus denen der Inbegriff besteht. Nur letztere stehen also im Eigentum, wenngleich die herkömmliche Zusammenfassung zu einem Ganzen für die Auslegung mancher Verhältnisse an diesem Inbegriff, z. B. für einen daran bestehenden Nießbrauch [17] und im Prozeß für die Reklamierung der Sachgesamtheit, ohne daß die einzelnen Stücke bezeichnet zu werden brauchen [18], von Bedeutung sein kann.

Eigentümlich ist die Unterscheidung der einheitlichen und zusammengesetzten Sachen. Hauptbeispiel der letzteren Art sind Gebäude. Regelmäßig gehört die ganze zusammengesetzte Sache nur einem Eigentümer. Aber besonderes Eigentum eines anderen an einzelnen Sachgliedern (z. B. unrechtmäßig in das Gebäude eingefügten Materialien) ist möglich, wenngleich deren Eigentümer, solange die Verbindung dauert, die Materialien nicht vindizieren kann. Wohl aber kann er sie nach Einsturz des Gebäudes wieder an sich nehmen [19].

IV. Auch die Einteilung der Sachen in bewegliche und unbewegliche Sachen ist den Römern natürlich

---

[16] Über die adjudicatio als Eigentumserwerbsgrund im Teilungsverfahren s. u. § 19.

[17] S. u. § 21 II Ziff. 1; beim Ususfructus an der Herde sind demnächst ebensoviele Stücke zurückzugeben.

[18] D. 6, 1, 1, 3 vindicatio gregis (unter Vermutung für das Recht an allen Stücken, wenn das Recht am Inbegriff dargetan ist.

[19] S. u. § 14. — Anders im heutigen Recht. Die verbauten Materialien sind Sachteile. §§ 93, 94 BGB.

bekannt, spielt aber keine so große Rolle, da Mobilien und Immobilien meistens denselben Rechtsvorschriften unterstehen[20]. Dies hängt mit der Grundbesitzverteilung im klassischen Recht (im 1. u. 2. Jahrhundert n. Chr.) zusammen.

Im Gegensatz zum älteren deutschen Recht hält die römische Einteilung sich streng an die natürliche Beschaffenheit der Sachen. BGB. folgt darin dem römischen Standpunkt; doch ist das Pfandrecht an Schiffen (§§ 1259—72) der Hypothek an Grundstücken stark angenähert.

V. Dagegen ist besonders der Begriff der verbrauchbaren Sachen entwickelt, deren regelmäßiger Gebrauch zu einem natürlichen (wie bei Wein, Nahrungsmitteln) oder wirtschaftlichen Aufbrauchen der Sache führt. Res quae usu minuuntur vel consumuntur. Geld wird sogar durch die bloße Vermischung mit fremdem Gelde konsumiert, wenn eine Unterscheidung der Stücke nicht mehr möglich ist[21].

VI. Besonders wichtig ist die Unterscheidung der vertretbaren und nicht vertretbaren Sachen, je nachdem auf die Individualität der Sache oder nur auf Maß, Zahl oder Gewicht gesehen wird. Die vertretbaren Sachen heißen auch fungibele oder Gattungssachen (genus). So z. B. Wein, Getreide[22]. Die Vertretbarkeit spielt im Sachenrecht keine besondere Rolle, da das Eigentum und die sonstigen unmittelbaren Herrschaftsrechte sich immer auf das beherrschte Stück als solches beziehen. Dagegen kann eine Verpflichtung auf Leistung vertretbarer Sachen durch beliebige Stücke der geschuldeten Art, Zahl und Güte erfüllt werden. Ob eine Sache als vertretbar oder nicht im Geschäfte behandelt ist, liegt nicht in der natürlichen Wesenheit der Sache, sondern entscheidet sich durch Auslegung des Rechtsgeschäfts. Z. B. ist wohl möglich, daß nur dieses Faß Wein gekauft ist. Soweit aber konventionell gewisse Sachen nur als Glieder einer

---

[20] So z. B. in Ansehung des Eigentums und Pfandrechts. Dagegen gibt es verschiedene Interdikte für Grundstücke und bewegliche Sachen (§ 10), verschiedene Arten der Ersitzung (§ 15), es gibt Grunddienstbarkeiten (§ 21) usw.

[21] Vgl. D. 46, 3, 78. — Nach BGB. liegt einfacher Fall der Akzession (§ 14) vor.

[22] Res quae pondere, numero, mensura, constant. Sie müssen zugewogen, zugezählt oder zugemessen werden. — Anders bei Grundstücken, Pferden usw. Diese sind Speziessachen.

Gattung in Betracht kommen, so daß die Bezeichnung nach Maß, Zahl oder Gewicht erforderlich ist, werden sie als vertretbare Sachen angesehen. So kommt ein Darlehen nur an vertretbaren Sachen vor, man unterscheidet das depositum regulare und irregulare je nachdem dieselben Stücke oder auch andere zurückgegeben werden können (§ 39 I, II Ziff. 1 u. 2).

VII. Zu der Hauptsache treten häufig gewisse Nebensachen, in dem Sinne, daß sie als von der ersteren abhängig und ihr untergeordnet erscheinen. Besonders hervorzuheben sind:

1. Das Zubehör (Pertinenz). Hier handelt es sich, im Gegensatz zu den Bestandteilen und der zusammengesetzten Sache (III), um körperlich selbständige Sachen, die nur wirtschaftlich (nach der Auffassung des Verkehrs) den Zwecken der Hauptsache dienen; und zwar dauernd, was auch in einer gewissen räumlichen Annäherung (die aber keine Verbindung sein muß) zum Ausdruck kommt. Z. B. Schlüssel, Winterfenster. Das römische Recht kennt nicht soviele Zubehörden als das heutige, insbesondere rechnet die römische Verkehrsauffassung das Gutsinventar und gewerbliche Inventar (instrumentum fundi) nicht dazu. Es gilt daher z. B. nicht als mitverkauft oder mitvermacht[23]. Überhaupt wirkt die Zubehörseigenschaft, wo sie anerkannt wird, nur in dem Sinne, daß Verpflichtungen in Ansehung der Hauptsache im Zweifel, auch auf das Zubehör bezogen werden, während das Eigentum und andere Sachenrechte an jeder dieser Sachen unabhängig nebeneinanderstehen[24].

2. Bei den Früchten[25] wird ein Abhängigkeitsverhältnis durch die Erzeugung aus der Muttersache hervor-

---

[23] Die Römer denken sich diese Gerätschaften nur (wie z. B. den gewöhnlichen Hausrat eines Mieters) als zu der Person desjenigen in Beziehung stehend, der das Gut bewirtschaftet oder das Gewerbe betreibt. Im Gegensatz dazu hatte das deutsche Recht das Gutsinventar und z. B. auch die Austattung einer Eigenkirche (Stutz, Festschr. f. Gierke 1911, S. 1242) immer für Zubehör erklärt. Ähnlich § 98 BGB.

[24] Teilweise weitergehend das heutige Recht. S. §§ 926, 1031, 1096, 1120 BGB.

[25] Göppert, Die organischen Erzeugnisse (1869); Reichel in Jherings Jahrb. 42, 205. — Petražycki, Die Fruchtverteilung (1892); Die Lehre vom Einkommen I (1893), II (1895).

gerufen. Daher steht die Frucht regelmäßig zunächst dem Eigentümer der Muttersache zu. Selbstverständlich solange die Frucht noch hängt, als deren Teil (Ziff. III), während sie später, wenn sie sich abgelöst hat, selbständig ihren Weg nehmen kann[26].

Früchte sind die Erzeugnisse oder sonstigen Bestandteile einer Sache, welche den bestimmungsmäßigen Ertrag derselben darstellen[27] und durch Separation zu selbständigen Sachen werden, z. B. Feld- und Baumfrüchte, Milch, Wolle, Tierjunge[28], im weiteren Sinne auch der Ertrag, z. B. Steine, aus einer Gräberei.

Schließlich hat man zu den Früchten auch die wirtschaftlichen Erträge einer Sache gerechnet, welche nicht körperlich, sondern dadurch aus der Sache gewonnen werden, daß man sie geschäftlich zum Gebrauch an einen Anderen überläßt, z. B. Zinsen eines Kapitals, Mietgelder usw. Man spricht hier von Zivilfrüchten, im Gegensatz zu den natürlichen Früchten — wenigstens in dem Sinne, daß diese Erträge bei Berechnung eines herauszugebenden Fruchtbetrags mit zu berücksichtigen sind[29].

Nach neuerer Auffassung stellt die Muttersache das Kapital, die Frucht das Einkommen aus diesem Kapitel dar, und man unterscheidet das Bruttoeinkommen und das Reineinkommen (nach Abzug der Aufwendungen, die zur Gewinnung der Früchte nötig waren)[30]. Ebenso, wenn die Frucht-

[26] Man spricht von fructus pendentes und fructus separati. — S. über den Fruchterwerb u. § 14 Ziff. II.

[27] Teilweise weiter geht § 99 BGB. Einmal insofern, als er alle organischen Erzeugnisse, nicht bloß diejenigen, welche den bestimmungsmäßigen Ertrag der Muttersache darstellen, zu den Früchten zählt, also z. B. auch Windbrüche. Bei den sonstigen Bestandteilen, z. B. der Ausbeute einer Gräberei, hält er sich im Rahmen des römischen Rechts. — Dann aber werden in Abs. 2 neben den Sachfrüchten auch Rechtsfrüchte anerkannt, welche das römische Recht nicht kennt.

[28] Dagegen scheute man sich, das Sklavenkind als Frucht anzusehen. Vgl. D. 7, 1, 68 pr. — Anderseits sind die operae servorum Gegenstand eines erweiterten Nutzungsbegriffs. S. u. § 21 i. f.

[29] S. D. 6, 1, 62. — Man zauderte, sie zu den Früchten zu zählen, weil sie nicht körperlich aus der Sache hervorgehen. S. z. B. D. 50, 16, 121. Anderseits wird anerkannt, daß sie loco fructuum sind. D. 5, 3, 29; D. 22, 1, 34. Schon die operae servorum (N. 28) hatten den alten Fruchtbegriff erweitert.

[30] C. 7, 51, 1: fructuum nomine continetur, quod justis sumptibus deductis superest.

gewinnung von jemand, der dazu verpflichtet war, versäumt wurde, stellt der Reinertrag (die fructus percipiendi) ein Maß des zu leistenden Schadensersatzes dar.

§ 7.
II. Die Rechte an Sachen. Eigentum und andere dingliche Rechte.

I. Die unmittelbare Herrschaft über Sachen, als das Feld des ruhigen Gütergenusses wird uns durch die Rechtsordnung in Gestalt der Sachenrechte oder dinglichen Rechte vermittelt. Das dingliche Recht geht also auf eine unmittelbare rechtliche Herrschaft über die Sache. Es ist ein Recht an der Sache, das deshalb, weil es die Sache selbst ergreift, auch von allen anderen Personen geachtet werden muß. Sein Inhalt ist daher ein doppelter: a) daß der Berechtigte selbst positiv beliebig auf die Sache einwirken darf; und b) daß kein Dritter ohne besonderen Grund den Berechtigten an dieser Einwirkung hindern darf.

II. Die dinglichen Rechte sind daher grundverschieden von den Forderungsrechten (II. Buch), auch wenn diese auf eine Sache gerichtet sind. Dort hat nur ein Einzelner, oder mehrere einzelne Verpflichtete (als Schuldner) die Sache zu leisten, und das Recht des Gläubigers besteht nicht unmittelbar an dieser Sache, sondern erschöpft sich darin, daß der Schuldner in bestimmter Weise zu handeln oder sich zu verhalten hat.

III. Daß die dingliche Rechtsherrschaft sich nur auf selbständige, individuell bestimmte res in commercio beziehen kann, ist schon erwähnt (§ 6). Kommt eine solche Sache nachträglich außer Verkehr, so erlischt das daran bestehende Recht, wie wenn die Sache selbst zugrunde ginge.

IV. Das umfassendste dingliche Recht ist das Eigentum. Es gewährt die totale Rechtsherrschaft über eine Sache, soweit sie nach Natur- und Rechtsgesetz überhaupt möglich ist. Dabei bestand zivilrechtlich die nationale Beschränkung auf römische Bürger (oder gleichgestellte Personen), wobei die Sache des römischen Verkehrs fähig

(§ 6 Ziff. II) und in der dem römischen Zivilrecht eigenen Weise erworben sein mußte (s. bes. § 12 Ziff. I u. § 15). Die res mancipi konnten unter Lebenden ursprünglich nur im Wege der mancipatio[1] oder obrigkeitlich (durch in jure cessio) zum vollen Eigentum: dominium ex jure Quiritium erworben werden, — Erwerbsarten, die Fremden unzugänglich waren. Fremde waren dadurch grundsätzlich von diesen Sachen ausgeschlossen. Aber ebensowenig erwarb sie ein Römer, wenn die Form nicht beobachtet, die Sache ihm z. B. einfach übergeben (tradiert) worden war. Nur die res nec mancipi konnten von Römern auch durch einfache Tradition zu vollem quiritischen Eigentum erworben werden. Das Amtsrecht der Prätoren aber schützte auch die anderen Fälle. So, wenn ein Römer eine res mancipi formlos von einem anderen, aber aus gerechtem Grunde, z. B. durch Kauf und Tradition erworben hatte; wenn bei der feierlichen Übertragung irgend etwas fehlte, z. B. der Übertragende selbst nicht quiritischer Eigentümer war[2]. Letzten Endes half hier schon zivilrechtlich zwar immer die Ersitzung (§ 15) aus. Der Prätor schützte aber auch schon vor vollendeter Ersitzung jeden solchen Erwerber ex justa causa: und zwar nicht bloß gegen den Tradenten, der quiritischer Eigentümer geblieben war, mit der exceptio rei venditae et traditae, sondern auch gegen Dritte mit der actio Publiciana (§ 17). Durch beide Rechtsmittel wurde der des quiritischen Eigentums nicht teilhaftig gewordene Erwerber praktisch geschützt, wie wenn er Eigentümer wäre. Er hat das Objekt in seinem Vermögen (in bonis) und kann es sich darin erhalten. Auch andere Fälle eines solchen bonitarischen Eigentums (im Gegensatz zum altzivilen, quiritischen) wurden nach und nach anerkannt, so in Fällen, wo der Prätor selbst jemand in gewisse Güter eingewiesen hatte, z. B. beim Erbfall (bonorum possessio) und in der Zwangsvollstreckung (bonorum venditio). Schließlich gibt es ein vollständiges doppeltes Eigen-

[1] Daher der Name: res mancipi. S. o. § 6 Ziff. I.

[2] Solchenfalls haftete der mancipio dans bei Eviktion der Sache durch den wahren Eigentümer mit der actio auctoritatis auf Gewährleistung.

tum, von dem aber in Kollisionsfällen das in bonis das wichtigere war, weil es den faktischen Genuß der Sache gab und behördlichen Schutz genoß. Das altzivile Eigentum war bloße Form (ein nudum jus) geworden, und die altzivilen Erwerbsarten kamen daher außer Gebrauch. Unter Justinian wurde der Eigentumsbegriff wieder vereinheitlicht, d. h. unter Aufhebung des quiritischen das ehemals prätorische Eigentum für die einzige Art des Eigentums erklärt, das nach den Formen des in bonis erworben wird.

Auch an Provinzialgrundstücken, die, wenn der betr. Bürgergemeinde (Kolonie, Municipium) nicht das jus Italicum verliehen war [3], zugunsten des Staates dem Privateigentum entzogen waren, wurde tatsächlich ein als possessio et ususfructus bezeichneter privater Grundbesitz anerkannt, der vererblich und veräußerlich, und sogar gegen Dritte verfolgbar war [4] und daher schließlich mit dem wahren Eigentum zusammenfloß.

V. Die übrigen dinglichen Rechte gewähren nur eine beschränkte Rechtsherrschaft (über gewisse immanente Eigenschaften der Sache), während die Sache selbst einem anderen gehört. Darum heißen sie auch beschränkt dingliche Rechte, jura in re aliena, und erlöschen grundsätzlich durch Vereinigung mit dem Eigentum, z. B. infolge Erbgangs (sog. dingliche confusio) [5]. Sie stellen sich auch sachlich als Beschränkung des Eigentümers in seiner Herrschaft dar, z. B. die Grunddienstbarkeiten als Belastung des Vollrechts des Grundherrn, der Nießbrauch ursprünglich als pars dominii. Grunddienstbarkeiten und Nießbrauch sind später zum einheitlichen Servitutenbegriff zusammengefaßt, §§ 20ff. Auf die Nutzung der Sache in noch größerem Umfang beziehen sich das Recht der Superficies (Platzrecht) und der Emphyteuse (Erbpacht) § 24. Oder das dingliche Recht gewährt ein Recht zum Besitz oder zur Beschlagnahme der Sache gegenüber dem Eigentümer zum

---

[3] S. o. § 6 Note 8.

[4] Auf Grund des Edikts der Provinzialstatthalter. S. auch u. § 15 über die longi temporis praescriptio Ziff. I u. Zit.

[5] Heutzutage ist die confusio als Aufhebungsgrund für dingliche Rechte an Grundstücken (wegen des Grundbuchsystems) beseitigt. § 889 BGB. Auch für solche an beweglichen Sachen ist sie (nach Maßgabe des Interesses am Fortbestande) zuweilen eingeschränkt. §§ 1063, 1256.

Zweck der Sicherung der Forderung eines Gläubigers (Pfandrecht) §§ 25 ff. — Das sind die von den Römern (einzig) anerkannten dinglichen Rechte.

VI. In Deutschland haben diese scharfen Unterscheidungen klärend gewirkt. Eigentum und begrenzte Rechte waren wesentlich als Abstufungen derselben Herrschaft aufgefaßt. Der Feudalismus erstickte feinere Unterscheidungen. Selbst gegen das Gebiet der öffentlichrechtlichen Herrschaft hin fehlte die Abgrenzung (daher oft Zweifel, ob eine Belastung ein Herrschaftsrecht publizistischen oder privatrechtlichen Charakters sei). Diese Unklarheiten wurden durch das römische Recht beseitigt.

1. Dabei ist man dann teilweise sogar zu weit gegangen und hat den römischen Begriff des Eigentums (als der absoluten, oder Totalherrschaft) überspannt. So erstreckte man ihn auf ausschließliche Herrschaftsbefugnisse, die nicht an Sachen bestehen, und sprach vom Eigentum an Forderungsrechten, Urheberrechten (sog. „geistiges Eigentum"), Bergwerkseigentum. In heutiger Zeit ist man davon zurückgekommen. §§ 1068, 1273 BGB. sprechen zwar von der Möglichkeit des Nießbrauchs und Pfandrechts an einem „Rechte". Aber es gibt kein entsprechendes Eigentum an einem Recht. Das sog. Bergwerkseigentum ist eine Nutzungsbefugnis am Grundstück, ähnlich der Emphyteuse.

2. Anderseits ist die Zahl der beschränkt dinglichen Rechte aus dem Schatz des deutschen Rechtsbewußtseins vermehrt worden: durch die Reallasten (§§ 1105 ff. BGB.), die verschiedenen Erbleiherechte, die sich keineswegs alle in den Begriff der röm. Emphyteuse einzwängen ließen (Art. 63 EG. BGB.), das Bergrecht (Art 67 das.), endlich die verschiedenen Anwartschaftsrechte auf Erlangung des Eigentums: dingliches Vorkaufsrecht (§§ 1094 ff. BGB.), und die Anwartschaften auf Familienfideikommisse, Lehen und Stammgüter.

§ 8.

III. Besitz und Eigentum.

1. Der Besitz*.

a) Begriff und Arten des Besitzes.

I. Die Sachherrschaft des Eigentümers tritt normalerweise in seinem Besitz der Sache in die Erscheinung. So ist der Besitz der Zustand der Befriedigung des Eigentums.

* Windscheid-Kipp § 148 Zit. Hervorzuheben Savigny, Recht des Besitzes, 7. A., Rudorff 1865; Jhering, Grund des Besitzschutzes (1868), Besitzwille (1869); Bekker, R. d.

Wird dem Eigentümer der Besitz vorenthalten, so hat er gegen den Besitzer eine Klage (rei vindicatio). Zur Begründung dieser Klage muß der Kläger jedenfalls sein Eigentum beweisen, hat also eine ausschließliche Angriffsstellung mit allen ihren Gefahren (denn actore non probante reus absolvitur). S. § 16. Der Beklagte kann diesen Beweis als sog. „beatus possessor“ abwarten[1], also sich im rein tatsächlichen Genuß der Sache behaupten, bis ihm ein anderer ihn als unberechtigt abstreitet. Die Unterscheidung des absoluten Rechts und dessen Schutz vom rein tatsächlichen Haben war damit gegeben. Letzteres ist der Besitz.

Kann der Besitzer sich auf diese Art in seiner rein tatsächlichen Machtstellung erhalten, so kann er es aber auch gegenüber Dritten, die ihn aus derselben ohne Nachweis entgegenstehender eigener Rechte verdrängen wollen. Der Besitz ist hiernach also um seiner selbst willen geschützt, wenigstens gegen bloß tatsächliche Störungs- oder Entziehungsversuche. Man spricht von einem jus possessionis (wohl zu unterscheiden vom jus possidendi). Selbst der Eigentümer, wenn er wirklich den Besitz hat, kann von diesem Vorteil Gebrauch machen und ist dadurch des schwierigen Eigentumsbeweises überhoben. Dieser Besitzschutz wurde durch eine Art einstweiliger Verfügungen des Prätors: die sog. Besitzinterdikte (§ 10 II) gewährt[2].

II. Demgegenüber erhob sich dann die Frage, wessen tatsächliches Haben würdig ist, um in die geschilderte so überaus günstige Stellung zu kommen, m. a. W. die Frage nach den Grenzen des Besitzschutzes. Zweierlei drängte sich auf:

Besitzes (1880); Kniep, Vacua possessio (1885); Pininski, Tatbestand d. Sachbesitzerwerbs, 2 Bde. (1885 ff.); W. Stintzing, Besitz I (1889), Z. Besitzlehre (1892); Ubbelohde in Glück, Pand. B. 43—44 (1896); Cornil, Tr. de la possession (1905).

[1] Er braucht nicht mehr, wie bei der contravindicatio im Legisaktionenprozeß das von ihm behauptete Eigentum auch seinerseits zu beweisen.

[2] Über die Herkunft des Interdiktenverfahrens s. Mitteis, Pr. R. 19; ferner Windscheid-Kipp § 148 N. 5 Zit.; Costa, Storia 241; Pernice, Ztschr. d. Sav.-Stift. 17, 195 ff.; Pfersche, Die Interdikte des röm. Zivilprozesses (1888); Berger in Pauly-Wiss. s. v. Interdictum u. Ztschr. d. Sav.-Stift. 36, 176.

1. Offenbar durfte einem Angreifer, also jemandem, der sich eigenmächtig: vi aut clam, und jemandem, der precario: auf Widerruf (bittweise) die Sache angeeignet hatte, kein Vorschub geleistet werden. Derselbe besitzt zwar (auch ein Dieb ist Besitzer), aber man erklärte seinen Besitz für fehlerhaft, d. h. mit einem Mangel gegenüber dem bestimmten Dritten behaftet (vitiosa possessio); und so genießt der Besitzer den Interdiktenschutz hier zwar gegenüber jedermann, aber nicht gegenüber dem durch das vitium Verletzten.

2. Ferner wurden gewisse Personen vom Interdiktenschutz ausgeschlossen, da sie von Haus aus von der prätorischen Praxis nicht in die Rolle des beatus possidens im Vindikationsstreit hineingelassen werden sollen[3]. Das sind die sog. Detentoren oder bloßen Inhaber, von denen man daher sagt, daß sie keinen Besitz oder nur natürlichen Besitz (naturalis possessio) haben, im Gegensatz zum eigentlichen Besitz (dem Besitz ad interdicta). In dieser Lage befinden sich die bloß obligatorisch Berechtigten: Mieter, Pächter, Entleiher, Verwahrer einer Sache, Beauftragte, die sich durch Berufung auf ihren Kontrakt (§§ 38, 39) schützen sollen. Ferner der Ususfruktuar, gegen den nur die negatorische Klage des Sacheigentümers geht, während er selbst sein Recht durch vindicatio servitutis verfolgen kann (§ 23). — Dagegen sind Besitzer, also genießen den Interdiktenschutz: der Faustpfandgläubiger, weil er, namentlich solange es noch kein eigentliches dingliches Pfandrecht gab (§ 25), sonst dem verpfändenden Eigentümer keinen Widerstand hätte entgegensetzen können; der Sequester d. i. der Verwahrer streitigen Eigentums, welcher die Sache dem Sieger im Streit herausgeben, also inzwischen gegen alle Prätendenten gedeckt sein muß; ferner der Prekarist, weil er ohne Kontrakt: rechtlich auf Widerruf, praktisch aber bis zum Ablauf des vorliegenden eigenartigen Treueverhältnisses (s. u.) empfing und die Sache behalten sollte[4], und daher gegen die Klagen des Eigentümers eines Schutzes bedarf. Endlich wurde den

[3] S. u. § 16 bei N. 4. Sie sollen ihren auctor benennen.

[4] Z. B. die Kaufsache bis zur Preiszahlung (§ 12 zu N. 8), oder als Klient die Sache seines Patrons.

Pächtern von Vektigalgrundstücken und im weiteren Verlauf wohl überhaupt dem Emphyteuta und Superfiziarius (§ 24) mit Rücksicht auf ihr ausgedehntes vererbliches und veräußerliches Nutzungsrecht, das sie den Sacheigentümern nahe stellte, auch der Besitzschutz am Grundstück zugestanden [5].

III. Nachdem diese Unterscheidungen feststanden, gingen die römischen Juristen (Labeo, Paulus) an ihre wissenschaftliche Rechtfertigung, und erklärten den geschützten Besitz (im Gegensatz zur bloßen Detention) aus dem Vorhandensein des Willens (animus) des Inhabers, seine tatsächliche Herrschaft über die Sache (die als das corpus bezeichnet wird) ausschließlich für sich selbst auszuüben. Diese den Byzantinern sehr genehme Lehre ward in das Corpus juris aufgenommen [6]. So heißt es: wir besitzen corpore et animo [7]. Als Konsequenz ergibt sich, daß Besitzer auch nicht sein kann, wer den animus possidendi wegen Willensunfähigkeit nicht fassen kann, also ein Wahnsinniger:

Dagegen sind Besitzer: wer die tatsächliche Herrschaft mit dem Willen, die Sache als eigene zu haben, ausübt, also der Eigentümer, oder wer sich dafür hält, oder wer sonst die Sache als eigene beherrschen will (selbst wenn er, wie der Dieb [8] weiß, daß er nicht Eigentümer ist). Er hat den sog. animus domini.

Selbständig (mit animus rem sibi habendi) besitzen auch, und sind daher des Besitzschutzes teilhaftig der Faustpfand-

[5] Wahrscheinlich ist hier historisch der Interdiktenschutz der späteren vindicatio utilis (§ 24), also der Anerkennung eines dinglichen Rechts vorausgegangen.

[6] Die gemeinrechtliche Schule redet von juristischem Besitz. Derselbe ist natürlich nicht möglich, soweit es sich um eine Sache extra commercium (§ 6 II) handelt oder der Inhaber rechtsunfähig, z. B. ein Sklave ist. Hauskinder erwerben alles und besitzen daher auch notwendig für den Hausvater (§ 52 ff.). Dies blieb auch, trotz der durch die Pekulien geschaffenen Ausnahme, noch im justinianischen Recht für das peculium profectitium (§ 54).

[7] Im Gegensatz zu § 854 BGB., der deutschrechtlichen Einflüssen (s. Anhang am Schluß der Lehre) folgt.

[8] S. jedoch über die Einschränkungen aus der vitiosa possessio (gegenüber dem Bestohlenen) u. § 10 Ziff. II.

gläubiger[9], Sequester, Prekarist, der Emphyteuta und Superfiziarius (s. o.).

Der Prekarist ist eine Art Lehnsmann des Altertums. Er haftet dem Herrn anfangs nur für dolus, später auch für culpa lata und Verzug bei Rückgabe der Sache. Da kein Vertragsverhältnis vorliegt, konnte die Rückgabe nur mit condictio sine causa (§ 43 V) erstritten werden. Bei Justinian kommt daneben eine actio praescriptis verbis (§ 40 II) vor[10], womit ein Vertragselement anerkannt ist.

Im deutschen Recht ist das Precarium zur Stütze der feudalen Landleihen: der ritterlichen (des Lehens) und der bäuerlichen Leihen herangezogen worden. Erstere erhielten später den Namen beneficium, letztere hießen noch weiter precaria. Doch wurde für sie auch das Recht der Emphyteusis (§ 24) herangezogen.

Die gewöhnliche Bittleihe auf Widerruf ist im Leihevertrag (§ 39 II) aufgegangen. § 598 ff. BGB.

Alle anderen Inhaber, also Mieter, Pächter, Ususfruktuar usw. bleiben einfache Detentoren, wie früher. Man sagt jetzt, es fehle ihnen der animus, oder sie besäßen in fremdem Namen. Die verschiedenen Arten des Besitzes und der Detention werden gleichwohl nicht nach dem Willensmoment, sondern nach dem objektiven Gesichtspunkt: wie die tatsächliche Macht erlangt wurde (causa possessionis), unterschieden. Daher kann der Detentor sich nicht durch bloß intern veränderten Willensentschluß zum Eigenbesitzer machen (nemo sibi causam possessionis mutare potest).

IV. Daneben war der Besitz schon immer auch als Mittel des Rechtserwerbes anerkannt, so bei der usucapio (§ 15). Hier muß die tatsächliche Macht auf einem gerechtfertigten Erwerbsgrund (justa causa) beruhen. Daß derselbe dem Erwerber kein Eigentum verschafft hat, liegt z. B. daran, daß der Übertragende nicht Eigentümer war (§ 12 II Ziff. 2a).

---

[9] In der Pandektenlehre redete man hier und in den folgenden Fällen, nach dem Vorgang von Savigny, von abgeleitetem Besitz. Anders W. Stintzing, Besitz I, 1, 121; Besitzlehre 5 ff. und viele Neuere. In den Quellen ist nirgends davon die Rede, daß der animus domini das regelmäßige Erfordernis des juristischen Besitzes sei und die hier folgenden Fälle nur Ausnahmen.

[10] So in den offenbar interpolierten Stellen D. 43, 26, 19, 2 (mit der für Julian undenkbaren Gleichstellung der condictio incerti mit der actio praescriptis verbis) und D. 43, 26, 2, 2.

Hier sprach man von civilis possessio. Diese Rechtslage ist fähig, durch Zeitablauf in Eigentum überzugehen und hat auch sonstige Rechtswirkungen[11].

V. Als Ersatz für den mangelnden Schutz des Nießbrauchers im Sachbesitz (Ziff. II, III) und zum Schutz der Ausübung anderer Servituten (§ 20 ff.), die überhaupt keinen Sachbesitz in sich schließen[12], gab man in Einzelfällen besondere Interdikte zur Erhaltung des faktischen Zustands, der dem Inhalt der Servitut entspricht, wenn die tatsächliche Ausübung mit dem Willen (animus), den Zustand als Recht auszuüben, verbunden war[13]. Man hat dies später als Besitz des Rechtes (juris possessio oder quasi possessio) bezeichnet. Derselbe wird analogisch gegen eigenmächtige Störungen geschützt, z. B. wenn der bisher benutzte Weg vom Eigentümer verschlossen, oder die Wasserleitung abgeschnitten wird (§ 10 III).

§ 9.

b) Erwerb und Verlust des Besitzes.

I. Zum Erwerb des Besitzes muß zunächst das corpus (§ 8 III) hergestellt werden.

---

[11] S. darüber bei der Ersitzung (§ 15), bei der actio Publiciana (§ 17), ferner bei Okkupation und Tradition (§§ 12, 13). — Der Sprachgebrauch der Quellen berücksichtigt alle diese verschiedenen Funktionen. Im Corpus juris ist er infolge vielfacher Interpolationen verdunkelt. Naturalis possessio ist die einfache Inhabung (detentio), auch gleichbedeutend mit alieno nomine possidere, tenere, naturaliter tenere und esse in possessione. Possidere und possessio schlechtweg bedeutet dagegen regelmäßig den durch Interdikt gechützten Besitz. Das Wort civilis possessio hat im Corpus juris einmal denselben Sinn, indem ehemals nur prätorisch geschützte Fälle jetzt zivilrechtlich geschützt erscheinen (der ehemalige Dualismus beseitigt ist). Es bedeutet aber außerdem die schon klassisch so bezeichneten im Text zuletzt erwähnten Fälle, also den zur Ersitzung oder sonst zum Eigentumserwerb führenden Besitz ex justa causa. Vgl. Riccobono i. d. Ztschr. d. Sav.-Stift., Bd. 31, S. 321.

[12] Z. B. das Recht, über ein fremdes Grundstück zu gehen, zu fahren, oder dort Wasser zu schöpfen, schließt keinen Besitz des Grundstücks in sich ein.

[13] Im Gegensatz zum bloßen Wahrnehmen einer günstigen Gelegenheit. Natürlich muß der tatsächlich Benutzende die Nutzung für sich selbst ausüben wollen (animus sibi habendi), nicht für einen andern. Z. B. wenn meine Arbeiter den Weg benutzen, so sind nicht sie, sondern ich selbst Besitzer des Wegerechts.

Ob die tatsächliche Macht hergestellt ist, beurteilt sich im allgemeinen nach der Verkehrsauffassung, z. B. ob die Sache verschlossen aufbewahrt werden muß, oder nicht. Beim Servitutenbesitz kommt es auf die Herstellung eines Zustandes an, wie er dem Inhalt der Servitut entspricht. Der Nießbrauch setzt Detention der Sache voraus. Bei anderen Servituten muß man entweder Handlungen (wie Gehen, Fahren) vorgenommen haben, die zur Ausübung der Servitut gehören, oder die entsprechenden Anlagen auf dem Nachbargrundstück haben usw.

Die Herstellung der tatsächlichen Macht gestaltet sich verschieden, je nachdem sie durch Okkupation erfolgt, oder ein bisheriger Besitzer Hilfe leistet[1]. Im ersten Fall ist eine viel intensivere Einwirkung erforderlich. Die Okkupation liegt im Erlegen des Wildes, dem Heben des Schatzes, dem wirklichen Vertreiben des bisherigen Besitzers. Dagegen genügt bei der Tradition eine Einigung mit dem bisherigen Besitzer, wenn nach den tatsächlichen Umständen kein Zweifel an der nunmehrigen Macht des Erwerbers möglich ist.

Bei Grundstücken ward dazu anfangs ein Betreten, später wenigstens ein beiderseitiges Überblicken des Grundstücks verlangt, — bei beweglichen Sachen meistens eine stärkere Betätigung durch direkte Übergabe oder mindestens Einräumungserklärung oder Schlüsselübergabe bei Sachpräsenz, oder Signierung der Sache oder Bestellung eines Wächters. Die gemeinrechtliche Praxis fügte eine symbolische Übergabe (traditio ficta) durch Übergabe der Schlüssel, Erwerbsurkunden usw. hinzu, auch wenn die Sache nicht zugegen war[2]. Heutzutage s. § 854 Abs. 2 BGB.

Dazu muß dann der Entschluß (animus) des Erwerbers hinzutreten, das Objekt ausschließlich für sich zu beherrschen (beim Rechtsbesitz, den betr. Zustand für sich auszuüben). Dieser Entschluß kann sich auch nachträglich in ein schon vorhandenes tatsächliches Machtverhältnis hineinlegen, wodurch die bisherige Detention zum wirklichen Besitz wird. Doch kann dies nicht willkürlich, durch bloß innerlichen Beschluß geschehen. Der animus muß objektiv erkenn-

---

[1] S. Exner, Rechtserwerb durch Tradition (1867); Strohal, Sukzession in den Besitz (1885).

[2] S. Biermann, Traditio ficta (1891); Riccobono, Ztschr. d. Sav.-Stift. 33, 259 ff.; 34, 159 ff.

bar sein (§ 8 III): es ist also ein äußerer Grund oder Tatbestand für die Willensänderung erforderlich; z. B. kann der Diener die für den Herrn verwahrten Sachen nicht einfach plötzlich für sich selbst besitzen wollen [3]. Dagegen liegt eine genügende objektive Veränderung der causa (possessionis) in der Zustimmung des bisherigen Besitzers, z. B. der Herr schenkt dem Diener die von diesem verwahrten Sachen. Die Tradition (s. o.) liegt hier, wo der Erwerber schon die Detention hat, in der einfachen Einigung der beiden Personen. Brevi manu traditio [4].

Ebenso kann sich umgekehrt der bisherige Besitzer durch bloße Einigung mit einem anderen zum Detentor machen: indem er diesem den Besitz überträgt (tradiert) und die tatsächliche Macht weiter für ihn als Detentor ausübt. Es muß dies aber einen realen Grund (z. B. Mietvertrag, Leihevertrag) haben. Dann wird die Sachlage so angesehen, als sei hin- und zurückgeleistet worden. Constitutum possessorium [5].

Im übrigen wird der Besitzwille, als Ausdruck eines dem Menschen innewohnenden natürlichen Triebs (des „Habenwollens") im römischen Recht leicht angenommen, weil der Besitz sonst zu sehr eingeschränkt würde. So kann auch ein Unmündiger (pupillus) den Willen fassen, wie er überhaupt seine Lage rechtlich verbessern darf [6]. Ja ein Kind (infans) kann wenigstens durch Tradition ohne Mitwirkung des Vormunds Besitz erwerben, weil sein natürliches Habenwollen hier durch die Mitwirkung des Gebers unterstützt wird.

---

[3] Vgl. D. 41, 2, 3, 18 u. 19. Wird aber die Sache vom Detentor fortgeschafft, also gestohlen bzw. dem tatsächlichen Machtbereich des Herrn entrückt, so erwirbt der Dieb auch den Besitz. S. z. B. D. 47, 2, 67 pr. — Auch die civilis possessio, welche zur Ersitzung führt, wird dem Herrn durch die Regel des Textes gewahrt. Vgl. D. 41, 5, 2 1.

[4] Z. B. der Mieter kauft das durch ihn bewohnte Haus vom Eigentümer.

[5] Last i. Jherings Jahrb. 62, 162 ff. Z. B. der Eigentümer verkauft sein Haus und bleibt zur Miete darin wohnen.

[6] S. dazu Riccobono, Ztschr. d. Sav.-Stift. 31, 364; Lewald das. 34, 449 ff. In der Kaiserzeit wurde von der bis dahin erforderlichen Auktorierung (§ 60) des pupillus abgesehen. D. 41, 2, 1, 3 u. 33, 2. Zum Folgenden auch C. 7, 32, 3.

Das reine römische Recht hat einen Besitzerwerb durch Stellvertreter nur dort gekannt, wo er unausweichlich war, nämlich beim Besitzerwerb des tutor, curator furiosi (§§ 60, 61 II) und des procurator omnium bonorum. Justinian kennt auch den Besitzerwerb durch Spezialbevollmächtigten[7]. Für die gemeinrechtliche Lehre ist der Vertreter hier einfach Detentor, und der Vertretungswille geht im animus, für den anderen, statt für sich selbst besitzen zu wollen, auf. So können Arbeiter oder sonstige Bedienstete (D. 39, 5, 6; D. 41, 2, 51) für ihren Herrn, — ein Vormund für den Mündel[8] — Besitz begründen, indem sie das corpus in dieser Absicht für den Vertretenen erlangen. Der Vertretene erwirbt den Besitz hier sofort (ignoranti adquiritur possessio). Würde ein solcher Vertreter treulos für sich selbst erwerben wollen, so nützt ihm dies nur, wenn die Absicht, für sich zu erwerben, äußerlich hervortritt, — im Fall der Tradition, wenn der Tradent auf diese Absicht eingeht[9]. Daß der Vertreter nicht nachträglich seine Stellung durch bloßen Willensentschluß ändern kann, ist schon erwähnt[10]. Dasselbe gilt für die Organe juristischer Personen (§ 51).

II. Besitzverlust tritt ein durch Tod des Besitzers[11]. Im übrigen aus Gründen, durch welche der animus possidendi oder das corpus nicht bloß aufhören, sondern ins

[7] Last a. a. O. 23. Beseler, Beiträge IV (1920) 51 ff. S. u. § 49 Ziff. II, bes. bei N. 26. Gemeint ist natürlich der Fall der sog. freien und direkten Vertretung. Daß jemand indirekt für einen anderen handeln, also sich selbst zum Bseitzer machen kann, um den Besitz später auf den anderen zu übertragen, versteht sich von selbst. Der Hausvater erwirbt Eigentum und Besitz durch seine Gewaltuntergebenen, also insbesondere durch seine Sklaven (wenn er auch sie besaß) und durch seine Hauskinder kraft Rechtssatzes (§§ 52 ff.).

[8] Inwiefern ein Kind oder pupillus infantia maior auch selbst (ohne Vertretung) Besitzer werden kann, s. o.

[9] Berühmter Widerspruch zwischen D. 41, 1, 37, 6 (Julian) und D. 39, 5, 13 (Ulpian).

[10] Nemo sibi causam possessionis mutare potest. S. o. bei Note 3.

[11] Dies bedeutet, daß der Erbe in allen Fällen den Besitz der Nachlaßsache neu ergreifen muß. Dies ist logisch, insofern der Besitz nur eine Tatsache ist. Anders § 857 BGB. auf Grund des deutschen Rechts der Gewere, was aber zu der von anderen Rechten abgelehnten Konsequenz führt, daß ein Dritter, der vom Nichterben erwirbt, niemals nach § 932 BGB. kraft guten Glaubens Eigentum erwerben kann. — Die Ersitzung des Erblassers lief schon nach röm. Recht weiter, wenn sich nicht andere in den Besitz der Sache setzten.

Gegenteil verkehrt werden. Also z. B. animo nicht schon dadurch, daß man nicht an die Sache denkt oder willensunfähig wird[12], sondern durch den geäußerten Entschluß, den Besitz aufzugeben: so bei dem erwähnten constitutum possessorium; aber auch bei der Tradition an einen Dritten[13]. Corpore ist der Besitz verloren, wenn die tatsächliche Gewalt dauernd beseitigt erscheint. Entscheidend ist die Verkehrsauffassung.

Auch beim Nichtbetreten des Grundstücks erscheint die Gewalt nicht aufgehoben, solange die Verhältnisse mit der Ausübung des Rechts daran nicht in Widerspruch stehen; bei beweglichen Sachen daher auch nicht, wenn sie bloß verlegt sind oder das Tier sich verlaufen hat. Wohl aber, wenn sie derart verloren sind, daß eine Zurückerlangung aussichtslos ist. Zuweilen läßt sich dies erst nach Ablauf einiger Zeit beurteilen: z. B. bei gezähmten Tieren, wenn sie verwildert sind. Dann ist der Besitz erst nach Ablauf dieser Zeit verloren.

Bemächtigung durch einen Dritten führt Besitzverlust herbei; mag sie gewaltsam (vi) oder heimlich (clam) erfolgt sein. Entspinnt sich ein Kampf, so entscheidet dessen Ausgang. Bemächtigung in diesem Sinn ist bei beweglichen Sachen jede Entziehung[14]; das heimliche Eindringen in Grundstücke ist es erst, wenn der Besitzer davon erfährt und sich entweder dabei beruhigt oder bei der Ausweisung des Dritten unterliegt (Dejektion)[15].

§ 10.

c) Schutz des Besitzes. Die Besitzklagen.

I. Der Gedanke der Erhaltung der einmal bestehenden tatsächlichen Güterverteilung ließ ursprünglich Selbsthilfehandlungen des durch verbotene Eigenmacht Verletzten be-

---

[12] Letzterer Umstand macht den Besitzverlust animo geradezu unmöglich. — Auch ein Unmündiger kann den Entschluß der Aufgabe des Besitzes nicht fassen. Vgl. D. 41, 2, 27 u. 29.

[13] Hier übrigens regelmäßig bedingt durch den Umstand, daß der Dritte den übertragenen Besitz auch seinerseits erlangt. Ist dies nicht der Fall, so ist anzunehmen, daß der Tradent den Besitz nicht aufgeben wollte.

[14] D. 41, 2, 15.

[15] Vgl. D. 41, 2, 3, 8. 6, 1. 7. 25, 2. 46.

rechtigt erscheinen. Derselbe darf, wenn er aus dem Besitz gesetzt oder wenn bei ihm eingeschlichen ist, den anderen wieder stören, ohne daß dieser sich verteidigen kann. So darf, wer mit Gewalt aus dem Besitz des Grundstücks gesetzt ist, wenn er nicht gerade mit einer Räuberbande oder mit Waffengewalt vorgeht, während eines Jahres mit Eigenmacht den vi possessor wieder entsetzen und hinauswerfen[1]. Diese Befugnis zur Eigenmacht ist allmählich mit dem Fortschritt des römischen Rechtsstaats abgebaut worden[2]. Justinian nimmt das Gesetz des 4. Jahrh. n. Chr. (C. 8, 4, 7) auf, daß, wer zur Verfolgung eines dinglichen Rechts sich mit Gewalt in Besitz setzt, die Sache zurückzugeben hat und seine Rechte daran verliert. Hatte er keine gehabt, so soll er zur Strafe den Wert der Sache bezahlen[3].

II. Dazu treten als besondere Schutzmittel die possessorischen Interdikte[4]. Diese sind prätorische Befehle, ähnlich unsern einstweiligen Verfügungen (also keine actio, § 5), durch welche demjenigen, der den Befehl auf sich zu beziehen hat, aufgegeben wird, den Gegner in Ruhe zu lassen (interdicta retinendae possessionis)[5], oder ihm die Sache herauszugeben (interdicta restitutoria), oder die Sache vorzulegen (interdicta exhibitoria). Diese Verfügungen werden so erteilt, daß sie nicht wirken gegen denjenigen, der dem anderen vorwerfen kann, er habe vi aut clam aut precario besessen (s. § 8). Wer selber vi, clam oder precario besitzt, ist zwar Besitzer, aber sein Besitz ist fehlerhaft (vitiosa

[1] Über ein Selbsthilferecht des Besitzers s. heute § 859 BGB.

[2] Für eigenmächtige Geltendmachung einer Forderung ließ eine röm. Praxis, die vom decretum Divi Marci anerkannt wird, den Gläubiger die Forderung verlieren. S. D. 48, 7, 7, auch D. 4, 2, 13.

[3] Die Strafen sind bei uns beseitigt. S. jetzt § 229—231 BGB.

[4] Diesen Interdikten (interdicta retinendae u. recuperandae possessionis, s. u.) stehen die interdicta adipiscendae possessionis entgegen, mit denen man sich einen Besitz verschafft, den man bisher noch nicht hatte, z. B. als Erbe die Erbschaftssachen (interd. quorum bonorum), oder den Gegenstand des Vermächtnisses (i. quod legatorum), oder als Verpächter die vom Pächter eingebrachten Inventarstücke wegen des gesetzlichen Pfandrechts (interdictum Salvianum). Diese Interdikte gehören nicht hierher. — Literatur § 8 N. 2.

[5] Sie richten sich vielfach zunächst an beide Parteien (interdictum duplex). Vgl. Berger in Pauly-Wiss. s. v. interdictum 1617, 1684.

possessio)[6]. Darum hat er zwar im allgemeinen die Besitzschutzmittel, aber nicht gegenüber dem, von dem er seinen fehlerhaften Besitz ableitet.

Die possessorischen Inderdikte richten sich gegen die bloße Störung und gegen Entziehung des Besitzes (sie sind entweder interdicta retinendae oder recuperandae possessionis). Da es auf die verübte Eigenmacht ankommt, kann der Beklagte nach prätorischem Recht nicht einwenden, daß er zu seinem Handeln ein Recht gehabt habe. Ob er später über sein Recht einen Prozeß führen (und möglicherweise auch gewinnen) kann, ist eine andere Frage, die im possessorischen Rechtsstreit nicht zu erörtern ist[7]. In diesem sind die sog. petitorischen Einwendungen ausgeschlossen. Es kommt in ihm nur auf das rechtlich mißbilligte Verhalten (die Störung der Friedensordnung) an.

Als interdicta retinendae possessionis hatte es im klassischen Recht gegeben das interdictum utrubi (bei Mobilien) und das interdictum uti possidetis (bei Grundstücken). Das erstere stand dem zu, der die Mobilie im letzten Jahr länger als sein Gegner besessen hatte; das letztere dem, der das Grundstück zur Zeit besaß. Den gegenwärtigen Besitz entscheiden zu lassen, überwog (als richtiger Gedanke) im späteren Recht; so daß die Grundsätze des i. uti possidetis auch auf das int. utrubi erstreckt wurden, und im justinianischen Recht (nach Beseitigung der formellen Besonderheiten des alten Interdiktverfahrens) eine einheitliche Besitzklage wegen Störung (nach den sachlichen Regeln des interdictum uti possidetis) daraus hervorging[8].

1. Das interdictum uti possidetis dient also zur Erhaltung des Besitzes gegen Störung. Es geht auf Anerkennung des Besitzes, Unterlassung und Schadensersatz. Wenn

---

[6] Diese Begriffe gelten noch heute (§ 858 BGB.), nur daß das Precarium weggefallen ist, da es auf spezifisch römischen Verhältnissen beruhte.

[7] Den Prozeß über das Recht nennt man den petitorischen Rechtsstreit. Z. B. wer die Sache gewaltsam weggenommen hat, behauptet Eigentümer der Sache zu sein. Dann kann er später die rei vindicatio (§ 16) anstellen und eventuell damit obsiegen. Das Urteil im Besitzprozeß gibt also kein definitives Resultat. S. auch § 863 BGB.

[8] Obschon der Name des int. utrubi für Mobilien bestehen blieb. Vgl. I. 4, 15, 4; D. 43, 31, 1, 1.

aber der Kläger seinen Besitz vi, clam, precario vom Beklagten erworben hatte, so zeigt sich, daß das, was er als gestörten eigenen Besitz ausgibt, in Wahrheit nur eine Verletzung des anderen war. Der Beklagte hat daher gegen ihn die exceptio vitiosae possessionis; und wenn sie bewiesen wird, muß der Richter die Besitzstörungsklage gegen den Beklagten abweisen [9].

2. Die interdicta recuperandae possessionis gehen unmittelbar auf Rückgabe eines verlorenen Besitzes und schließen sich an das rechtlich mißbilligte Verhalten des Beklagten (verbotene Eigenmacht, bzw. Nichtrückgabe beim precarium) an. So gibt es hier das interdictum unde vi und das interdictum de precario. Die heimliche Besitzentziehung wird von dem interdictum de vi mitgetroffen: der gewesene Besitzer darf sich als vi dejectus betrachten, wenn ihm nach Kenntnis der Entziehung nicht gelingt, sich den Besitz wiederzuverschaffen [10].

Das interdictum de precario geht gegen den Prekaristen (§ 8 III), der auf stattgefundenen Widerruf die Sache nicht zurückgibt (auch wenn er sie doloserweise nicht mehr besitzt). Das interdictum unde vi richtet sich gegen Besitzentziehung eines Grundstücks [11] und geht gegen den Dejizienten, gleichgültig ob er persönlich oder durch seine Leute gehandelt hat, und ob er die Sache noch besitzt. Eine exceptio vitiosae possessionis hat der Beklagte nicht [12]. Die Klage geht auf Rückgabe der Sache resp. Schadensersatz (wenn Beklagter nicht mehr besitzt). Die Klage kann nur binnen eines annus utilis seit der Besitzentsetzung angestellt werden. Nachher kann der Dejizient nur noch mit einer actio

---

[9] Vgl. § 862 Abs. 2 BGB.

[10] C. 8, 4, 11.

[11] Wegen eigenmächtiger Inbesitznahme beweglicher Sachen war das interdictum unde vi nicht gegeben (D. 43, 16, 1, 6 u. 7). Hier gab es andere Klagen resp. half das allgemeine Verbot der Selbsthilfe (Ziff. I). Eine Erstreckung auf Mobilien ist unbewiesen.

[12] Im älteren Recht hatte er sie bei einfacher Gewalt (beim interdictum de vi quotidiana), entsprechend dem o. bei Note 9 Gesagten gehabt, nicht aber beim interdictum de vi armata. Letztere Bestimmung ist im Corpus juris verallgemeinert. — Heute s. § 861 Abs. 2 BGB.

in factum auf das verklagt werden, quod ad eum pervenit. Auch seine Erben haften nur auf die Bereicherung.

III. Auch zum Schutz des Rechtsbesitzes an Servituten (§ 8 Ziff. V) sind in einer Reihe von Fällen possessorische Interdikte aufgestellt. Und zwar die vorerwähnten als utilia zum Schutz der Ausübung des ususfructus und usus (D. 43, 17, 4, s. u. § 21 Ziff. II). Für die ungestörte Ausübung einzelner anderer Servituten (Wege- und Wassergerechtigkeiten, § 21 Ziff. I) sind besondere Interdikte gegeben, so das interdictum de itinere actuque privato (falls die Wegebenutzung während 30 Tagen des letzten Jahres), und das interdictum de aqua und de fonte (wenn die Wasserbenutzung wenigstens einmal im letzten Jahr nec vi, clam, precario und bona fide stattgefunden hatte). Auch das interdictum quod vi aut clam (§ 18 Ziff. V) wurde verwertet [13].

Anhang.

Entwicklung der Besitzlehre in Deutschland *.

Das deutsche Recht war von einer anderen Basis ausgegangen. Die Gewere war in den meisten Fällen ein tatsächliches Haben (corpus), wenn sie nicht eine bloß ideelle war, zufolge deren jemand in der Rechtsstellung eines andern war, dem die tatsächliche Gewere zukam. So erklärt sich, daß der Erbe ohne tatsächliche Besitzergreifung in den Besitz des Erblassers einrückte (so auch heute wieder § 857 BGB.). Von diesem Falle abgesehen, geht der Wille des Besitzers auf Nutzung der Sache; und da die Nutzung in verschiedener Art durch mehrere einander über- und untergeordnete Personen (z. B. Lehnsherr und Vasallen, Gutsherr und Zinsmann) möglich ist, so hatte der eine die mittelbare, der andere die unmittelbare Gewere. (Daraus erklärt sich der heutige mittelbare Besitz des § 868 BGB.)

---

[13] So bei der servitus altius non tollendi, wenn der andere doch höher baute. — Auch nach BGB. (§§ 1029, 1090 Abs. 2) gibt es für die im Grundbuch eingetragenen Grunddienstbarkeiten und beschränkten persönlichen Dienstbarkeiten einen Schutz im Rechtsbesitz. Der Nießbraucher ist heute Besitzer der Nießbrauchssache und genießt den gewöhnlichen Sachbesitzschutz.

* Vgl. Bruns, Das Recht des Besitzes im Mittelalter (1848); v. Gierke, Die Bedeutung des Fahrnisbesitzes für streitiges Recht (1897).

Dem eindringenden römischen Recht mußte der Besitz des Erben zunächst weichen. Dem Bedürfnis nach Ober- und Unterbesitz aber waren im Verhältnis des Mieters zum Eigentümer schon die Italiener durch Verwertung des Begriffs der civilis possessio und naturalis possessio entgegengekommen. Nutzungsbesitzern zu eigenem Interesse, wie dem Nießbraucher und Pächter schreibt man in Deutschland den animus rem sibi habendi zu, und gibt ihnen die römischen Besitzklagen. Ja in der gemeinrechtlichen Praxis wird unter dem Einfluß des kanonischen Rechts der Besitzschutz sogar auf Inhaber ohne eigenes Interesse erstreckt: durch Einführung der actio spolii. Diese ist eine Erweiterung des interdictum unde vi. Die Spolienklage steht z. B. auch dem Depositar zu, und zwar bei jeder Art Besitzentziehung, und nicht bloß gegen den Dejizienten, sondern gegen jeden Dritten. Man stellt den Grundsatz auf: spoliatus ante omnia restituendus (zunächst ist der frühere Zustand wiederherzustellen). — Unter dem Einfluß der Spolienklage wird auch beim interdictum unde vi und beim interdictum uti possidetis, dessen rekuperatorische Funktion besonders in den Vordergrund tritt, nicht mehr so sehr auf die Besitzentziehung, als darauf gesehen, daß der Kläger vor dem Beklagten Besitzer war. So entsteht die ordentliche Besitzklage des gemeinen Rechts, die Klage aus dem älteren Besitz (das possessorium ordinarium). Sie hat einen petitorischen Charakter gewonnen: der ältere Besitz dringt gegenüber dem jüngeren gegenwärtigen durch. Dies entsprach auch den deutschrechtlichen Anschauungen vom Vorzug der älteren Gewere. Daneben blieb die Spolienklage in ihrer Funktion als reine Besitzklage. S. heutzutage §§ 1007, 861 ff. BGB. — Einen vorläufigen Schutz (gegen Tätlichkeiten) gewährte die Praxis schließlich noch im sog. possessorium summariissimum demjenigen, der die jüngste fehlerfreie Besitzhandlung für sich nachweisen konnte. In anderer Form wird diesem Bedürfnis heutzutage durch § 935 ZPO. Rechnung getragen.

§ 11.

2. Das Eigentum.

a) Begriff. Beschränkungen. Dauer. Miteigentum.

Im Gegensatz zu der bloß tatsächlichen Beherrschung steht die Rechtsherrschaft: die Herrschaft auf Grund der verschiedenen Sachenrechte oder dinglichen Rechte. Von diesen ist das Eigentum das umfassendste. Es gewährt begrifflich die denkbar weiteste Herrschaft, in der (§ 7) gekennzeichneten Art: eine Befugnis willkürlicher Einwirkung auf die Sache (durch Besitz, Benutzung und Verfügung über die Substanz), sowie Ausschluß jedes anderen von solcher Einwirkung.

I. Entspricht die Unbeschränktheit der Rechtsherrschaft dem Wesen des Eigentums, so kann der Eigentümer doch praktisch in der Ausübung der Herrschaft beschränkt sein. Sowohl nach der positiven Seite: daß er etwas nicht tun darf, als nach der negativen: daß er etwas nicht verbieten darf. So muß der Nachbar die Abholung überfallender Baumfrüchte (tertio quoque die) und die Ausbauchung der Mauer des Nebenhauses usw. (unter $^1/_2$ Fuß) dulden, und darf der Tenne des Nebenhauses nicht den Luftzug verbauen; er darf den natürlichen Ablauf des Regenwassers von seinem Grundstück nicht durch Anlagen zum Nachteil der angrenzenden ländlichen Grundstücke verändern; ebensowenig zum Nachteil der Nachbarn übermäßigen Rauch, Staub oder Geruch entwickeln usw. Auf alle diese notgedrungenen Rücksichtnahmen gehen unterschiedliche Klagen und Interdikte[1]. Andererseits dürfen die Aussicht, Licht und Luft dem Nachbar verbaut, die Quelle abgegraben werden[2]. Auch im öffentlichen Interesse kommen Eigentumsbeschränkungen vor[3].

Andere Beschränkungen ergeben sich als Folge der jura in re aliena (§ 7, V). So beschränkt eine an der Sache bestehende Servitut oder ein Pfandrecht das Eigentum an dieser Sache. Fällt das beschränkende Recht fort, so dehnen sich die Befugnisse des Eigentümers von selbst

---

[1] Z. B. das interdictum de glande legenda (D. 43, 28), die aquae pluviae arcendae actio (D. 39, 3), die in D. 8, 5, 8, 5. 7 erwähnten Klagen.

[2] Vgl. D. 39, 3, 1, 12. Doch hat an diesen Fall das justin. Recht ein Schikaneverbot geknüpft (si non animo vicino nocendi, sed suum agrum meliorem faciendi id fecit). S. auch eod. 2, 5 u. 9. Ein allgemeines Schikaneverbot gibt es im röm. Recht noch nicht. Oft hilft die allgemeine Doluseinrede (§ 5). S. auch D. 6, 1, 38 (neque malitiis indulgendum est).

[3] Hierhin gehört die Beschränkung des Eigentums an Flußufern und zum Gemeingebrauch (I. 2, 1, 4); auch das sog. ruhende Eigentum (s. u. § 14 N. 2) ist eine Eigentumsbeschränkung. Ebenso die allerdings nur sehr zaghaften Vorschriften gegen den Einsturz von Gebäuden durch die cautio damni infecti (§ 18 Ziff. II) und durch lokale Bauordnungen (z. B. C. 8, 10, 12).

entsprechend wieder aus. — Grundsätzlich gilt das Eigentum als frei. Die Beweislast liegt daher dem ob, der eine Beschränkung behauptet (§ 16 II).

Über die Gestaltung in Deutschland s. § 7 Ziff. VI.

II. Nachdem das altzivile (quiritische) Eigentum (§ 7 Ziff. IV) von Justinian aufgehoben ist, sind die Regeln des früher nur prätorisch geschützten Habens (in bonis), nebst den dafür entwickelten Erwerbsarten (Tradition, Okkupation) die allein herrschenden geworden. Die römische Eigentumsordnung unterscheidet sich seitdem nicht erheblich von der heutigen, abgesehen von der Publizität (der Offenkundigkeit für Dritte), die das römische Recht nicht, oder nur unvollkommen in partikulärer Gewohnheit (in Ägypten) entwickelt hat[4]. Das Corpus juris enthält nichts darüber. Damit hat es das Verkehrsbedürfnis verkannt. Die rücksichtslose Durchführung der Eigentumsverfolgung auch gegen den gutgläubigen Erwerber a non domino, nach dem Satze: nemo plus juris in alium transferre potest quam ipse habet (D. 50, 17, 54, cf. D. 41, 1, 20) zerstört die Sicherheit des Verkehrs. Das moderne deutsche Recht ist hier zu durchgreifenden Verbesserungen gelangt[5].

III. Das Eigentum an Grundstücken erstreckt sich auch in die Tiefe unter der Erdoberfläche, so daß — von Anfängen einer bergmännischen Okkupation abgesehen[6] — die Bodenbestandteile dem Eigentümer gehören[7]. Als Bestandteil gilt aber nicht der im Boden gefundene Schatz[8]. — Der Luftraum über dem Grundstück steht in Niemandes Eigentum, was aber nicht zu einer Beeinträchtigung des Grundeigentümers führen darf[9].

---

[4] S. Mitteis, Arch. f. Papyrusforsch. 1, 183 ff.; Eger, Z. ägyptischen Grundbuchwesen i. röm. Zeit (1909); Lewald, Beitr. z. Kenntnis d. röm.-ägypt. Grundbuchrechts (1909); Mitteis, Grundz. d. Papyruskunde II, 90 ff. u. Sitzungsber. d. Sächs. Ges. d. Wiss. 1910, 62, 249; Rabel, Ztschr. d. Sav.-Stift. 32, 423 ff.

[5] So bei Grundstücken durch §§ 891, 892 BGB., bei beweglichen Sachen nach §§ 932, 935, 1006, 1065, 1227 BGB. S. auch u. § 12 Ziff. III.

[6] Vgl. C. 11, 7, 3.

[7] Dritte Personen müssen sie dem Eigentümer herausgeben. S. z. B. D. 8, 4, 13, 1.

[8] Obwohl der Grundeigentümer einen Anteil am Funde bekommt (§ 13 Ziff. I).

[9] S. o. § 6 Ziff. II i. f. u. Pampaloni i. Achivio giurid. 48, 32.

IV. Das Eigentum besteht, wenn einmal begründet, in unbegrenzter Ausdehnung fort. Zur Aufhebung bedarf es daher besonderer Gründe. Der Hauptgrund ist, daß die Sache von einem Dritten erworben wird (§§ 12 ff.). Abgesehen davon, wenn die Sache untergeht; nicht wenn sie bloß in ein fremdes Gebäude verbaut wird. Ferner wenn die Sache extra commercium kommt (§ 6 Ziff. II u. III). An wilden Tieren geht das Eigentum verloren, wenn sie in ihre natürliche Freiheit zurückgelangen[10]. Ebenso kann man das Eigentum freiwillig aufgeben, indem man mit dieser Absicht sich des Besitzes der Sache entäußert (Dereliktion).

Die Dereliktion als Grund des Eigentumsverlustes ist nur nach und nach anerkannt worden (wenn die Lasten des Eigentums größer erscheinen als der Vorteil). Neuere Rechte haben sie zum Teil wieder eingeschränkt. Bei Grundstücken verlangt § 928 BGB. die Eintragung des Verzichtes in das Grundbuch.

V. Das Eigentum als totale Herrschaft über die Sache kann nicht mehreren Personen ausschließlich zustehen[11]. Wohl aber ist die eine Rechtsherrschaft, die an der Sache möglich ist, für mehrere Personen zusammen, in einer Art Rechtsgemeinschaft denkbar[12]. Miteigentum. Der dabei für jeden Teilhaber individuell ausgemessene Rechtskreis wird als Bruchteil (pars pro indiviso) bezeichnet. Mit Beziehung auf ihn besteht selbständige Berechtigung jedes Teilhabers[13]. Der Umfang der Herrschaftsbefugnis ist für jeden Miteigentümer durch die Konkurrenz der anderen beschränkt. Daher wächst, wenn ein Miteigentümer sein Recht aufgibt, dessen Anteil den anderen an.

1. Aus der wechselseitigen Beschränkung folgt, daß jeder Miteigentümer die Sache ihrer Bestimmung gemäß besitzen und benutzen darf; aber nur so, daß er die anderen nicht benachteiligt. Der Mitbesitz kann von den Mit-

---

[10] Bzw. wenn nach § 9 Ziff. II der Besitz des gezähmten Tieres als verloren anzusehen ist.

[11] Vgl. D. 13, 6, 5, 15. — Wegen realer Teile s. o. § 6 III.

[12] S. § 6 Ziff. III u. unten § 19 (Literatur); § 43 Ziff. III.

[13] S. D. 13, 6, 5, 15: nec quemquam partis corporis dominum esse, sed totius corporis pro indiviso pro parte dominium habere. — Ebenso § 741 ff. BGB.

eigentümern zusammen, oder abwechselnd, oder mittels Verwahrung der Sache durch einen Dritten ausgeübt werden. Die Früchte werden verhältnismäßig geteilt. Kein Miteigentümer kann über die ganze Sache oder den geringsten reellen Teil eine rechtliche Verfügung treffen, z. B. ihn veräußern. Vielmehr können dies nur alle Miteigentümer zusammen[14]. Dasselbe gilt für anderweitige eigenmächtige Behandlung der Sache, selbst wenn es sich um eine Verbesserung handelt. Jeder hat das jus prohibendi. Davon sind nur zwei Ausnahmen anerkannt: a) eine ohne (nicht gegen) den Willen der anderen durchgeführte Veränderung soll bestehen bleiben, wenn die Wiederbeseitigung nicht im Gesamtinteresse liegt; b) Erhaltungsmaßregeln kann jeder allein treffen (und dafür sogar Ersatz seiner Auslagen fordern, — bei Gebäuden mit der Maßgabe, daß, wer 4 Monate mit der Erstattung säumig ist, seinen Anteil daran verliert).

Entsteht Streit über die Mitberechtigung oder die Behandlung der Sache, so finden unter den Miteigentümern die Klagen aus der Gemeinschaft (§ 43 III) statt. Jeder Mitberechtigte kann Teilung verlangen[15]. Auch die Eigentumsklage (auf Einräumung des Anteils) kann jeder Miteigentümer gegen die anderen anstellen. § 16.

2. Umgekehrt ist der Anteil das Feld unbeschränkter Herrschaft jedes einzelnen Miteigentümers. Er kann also den Anteil veräußern, wodurch ein anderer in das Miteigentum eintritt[16]. Er kann den Anteil auch mit einem Nießbrauch beschweren, verpfänden u. dgl. Die anderen Miteigentümer können das nicht hindern, sondern nur eventuell Teilung verlangen.

Im Gegensatz zu dieser rein individualistischen Ausgestaltung des Miteigentumsbegriffs hatte das deutsche Recht die Formen des Eigentums Mehrerer zu gesamter Hand bzw. des Gesamteigentums entwickelt. Hier fehlte die dem röm. Recht eigen-

[14] Außer bei Freilassung eines Sklaven durch einen Miteigentümer (im Interesse der Humanität). C. 7, 7, 1.

[15] S. darüber u. § 19. Die Teilung kann nicht dauernd, wohl aber auf Zeit vertraglich ausgeschlossen werden. D. 10, 3, 14, 2. S. heute § 749 BGB.

[16] Den Vertrag über Ausschluß der Teilung für eine gewisse Zeit muß der Rechtsnachfolger gegen sich gelten lassen. D. 10, 3, 14, 3. Ebenso § 751 BGB.

tümliche Quotenteilung. Die Genossen sind daher fester zusammengebunden (kollektivistische Gestaltung). Keiner kann über eine Quote verfügen. Das Eindringen des römischen Rechts konnte diese Gestaltung nicht verdrängen, wenn sie auch zeitweise stark in den Hintergrund trat. Versuche, sie mit dem röm. Recht zu vereinigen (Aufstellung eines sog. condominium plurium in solidum) schlugen fehl.

Im BGB. ist in gewissen Fällen (Gesellschaft, Ehe, Erbengemeinschaft) ein Miteigentum zu gesamter Hand, also ohne Quotenteilung (§§ 718 ff., 1442, 2033 Abs. 2) anerkannt, neben dem römischrechtlichen Miteigentum nach Bruchteilen in anderen Fällen (§§ 741 ff., 1008 ff.).

§ 12.

b) Erwerb des Eigentums*.

α) Übertragung. Geschichtliches. — Tradition.

Da die meisten Sachen schon im Eigentum stehen, ist die Übertragung auf einen anderen die hauptsächlichste Erwerbsart des Eigentums (derivativer Erwerb). Dabei gilt grundsätzlich, daß niemand mehr Recht an einer Sache übertragen kann, als er selbst hat (§ 11 II). Fehlt also dem Übertragenden das Eigentum, so wird der Erwerber höchstens bonae fidei possessor.

I. Vor Justinian galt Besonderes für die zivilen Übertragungsformen, die ein abstraktes Eigentumsübertragungsrecht darstellten. Sie waren 1. die mancipatio: das uralte Kaufformular mit Erz und Wage vor fünf römischen Bürgern als Zeugen und einem libripens. Dem Formular nach ein Barkauf mit Austausch von Ware und Geld, ist der Akt seiner praktischen Bedeutung nach ein abstraktes Auflassungsgeschäft[1] von res mancipi (§ 6 I); schließlich veraltet, und von Justinian, mitsamt der Unter-

* Czyhlarz-Glück, Die Eigentumserwerbsarten I (1887).

[1] Dementsprechend wurde ein Kupferpfennig auf die Wage gelegt (die Form entstammte der Zeit, da es noch kein gemünztes Geld gab, s. § 2 Ziff. I) und vom Erwerber unter Ausspruch feierlicher Worte die Sache ergriffen. Unbewegliche Sachen wurden in absentia manzipiert, so daß durch das Formular des Geschäfts in keiner Weise festgestellt war, ob der Veräußerer wirklich Besitzer war. — Das Geschäft brauchte gar nicht auf Grund eines wirklichen Kaufes zu erfolgen, sondern war auch z. B. in Ausführung einer Schenkung oder z. B. zum Zwecke der noxae datio eines Sklaven (§ 44 i. f.) mög-

scheidung von res mancipi und nec mancipi, aufgehoben (C. 7, 25 u. 31). — 2. Die in jure cessio: die Abtretung vor der Obrigkeit in Form des Vindikationsaktes. Der Erwerber vindizierte (§ 16) die zu übertragende Sache, worauf der Zedent nicht widersprach und der Magistrat der Rechtsbehauptung des Klägers und der sofortigen Mitnahme der Sache durch den Kläger freien Lauf ließ[2]. Diese Form kam schließlich ebenfalls außer Übung.

Abstrakt sind diese Übereignungen, weil sie ihre Wirkung einfach durch Vornahme des Formalakts äußern. Es ist unerheblich, welches wirtschaftliche Geschäft (Kauf, Schenkung, Dosbestellung, noxae datio) der Manzipation und der in jure cessio zugrunde liegt.

II. Den altzivilen Übertragungsgeschäften der mancipatio und in jure cessio war schon früh die (naturale) Erwerbsart der privaten und unfeierlichen Besitzübergabe (traditio) zur Seite getreten, die im justinianischen Recht als reguläre Form der Eigentumsübertragung übrig blieb[3].

Die Tradition ist Besitzübertragung, also Übertragung der faktischen Herrschaft über die Sache (§ 9), verbunden mit Willenseinigung der Parteien, daß

---

lich. Es ist reine dingliche Übertragungsform. S. Rabel, Ztschr. d. Sav.-Stift. 27, 290 ff.; 28, 311. Ferner u. § 33 Note 2. — Anderseits können dem Akt besondere Klauseln hinzugefügt werden (nuncupatio), welche die Manzipationswirkung gestalten (z. B. Vorbehalt einer Dienstbarkeit, Einbegreifen des peculium des Sklaven), oder die Haftung des Veräußerers aus der Manzipation einschränken (z. B. Hinweis auf die Tatsache, daß der manzipierte Sklave unter einer Bedingung frei werde, § 53 Ziff. 5). Von dieser nuncupatio ist zu scheiden der Abschluß der besonderen Treuhandsvertrages neben der Manzipation (pactum fiduciae), so zur Sicherungsübereignung im Interesse des Empfängers (fiducia cum creditore, s. u. § 25 Ziff. I), aber auch zur Obhut u. dgl. über die Sache (fiducia cum amico) im Interesse des Gebers, fiducia commendandi causa facta. Vgl. zur nuncupatio Partsch, Ztschr. d. Sav.-Stift. 33, 603 ff., zur fiducia Lenel, das. 3, 104; 30, 345 ff.; Voigt, Die zwölf Tafeln (1883) II 166; Oertmann, Die Fiducia (1890); Niemeyer, Ztschr. d. Sav.-Stift. 12, 297; Manigk i. Pauly-Wiss. s. v. fiducia.

[2] Materiell ein Vertrag in den Formen des Prozesses, s. o. § 2. Näheres bei Wlassak, Ztschr. d. Sav.-Stift. 25, 90, 104; Rabel, das. 27, 309; Mitteis, R. Privatr. I, 276.

[3] Grundstücke und andere bedeutende Sachen wurden im griechischen Osten dagegen meist schriftlich übertragen.

das Eigentum, also die Rechtsherrschaft übertragen werden soll[4].

1. Die Besitzübertragung muß so vollzogen werden, daß der Erwerber Eigenbesitz erlangt[5]. Also durch körperliche Übergabe, — aber auch durch brevi manu traditio (wenn der Erwerber schon Detentor, z. B. Mieter der Sache ist), oder durch constitutum possessorium (wenn der Übertragende für den Erwerber einstweilen noch die Detention behält, z. B. die Sache weiter verwahrt oder sich einen Nießbrauch daran vorbehalten hat).

2. Damit das Eigentum übergehe, ist weiter erforderlich:

a) daß der Übertragende selbst Eigentümer ist resp. die Sache veräußern darf (§ 11 II). Ohne Eigentümer zu sein, darf der Pfandgläubiger[6] (zur Realisierung seines Pfandrechts), oder wer vom Eigentümer beauftragt ist, dessen Sache veräußern. Umgekehrt kann dem Eigentümer die Tradition durch ein gesetzliches Verbot (z. B. beim fundus dotalis) untersagt sein. Übrigens kann die Tradition durch einen Nichtberechtigten möglicherweise dem Erwerber doch noch das Eigentum verschaffen: so durch Ersitzung (§ 15); oder durch Heilung des Rechtsmangels des Tradenten, wenn letzterer nachträglich das Eigentum (z. B. durch Erbschaft) erlangt. Hier muß der Veräußerer zu seiner Übertragung stehen, nachdem er die rechtliche Möglichkeit dazu erlangt hat. Der gutgläubige Erwerber wird gegen den vindizierenden Veräußerer durch die exceptio rei venditae et traditae geschützt.

b) Weiter muß ein zivilrechtlich anerkannter Eigentumserwerbsgrund vorliegen, also ein wirtschaftliches Geschäft, aus dem sich ergibt, weshalb das Eigentum übertragen werden soll. Dies ist die justa causa traditionis. Anfangs wurden nur Kauf, Schenkung, Dosbestellung

[4] Daher bedeutet traditio einmal nur die Besitzübertragung; dann aber die hier besprochene Eigentumsübertragung, wenn der beiderseitige Wille auf Herbeiführung der letzteren geht.

[5] Möglicherweise auch durch Stellvertreter, § 9 bei N. 7, § 49 N. 26 ff.

[6] S. § 25 zu Note 10.

usw. als genügende Erwerbstitel zugelassen, später auch andere materielle, eine Übereignung bezweckende Geschäfte, so daß die Tradition als Mittel zu ihrer Ausführung erscheint[7]. Diese Geschäfte müssen regelmäßig gültig sein, sonst geht das Eigentum nicht über. Entsprechend kann eine Bedingung im Grundgeschäft (§ 41) auch eine Bedingtheit der Eigentumsübertragung ergeben. Im justinianischen Recht soll auf Grund des Kaufs das Eigentum sogar immer erst übergehen, wenn der Kaufpreis bezahlt oder kreditiert ist[8].

Hiernach ist die Tradition als Eigentumsübertragungsgeschäft (im Gegensatz zu den altzivilen Geschäften Ziff. I) grundsätzlich kausal. Es genügt nicht der beiderseitige bloße Übereignungswille, sondern die Übergabe muß einen realen Grund haben, z. B. zu Kaufs-, Schenkungs-, Darlehnszwecken erfolgt, und der Kauf gültig sein[9]. Nicht in Widerspruch hiermit steht, daß das zur Erfüllung einer Stipulation (solvendi causa) Geleistete ins Eigentum des Empfängers übergeht, auch wenn die Verpflichtung nicht bestand (der Leistende hat nur die condictio indebiti, § 43 Ziff. V). Die solutio, als Freikauf von der obligatorischen Haftung (§ 29) wirkt als solcher, auch wenn die Verpflichtung nicht bestand[10].

[7] Vgl. D. 41, 1, 31 pr. Nunquam nuda traditio transfert dominium, sed ita, si venditio aut aliqua justa causa praecesserit, propter quam traditio sequeretur.

[8] I. 2, 1, 41. Pringsheim, Der Kauf mit fremdem Geld (1916) 50 ff.

[9] Kauf und Übergabe erscheinen als etwas notwendig Zusammenhängendes, cf. Note 7. So auch Ulpian D. 12, 1, 18 für den Fall des sog. dissensus in causis: wenn der Geber das Geld schenken wollte, der Empfänger es als Darlehn zu erhalten glaubt. Die entgegengesetzte Stelle Julians D. 41, 1, 36 handelte wahrscheinlich nicht von der Tradition, sondern von Manzipation (die nach Ziff. I abstrakt war). Der Schluß gab eine frühere Ansicht wieder, die hier wohl ein Darlehn (und damit auch eine causa traditionis) annahm, weil in dem Mehr das Mindere enthalten sei; und dagegen wendet sich Ulpian in D. 12, 1, 18. Vgl. Lenel, Ztschr. d. Sav.-Stift. 3, 178; Ed. § 107; Strohal, Jahrb. f. Dogm. 27, 363 ff.

[10] Der Gedanke läßt sich auch im französischen Recht, das keine abstrakte Übereignung kennt, sondern das Eigentum auf Grund des obligatorischen Vertrags übergehen läßt (Art. 1138, 1583 Code Nap.), bis auf den heutigen Tag verfolgen. Das pro soluto Geleistete ist nicht zu vindizieren, sondern nach Art. 1376 ff. zu kondizieren. — Ähnliches gilt auch für den Erlaß einer Forderung. S. u. § 45 Note 18 u. entsprechend im französischen Recht (Art. 1282 ff.). S. Crome i. Holtzendorff-Kohlers Enzyklop. 2, 363, § 9.

3. Das Eigentum geht nicht über, wenn der Wille der Parteien auf verschiedene Objekte gerichtet war. Ferner erwirbt nur diejenige Person das Eigentum, welcher der Tradent es übertragen will. Es geht daher nicht über, wenn eine andere Person den Besitz erlangt[11]. Doch gibt es Fälle, wo der Wille des Tradenten gar nicht auf Erwerb seitens einer bestimmten Person gerichtet ist, sondern derjenige Eigentümer werden soll, der den Besitz erlangt. Dann wird dieser auch Eigentümer. So beim Verkauf im offenen Laden, beim Hinauswerfen von Geld unter die Menge (jactus missilium) usw.

III. Die Übereignung durch Tradition wurde auch in Deutschland gemeines Recht, konnte sich aber, mit Rücksicht auf die Heimlichkeit, und damit Gefährlichkeit des Zustands, bei Grundstücken nicht unbeschränkt durchsetzen. Bei diesen hatte seit Alters her die Übertragung durch öffentlichen Akt (vor Gericht oder dem Stadtrat nach erfolgtem Aufgebot) unter Eintragung der Auflassung in öffentliche Bücher stattgefunden. Der Zusammenprall beider Rechtsordnungen nach der Rezeption führte partikularrechtlich zu Kompromissen. In einzelnen Territorien begnügte man sich mit gerichtlicher Beurkundung oder Bestätigung des Veräußerungsvertrags unter hinzutretender Tradition. Oder man ließ das Eigentum durch den (schriftlichen oder notariellen) Veräußerungsvertrag übergehen, dagegen wird der Erwerber nur durch die erfolgte Eintragung zur Verpfändung des Grundstücks legitimiert (System der Pfandbücher). Ähnlich auch das französische Inskriptionssystem, während die Transskription des Übereignungsvertrags in besondere Register dem Erwerber die Rechte aus dem Eigentum gegen Dritte sichert. Am konsequentesten wurde das altdeutsche Recht da festgehalten, wo man den Veräußerungsvertrag an die Form gerichtlicher Auflassung band und dazu die Eintragung des Erwerbers in das Grundbuch verlangte (Grundbuchsystem). Dieses System ist in den preußischen Grundbuchgesetzen vom Jahre 1872 und noch konsequenter in §§ 873 ff., 925 BGB. angenommen worden.

Bei Mobilien bewendet es bei der Tradition durch körperliche Besitzübergabe. S. § 929 ff. BGB. — Satz 2 handelt von der brevi manu traditio und § 930 vom constitutum possessorium.

Wegen der Möglichkeit des gutgläubigen Erwerbs vom Nichteigentümer durch Auflassung resp. Tradition s. § 11 Ziff. II N. 5.

---

[11] So auch beim treulosen procurator. S. o. § 9 N. 9.

§ 13.

β) Aneignung, Schatzfund, Verarbeitung.

I. Die oberste ursprüngliche (originäre) Erwerbsart des Eigentums, also ohne Übertragung (§ 12), gleichgültig ob die Sache vorher schon einen Herrn hatte, ist die Aneignung (occupatio). Sie ist zunächst nur eine Besitzergreifung. Erfolgt sie aber mit dem Willen, Eigentum an der ergriffenen Sache zu erlangen, so verschafft sie das Eigentum, wenn die Sache herrenlos ist (res nullius cedit occupanti). So insbesondere bei wilden Tieren[1] und res derelictae (§ 11 IV i. f.). Für die Ergreifung, welche hier das Eigentum gibt, gelten die Regeln des einseitigen Besitzerwerbs (§ 9).

Das freie Aneignungsrecht herrenloser Sachen, welches das römische Recht mitbrachte, ist in Deutschland vielfach beschränkt worden: teils durch Regalien (s. auch Art. 73 EG.), teils durch (staatliche oder private) besondere Aneignungsrechte, so des Staates an herrenlosen Grundstücken (§ 928 Abs. 2 BGB), ferner durch das Jagdrecht und das Recht der Fischerei (Art. 69 EG.), und durch vereinzelte Verbote (z. B. § 367 N. 11 StGB.). S. § 958 BGB.

Anderseits ist ein beschränktes Fundrecht auch an noch nicht herrenlosen Sachen anerkannt. §§ 965 ff. BGB.

II. Der Schatz (thesaurus) ist ein Wertgegenstand, der solange verborgen war, daß sich zurzeit kein Eigentümer mehr ausweisen kann. Während verlorene Sachen nicht res nullius sind und daher römisch nicht okkupiert werden können[2], wird der Schatz wie eine herrenlose behandelt[3]. Daher darf er vom Finder okkupiert werden, und gehört ihm ganz, wenn er ihn auf dem eigenen Grundstück gefunden hat. Wurde der Schatz auf fremdem Boden gefunden, so fällt er zur Hälfte dem Grundeigentümer zu[4]. Nur wenn er ohne

---

[1] Ein Jagdrecht oder Fischereirecht als ausschließliche Berechtigung einzelner Personen gab es nicht. — Wer aber unberechtigt fremde Grundstücke betrat, machte sich verantwortlich. Durch Einzäunung des Grundstücks konnte daher die Okkupation Dritter verhindert werden. Vgl. Rotering, Arch. f. bürg. Recht 38, 145 ff.

[2] Es liegt keine Dereliktion vor, da der Wille zur Aufgabe des Eigentums fehlte.

[3] Vgl. D. 41, 1, 31, 1: cuius non exstat memoria, ut jam dominum non habeat. — Ähnlich § 984 BGB.

[4] I. 2, 1, 39. — Beim Schatzfund durch eine gewaltunterworfene Person s. Fr. Schulz, Ztschr. d. Sav.-Stift. 35, 94 ff.

Erlaubnis des Grundeigentümers gesucht wurde, gehört er dem letzteren ganz[5].

III. Wer einen fremden Stoff (Rohstoffe usw.) so umgestaltet, daß daraus eine neue Sache entsteht[6], erwarb schon nach der Meinung der Prokulianer durch die Verarbeitung (Spezifikation) das Eigentum an der von ihm oder seinen Leuten hergestellten Sache (im Interesse der wirtschaftlichen Produktion). Nach justinianischem Recht tritt der Erwerb des Spezifikanten nur ein, wenn er in gutem Glauben war, und sich die Sache nicht mehr in die frühere Gestalt zurückführen läßt[7]. Ebenso wenn der Verarbeiter aus eigenem Stoffe etwas hinzugetan hatte.

§ 14.

γ) Verbindung (accessio). Fruchterwerb.

I. Da nur eine selbständige Sache Gegenstand eines besonderen Eigentumsrechts sein kann, muß auch die körperliche Verbindung mehrerer Sachen eine Veränderung im Eigentum herbeiführen, wenn sie eine einheitliche Sache schafft (§ 6 III). Darüber entscheiden die Grundsätze der Technik bei den Römern und ihre wirtschaftliche Anschauung[1]. Ist keine Einheit hergestellt, so kann auf Lösung geklagt und vindiziert werden (§ 16). Ist die Verbindung aber unauflöslich, so absorbiert das Eigentum der Hauptsache dasjenige der Nebensache. Kann keine Sache als die Hauptsache angesehen werden, so tritt Miteigentum ein.

---

[5] Der Finder verliert hier zur Strafe seine Hälfte an den Eigentümer. — So auch, wenn er auf einem eingezäunten Grundstück nach Schätzen sucht. — Beim Schatzsuchen unter Anwendung von Zaubermitteln trat Verfall an den Fiskus ein.

[6] Z. B. er keltert Wein aus fremden Trauben, macht Schuhe aus fremdem Leder oder einen Becher aus fremdem Metall.

[7] Dieses naturwissenschaftliche Kriterium ist kein gutes. — Besser heute § 590 BGB.

[1] Z. B. das Anschweißen (ferruminatio) wird als unlösliche Verbindung angesehen, nicht aber das Anlöten (adplumbatio). Ebensowenig die Verschmelzung von Blei und Silber, und das Einbauen von Materialien in ein Gebäude. — Unser BGB. entscheidet nach dem Kriterium der wesentlichen und unwesentlichen Bestandteile (§§ 93—95). S. §§ 946 ff. BGB.

1. Hiernach bewirkt z. B. die Vermischung von Flüssigkeiten Miteigentum nach Verhältnis des Wertes. Ähnlich die Verbindung fester Körper (Körner), wenn die Aussonderung unmöglich ist (confusio, commixtio).

2. Bei nebensächlicher Verbindung wird der Eigentümer der Hauptsache auch Eigentümer der Nebensache.

a) Hauptfall ist die Verbindung beweglicher Sachen mit einem Grundstücke. Sie kommt organisch durch Anpflanzung (implantatio) vor, nachdem die Pflanze Wurzeln geschlagen hat[2]; mechanisch durch Bauen (inaedificatio). Das Grundstück ist immer die Hauptsache. Der Grundeigentümer erwirbt also die eingewurzelten Pflanzen und das errichtete Gebäude (superficies solo cedit). Bei Verbauung fremder Materialien (tigna) in ein Gebäude war schon in den XII Tafeln vorgeschrieben, daß der Hauseigentümer zur Lösung nicht verpflichtet sei. Anderseits verliert der Beraubte sein Eigentum nicht. Es ruht und lebt bei Zerstörung des Gebäudes wieder auf, falls es inzwischen nicht aufgegeben, oder Ersatz dafür geleistet ist. Der Beraubte kann mit der actio de tigno juncto Ersatz des doppelten Wertes der Materialien verlangen[3].

b) Ein besonderer Fall ist die Akzession nach Uferrecht bei öffentlichen Flüssen. Hier wird der Boden, der sich durch langsame Anschwemmung des Flusses (alluvio) an einem Ufergrundstück ansetzt, Eigentum des Grundeigentümers. Ebenso ein durch den Strom von einem anderen Grundstück losgerissenes Bodenstück (sog. avulsio), sobald es mit dem neuen Grundstück durch Verwurzelung verbunden ist. Entsprechend fällt, wenn der Fluß sein altes Bett verläßt, oder wenn sich eine Insel im Flusse bildet, das entstandene Land den Uferanliegern (nach Maßgabe ihrer Ufergrenze und der Mittellinie des Fluß-

---

[2] D. 41, 1, 7, 13. Heute sofort mit dem definitiven Einpflanzen, § 94 BGB.

[3] S. D. 10, 4, 6; 41, 1, 7, 10. — Heutzutage verliert nach §§ 93, 94, 946 BGB. der Eigentümer der Materialien sein Eigentum, indem letztere wesentliche Bestandteile des Gebäudes (Grundstücks) werden.

bettes) zu. Alveus derelictus und insula in flumine nata[4].

c) Bei nebensächlicher Verbindung beweglicher Sachen erwirbt ebenfalls der Eigentümer der Hauptsache die Nebensache. Als Hauptsache erscheint regelmäßig diejenige, die dem Begriff des Ganzen am nächsten kommt, oder ohne welche die andere nicht bestehen kann, ausnahmsweise auch die den höheren Wert hat. Daher gehört die Schrift dem Eigentümer der Tafel oder des Papiers; das darauf gefertigte Gemälde nach Justinian aber dem Maler[5].

Schuldrechtliche Ausgleichung des Eigentumserwerbs findet je nachdem durch die Diebstahlsklagen (§ 44), Bereicherungsklagen (§ 43, V) oder actiones in factum statt[6].

II. Die Früchte einer Sache (§ 6 VII Ziff. 2) gehören, solange sie noch ungetrennt sind, als Teil der Sache, dem Eigentümer. Durch die Trennung fallen sie ihm als selbständige Sachen zu. Miteigentümern gehören die Früchte nach Verhältnis ihres Anteils (§ 11 V).

Dies ändert sich auch nicht, wenn die fruchttragende Sache im Nießbrauch steht oder verpachtet ist. Zwar sollen die Früchte dem Nießbraucher und Pächter zukommen, aber daraus folgt nur, daß er sie sich aneignen kann. Bis dies geschehen ist, verbleiben sie dem Eigentümer. Nießbraucher und Pächter erwerben die Früchte durch Perzeption[7].

Nur der Erbpächter (emphyteuta) erwirbt wegen der eigentumsähnlichen Stellung, die ihm im allgemeinen zukommt (§ 24), die Früchte mit der Separation.

---

[4] Es muß sich um Grundstücke handeln, die durch den Fluß natürlich begrenzt werden, nicht um obrigkeitlich begrenzte agri limitati. — Der Erwerb nach Uferrecht wird vom BGB. nicht behandelt. Das nach Art. 65 EG. fortdauernd maßgebende Landesrecht ist entweder das römische, oder besonders erlassene Partikulargesetze. An Stelle der Verwurzelung der avulsio ist nach Preuß. ALR. eine Zeitfrist für den Eigentumserwerb getreten.

[5] D. 6, 1, 23, 3; 41, 1, 9, 1—2; I. 2, 1, 33—34.

[6] D. 6, 1, 23, 5. — Ebenso § 951 BGB.

[7] Abgesehen beim Nießbrauch von Tiernutzungen. — Anders überhaupt §§ 954, 956 BGB.

Dasselbe wird in der Kaiserzeit auch für den gutgläubigen Besitzer einer Sache[8] anerkannt. Derselbe erwirbt also, wie wenn er Eigentümer wäre, die Früchte mit der Separation (wenn er in diesem Augenblick noch redlich ist). Später wird die Einschränkung gemacht, daß er dem vindizierenden Eigentümer die noch vorhandenen Früchte herausgeben muß[9].

Zivilfrüchte (Mietzinsen usw.) sind nur Gegenstand einer Forderung[10]. Auch werden sie von der Erbschaftsklage umfaßt. D. 5, 3, 29; 22, 1, 34.

§ 15.

δ) Ersitzung*.

Ersitzung ist der Erwerb des Eigentums durch lange dauernden Besitz. Diese Erwerbsart ist bestimmt, die anderen zu ergänzen, insbesondere vorgekommene Mängel bei letzteren auszugleichen. Z. B. wenn die Tradition durch jemanden erfolgt ist, der nicht Eigentümer war (§ 12 II Ziff. 2a), oder wenn man eine Sache okkupierte (§ 13), die vom Nichteigentümer derelinquiert worden war[1]. Geradeso wie die Klagverjährung eingeführt ist, weil es unerträglich wäre, eine Rechtsverletzung bis ins Unendliche zu verfolgen, müssen Mängel des Eigentumserwerbs durch Zeitablauf geheilt werden, wenn der Erwerber längere Zeit im unbehelligten Besitz der Sache geblieben ist. Die Ersitzung ist daher eine besondere Art der Verjährung (Akquisitivverjährung), und eine adjectio dominii für den Eigenbesitzer (D. 41, 3, 3).

---

[8] Rechtsirrtum wird jedoch nur gewissen privilegierten Personen nachgesehen, s. u. § 43 N. 16.

[9] S. u. § 16. Daher der Spruch: bonae fidei possessor fructus consumtos suos facit. — Nach § 955 BGB. behält der gutgläubige Besitzer richtiger die noch vorhandenen Früchte.

[10] Man erwirbt sie durch Zahlung (Erfüllung), oder nach Schadensersatzgrundsätzen.

* S. außer den o. § 5 Ziff. III Zitierten R. Stintzing, Wesen v. bona fides u. titulus (1852); Bruns, Kl. Schriften 2, 257; Bernhöft, Besitztitel (1875); Pernice, Labeo II, 1, 391; Partsch, Die longi temporis praescriptio (1906); Wenger, Ztschr. d. Sav.-Stift. 27, 374.

[1] Ebenso im alten Recht bei der Tradition einer res mancipi. S. o. § 6 Ziff. I u. § 7 Ziff. IV.

I. In den Anfängen des römischen Rechts und in den engen Verhältnissen der Stadtgemeinde waren die Fristen sehr kurz. Die nur für römische Bürger, und zur Erlangung des quiritischen Eigentums dienliche zivilrechtliche usucapio vollendete sich durch zweijährigen Besitz von Grundstücken[2] und einjährigen Besitz von ceterae res, also beweglichen Sachen. Für fremde und für Provinzial-Grundstücke (§ 6 Ziff. I i. f.) wurde in der Kaiserzeit durch die Edikte der Provinzialstatthalter eine Berufung auf langjährigen ungestörten Besitz zugelassen: die sog. longi temporis praescriptio; mit 10jährigem Zeitraum inter praesentes (wenn die Beteiligten in derselben Provinz wohnten) und 20jährigem inter absentes (in verschiedenen Provinzen). Dabei wurde eine justa causa des Besitzes d. i. Vorliegen eines rechtfertigenden Erwerbsaktes des Eigentums (titulus) und guter Glaube verlangt, d. h. daß der Besitzer bei seinem Erwerb die Mängel nicht kannte, die der Erlangung des Eigentums aus dem Akte entgegenstanden. Lag dies vor, so ward er gegen die Klage des Eigentümers durch besondere Einrede (praescriptio) geschützt. Dann ward ihm auch eine Klage gegen dritte Personen gegeben, die ihm die Sache streitig machen wollten[3].

Justinian hat beide Institute verschmolzen, indem er für bewegliche Sachen die usucapio beibehielt, die Frist aber auf 3 Jahre erstreckte. Für Grundstücke ward allgemein die longi temporis praescriptio zugrunde gelegt: also Ersitzung binnen 10/20 Jahren[4]. So entstand das Institut der ordentlichen Ersitzung, die Mängel des Erwerbsakts durch Ablauf der Zeit heilen soll[5]. Der Ersitzende wird durch

---

[2] Vorausgesetzt, daß sie in Italien lagen oder das jus Italicum besaßen (§ 6 N. 8). — Von diesem Usus, d. i. rechtmäßigen Besitz, führte die Ersitzung in den XII Tafeln den Namen Usus auctoritas.

[3] Erst durch die dem Besitzer verliehene Klage ward die longi temporis praescriptio zu einer Ersitzung. So lange der Besitzer nur eine Einrede hatte, kam das Institut über den Charakter einer Klagverjährung (§ 5 Ziff. III) wider den Eigentümer nicht hinaus.

[4] C. 7, 31 de usucapione transformanda. — Wegen Berechnung der Frist s. o. § 5 Note 24.

[5] Einige Ausnahmen des älteren Rechts von der bona fides bei der Usukapion, so bes. bei der usucapio pro herede (§ 68 I Ziff. 3) und usureceptio aus der fiducia (§ 25 N. 3) sind antiquiert.

Vollendung der Ersitzung Eigentümer der Sache, kann also gegen jeden Dritten klagen, wenn er nach Ablauf der Zeit den Besitz verliert.

1. Der Besitz muß Eigenbesitz sein[6], da er zur Eigentumserlangung führen soll. Er muß die ganze Ersitzungszeit andauern. Doch tritt der Erbe in die vom Erblasser begonnene Ersitzung ein[7], vorausgesetzt, daß nicht zuvor ein Dritter Besitz ergriffen hat (successio in usucapionem). Ja selbst bei Veräußerung der Sache unter Lebenden darf, wenn der Besitz vom Übertragenden (unmittelbar) auf den Erwerber überging, der spätere Besitzer sich zur Vollendung seiner eigenen Ersitzung die Zeit seines Vorgängers hinzurechnen (accessio temporis), vorausgesetzt, daß dieser sich ebenfalls in condicione usucapiendi befand und ein richtiger Sukzessionsgrund zwischen beiden besteht. Im Gegensatz zum Erbfall beginnt hier der Nachmann eine neue Ersitzung. Er muß daher die Ersitzung selbst gültig beginnen können, also in gutem Glauben sein.

Die Ersitzung kann unterbrochen werden (usurpatio), so daß die ganze bisher gelaufene Zeit unerheblich wird und eventuell nur eine neue Ersitzung beginnen kann. Dies ist der Fall, wenn Besitzverlust eintritt. Auch durch Erhebung der Eigentumsklage tritt Unterbrechung ein[8].

Ein bloßes Ruhen der Ersitzung (Verlängerung der zur Vollendung erforderlichen Zeit) tritt aus den Gründen ein, die auch eine Hemmung der Verjährung der Eigentumsklage herbeiführen (§ 5 III).

---

[6] S. o. § 8. Es ist die dort Ziff. IV erwähnte civilis possessio. Diese dauert sogar nach erfolgter Verpfändung der Sache (trotz des Besitzes des Pfandgläubigers, N. 9 das.) in Ansehung der Ersitzung für den Verpfänder fort.

[7] Die Ersitzung kann sogar schon von der hereditas jacens (§ 68 I Ziff. 3) vollendet werden. Ebenso kann sich der spätere Erbe die Zeit der ruhenden Erbschaft einrechnen. Wegen des guten Glaubens s. u. Ziff. 3.

[8] Übrigens sind im Corpus juris hier noch Widersprüche zwischen der usucapio und longi temporis praescriptio stehen geblieben. — Ohne Verurteilung des Beklagten beginnt für diesen eine neue 40jährige Ersitzung.

2. Besonders wichtig ist der Titel (justa causa possessionis), also das Vorliegen eines rechtlich anerkannten Erwerbsgrundes. Regelmäßig hat man die Sache von einem anderen (auctor) erworben. Der Erwerb würde nach § 11 Ziff. II Eigentum begründet haben, wenn der auctor selbst Eigentümer gewesen wäre. So muß die Ersitzung aushelfen (§ 8 Ziff. IV, § 16 I, Ziff. 1). Eine lange Reihe von Titeln hat sich im Lauf der Zeit herausgebildet. D. 41, 4 ff. Es sind nicht einfach die besprochenen Eigentumsgeschäfte. Z. B. Tradition und Okkupation (§§ 12, 13) sind keine Titel, weil sie nicht immer Eigentum geben, sondern oft nur Besitz (§ 9). Man mußte auf die causa traditionis zurückgehen[9], aus der sich der Wille der Parteien auf Eigentumsübertragung ergibt; und der Titel wird nach dieser causa benannt: z. B. titulus pro emptore, pro soluto, pro donato, pro dote (wenn die Übertragung zufolge Kaufs, oder als Erfüllung, Schenkung, Dosbestellung erfolgt war). Die Okkupation gibt nur bei einer res nullius Eigentum. Daher nennt der Titel hier den Hauptfall: pro derelicto. Hinzu treten die Erwerbsgründe aus Legat und Erbfolge: titulus pro legato, pro herede. Doch ersitzt der Erbe, gewöhnlich auf den Titel seines Erblassers, da er dessen Ersitzung nur fortsetzt (Ziff. 1).

Dagegen hat man später auch ungültige Geschäfte als Titel für genügend erklärt, sofern Tatsachen vorliegen, weshalb der gute Glaube (Ziff. 3) an das Vorhandensein des Titels gerechtfertigt war; so beim Kauf von einem Unmündigen, den man für mündig, oder von einem Wahnsinnigen, den man für gesund hielt[10]. Je mehr man auf den guten Glauben Gewicht legte, konnte man an den Erfordernissen des Titels nachlassen. Darum kann ein gerichtlicher Eid den wahren Titel ersetzen[11]; man kann pro herede ersitzen, was scheinbar zum Nachlaß gehörte[12], oder wenn man sich ent-

[9] S. darüber o. § 12 zu Note 7.
[10] D. 41, 4, 2, 15 u. 16; D. 41, 3, 13, 1.
[11] D. 12, 2, 13, 1.
[12] D. 41, 5, 3. Dagegen kann der Erbe nicht etwa ohne weiteres die vom Erblasser entliehenen oder in Aufbewahrung genommenen Sachen ersitzen, s. eod. l. 1; C. 7, 29, 4.

schuldbar für den Erben hielt[13]. Unrichtige Mitteilung eines Vertreters (servus, procurator) über den Geschäftsabschluß kann die Ersitzung rechtfertigen[14]. In solchen Fällen spricht man von Putativtitel. Dagegen genügt es nicht, wenn der Besitzer ohne besonderen Grund glaubt, daß ein Erwerbsakt vorliege.

3. Endlich darf der Besitzer nicht unredlich sein: er darf die Umstände nicht kennen, die seinem Erwerb entgegenstanden. Die Berufung auf Rechtsirrtum ist ausgeschlossen[15]. Der gute Glaube (bona fides) braucht aber nur beim Besitzerwerb vorhanden zu sein. Man verlangt ihn nicht für die ganze Zeitdauer der Ersitzung (III). Daher braucht der Erbe, der bloß die Ersitzung des Verstorbenen fortsetzt[16], nicht selbst gutgläubig zu sein, wenn nur der Verstorbene es bei seinem Besitzerwerb war.

4. An gewissen Sachen ist die Ersitzung ausgeschlossen. So namentlich an gestohlenen Sachen und mit Gewalt besessenen Grundstücken (III). Res furtivae und vi possessae. Daß res extra commercium nicht ersessen werden können, versteht sich von selbst, da sie des Privateigentums unfähig sind.

II. Endlich hat Justinian auch die Verjährung der Eigentumsklage (§ 5 III) mit den Wirkungen der Ersitzung ausgestattet, wenn der Beklagte den Besitz der Sache redlich erworben hatte. Dies führt zur sog. außerordentlichen Ersitzung, nach Ablauf eines 30 (ausnahmsweise 40)jährigen Besitzstandes bei beweglichen Sachen und Grundstücken. Die Besitzeszeit des Vormanns kann, wie bei der ordentlichen Ersitzung, eingerechnet werden.

---

[13] D. 41, 3, 33, 1. Von der bei Justinian veralteten usucapio pro herede ohne Titel und guten Glauben (§ 68 I Ziff. 3) ist hier abzusehen.

[14] D. 41, 4, 11. Die Ansichten der Juristen über diese (wesentlich im Fluß befindlichen) Dinge waren verschieden. Vieles ist im Corpus juris interpoliert, manches auch wohl versehentlich stehengeblieben. Die Späteren haben die ihnen für die Rechtsentwicklung besser passenden Stellen vorgezogen. S. z. B. auch u. § 17 Note 2.

[15] Außer bei gewissen privilegierten Personen, s. § 43 N. 16.

[16] S. o. bei N. 7 (im Gegensatz zum das. folgenden Falle der accessio temporis). — Umgekehrt nutzt dem Erben die eigene Redlichkeit nicht, wenn der Erblasser seinen Besitz nicht bona fide erlangt hatte (succedit in vitium defuncti).

Auch ist guter Glaube erforderlich. Aber kein Titel, da diese Ersitzung mit der Klagverjährung Hand in Hand geht. Dem Gegner, wenn er besitzt und gutgläubig erwarb, steht nach Ablauf der Zeit neben der bloßen Einrede jetzt selbst die Eigentumsklage auch gegen Dritte zu. Ein bestimmter Erwerbsgrund soll hier nicht geheilt werden. Daher sind die von der ordentlichen Ersitzung ausgeschlossenen (z. B. gestohlenen) Sachen regelmäßig der außerordentlichen Ersitzung zugänglich[17].

III. Das deutsche Recht hatte die Ersitzung nicht gekannt. Dagegen bildete das kanonische Recht das Institut: z. B. durch das Erfordernis des guten Glaubens während der ganzen Ersitzungszeit weiter aus (mala fides superveniens nocet). So galt die Lehre im gemeinen deutschen Recht. S. auch § 937 Abs. 2 BGB. Streitig ist, ob die CCC. Art 209 die von der ordentlichen Ersitzung ausgeschlossenen Sachen auch der außerordentlichen Ersitzung entzogen habe, was aber zu verneinen ist.

Anderseits ist die Ersitzung partikularrechtlich beschränkt worden, so insbesondere bei Grundstücken gegenüber dem im Grundbuch eingetragenen Eigentümer. S. §§ 900—902, 927 BGB. Auch wurden, wo sie zulässig blieb, die Fristen verändert, oder das Institut mit deutschrechtlichen Einrichtungen in Einklang gesetzt. S. für Mobilien jetzt §§ 937 ff. Gestohlene Sachen sind (wegen §§ 932 ff. BGB.) heutzutage als das Hauptobjekt der Ersitzung übrig geblieben.

§ 16.

c) Schutz des Eigentums.
Rei vindicatio. Actiones negatoriae*.

Die Einwirkung Dritter auf die Sache des Eigentümers gegen dessen Willen steht in Widerspruch mit dem Eigentumsrecht. Ist die Einwirkung berechtigt, so besteht eine Beschränkung des Eigentums (§ 11 Ziff. I); ist sie nicht berechtigt, so liegt darin eine Verletzung des Eigentums, gegen welche besondere Klagen gegeben sind.

---

[17] Natürlich nicht durch den Dieb, da ihm die bona fides fehlt, aber durch einen Dritten, der die Sache von ihm erwarb.

* Wetzell, Der röm. Vindikationsprozeß (1845); Pfersche, Privatrechtl. Abh. (1886) 1. — Lenel in Grünhuts Ztschr. 37, 515 ff.; Stintzing, i. d. Festschr. f. Wach (1913) II 293; Maria, Etudes Girard II 223. S. auch Henle, Unus casus (1915).

Ist die Einwirkung eine Beschädigung der Sache, so liegt der Tatbestand eines Delikts vor, und greifen die obligatorischen Deliktsklagen (§ 44) ein. Ebenso bei Diebstahl usw.[1].

Hat der Verletzer verbotene Eigenmacht begangen, so genügt es meist für den Verletzten, sich nur an diese Art der Verletzung zu halten und wegen Störung oder Entziehung des Besitzes zu klagen (§ 10 Ziff. II), was den Vorteil hat, daß er sein Eigentumsrecht nicht zu beweisen braucht[2].

Schließlich kann der Eigentümer wegen jeder Verletzung seiner Rechtsherrschaft aber auch petitorisch, mit einer auf das Eigentum gegründeten Klage vorgehen. Die stärkste Verletzung liegt in vollständiger Vorenthaltung der Sache. Dagegen richtet sich die rei vindicatio.

I. Die Vindikation ist also die Klage des nichtbesitzenden Eigentümers gegen den Besitzer auf Herausgabe der Sache unter Berufung auf sein Eigentum.

1. Der Kläger hat zur Begründung sein Eigentum in Gewißheit zu setzen. Dies geschieht durch Berufung auf einen anerkannten Erwerbsgrund des Eigentums. Leitet sich der Erwerb von einem anderen her, so ist darzutun, daß auch der andere Eigentümer war. Denn sonst war der auctor nicht in der Lage, dem Kläger mit der Tradition usw. Eigentum zu verschaffen (§ 12 II, Ziff. 2a). Hat auch der Auktor von einem anderen erworben, so muß auf das Eigentum des auctor auctoris zurückgegangen werden usw., bis man zu einem auctor gelangt, dessen Erwerb durch die Ersitzung befestigt ist, falls er nicht Eigentümer war[3].

---

[1] Vgl. über Konkurrenz mit der rei vindicatio Siber, Die Passivlegitimation bei der rei vind. (1907) 171 ff.; E. Levy, Die Konkurrenz der Aktionen u. Personen I (1918) 416 ff.

[2] S. dazu Siber a. a. O. 161 ff.; Levy a. a. O. 424 ff.

[3] Unter Berücksichtigung der accessio temporis, § 15 nach Note 7. — In der gemeinrechtlichen Wissenschaft war dieser Beweis berüchtigt (probatio diabolica). Heute wird der Eigentumsbeweis viel einfacher (durch Vermutungen) geführt: bei Grundstücken nach § 891, bei beweglichen Sachen nach § 1006 BGB.

2. Beklagter ist, wer durch Vorenthaltung der Sache das Eigentum verletzt. Die Klage geht nicht bloß gegen den Eigenbesitzer, sondern auch gegen einen bloßen Detentor. Ubi rem meam invenio, ibi vindico. Eine Beschränkung der Klage wegen gutgläubigen Erwerbs kennt das römische Recht nicht (§ 11 Ziff. II.)

Die Zulässigkeit der rei vindicatio gegen den Detentor ist etwas sehr weitgehendes, das auch in Deutschland viel Widerstand gefunden hat. Im älteren römischen Recht ging die vindicatio nur gegen den, der selbst Eigentümer zu sein behauptete (im Legisaktionenprozeß eine contravindicatio vorbrachte). Auf Grund des Nießbrauchs und der später entwickelten zahlreichen Kontraktsverhältnisse (Miete, Leihe, Depositum), die eine Detention involvierten, ging die rei vindicatio mit der formula petitoria (im Formularprozeß) an sich auch gegen einen Detentor, wurde aber vom Prätor verweigert, wenn die Kontraktsklage zustand. Diese Beschränkung (die sicher richtig ist, und der Sache nach auch heutzutage wieder gilt) wurde im justinianischen Recht fallen gelassen [4].

Übrigens kann der Detentor, der ein Grundstück in fremdem Namen besitzt, die Klage von sich abwenden, indem er dem Kläger diesen Anderen benennt (sog. laudatio auctoris), so daß letzterer den Prozeß übernehmen kann [5].

Wird die Inhabung vom Gegner bestritten, so muß der Kläger sie beweisen, da davon sein Anspruch abhängt. Gelingt ihm dieser Beweis, so hat Beklagter zur Strafe für sein Leugnen die Sache ohne weiteres herauszugeben (translatio possessionis) [6]. Ist zweifelhaft, ob Beklagter die gesuchte

[4] Siber, Passivlegitimation (1907) u. Kübler, Ztschr. d. Sav.-Stift. 29, 481 ff.; Last in Grünhuts Ztschr. 36, 433 ff.; Lenel, das. 37, 539 ff.; Last i. Jherings Jahrb. 62, 89, 153.

[5] Ohne dies müßte der Auktor, wenn der Detentor, z. B. sein Pächter, im Vindikationsstreit unterlag, jetzt seinerseits mit vindicatio gegen den Sieger vorgehen und als Kläger den schwierigen Eigentumsbeweis führen, während er, wenn die Vindikation gegen ihn gerichtet worden wäre, die vorteilhafte Beklagtenstellung gehabt hätte. Konstantin verpflichtete daher den beklagten Detentor zur sofortigen Benennung des Auktors. Erscheint dieser nach Fristablauf nicht im Prozeß, so überweist der Richter nach summarischer Untersuchung dem Kläger den Besitz der Sache. C. 3, 19, 2. — Heutzutage darf nach § 76 RZPO. der beklagte Besitzer seinem Auktor (dem mittelbaren Besitzer) den Streit verkünden, und wenn dieser nicht reagiert, dem Klagantrag genügen.

[6] D. h. ohne Beweis des klägerischen Eigentums (Ziff. 1). D. 6, 1, 80. Dies ist heute beseitigt.

Sache besitzt, so kann präparatorisch auf Vorweisung der Sache geklagt werden (actio ad exhibendum), z. B. um die Identität festzustellen[7]. Nach neuerem Recht ist auch ein sog. fictus possessor, qui liti se optulit (also zur Irreführung des Klägers sich als Besitzer ausgab) und qui dolo malo desiit possidere, der dinglichen Klage ausgesetzt[8]. Sie geht hier auf Schadensersatz nach Art einer Deliktsklage[9].

3. Das Ziel der Klage ist Herausgabe der Sache selbst, cum omni causa. Leistete Beklagter dem richterlichen arbitrium de restituendo (§ 29 Ziff. 2) keine Folge, so ward er auf das Geldinteresse verurteilt, das der Kläger durch seinen Eid abschätzen konnte (§ 31 N. 2). Im justinianischen Recht wird der Restitutionsbefehl vollstreckt. D. 6, 1, 68. Der klagende Eigentümer ist ferner in den Zustand zu versetzen[10], in dem er sich ohne die erfolgte Vorenthaltung der Sache befinden würde. D. 6, 1, 20. Doch unter Berücksichtigung der Gutgläubigkeit des Besitzers (wenn sie vorliegt) und des Zeitpunkts der Klage (litis contestatio).

a) Ist die Sache aus Gründen, die vor der Prozeßeinleitung liegen, nicht mehr (oder nicht unversehrt) vorhanden, so ist der bonae fidei possessor dafür nicht verant-

---

[7] Dig. 10, 4. S. Beseler, Beiträge I (1910) 1; Demelius, Exhibitionspflicht (1872). Die actio ad exhibendum gibt es auch nach § 809 BGB.

[8] S. dazu Gradenwitz i. d. Festschr. für Güterbock (1910) 303; auch Siber S. 11 ff.

[9] Im älteren Recht ging die Klage lediglich gegen die Sache und nicht gegen die Person des Besitzers. Dessen Recht war es nur, die Sache vor Gericht zu verteidigen und sie sich dadurch zu erhalten. Tat er das nicht (er brauchte sich nicht einzulassen), so durfte der Kläger sich in den Besitz setzen. Bei Grundstücken ward ihm dabei im Notfall vom Prätor durch das interdictum Quem fundum, bei Mobilien durch die actio ad exhibendum mit darauffolgender Erlaubnis zum Wegführen der Sache geholfen. Im justinianischen Recht ist dieses Interdikt, und die actio ad exhibendum in dieser Funktion verschwunden. Vgl. bes. Wlassak, Ztschr. d. Sav.-Stift. 25, 141 ff.; Beseler, Beiträge I 1, II 128; Lenel i. Grünhuts Ztschr. 37, 515 ff.

[10] Dies ist ein schuldrechtlicher Annex des Eigentumsanspruchs. Im klassischen Recht war dieser in der rei vindicatio noch nicht enthalten, sondern wurde mittels besonderer Kautionsstellung des Beklagten begründet: im Sponsionsverfahren durch die cautio pro praede litis et vindiciarum, im Formularprozeß durch cautio judicatum solvi.

wortlich (also frei). Liegen sie aber nach der Prozeßeinleitung, so hat auch der bonae fidei possessor dafür Ersatz zu leisten, wenn ihn ein Verschulden trifft[11].

Dagegen haftet der malae fidei possessor sofort wegen Verschuldens nach Art eines Geschäftsführers ohne Auftrag (§ 43 I), weil er weiß, daß er eine fremde Sache in Händen hat. Die Nichtherausgabe nach eingeleiteter Klage setzt ihn in Verzug (§ 31 Ziff. II). Daher steht er nach Prozeßbeginn sogar für Zufall ein, es sei denn, daß der Zufall die Sache auch bei rechtzeitiger Ablieferung getroffen hätte.

b) Entsprechendes gilt von der omnis causa rei: Zuwachs, Früchte und Gewinn der Zwischenzeit. Das Vorhandene muß mit der Sache herausgegeben werden. Wegen des Ersatzes von Nichtvorhandenem sind die obigen Unterscheidungen maßgebend. Der bonae fidei possessor hat die konsumierten Früchte zu Eigentum erworben (§ 14 i. f.), für nicht gezogene keinen Ersatz zu leisten. Nach Prozeßbeginn aber haftet er für konsumierte wie für kulpos versäumte Früchte. Gerade so haftet der malae fidei possessor schon von seiner Bösgläubigkeit an. Nach Prozeßbeginn hat er dem Kläger allen Gewinn zu ersetzen, den dieser aus der Sache hätte ziehen können, wenn sie ihm sofort zurückgegeben worden wäre[12].

c) Selbstverständlich kann sich der Beklagte durch Berufung auf ein dingliches Recht (Nießbrauch, Pfandrecht), das zum Behalten der Sache berechtigt, verteidigen, da diese Rechte das Eigentum beschränken. Ist der Beklagte dem Kläger obligatorisch: aus Kontrakt oder Quasikontrakt (§§ 34—43) zur Herausgabe verpflichtet (z. B. als Mieter, Depositar), so ist er nach dem speziellen Schuldverhältnis zu beurteilen, in dem er zum Kläger steht, und hat daraus möglicherweise gegen den Herausgabeanspruch eine Einrede; z. B. daß ihm die Sache bis zum Ablauf der Mietzeit belassen werden muß. Ein beson-

---

[11] Er haftet aus der Prozeßobligation auf Obhut der Sache, da er möglicherweise zur Herausgabe derselben angewiesen werden kann. Vgl. über die Kraft der Litiskontestation u. § 45 I Ziff. 2.

[12] Ähnlich alles dies nach §§ 987, 989, 990, 992, 993 BGB.

derer Anwendungsfall ist die exceptio rei venditae et traditae[13].

d) Weitere Gegenrechte entstehen für den Besitzer aus Verwendungen auf die Sache. Wegen dieser hat er ein Retentionsrecht, geltend zu machen mit exceptio doli[14]; und zwar bis zum vollen Ersatz der Kosten[15], wenn die Verwendungen[16] zur Erhaltung der Sache notwendig waren (impensae necessariae). Waren sie nicht notwendig, haben aber die Nutzbarkeit der Sache erhöht (impensae utiles), so kann der gutgläubige Besitzer sie ersetzt verlangen, soweit die Werterhöhung dem Kläger zugute kommt. Darüber hinaus wird kein Ersatz gewährt: also weder dem malae fidei possessor, noch allgemein für sog. impensae voluptuariae (Luxusaufwendungen). — Bezüglich der nicht ersatzfähigen Verwendungen besteht aber ein jus tollendi, d. h. der Besitzer darf sie vor Herausgabe der Sache wieder wegnehmen, vorausgesetzt, daß er die Sache dadurch nicht über den Zustand hinaus verschlechtert, in dem sie vor Eintritt der Verwendung war. Auch entfällt das Wegnahmerecht, soweit es dem Beklagten keinen materiellen Vorteil bringt.

II. Actiones negatoriae sind Klagen des Eigentümers wegen partieller Verletzung seiner Rechtsherrschaft (ohne Entziehung des Besitzes). Es handelt sich um die Zu-

---

[13] Vgl. schon oben § 12 II Ziff. 2 a u. § 7 Ziff. IV u. Riezler, Venire contra factum proprium (1912) 17 ff. — Bindet das Schuldverhältnis den Kläger nicht, sondern einen anderen, für den er nicht einzustehen hat, so muß Beklagter die Sache dem Vindikanten herausgeben. Z. B. in dem berühmten Fall des röm. Rechts: „Kauf bricht Miete“ (§ 38 N. 30). — Beim bedingten Kauf, so lange die Bedingung noch schwebt, während die Sache bereits übergeben war, ist der Tradent noch Eigentümer, darf aber der Bedingung nicht entgegenhandeln. S. auch D. 23, 3, 7, 3.

[14] Im Gegensatz zum röm. Recht (D. 12, 6, 33) gibt es heute dieserhalb auch eine Klage. §§ 994 ff. BGB. Zurückbehaltungsrecht § 1000.

[15] Abzüglich der Nutzungen, die dem Besitzer verbleiben. D. 6, 1, 48. Über Impensenersatz u. jus tollendi s. Riccobono, Dal diritto romano classico al dir. moderno (1917) 357 ff., 445 ff. Heute §§ 994 ff., 997 BGB.

[16] Hatte ein malae fidei possessor sie gemacht, so erhält er sie auch nur ersetzt, wenn eine nützliche Geschäftsführung (§ 43 I) für den Kläger vorliegt, z. B. wenn dieser das Haus nicht abgerissen hätte (wie o. lit. a).

rückweisung von Störungen durch angemaßte Servituten und Eigentumsbeschränkungen [17]. Die Klagen sind als Gegenstück der actiones confessoriae gedacht, mit denen nach § 23 die Servitut, wenn sie besteht, geltend gemacht wird.

1. Auch hier muß der Kläger sich auf sein Eigentum berufen, also dessen Erwerb (wie bei der rei vindicatio) dartun. Nicht aber nach herrschender Ansicht die Freiheit seines Eigentums. Diese ergibt sich aus dem Begriff des Eigentums, wenn es einmal feststeht. Vielmehr ist es Sache des Beklagten, die von ihm behauptete Beschränkung darzutun.

2. Die Klage geht gegen den Störer, auf dessen Willen der verletzende Zustand beruht.

3. Das Ziel der Klage ist Feststellung der Unrechtmäßigkeit der stattgefundenen Einwirkung und Verbot fernerer Störungen, wobei dem Beklagten die Bestellung einer Sicherheit (cautio de non amplius turbando) auferlegt werden kann [18].

§ 17.

3. Schutz des Ersitzungsbesitzes. Actio Publiciana*.

1. Wie die Ersitzung eine Ergänzung der Eigentumserwerbsarten darstellt (§ 15), so führte der Prätor eine Klage ein zum Schutz des Ersitzungsbesitzes als Ergänzung des Eigentumsschutzes. Zunächst diente diese Klage (die sog. Publiciana in rem actio) zum Schutz des bloß prätorisch anerkannten (bonitarischen) Eigentums (§ 7 Ziff. IV), wo der Erwerber sich auf Grund seines guten Glaubens und vorliegenden Erwerbstitels jedenfalls in der Ersitzungslage befand. Der Prätor fingierte hier gegenüber

---

[17] War das angemaßte Recht nur ein kraft prätorischer Autorität anerkanntes, so hatte es dafür im Edikt eine parallele Klage: actio prohibitoria gegeben. Lenel, Edictum, 2. A., 186; Ztschr. d. Sav.-Stift. 12, 1 ff. u. Zit. — Dagegen diente die actio negatoria noch nicht, wie uns heute geläufig ist, zur Abwehr von Eigentumsstörungen aller Art. Vgl. dazu auch Henle, Unus casus (1915) 64 ff., 138 ff. S. jetzt § 1004 BGB.

[18] Dieserhalb kann man heute einfach auf Unterlassung klagen, mit Strafandrohung für jede Zuwiderhandlung. § 890 ZPO.

* Huschke, Das Recht der Publizianischen Klage (1874); Appleton, Histoire de la porpriété prétorienne (1889); Erman, Ztschr. d. Sav.-Stift. 11, 212; 13, 173; Pflüger, das 42, 469.

einem späteren und schlechteren Erwerber[1], daß die Ersitzungszeit vollendet sei; so daß der Richter den beklagten Besitzer verurteilen mußte, wie wenn der Kläger ziviler Eigentümer geworden wäre (§ 16). Diese Funktion der Klage verschwand mit dem bonitarischen Eigentum im justinianischen Recht.

Dagegen erhielt sich die Klage zum Schutz des gutgläubigen Besitzers, der justo titulo von einem Nichteigentümer erworben hatte, falls die Sache in die Hände eines Dritten gelangte. Auch hier befindet sich der Erwerber in der Ersitzungslage, und verdient gegenüber Schlechterberechtigten (die keinen gleich guten Erwerbsgrund anführen können) denselben Schutz, wie ihn die Eigentumsklage (§ 16) gewährt, wenn die Ersitzungszeit vollendet ist. Natürlich kann sich dieser Klage auch der Eigentümer selbst bedienen, was für ihn eine Beweiserleichterung bedeutet, da er dann nur seinen Erwerbsgrund, und nicht auch das Eigentum der Auktoren darzutun hat. Der Kläger beruft sich dann bloß auf seine gutgläubige civilis possessio (§ 8 Ziff. IV), ähnlich wie er sich gegen verbotene Eigenmacht bloß auf seinen Besitz berufen und die possessorische Klage anstellen kann (§ 10). — Die actio Publiciana ist aber eine petitorische Klage. Sie beruht auf einem Recht des Klägers. Dieses Recht ist zwar nicht das Eigentum, aber ein auf Grund eines anerkannten Erwerbsgrundes und der sich daran anschließenden Ersitzungslage in der Entwicklung begriffenes Eigentum. Das von den Juristen anerkannte Publizianische Recht ist ein dingliches Recht, das gegen Dritte wirkt. Nur nicht gegen den, der selbst Eigentümer ist, oder der einen besseren resp. gleich guten Erwerbsgrund für sich hat.

2. Die actio Publiciana schützt also nicht gegen jedermann, sondern nur gegen einen schlechter Berechtigten. Hat der Kläger z. B. eine ersitzungsfähige Sache

---

[1] Gegen den Veräußerer selbst, obschon dieser ziviler Eigentümer geblieben war, ist der Erwerber durch die exceptio rei venditae et traditae geschützt. S. § 7 Ziff. IV. Dieselbe Einrede hat der gutgläubige Erwerber nach § 12 II Ziff. 2a auch in dem gleich folgenden Falle, wenn ein Nichteigentümer die Sache veräußerte.

bona fide gekauft und überliefert erhalten[2], so dringt er, wenn die Sache ihm entzogen wird, nicht durch gegen den Eigentümer (dieser hat die exceptio dominii). Es sei denn, daß der Beklagte sein Auktor ist[3]. Ebensowenig dringt der Kläger gegen einen anderen publizianischen Besitzer durch, wenn der Beklagte seinen Besitz von demselben Auktor ableitet, aber früher erworben hat, oder wenn Beklagter seinen Besitz von einem anderen Auktor ableitet[4].

3. Das Ziel der Klage, einschließlich der Haftung des Beklagten für omnis causa, und seine Einreden (z. B. wegen Verwendungen) sind dieselben wie bei der rei vindicatio.

4. Die Klage kann auch wegen bloßer Störung, ohne Entziehung des Besitzes, entsprechend den Regeln der actio negatoria erhoben werden[5].

§ 18.

4. Obligatorische Klagen wegen Besitzentziehung und anderer Störung tatsächlicher Zustände.

Zum Schutz der Sachherrschaft sind auch Hilfsmittel persönlicher Natur gegeben; die also gegen eine bestimmte Person gehen, welche sich durch ihr Verhalten als Verpflichteter charakterisiert. Es handelt sich um gesetzliche Verpflichtungen, kontrakts- oder deliktsähnlicher Natur (§§ 43, 44), die aber wirtschaftlich hierhergehören.

I. Es ist ein Grundsatz des Schuldrechts, daß jemand, der ohne rechtlich anerkannten Grund auf Kosten eines anderen

[2] Titulus pro emptore (§ 15). Übrigens genügte ein Putativtitel hier in demselben Maß wie bei der Ersitzung (s. das. N. 10 ff.), z. B. der Erwerb von einem Wahnsinnigen. Ulp. D. 6, 2, 5 u. 7, 2. Die gegenteilige Stelle von Paul. D. 41, 4, 2, 16, die bei Justinian stehen geblieben ist, wird relativ ausgelegt (also daß die Klage nur gegen den eigenen Autor versage). So schon die Glosse (s. Landsberg Glosse 176), Windscheid-Kipp Pand. § 199 N. 5.

[3] Die exceptio dominii wird dann zurückgeschlagen durch replicatio rei venditae et traditae des Klägers (§ 16 N. 13).

[4] D. 6, 2, 9, 4 (Ulpian). Anders Neratius D. 19, 1, 31, 2, wonach der ältere Erwerb auch hier vorgehe.

[5] Unser heutiges Recht kennt die actio Publiciana nicht. Für Erleichterung wird in anderer Weise gesorgt. S. §§ 891, 1006, 1007 BGB.

bereichert ist, die Bereicherung mittels condictio zurückgeben muß (§ 43 Ziff. V). Als solche Bereicherung erscheint auch der Besitz[1]. So gelangt man zu einer condictio possessionis, um den grundlos verlorenen Besitz zurückzuerlangen. Die Klage ist petitorisch; sie macht die Grundlosigkeit der Bereicherung geltend, die hier nur im Besitze besteht. Daher ist sie bei Besitzverlust jeder Art (nicht bloß verbotener Eigenmacht) gegeben[2], und es finden gegen sie petitorische Einwendungen statt, z. B. daß der Beklagte Eigentümer sei.

II. Wer durch Anlagen auf dem Nachbargrundstück[3], fehlerhafte Beschaffenheit oder bevorstehende Unternehmungen auf demselben für sein Grundstück einen Schaden befürchten darf, kann zwar nicht sofort klagen, weil ein Delikt noch nicht begangen, der Schaden noch nicht eingetreten ist, auch eine positive (aquilische) culpa regelmäßig nicht vorliegt (§ 44 I Ziff. 3). Der Eigentümer ist auch nach römischer Auffassung zur Instandhaltung seines Gebäudes nicht verpflichtet. Dennoch soll gegen den drohenden Einsturz usw. Hilfe geschaffen werden. Der Bedrohte kann daher vom Gegner Stellung einer Sicherheit verlangen (cautio damni infecti), durch welche Ersatz zugesagt wird, wenn der befürchtete Schaden nicht durch geeignete Vorkehrungen abgewendet wird[4]. Will der Gegner die Kaution nicht leisten, so kann er sich dem nur durch Aufgabe des Grundstücks entziehen („cavere oder carere"). Sonst wird dem Bedrohten durch prätorische Dekrete missio ex primo und secundo decreto) zunächst der provisorische Besitz, und dann das Eigentum des gegnerischen Grundstücks übertragen. Ist

[1] Vgl. D. 12, 6, 15, 1; D. 16, 3, 31, 1; D. 12, 1, 4, 2.

[2] Obschon sie hier auch zulässig ist. S. D. 13, 3, 2; D. 47, 2, 25 pr. 1. S. Bolze, Ach. f. ziv. Prax. 79, 206; Trampedach, Ztschr. d. Sav.-Stift. 17, 97.

[3] Ohne daß die Grundstücke unmittelbar aneinander zu grenzen brauchen. D. 39, 2, 13, 2.

[4] Damnum infectum = nondum factum. — S. Burckhard-Glück, Pand. 39/40 II (1875); Karlowa, R. Rechtsg. II 479, 1239. — Heutzutage bedarf es keiner Kautionsleistung, um die Schadensersatzpflicht zu begründen (s. z. B. §§ 836—838 BGB.). Die cautio damni infecti ist daher weggefallen. Vereinzelte Sicherheitsleistungen in §§ 258, 867, 1005.

die Kaution gestellt, so bildet sie Grundlage für spätere Ersatzansprüche des Bedrohten, wenn ein Schaden entsteht.

Wer suo nomine kaviert (Eigentümer und bonae fidei possessor), leistet die Sicherheit durch einfaches Versprechen, — andere Kautionspflichtige (dinglich Berechtigte des Grundstücks) oder ein Dritter, der für den Eigentümer eintritt, durch Bürgschaft. Auch dinglich Berechtigte — Nießbraucher, Pfandgläubiger des Grundstücks — können zur Kaution angehalten werden.

III. Wider die begonnene Errichtung oder Veränderung eines Bauwerks, das gegen die im Nachbarrecht gezogenen Schranken (§ 11 Ziff. I) oder gegen eine Servitut verstößt[5] oder die Allgemeinheit schädigt[6], kann Einsprache erhoben werden (operis novi nuntiatio), mit dem Erfolge, daß der Gegner (nuntiatus) die begonnene Arbeit einstellen muß; und zwar zunächst ohne Rücksicht darauf, ob die Einsprache berechtigt ist. Doch kann der Richter bei offenbarer Grundlosigkeit das Verbot aufheben (remissio). Andernfalls wirkt es derart, daß bei Fortsetzung des Werks der frühere Zustand wiederherzustellen ist[7]. Der endgültigen Entscheidung, ob der andere ein Recht zum Bauen hat, wird dadurch nicht vorgegriffen, z. B. nicht der Klage aus oder gegen die behauptete Servitut (§ 16 Ziff. II, § 23).

Es handelt sich um eine einstweilige Maßregel, die größeren (durch das Weiterbauen entstehenden) Schaden verhindern soll[8]. Der nuntiatus kann sich unter Umständen gegen sog. cautio de demoliendo die Erlaubnis zur Fortsetzung der Arbeit erwirken.

---

[5] Auch gewisse dinglich Nutzungsberechtigte und ein Pfandgläubiger des Nachbargrundstücks können die Einsprache erheben.

[6] Die Fälle werden in D. 39, 1, 1, 16 als juris nostri conservandi causa, damni depellendi und publici juris tuendi causa bezeichnet. Im letzteren Falle macht der Betreibende, ähnlich wie bei den actiones populares, die öffentlichen Bauvorschriften im Namen des röm. Volkes geltend. — Vgl. Stölzel, D. L. v. d. operis novi nuntiatio (1865) und Burckhard-Glück, Pand. 39/40 I; Stölzel i. Jherings Jahrb. 8 n. 6; Martin, Etudes Girard I (1912) 123; Henle, Unus casus (1915) 92.

[7] Auf Klage des Nuntianten mit dem interdictum de opere restituendo (dem sog. interdictum demolitorium), D. 39, 1, 20 pr.

[8] Heutzutage gibt es statt dessen einstweilige gerichtliche Verfügungen. §§ 935 ZPO.

IV. Für ländliche Verhältnisse ist die actio aquae pluviae arcendae gegeben. Der natürliche Abfluß des Regenwassers vom höheren auf die niedriger liegenden Grundstücke soll nicht nachteilig durch Anlagen auf dem höheren oder niederen Grundstück verändert werden [9]. Da hier der Nachteil meist unmittelbar zu Tage tritt, ist sofort eine actio gewährt. Sie geht auf Wiederherstellung des früheren Zustands, falls nicht eine Servitut auf die betreffende Anlage besteht. Deren rechtlicher Bestand wird also auch hier eventuell (gemäß §§ 23 u. 16 II) untersucht. Erweist sich die Anlage als unberechtigt, und rührte sie vom Beklagten selbst her, so hat er sie auf seine Kosten, — andernfalls darf sie der Kläger auf eigene Kosten beseitigen. Auch zwischen Erbpächtern und Nießbrauchern der Grundstücke ist die Klage zulässig [10].

V. Allgemeiner Abwehr von Eingriffen in den dinglichen Machtbereich dient das interdictum quod vi aut clam [11]. Als vis gilt Handeln gegen Verbot; auch stillschweigendes (z. B. durch Steinwurf). Clam ist das Handeln hinter dem Rücken des Berechtigten, besonders wenn eine Einsprache zu befürchten war [12]. Wer so: z. B. durch Graben, Pflügen, Abschneiden von Pflanzen, Verunreinigung eines Brunnens, oder auch durch Bauen, Zerstören von Bauwerken usw. eine Veränderung an einem Grundstück [13] bewirkt, muß die Veränderung beseitigen, — hat er sie nicht selbst bewirkt, die Beseitigung dulden. Hier wird die Eigenmacht getroffen, ohne der späteren Austragung der Rechtsfrage vorzugreifen. Das Interdikt gehört aber nicht zu den Besitzinterdikten (§ 10). Es steht allen Interessenten, auch Detentoren, z. B. Pächtern des Grundstücks zu [14].

---

[9] D. 39, 3. S. Burckhard-Glück, Pand. 39/40 III. — Obrigkeitlich konzedierte Anlagen und unvordenklich bestehende Gräben, Dämme usw. sind zu respektieren. S. z. B. l. 1 § 23, l. 2 pr., § 3, 7, 8, l. 23 eod. u. unten § 22 Ziff. I i. f.

[10] Die Klage ist heutzutage als besondere weggefallen. S. §§ 907, 1004, 1027 BGB.

[11] Stölzel i. d. Note 6 zit. Schr.; Karlowa, R. Rechtsg. II 1233.

[12] Vgl. D. 43, 24, 1, 5 ff. u. 3, 7.

[13] Bei beweglichen Sachen hilft die condictio possessionis (Ziff. I) aus.

[14] Vgl. D. 43, 24, 11, 12; 16 pr.

§ 19.

5. Teilungsklagen. Adjudikation*.

I. Unter Miteigentümern (§ 11 V) findet, neben der Eigentumsklage, die aus dem Gemeinschaftsverhältnis (§ 43 III) entspringende actio communi dividundo statt und ist zur Erledigung der meisten Streitfälle ausreichend. Die Klage bezweckt nicht bloß die Auseinandersetzung, sondern dient auch zur Geltendmachung der wechselseitigen Verpflichtungen der Teilhaber (praestationes personales), die beim Miteigentum besprochen worden sind, geht also z. B. auf Gewährung des Anteils von Früchten und Gebrauch der Sache, Erstattung von Auslagen und Schadensersatz[1]. Wird Teilung verlangt, wozu jeder Miteigentümer ohne Rücksicht auf stattgefundene Vereinbarungen (unverjährbar) berechtigt ist[2], so hat der Richter, soweit keine gültige Vereinbarung der Parteien vorliegt, deren Interessen nach freiem Ermessen gegeneinander abzuwägen, so daß, ohne Gegenklage der anderen Teilhaber, auch dem betreibenden Teil Herauszahlungen usw. auferlegt werden können. Man sagt daher, die Teilungsklage sei eine duplex actio. Der Richter kann die gemeinschaftliche Sache, wenn sie sich nicht reell teilen läßt, zur Versteigerung bringen und den Erlös teilen, oder sie einem einzelnen Teilhaber (mit Servitutenauflage oder Geldherauszahlung an die übrigen) zu Eigentum zusprechen[3].

Die Zuweisung zu Eigentum (adjudicatio) ist wohl zu unterscheiden von dem Urteil im Vindikations-

* Geschichtlich Pernice, Ztschr. d. Sav.-Stift. 19, 171 ff.; Berger, Zur Entwicklungsgeschichte der Teilungsklagen im klass. römischen Recht (1912). — Peters, Ztschr. d. Sav.-Stift. 32, 286; Levy, Konkurrenz I (1918) 128 ff. — S. auch Steinlechner, D. Wesen der communio (1876 ff.); Eisele, Arch. f. ziv. Prax. 63, 67; v. Seeler, L. v. Miteigentum (1896).

[1] Solche Ansprüche waren ursprünglich nur bei der Teilung geltend zu machen, später auch selbständig. S. z. B. D. 10, 3, 6, 1. 11. 14, 1.

[2] D. 10, 3, 14, 2; C. 3, 37, 5. Bei erfolgter Veräußerung des Anteils geht die Klage gegen den Erwerber.

[3] Übrigens muß feststehen, zu welchen Anteilen die Miteigentümer berechtigt sind. Sonst muß dies vorher durch vindicatio partis festgestellt werden. — Heutzutage ist das eigentliche Teilungsverfahren (richtiger) als ein bloßes Verfahren der freiwilligen Gerichtsbarkeit gestaltet. Die adjudicatio ist beseitigt.

prozeß. Dort wird entschieden, daß der Kläger Eigentümer sei, die adjudicatio macht ihn zum Eigentümer. Das ehemalige Miteigentum wird in Alleineigentum verwandelt. Die adjudicatio bewirkt den Eigentumsübergang[4] ohne Besitzübergabe[5].

Die Miteigentümer haften einander für das Zugewiesene auf Gewährleistung wie bei einem Verkaufe[6].

II. Einen Spezialfall bei ländlichen Grundstücken regelt die actio finium regundorum. Besteht ein Streit über die Grenze[7], so ist sie in erster Linie zu ermitteln und äußerlich klarzustellen. Ist sie nicht aufzufinden, so wird eine neue Grenze gezogen.

III. Über die Erbteilungsklage s. u. § 70.

§ 20.

IV. Rechte an fremder Sache.

1. Servituten*.

a) Begriff und Allgemeines.

I. Die Servituten sind dingliche Rechte auf Nutzung (§ 7 V) einer fremden Sache. Der Inhalt der Nutzung kann ein verschiedener sein. Einzelne Fälle sind schon dem ältesten Recht bekannt. Die Servituten enthalten eine Beschränkung der Rechte des Eigentümers (§ 11 I), und die Rechtsordnung hat Vorsorge getroffen gegen eine zu starke Belastung dieser Art, welche das Eigentum entwerten würde. Es werden daher nur bestimmte Typen solcher Nutzungsrechte zugelassen

---

[4] Ja sie konnte ehemals (an res mancipi und nec mancipi) quiritisches Eigentum übertragen, wenn die Adjudikation im judicium legitimum unter Römern oder mit commercium ausgestatteten Nichtrömern erfolgte. Fehlte eine dieser Voraussetzungen, so gab sie nur ein in bonis. Diese Unterschiede sind später hinweggefallen.

[5] Vgl. I. 4, 17, 7. — Gehörte die Sache einem Dritten, so kann sie auf Grund der Zuteilung ersessen werden. D. 41, 3, 17.

[6] D. 10, 3, 10, 2. S. u. § 38 I Ziff. 3.

[7] Vor Justinian unterschied man die controversia de fine, d. i. über den römischen Grenzrain von quinque pedes. Ging der Streit darüber hinaus (controversia de loco), so fand die rei vindicatio statt. Bei Justinian sind die Grundregeln der controversia de fine verallgemeinert.

* Elvers, Die röm. Servitutenlehre (1854, 1856); Cohnfeldt, Die sog. irregulären Servituten (1862); Brugi-Glück VIII (1900).

(s. u.), und schonende Ausübung des Rechts (civiliter uti) vorgeschrieben. Dasselbe lastet als dingliches Recht auf der Sache, in wessen Hand sie auch übergeht. Aber grundsätzlich wird der jeweilige Eigentümer durch die Servitut nicht zu Leistungen (positiven Handlungen) verpflichtet, sondern nur zu einer Duldung oder Unterlassung. Servitus in faciendo consistere nequit[1].

Ferner besteht die Servitut nur solange, als die Sache einem anderen gehört, erlischt also durch confusio (§ 7 V), z. B. wenn der Eigentümer den Berechtigten beerbt (nulli res sua servit).

In Deutschland wurden nach der Rezeption zahlreiche andere beschränkt dingliche Rechte, z. B. der Gemeindeglieder am Gemeindegut, sowie die Reallasten unter den Begriff der Servituten gepreßt, weil sie sonst im Rechtssystem keine Stelle fanden. Dem wurde im ersten Falle der Satz: nulli res sua servit, im letzteren der Satz: servitus in faciendo consistere non potest zum Opfer gebracht. Das BGB. ist unter Abtrennung der Reallasten im wesentlichen zum röm. Recht zurückgekehrt (§§ 1018, 1021, 1090, 1105 ff.). Insofern die Dienstbarkeit zu ihrer Entstehung im Grundbuch eingetragen werden muß, erlischt sie auch nicht durch confusio mit dem Grundeigentum.

II. Der Servitutberechtigte darf entweder selbst die Sache in bestimmter Weise gebrauchen oder dem Eigentümer eine bestimmte Art der Benutzung verbieten („affirmative", „negative" Servituten). — Die eingeräumte Benutzung ist unübertragbar und bleibt in der Art, wie sie einmal begründet ist, bestehen. Anderseits wird das Erlöschen (§ 22 Ziff. II) von der Rechtsordnung begünstigt, was, wie die Unübertragbarkeit, gegen Entwertung des Eigentums dienen soll.

III. Die Haupteinteilung der Servituten bestimmt sich nach der Person des Berechtigten.

Die Real- oder Prädialservituten dienen dem ausschließlichen Vorteil eines bestimmten Grundstücks, so daß sie von letzterem nicht abgetrennt und auf ein anderes Grundstück übertragen werden können. Sie belasten ein benachbartes Grundstück. Man spricht von einem herrschenden und dienenden Grundstück (praedium dominans und serviens).

---

[1] D. 8, 1, 15, 1. So übrigens u. § 21 I Ziff. 2 (servitus oneris ferendi).

Z. B. besteht das Recht, darüber zu gehen, zu fahren; es darf auf dem dienenden Grundstück Wasser geschöpft, eine Röhrenleitung gelegt werden usw. Der jeweilige Eigentümer des herrschenden Grundstücks ist der Servitutberechtigte. Die Belastung kann solange dauern, wie der Bestand des herrschenden Grundstücks. Dafür ist der Inhalt in engen Grenzen gehalten, da der Wert des dienenden Grundstücks sonst zu sehr geschmälert würde.

Dagegen dienen die persönlichen Dienstbarkeiten dem ausschließlichen Vorteil einer bestimmten Person, stehen ihr unübertragbar zu und erlöschen mit ihrem Tode. Da diese Rechte zeitlich beschränkt sind, darf ihr Inhalt ein weiterer sein. Ursprünglich handelte es sich hier um eine Wertteilung der Sache, um einen Ausschnitt aus dem Eigentum für den Berechtigten[2]; in nachklassischer Zeit erfolgt die Einreihung unter die Servituten (servitutes personales). Das weitestgehende Recht ist der Ususfructus oder Nießbrauch. Er schließt Gebrauch und Fruchtziehung der belasteten Sache in sich ein, so daß dem Eigentümer kaum noch ein materieller Vorteil von der Sache übrig bleibt (nuda proprietas). Das Eigentum dehnt sich aber wieder aus, sobald dem Nießbraucher einzelne Befugnisse verloren gehen oder der Nießbrauch selbst wegfällt.

§ 21.

b) Die einzelnen Arten.

I. Bei den Realservituten (§ 20 III) unterschied man herkömmlich zwei Gruppen: servitutes praediorum rusticorum (Felddienstbarkeiten) und servitutes praediorum urbanorum (Gebäudedienstbarkeiten). Erstere gehörten dem ältesten Recht an und wurden nach dessen Formen bestellt[1]. Verlor diese Eigentümlichkeit sich

[2] S. o. § 7 Ziff. V. Vor Justinian führten die Grunddienstbarkeiten allein den Namen Servituten, was aus der Gegenüberstellung in D. 7 u. 8 noch hervorgeht. Ebenso noch heute Code civil Art. 578 ff., 637 ff.

[1] S. o. § 6 Ziff. I, § 7 Ziff. IV. Die althergebrachten an einem fundus Italicus bestehenden waren res mancipi und gehörten gleich letzterem zum Grundstock des Vermögens des römischen Ackerbürgers. Diese Privilegierung ist später hinweggefallen.

auch im weiteren Verlauf, so besteht noch ein Unterschied bezüglich des Erlöschens (§ 22 Ziff. II).

1. Die hauptsächlichsten Felddienstbarkeiten sind die Wegeservituten (iter, actus, via)[2], die Wassergerechtigkeiten (aquaeductus, aquaehaustus, pecoris ad aquam appulsus) und einige Weideservituten.

Die wichtigsten Gebäudedienstbarkeiten gehen auf Einbauen oder Hinüberragen von Objekten ins Nachbargrundstück, z. B. servitus tigni immittendi, oneris ferendi[3], servitus protegendi und projiciendi (Dach- und Erkervorsprünge); ferner kommen Wasser-, Rauch- und Unratsabflüsse auf das Nachbargrundstück in Betracht (serv. stillicidii, fumi immittendi, cloacae immittendae, serv. latrinae etc.); endlich Licht- und Aussichtsgerechtigkeiten (serv. altius non tollendi, serv. ne prospectui vel luminibus officiatur etc.).

Den anerkannten römischen Servituten traten in Deutschland umfangreiche andere, bes. Wald-, Weide- und Wegegerechtigkeiten hinzu, welche auch das enge römische Erfordernis der Vizinität (Ziff. 2) sprengten. Hierhin gehören die verschiedenen Hutrechte (Stoppelhut, Vorhut, Nachhut, Mithut, Schäfereirechte, Mastrecht, Pferchrecht), Holzungsrechte, Triftrechte usw. Viele derselben sind in neuerer Zeit als kulturschädlcih aufgehoben worden.

BGB. §§ 1018 ff. nennt keine speziellen Servituten, sondern läßt sich für die Bestellung an den allgemeinen, Ziff. 2 erwähnten Kriterien genügen.

2. Um die Freiheit des Eigentums nicht zu sehr zu beschränken, wurde von Alters her ein Nebeneinanderliegen der beiden Grundstücke verlangt (praedia vicina). Hieran hat man bei Felddienstbarkeiten im allgemeinen festgehalten[4]. Bei Gebäudedienstbarkeiten ließ es sich auf die Dauer nicht durchführen (z. B. Aussichtsgerechtigkeiten); man ersetzte die Vizinität durch das Erfordernis der Nützlichkeit der Servitut für das Grundstück (im Gegensatz zu den individuellen Interessen eines bestimmten Eigentümers).

---

[2] Iter ist ein Pfad, actus ein Recht des Viehtriebs (schließt das iter in sich ein, aber nicht umgekehrt); via ist eine Fahrstraße in der üblichen Breite.

[3] Im ersteren Falle darf man den Balken des eigenen Hauses in die Nachbarmauer einfügen, im letzteren Falle das eigene Bauwerk darauf stützen.

[4] D. 8, 3, 7, 1, s. auch D. 8, 1, 14, 2. Wegen der Entwicklung in Deutschland s. Ziff. 1.

Die Servitut muß praedio utilis sein[5]. Ferner muß die Servitut eine perpetua causa haben, d. h. das dienende Grundstück muß den Vorteil infolge seiner natürlichen und dauernden Beschaffenheit gewähren[6]. Darin liegt zugleich, daß der Eigentümer des dienenden Grundstücks nichts zu leisten hat (§ 20 I); nur bei der servitus oneris ferendi hat der Nachbar, als Eigentümer, die Mauer im Stande zu halten, damit das darauf gestützte Haus nicht zusammenstürzt, vorausgesetzt, daß er nicht das Eigentum an diesem Teil seines Grundstücks aufgibt. Diese durch das unmittelbare wirtschaftliche Bedürfnis veranlaßte Ausnahme[7] entspricht der durch cautio damni infecti erzwungenen Reparaturpflicht des Eigentümers (§ 18 II).

3. Auch der Umfang der Benutzung wird, mangels besonderer Festsetzung, durch die Bedürfnisse des herrschenden Grundstücks bestimmt. Er kann demgemäß auch wechseln (zweifelhaft ob auch wachsen), z. B. bei Veräußerungen. Auch Nießbraucher und Pächter können die Servitut benutzen. Der Eigentümer behält seine Befugnisse, soweit die Servitut ihm Raum läßt.

4. Die Grunddienstbarkeiten sind unteilbare Rechte. Weder ein Miteigentümer des herrschenden oder dienenden Grundstücks kann sie (pro parte) bestellen oder aufgeben[8], noch führt eine reelle Teilung der Grundstücke eine sachliche Veränderung herbei. Durch Vertrag oder Verjährung kann aber, z. B. bei Wege- und Wassergerechtigkeiten, eine bestimmte Richtung des Weges usw. festgesetzt werden, mit dem Erfolge, daß die übrigen Teile des Grundstücks frei werden[9].

II. Personalservituten.

1. Der Ususfructus (§ 20 III i. f.)[10] ist das dingliche Recht auf vollständigen Gebrauch und Fruchtgenuß einer

---

[5] S. D. 8, 5, 5; D. 39, 1, 8 pr.; D. 8, 4, 6 pr.; Pernice, Labeo 3, 110. — Ebenso jetzt allgemein § 1019 BGB.

[6] Vgl. M. Weber, Ztschr. d. Sav.-Stift. 14, 290.

[7] Die Bestimmung ist in § 1021 BGB. zweckmäßig verallgemeinert.

[8] Vgl. D. 8, 3, 32; D. 8, 1, 11.

[9] Vgl. D. 8, 6, 6, 1. Weiter geht § 1023 BGB.

[10] Venezian, Dell' usufrutto, dell' uso e dell' abitazione I (1895).

fremden Sache (Mobilie oder Immobilie). Der Nießbraucher hat die Sache in seiner Detention (§ 8 II). Über seinen Fruchtgewinn s. § 14 II. Der Nießbraucher kann sich den Ertrag aber auch durch Weiterverkauf oder mietweise Überlassung des Fruchtbezugs an eine andere Person verschaffen, was man Übertragung der Ausübung des ususfructus nennt. Sie ist im Gegensatz zur Übertragung des Rechtes selbst (§ 20 II) zulässig. Der Nießbraucher zieht dann statt der natürlichen Früchte die fructus civiles [11].

Dagegen hat der Nießbraucher die Substanz der Sache unangetastet zu lassen [12] und ist zu sorgfältiger Behandlung derselben nach Art eines bonus ac diligens pater familias (§ 31) verpflichtet. Ebenso zur Rückgabe der Sache nach Beendigung seines Rechts. Diese Verpflichtungen mußten besonders übernommen werden durch cautio usufructuaria [13], in Stipulationsform (§ 34), die der Nießbraucher bei Beginn seines Rechts dem Eigentümer zu leisten hat. Der Nießbraucher kann wegen Verwendungen auf die Sache, zu denen er nicht verpflichtet war, vom Eigentümer nur Ersatz verlangen, wenn sie mit dessen Zustimmung erfolgt sind oder der Fall einer nützlichen Geschäftsführung (§ 43 I) vorliegt.

a) Im Gegensatz zu den Grunddienstbarkeiten ist der Nießbrauch ein teilbares Recht, kann also pro parte entstehen oder untergehen [14], z. B. am Anteil eines Miteigentümers.

b) Aus dem Wesen des Nießbrauchs folgt, daß er an verbrauchbaren Sachen (§ 6 Ziff. V) unmöglich ist, da diese nicht salva substantia benutzt werden können. Doch ist für letztere ein analoges Verhältnis eingeführt: der quasi

---

[11] Inhalt und Dauer der Rechte des Ausübenden bestimmen sich schlechtweg nach der Person des Nießbrauchers.

[12] Vgl. D. 7, 1, 1: Ususfructus est jus alienis rebus utendi fruendi salva rerum substantia. Daher darf die Sache nicht ausgesaugt, auch die Bestimmung der Sache nicht verändert werden.

[13] Ähnlich wie o. § 18 Ziff. II die Schadensersatzpflicht auf Grund der cautio damni infecti. — Heutzutage entspringen diese Verpflichtungen unmittelbar aus dem Gesetz, und bedarf es dazu der Kaution nicht. S. §§ 1036 ff. BGB.

[14] Vgl. D. 7, 1, 5 u. heute § 1066 BGB.

usus fructus[15], z. B. an Getreide oder an einer Geldsumme. Hier fällt das Objekt ins Eigentum des Nießbrauchers, und bei Beendigung des Nießbrauchs sind auf Grund der cautio usufructuaria entsprechende Sachen (tantundem eiusdem qualitatis) oder der Wert zurückzugeben[16].

In Deutschland wurden auch die verschiedenen Fälle der Leibzucht, contractus vitalitius, unter den Begriff des Ususfructus gebracht.

2. Beschränkter ist der Usus: das lebenslängliche Gebrauchsrecht ohne Fruchtziehung, wenngleich ein Fruchtbezug für die persönlichen Bedürfnisse des Gebrauchers nicht ausgeschlossen ist. Eine Übertragung auch der Ausübung ist unzulässig[17]. Sonst sind die Einzelheiten ähnlich wie beim ususfructus. — In der Mitte zwischen beiden standen die (meist auf Vermächtnis beruhenden) Nutzungsrechte der

3. Habitatio und operae servorum[18] vel animalium. Sie dienten wesentlich dazu, dem Berechtigten einen lebenslänglichen Unterhalt zu gewähren, und sind daher gewissen positiven Vorschriften des usus resp. ususfructus nicht unterworfen. Z. B. soll die Wohnung vermietet, aber nicht unentgeltlich einem andern überlassen werden dürfen[19]. Auch durch zeitweise Nichtbenutzung (§ 22 II, Ziff. 4a) soll diese Versorgung nicht untergehen.

§ 22.

c) Erwerb und Endigung der Servituten.

I. Die Begründung der Dienstbarkeiten erfolgte

1. vertragsmäßig nach Zivilrecht durch in jure cessio, bei den servitutes praediorum rusticorum an italischen Grundstücken (in ihrer Eigenschaft als res mancipi) auch durch mancipatio. § 12 Ziff. I. Daneben gab es noch eine Bestellung durch Vorbehalt (deductio servitutis) bei Gelegenheit der Manzipation oder in jure cessio der Sache,

---

[15] Hanausek, D. L. v. uneigentlichen Nießbrauch (1879).

[16] I. 2, 4, 2; D. 7, 5, 2. Ebenso nach § 1076 BGB., nur daß es dazu auch hier keiner besonderen cautio bedarf.

[17] Wegen des durchaus persönlichen Zuschnitts der Gebrauchsberechtigung.

[18] Diese sind Früchte. S. o. § 6 N. 28.

[19] Wegen des Alimentationszwecks. C. 3, 33, 13.

durch eine Klausel des Veräußerungsvertrages[1]. — Das prätorische Recht führte auch bei der Servitutenbestellung die tatsächliche Übergabe (quasi traditio) ein, die man in faktischer Einräumung der Nutzungsbefugnis erblickte. In den Provinzen, wo der Grund und Boden dem Privateigentum entzogen war, setzte sich eine Bestellung servitutischer Rechte durch einfachen Vertrag mit Strafklauseln (pactionibus et stipulationibus) durch[2]. Justinian hat die rein vertragliche Bestellung (ohne faktische Einräumung) in allen Fällen für genügend erklärt, und damit (nach Wegfall der altzivilen Geschäfte auch auf diesem Gebiet) den formfreien dinglichen Servitutenbestellungsvertrag geschaffen, der freilich, um dinglich zu sein, regelmäßig von sofortiger tatsächlicher Einräumung der Nutzungsbefugnis begleitet sein wird[3]. — Letztwillig kann eine Servitut auch durch Vermächtnis bestellt werden (§ 71)[4].

2. Auch eine Ersitzung der Servituten gab es nach dem alten Recht der usucapio, — und nach deren Beseitigung (durch die lex Scribonia) in der Kaiserzeit im Wege der longi temporis possessio (§ 15). Diese setzt 10jährige Ausübung der Servitut inter praesentes resp. 20jährige (inter absentes) voraus. Der Quasibesitz darf weder vi, clam noch precario ausgeübt sein. Ein Verbot des Eigentümers

---

[1] Vgl. § 12 Note 1 über die besonderen Klauseln bei der Manzipation. Ähnliche dicta gab es auch bei der in jure cessio des Grundstücks. Der Erwerber des Grundstücks hatte hier die Servitut nicht bestellt, sondern nur das Eigentum abzüglich der Servitut erhalten, was z. B. für einen Minderjährigen wichtig war, der kein Geschäft zu seinen Lasten abschließen konnte (§ 60 III).

[2] Im Grunde war es nur die provinziale gewohnheitsmäßige Bestellung, die für Römer durch stipulatio bekräftigt wurde. Über die Verdinglichung s. auch Mitteis, R. Priv. I 114.

[3] Vgl. Rabel, Haftung des Verkäufers (1902) 60 ff.; H. Krüger, Die prätorische Servitut (1911); Rabel, Mél. Girard 2, 387; Peters, Ztschr. d. Sav.-Stift. 33, 595; Collinet, Etudes (§ 2 N. 19 a) 161 ff.

[4] Durch das Vindikationslegat (§ 71 I Ziff. 1 a) entsteht die Servitut unmittelbar. — Wenn nach heutigem Recht letztwillig eine Servitut, z. B. ein Nießbrauch angeordnet wird, so entsteht er erst durch vertragliche Begründung seitens des Erben, der dazu durch die letztwillige Anordnung verpflichtet wird (§ 2174 BGB.). Die Bestellung durch Vermächtnis ist also fortgefallen.

wirkt unterbrechend. Diese Ersitzung ist in das justinianische Recht übergegangen[5].

Verschieden davon ist die Rechtfertigung einzelner tatsächlicher Zustände mit regelmäßig servitutischem Charakter durch Unvordenklichkeit des Bestehens (vetustas); z. B. eines öffentlichen Weges, einer Wasserleitung, einer Anlage zur Aufnahme des Regenwassers. Die Unvordenklichkeit wirkt wie eine vertragliche Vereinbarung (D. 39, 3, 2 pr.).

Im gemeinen Recht Deutschlands hat sich die Formlosigkeit der Servitutenbestellung durchgesetzt. Auch die Ersitzung der Servituten wurde aus dem römischen Recht übernommen. In den Partikularrechten erhielt sich aber vielfach die alte Form der Bestellung unter gerichtlicher Mitwirkung. Das BGB. verlangt bei Grundstücken Einigung und Eintragung im Grundbuch (§§ 873 ff., 1018 ff., 1030, 1090) und schließt hier im wesentlichen auch die Ersitzung aus (Note 5). Zur Bestellung an Mobilien bedarf es der Tradition, § 1032.

Die Unvordenklichkeit wuchs im gemeinen Recht zu einem allgemeinen Erwerbsgrund von nicht ersitzbaren aber dauernder Ausübung fähigen Rechten empor. Im BGB. ist sie beseitigt, kommt aber in Landesrechten noch vor.

II. Die Realservituten erlöschen durch Untergang des Grundstücks resp. seiner nutzbringenden Eigenschaft (z. B. Versiegen der Quelle); Personalservituten durch Tod oder Verlust der Rechtsfähigkeit (§ 50) des Berechtigten[6]. Im übrigen tritt ein Erlöschen ein

1. durch Verzicht. Derselbe erfolgte ursprünglich durch in jure cessio; im justinianischen Recht kann die Aufhebung formlos (z. B. auch durch Zulassung von Veränderungen, welche die Ausübung der Servitut unmöglich machen) erklärt werden[7];

[5] Nach heutigem Recht gibt es sie nur noch für den Nießbrauch an beweglichen Sachen in Analogie der Eigentumsersitzung. § 1033 BGB. Etwas anderes ist bei Grundstücken die sog. Tabularersitzung, § 900 Abs. 2.

[6] Doch bleibt im justinianischen Recht die capitis deminutio minima auf den Bestand ohne Einfluß. — Der einer Stadtgemeinde oder sonstigen juristischen Person (§ 51) zustehende Nießbrauch erlischt mit dieser, sonst mit Ablauf von 100 Jahren. D. 7, 4, 21; D. 7, 1, 56; D. 33, 2, 8. Letztere Beschränkung ist in § 1061 BGB. aufgehoben.

[7] Der Ausdruck in jure cessio wurde in cessio, concessio verwandelt. Ob eine Annahme des Verzichts erforderlich ist, ist streitig.

2. durch confusio (§ 20 I)[8]. — Endlich

3. durch Nichtgebrauch in anfangs kurzer Zeit, seit Justinian in 10—20 Jahren (§ 15). Indes:

a) bei Personalservituten[9] und Felddienstbarkeiten genügt die einfache Nichtausübung (non usus) während dieser Zeit. Gebrauch ist aber auch der durch Angestellte, Pächter, eventuell durch Fremde, die den Weg zum Grundstücke benutzen, — der Fortbestand der Röhrenleitung für den Wasserzufluß usw.

b) bei Gebäudedienstbarkeiten dagegen genügt nicht die einfache Nichtausübung, sondern es muß eine sog. Ersitzung der Freiheit hinzukommen (usucapio libertatis). Diese liegt im positiven Dasein eines der Servitut widersprechenden Zustands auf dem dienenden Grundstück, z. B. tatsächlichem Verbauen des Lichts oder der Aussicht während der vorgenannten Zeit[10].

§ 23.

d) Schutz.

I. Die Servituten, als dingliche Rechte, sind geschützt durch Klagen gegen jeden, der durch ein auf seinem Willen beruhendes Verhalten die Servitut verletzt. Sie sind als Vindikation des Rechts (ususfructus petitio, juris vindicatio) zu denken. Diese actiones confessoriae[1] bilden den Gegensatz zur actio negatoria des Eigentümers gegen die Anmaßung solcher Rechte (§ 16 Ziff. II). — Kläger ist der Servitutberechtigte — bei Realservituten der Eigentümer des herrschenden Grundstücks. Auch dem Pfandgläubiger, Emphyteuta und Superfiziarius (§§ 24, 25) des herrschenden Grundstücks ist gestattet, nomine fundi die Klage zu erheben (als actio utilis)[2]. — Die Klage geht gegen den Störer, gleichviel ob er Eigentümer ist, und verlangt Herstellung des der Ser-

[8] Anders im heutigen Recht. S. §§ 889, 1063 BGB.

[9] Abgesehen von habitatio und operae servorum (§ 21 i. f.).

[10] Ähnlich § 1028 BGB.

[1] D. 8, 5, 2 pr. S. Segrè, La denominazione di actio confessoria i. d. Mél. Girard 2, 511.

[2] Der Nießbraucher bedient sich derselben actio confessoria, die auch zum Schutz seines Nießbrauchs dient (D. 7, 6, 1 pr.).

vitut entsprechenden Zustands, eventuell Schadensersatz und Sicherheitsleistung[3] für die Zukunft (cautio de non amplius turbando).

II. Für die früher bloß prätorisch geschützten Servituten scheinen die Grundsätze der actio Publiciana (§ 7 Ziff. IV) auch hier zur Anwendung gebracht worden zu sein[4]. Später wird die actio (confessoria) Publiciana auch dem gewährt, der eine Servitut a non domino erworben hat (in näherer Anwendung der Grundsätze von § 17).

III. Über den possessorischen Schutz des Rechtsbesitzes bei Servituten s. § 10 Ziff. III.

§ 24.

2. Superfizies und Emphyteuse.

Superfizies und Emphyteuse sind die ausgedehntesten dinglichen Nutzungsrechte an fremder Sache, nach Art des heutigen Erbbau- und Erbpachtrechts. Wie diese bestehen sie nur an Grundstücken. Sie haben den weiten Inhalt der Personal- und die Dauer der Realservituten; sie sind veräußerlich und vererblich, und kommen daher dem Eigentum inhaltlich so nahe, daß bei ihrem längeren Bestehen sich in der Vorstellung der Menschen das ursprüngliche Verhältnis umkehrt, und der Erbpächter usw. als Eigentümer erscheint, während das wirkliche Eigentum wie eine Belastung empfunden wird. Um es nicht in Vergessenheit geraten zu lassen, haben der Erbbauberechtigte und Erbpächter daher periodisch eine Abgabe, Grundzins (solarium, pensio, vectigal, canon) an den Grundeigentümer zu leisten, — weniger als Entgelt für die Benutzung, als zur fortlaufenden Konstatierung, daß sie nicht Eigentümer sind. Auch insofern erweist sich das Eigentum als Hauptrecht, als es sich bei Erlöschen der Superfizies und Emphyteuse wieder von selbst konsolidiert (§ 7 V).

---

[3] Heutzutage kann auf Unterlassung geklagt werden. § 1004 BGB.

[4] S. D. 6, 2, 11, 1. Andere nehmen für sie nach klassischem Recht bloß Interdiktenschutz an.

Wegen der großen Ähnlichkeit der Rechtsstellung des Superfiziarius und Emphyteuta mit der eines Eigentümers schrieben schon die Glossatoren denselben ein dominium utile zu, dem Herrn das sog. dominium directum. So entstand die Lehre vom geteilten Eigentum, das zur Erklärung feudaler Zustände, insbesondere der Rechte des Vasallen im Verhältnis zum Lehns- oder Grundherrn herangezogen wurde. Der Lehnsmann, aber auch der zinspflichtige Bauer (wenn er auch Eigentümer seines Guts gewesen war), ist Untereigentümer, der Feudalherr ist der Obereigentümer. Es entsprach dies auch der im deutschen Recht begründeten nicht genügenden Scheidung des Eigentums von den beschränkt dinglichen Rechten (§ 7 Ziff. VI) die es ermöglichte, daß nach Landrecht der Herr, nach Lehn- und Hofrecht der Vasall resp. Zinsmann Eigentümer war. Beides vereinigte man im „Ober- und Untereigentum". Durch die Revolution wurde das Obereigentum aufgehoben. Superfizies und Emphyteuse bestehen in beschränktem Umfang noch heute fort, aber, wie römisch, als beschränkt dingliche Rechte (§§ 1012 ff. BGB., Art. 63 EG.).

I. Geschichtlich ist die Superfizies[1] das ältere Institut. Schon zur Zeit der Republik wurde Privateigentum zu Bauplätzen vermietet und die Platzmiete verstärkt durch Interdiktenschutz (interd. de superficie) gegen Störung durch Dritte. Nachklassisch auch durch eine actio in rem. Weil der Erbauer das ganze Material geliefert hatte, erschien es richtig, ihn gegen Verletzungen durch Dritte direkt, und nicht bloß durch Vermittelung des Grundeigentümers zu schützen. Es handelt sich vielleicht (wie bei dem heutigen Erbbaurecht) um dauernde Ansiedelung Unbemittelter in Heimstätten. Der Angesiedelte hat zwar kein Eigentum an dem Gebäude, vielmehr gehört letzteres jure soli dem Grundeigentümer. Aber letzterem ist Benutzung und Verfügung entzogen. Der Superfiziar hat daran (für immer oder für die verabredete Zeit) das vererbliche und veräußerliche vollständige Nutzungsrecht, und zu seinem Schutz (utiliter) die Klagen des Eigentümers[2]. Wegen des Besitz-

[1] Wächter, Superfiziar- oder Platzrecht (2. 1860); Degenkolb, Platzrecht u. Miete (1867); Pernice, Ztschr. d. Sav.-Stift. 5, 90 ff.; A. Schmidt, das. 11, 121 ff.; Karlowa, R. Rechtsgesch. II 1260; Beseler, Beiträge I 100 ff., III 169; Albertario, Il pegno della superficie (1911); Il possesso del superficiario (1912); Riccobono, Dal dir. rom class. al dir. mod. (1917) 508 ff., 672.

[2] Vgl. D. 43, 18, 1 pr. 3; D. 6, 1, 74 u. 75.

schutzes (int. de superficie nach dem Muster des interdictum uti possidetis) s. § 8 bei N. 5.

Begründet wird das Recht durch Vertrag mit dem Eigentümer[3]. Vom Bodenzins (solarium), den der Berechtigte ihm zu leisten hat, war schon die Rede[4]. Er darf das Gebäude vermieten, verpfänden und mit Servituten belasten. Er darf es sogar abreißen. Das Recht besteht dann am Bauplatz und der eventuellen anderweitigen Anlage fort.

In Deutschland wurde die superficies zur Stütze der städtischen Leihen (Platzrecht Bodenrecht Erbbaurecht) verwertet. Nach BGB. § 1012 ff. u. d. V. v. 15. Jan. 1919 hat das Erbbaurecht eine hohe soziale Mission: zur Beschaffung billiger Arbeiterwohnungen, indem Gemeinden usw. dazu ohne bes. Gewinn den Raum zur Verfügung stellen.

II. Die Emphyteuse[5] des justinianischen Rechts beruht auf einer Verschmelzung der abendländischen Verpachtung von agri vectigales durch den Staat oder eine Stadtgemeinde[6] und der späteren Emphyteusis. In letzterer Form wurden, anfangs auf Zeit, Ländereien der kaiserlichen Vermögensverwaltung verpachtet. Bald beließ man den Empfängern das Gut tatsächlich, und verwendete das Institut, gleich dem der agri vectigales, zur Schaffung eines ansässigen Bauernstandes und Melioration der Grundstücke. Der ursprüngliche Pachtgedanke wird überwunden und ein dingliches Recht des Erbpächters auf Nutzung und Fruchtziehung des Gutes anerkannt[7]. Das Recht ist ein Gegenstück zum superfiziarischen Rechte, — wie dieses veräußerlich und vererblich. Der Emphyteuta hat die Klagen des Eigentümers utiliter (die

---

[3] Wohl auch hier ohne Tradition (in Einklang mit dem früheren bloßen Mietverhältnis).

[4] Er muß auch die öff. Abgaben des Grundstücks tragen.

[5] S. Leonhard i. Pauly-Wiss. s. v. Emphyteusis; Pernice, Ztschr. d. Sav.-Stift. 5, 84. Entwicklungsgeschichte: Mitteis, Z. Gesch. d. Erbpacht i. d. Sächs. Ges. d. Wiss. phil.-hist. Kl. Bd. 20 (1901); Rostowzew, Gesch. d. Staatspacht (1903); Studien z. Gesch. d. röm. Kolonats (1910).

[6] Der Erbpächter hatte schon nach prätorischem Recht eine dingliche Klage, die actio vectigalis (nach dem Muster der rei vindicatio).

[7] Über die Anerkennung des contractus emphyteuticarius als besonderes Rechtsgeschäft (im Unterschied von Kauf und Miete) durch Kaiser Zeno s. u. § 40 Ziff. IV.

rei vindicatio utilis, die negatoria und confessoria utilis). Er hat auch Besitz des Grundstücks und die Besitzklagen. Die Früchte erwirbt er durch Separation (§ 14 Ziff. II).

Begründet wird das Recht durch Vertrag mit dem Eigentümer[8]. Der Emphyteuta darf Kulturveränderungen vornehmen, aber das Grundstück nicht verschlechtern[9]. Er muß dem Grundherrn eine jährliche Abgabe (vectigal, pensio, canon) zahlen, die nicht wie bei der Pacht im Falle des Mißwachses gemindert wird. Bei Veräußerungen unter Lebenden muß er die Zustimmung des Grundeigentümers einholen, die letzterer aus wichtigen Gründen (z. B. wegen Untüchtigkeit des Nachfolgers) verweigern darf. Beim Übergang erhält er eine Abgabe von 2 % des Kaufpreises (quinquagesima) und kann auch ein Vorkaufsrecht geltend machen. — Bei erheblicher Pflichtverletzung, insbesondere auch 3jährigem Rückstand der Zinszahlung darf der Grundherr den Kolonen vom Grundstücke vertreiben, indem dieser dadurch sein Nutzungsrecht verwirkt.

In Deutschland wurde die Emphyteusis hauptsächlich zur Stütze für die bäuerlichen Leihen herangezogen, ohne jedoch für deren Mannigfaltigkeit auszureichen. Vielmehr finden sich neben den nach den römischen Sätzen der Emphyteuse verliehenen Gütern noch Zinslehen (feudastra) und die nach zahlreichen partikularrechtlichen Bestimmungen deutschen Ursprungs verliehenen Meiergüter, Erbzinsgüter, Erbpacht-, Erbleihegüter usw. des sog. deutschen Kolonatrechts. — Die neuere Zeit hat größtenteils mit ihnen aufgeräumt (s. o. vor Ziff. I), das Gut dem Bauern zu Eigentum gegeben und die Zinspflicht beseitigt (Ablösungsgesetze). Daher überläßt Art. 63 EG. die Materie dem Landrecht.

---

[8] Ohne Tradition, wie hier ausdrücklich bezeugt ist. D. 6, 3, 1, 1. Aber vielfach muß der Vertrag schriftlich abgefaßt werden. C. 4, 66, 1; Nov. 120, 6, 2.

[9] Wegen des Kolonisationszwecks. — Die öffentlichen Lasten hat der Emphyteuta zu tragen.

§ 25.

3. Pfandrecht*.

a) Begriff und Inhalt.

I. Pfandrecht ist das einem Gläubiger zustehende Recht, eine fremde Sache zwecks Sicherung seiner Forderung festzuhalten. Dieses Recht ist in verschiedener Weise ausgestaltet worden, so daß verschiedene Spielarten vorkommen:

Eine sehr scharfe Form war das Verfallpfand. Hier soll die Sache dem Gläubiger, wenn er nicht rechtzeitig befriedigt wird, zu Eigentum verfallen. Dies wurde römisch nicht selten ausgemacht (lex commissoria), von Konstantin aber als wucherisch verboten. C. 8, 34, 3.

Umgekehrt gab es eine sehr milde Form, indem das Pfand nur in die Detention des Gläubigers gegeben wird, der es retinieren kann, um dadurch einen Druck zur Zahlung auf den Schuldner auszuüben.

Da dies vielfach nicht ausreicht, gibt man dem Gläubiger das Recht, im Nichtzahlungsfall das Pfand zu verkaufen und sich aus dem Erlös bezahlt zu machen. Befriedigungspfand. Die Verkaufsbefugnis wurde in älterer Zeit dem

---

* S. Bachofen, D. röm. Pfandrecht I (1847); Dernburg, Pfandrecht (1860, 1864); Kohler, Pfandr. Forschungen (1882); Jourdan, L'hypothèque (1876); Voigt, D. Pignus der Römer (Ber. d. Sächs. Ges. d. Wiss. 1888, 40, 235 ff.); Lenel, Ztschr. d. Sav.-Stift. 3, 104; Geib, das. 8, 112;; Oertmann, Die Fiducia (1890) Kuntze, Z. Gesch. d. röm. Pfandr. (1893); Ascoli, Le origini dell' Ipotheca (1897); Herzen, Origine de l'hypothèque rom. (1899); Manigk, Pfandr. Untersuchungen I (1904); Gläubigerbefriedigung durch Nutzung (1910); Pauly-Wissowa s. v. fiducia, hyperocha u. hypotheca; E. Weiß, Pfandr. Untersuchungen (1909 ff.); Rabel, Die Verfügungsbeschränkungen des Verpfänders (1909); M. Fehr, Beitr. z. L. v. röm. Pfandrecht (1910); Erman, Pignus hypothecave i. Mél. Girard I (1912) 419; Kübler, das. II 43; Ebrard, Die Digestenfragmente ad formulam hypothecariam (1917).

S. noch Frese a. d. gräko-ägyptischen Rechtsleben (1909); Hitzig, Griech. Pfandrecht (1895); Rabel, Ztschr. d. Sav.-Stift. 28, 351 ff.; Manigk, Festg. f. Güterbock (1910) 281; Arch. f. Papyr.-Forsch. 6, 114; Partsch, das. 5, 497 ff.; B. Schwarz, Hypothek u. Hypallagma (1911); Eger, Z. ägyptischen Grundbuchwesen i. röm. Zeit (1909); Mitteis, Grundz. d. Papk. II 129 ff.; Bruck, Ztschr. d. Sav.-Stift. 33, 551; Raape, Verfall des griech. Pfandrechts (1912); Die Verfallklausel bei Pfand u. Sicherungsübereignung (1913).

Gläubiger durch besondere Vereinbarung (pactum de vendendo) eingeräumt, bis sie als selbstverständlich erschien Bei Justinian schließt selbst die gegenteilige Abrede (also daß der Gläubiger das Pfand nicht verkaufen dürfe) die Befriedigung nicht aus, und zwingt nur den Gläubiger zu vorheriger dreimaliger Mahnung. D. 13, 7, 4 i. f. (itp.). — Die Rechtsstellung des Gläubigers beim Befriedigungspfand kann im übrigen verschieden sein. Entweder der Gläubiger erhält sofort den Besitz der Sache: Faustpfand. Oder er hat ein bloßes Beschlagnahmerecht, zufolge dessen er sich die Sache beim Schuldner heraussuchen kann, um sie zu seiner Befriedigung zu verwenden, während der Schuldner bis zu diesem Zugriff die Sache wirksam und ohne Haftung veräußern kann[1]. Schließlich kann der Gläubiger, wenn die Pfandsache veräußert wird, sie auch gegen den Dritten verfolgen, also bei ihm aussuchen, um sie zum Verkaufe zu bringen: Hypothek.

II. Nach dieser Skala war das römische Pfandrecht weit entfernt, von Anfang an ein dingliches Recht zu sein.

1. Dem Gläubiger stand sogar seit alter Zeit noch ein anderer Weg zur Erlangung von Realsicherheit offen: die sog. Sicherungsübereignung (fiducia cum creditore). Er ließ sich vom Eigentümer eine Sache durch mancipatio oder in jure cessio (§ 12 I) zu Eigentum übertragen, mit der Klausel (pactum fiduciae), sie nach Erlöschen der Schuld dem Geber zurückzuübereignen. Das war mehr als ein Pfandrecht. Da das pactum nur obligatorisch wirkte, verlor der Besteller hier leicht die Sache[2]. Die altzivilen Bestellungsformen machten das Institut schließlich unpraktisch[3].

---

[1] So z. B. beim interdictum Salvianum, unten N. 6.

[2] Wenn der Gläubiger sie als Eigentümer veräußerte, wurde das Rückforderungsrecht des Verpfänders hinfällig. — Bei berechtigter Veräußerung dagegen drang die a. fiduciae gegen den Gläubiger nicht durch, resp. beschränkte sich auf den Überschuß des Erlöses über den Betrag der Pfandforderung, außer wenn das Pfand dem Gläubiger verfallen war (Ziff. I).

[3] Verurteilung wegen treuloser Veräußerung der Sache an einen Dritten, von dem der Verpfänder sie nicht wiedererlangen konnte, machet den Pfandgläubiger infam. — Wenn letzterer die Sache noch hatte, mußte er sie dem Verpfänder zurückmanzipieren. Gab er sie formlos zurück, so half dem Verpfänder die usureceptio (eine

2. Der einfachen Sicherheitsleistung diente die bloße Übergabe der Sache in den Besitz des Gläubigers (pignus), wodurch dieser sie festhalten konnte, bis der Schuldner zahlte, und mittels der prätorischen Besitzklagen gegen den Verpfänder und gegen Dritte geschützt war[4]. Bei Erlöschen der Schuld haftete er dem Verpfänder auf Rückgabe mit der actio pigneraticia aus dem Pfandkontrakt (§ 39 i. f.)[5].

Die Einräumung des Besitzes zum Zwecke der Verpfändung war untunlich in dem häufigen Fall ländlicher Pachtverhältnisse, wo der Pächter seine invecta et illata dem Verpächter für pünktliche Entrichtung der Pachtsumme zur Sicherheit stellte. Der Prätor ließ hier (im Anschluß an das griechische Recht) den bloßen Verpfändungsvertrag, ohne Besitzübergabe, genügen, und gab dem Verpächter im Nichtzahlungsfall mittels des interdictum Salvianum das Recht der Inbesitznahme der eingebrachten Sachen gegen den Pächter[6], sodann auch eine actio in rem, ähnlich der rei vindicatio gegen den Verpfänder: die actio Serviana.

Dieses durch formlose Abrede begründete Pfandrecht wurde dann auch auf andere Fälle ausgedehnt, und demgemäß die a. Serviana als quasi Serviana oder hypothecaria zum Schutz aller solcher Verpfändungen auch gegen Dritte gegeben (Hypothek). Damit war ein dinglicher Pfandanspruch anerkannt: gegen jeden, der dem Pfand-

erleichterte Form der Ersitzung ohne bona fides). Gai. II 59, 60. Alles dies ist mit der fiducia bei Justinian fortgefallen. Wo die Klassiker noch von fiducia sprachen, ist im Corpus juris regelmäßig pignus oder hypotheca eingestellt.

Heute gibt es eine Sicherungsübereignung neben dem Pfandrecht.

[4] S. o. § 8 Ziff. II, III über den juristischen Besitz des Pfandgläubigers.

[5] Falls nicht im älteren Recht das Pfand zufolge der lex commissoria wegen nicht rechtzeitiger Zahlung der Schuldsumme verfallen war (Ziff. I). Hatte der Gläubiger mangels Zahlung rechtmäßig das Pfand verkauft (s. o.), so konnte der Verpfänder auch hier nur Herausgabe des Überschusses des Erlöses über die Schuldsumme verlangen.

[6] Also losgelöst von der Pacht. — Entsprechend hat der Vermieter an den in die Mietwohnung eingebrachten Sachen ein Beschlagnahmerecht ohne Interdiktenschutz, bei den Klassikern aufgefaßt als bloßes Zurückbehaltungsrecht aus dem Vertrage, bei Justinian als pignus tacitum (§ 26 N. 6).

gläubiger den Besitz der Pfandsache vorenthält. Vgl. C. 8, 9, 1. Das dingliche Recht entsteht schon durch die Verpfändungsabrede, so daß z. B. der Gläubiger, wenn ihm die Sache nicht sofort übergeben ward, letztere im Fall der Nichtbefriedigung vom Verpfänder herausverlangen kann, um sie in der angegebenen Art zu verwerten. Er ist in diesem Verlangen auch gegen den Widerstand dritter Personen geschützt, welche z. B. einen Nießbrauch an der Sache, oder gleichfalls ein Pfandrecht daran haben. Der Vorrang vor diesen Rechten richtet sich nach dem Alter der Pfandbestellung. C. 8, 17, 3.

Ging die actio hypothecaria in dieser Weise schon aus der bloßen Verpfändungsabrede gegen jeden Inhaber der Pfandsache, so war kein Grund, auch dem Faustpfandgläubiger den gleichen Schutz zu versagen, wenn er den Besitz der Pfandsache verloren hatte. Zwischen pignus und hypotheca bestehen seitdem keine wesentlichen Unterschiede mehr. Man spricht von actio hypothecaria oder pigneraticia in rem. Beim pignus ist der Besitz der Pfandsache sofort übergeben; bei der Hypothek kann sich der Pfandgläubiger den Besitz, im Falle der Nichtbefriedigung, zum Zweck der Verwertung verschaffen. Da die letztere Art der Pfandbestellung ebenso gültig ist, wie die erstere, gibt es materiell nur noch ein Pfandrecht[7].

III. Das Pfandrecht ist hiernach das dingliche Recht[8] eines Gläubigers an einer fremden Sache (§ 7 V), kraft dessen er im Nichtzahlungsfalle den Besitz der Sache an sich nehmen darf, um sich durch deren Verkauf für seine Forderung zu befriedigen.

1. Das Pfandrecht ist also kein Nutzungsrecht[9], sondern die Sache haftet dem Gläubiger für dessen Forderung, falls er nicht anderweitig befriedigt wird. Das Pfandrecht ist

[7] Inter pignus et hypothecam tantum nominis sonus differt. D. 20, 1, 5, 1. Nur hat der Gläubiger beim Faustpfand schon vor der Fälligkeit die petitorische Klage (§ 27) gegen einen Drittbesitzer. — Über die Beseitigung der fiducia s. N. 3.

[8] Ausdrückliche Anerkennung in D. 9, 4, 30; D. 39, 2, 19 pr. Creditor ist der Pfandgläubiger (in der sog. pignoris obligatio).

[9] Obschon einzelne Nutzungsbefugnisse vorkommen können, s. u. nach N. 18.

Herrschaft über den Wert der Sache, mit dem Recht, das Eigentum der Pfandsache durch Tradition auf den Käufer zu übertragen[10].

2. Das Pfandrecht hat seinen Zweck nicht in sich selbst, sondern sein Zweck liegt in der Sicherung einer Forderung. Das Pfandrecht ist also ein akzessorisches Recht; es setzt ein Forderungsrecht voraus und ist von dessen Bestand abhängig[11]. Es gewährt dem Berechtigten nicht mehr, als ihm die Forderung gewährt.

a) Nur erhält er es möglicherweise von anderer Seite und mit größerer Wahrscheinlichkeit. Der Gläubiger hat ein Wahlrecht, entweder die persönliche Haftung oder das Pfand in Anspruch zu nehmen. Der Verpfänder braucht auch nicht der persönliche Schuldner zu sein (man kann seine Sache für fremde Schuld verpfänden)[12]. Ebenso kann die für eigene Schuld verpfändete Sache nachher in dritte Hand übergehen, ohne daß das Pfandrecht erlischt. Die Sicherheit des Gläubigers liegt in dieser doppelten Haftung, ferner im Wert der Sache selbst (Realsicherheit); endlich möglicherweise auch darin, daß eine bloße naturalis obligatio (§ 30), oder noch nicht fällige oder bedingte Forderung dadurch gesichert wird. Letzterenfalls ist das Pfandrecht ebenso bedingt (D. 20, 1, 5 pr.). Trotzdem ist sein Bestehen nicht unwichtig, denn es geht anderen Pfandrechten vor, die der Verpfänder in der Zwischenzeit noch auf die Sache legt[13].

b) Anderseits machen sich rechtliche Mängel der Forderung auch für das Pfandrecht fühlbar. Dem Pfandgläubiger stehen gegen die Pfandklage regelmäßig alle Ein-

---

[10] D. 41, 1, 46. S. o. § 12 II Ziff. 2a. Weiteres hier unten Ziff. 6.

[11] Doch folgt diese Abhängigkeit nur aus dem Zweck, nicht aus dem Inhalt des Pfandrechts. Der Inhalt: die Herrschaft über den Wert einer Sache (der durch Verkauf realisierbar ist) läßt sich auch selbständig denken. Daher sind heutzutage auch Pfandrechte anerkannt, deren Bestand nicht von einer zu sichernden Forderung abhängig ist (Grundschuld, Rentenschuld). Das römische Recht ist soweit nicht gegangen.

[12] Ein Fall der Interzession, § 47 Ziff. II.

[13] Vgl. D. 20, 1, 5 pr. 13, 5. 14; D. 20, 4, 9, 1 u. 2. 11, 1.

reden entgegen, die gegen die Forderung erhoben werden können, und zwar nicht bloß vom Schuldner, sondern auch von dritten Pfandbesitzern[14].

c) Das Pfand haftet für die Forderung in allen ihren Teilen. Das Pfandrecht bleibt also bestehen, wenn auch die Forderung sich verkleinert, und jedem Erben des Gläubigers haftet für seine Teilforderung das ganze Pfand[15]. — Umgekehrt haftet das Pfand für Vergrößerungen der Forderung, die in ihrem Wesen begründet sind (§ 31), — nicht, wie z. B. vertragsmäßige Zinsen, auf einem besonderen Schuldgrunde beruhen[16].

3. Solange der Gläubiger noch keine Befriedigung verlangen kann, braucht ihm der Besitz der Pfandsache, wenn er ihn nicht, wie beim Faustpfand, schon hat, nicht eingeräumt zu werden. Sobald der Gläubiger aber Befriedigung verlangen und deshalb das Pfand verkaufen darf, kann er die Sache in seinen Besitz bringen und von jedem Inhaber herausverlangen. Dazu dient die actio hypothecaria oder pigneraticia in rem (§ 27).

4. Wenn der Pfandgläubiger im Besitze ist, braucht er die Sache dem Verpfänder nicht herauszugeben, bis er befriedigt ist: das Pfandrecht gewährt auch ein Retentionsrecht.

Nach einem Reskript Gordians darf das Retentionsrecht gegen den Schuldner und dessen Erben auch wegen anderer Forderungen geltend gemacht werden, die der Besitzer wider den Verpfänder hat. Pignus Gordianum (ein Eventualpfandrecht)[17].

Mit Erlangung des Besitzes übernimmt der Gläubiger die Verpflichtung sorgfältiger Aufbewahrung des Pfandes[18].

Einen etwaigen Ertrag der Sache darf der Gläubiger nicht als besonderen Gewinn behalten, sondern muß ihn dem

[14] Ähnlich wie auch dem Bürgen die Einreden aus der Person des Hauptschuldners entgegenstehen. § 35 Ziff. II.
[15] Sog. Unteilbarkeit des Pfandrechts. D. 10, 2, 25, 14; D. 21, 2, 65; C. 8, 27, 6.
[16] D. 13, 7, 8, 5; D. 20, 1, 13, 6; D. 20, 4, 18 u. 20; C. 4, 32, 4.
[17] C. 8, 26, 1. Im heutigen Recht beseitigt.
[18] S. u. § 39 i. f. Die dort entwickelten Grundsätze betreffen das innere Verhältnis des Pfandgläubigers zum Verpfänder.

Schuldner in Anrechnung bringen. Soll der Pfandgläubiger die Früchte der Pfandsache statt der Zinsen der Forderung beziehen, so spricht man von einem Nutzpfand (pactum antichreticum)[19]. Ja, wenn eine fruchttragende Sache zum Pfand gegeben ist für eine unverzinsliche Schuld, so soll als stillschweigend verabredet gelten, daß der Gläubiger die Früchte bis zum Betrag des gesetzlichen Zinsmaximums behalten darf (antichresis tacita). D. 20, 2, 8.

5. Bis zum Verkauf bleibt das Eigentum der Pfandsache beim Verpfänder. Er kann die Sache benutzen, die Früchte davon ziehen; er kann die Sache veräußern und weiter verpfänden. Das bestehende Pfandrecht wird dadurch nicht berührt. Es folgt der Sache in die dritte Hand.

6. Der Verkauf des Pfandes bei Nichtzahlung darf vom Gläubiger — nach Androhung[20] und Ablauf einer Wartefrist[21] — privatim bewerkstelligt werden[22]. Dabei hat er nach dem Pfandkontrakt (§ 39 i. f.) die Interessen des Verpfänders sorgfältig wahrzunehmen, sonst haftet er ihm auf Entschädigung. Den Kaufpreis darf er zu seiner Befriedigung verwenden, den Überschuß (hyperocha) hat er dem Verpfänder herauszugeben. Durch die Ausübung des Verkaufs erlischt das Pfandrecht (§ 26), nicht aber die zugrunde liegende Forderung, soweit sie nicht getilgt ist.

Gegenüber dem Erwerber des Pfandstücks gelten die Regeln des Kaufs (§ 38 Ziff. I). Der Erwerber kann also vom Pfandgläubiger die Übergabe der Sache verlangen, und wird durch die Tradition Eigentümer der Sache[23]. Voraussetzung ist freilich, daß der Verpfänder Eigentümer war. War er nur bonae fidei possessor, so erlangt auch

[19] Die Antichresis brauchte nicht mit einem dinglichen Verkaufspfandrecht verbunden zu sein (ähnlich noch heute Art. 2085 ff. Code civ.). Aber die Klausel verbindet sich sehr oft mit einem Pfandrecht. Die Verabredung ist ohne Rücksicht auf das gesetzliche Zinsmaximum (§ 34 Ziff. 4 a) gültig.

[20] Im Fall vertraglichen Verkaufsverbots (das den Verkauf nach Ziff. I nicht mehr hindert) sogar dreimal! — S. heute § 1234 BGB.

[21] Bei Justinian von 2 Jahren. — In Deutschland unpraktisch!

[22] Dagegen nicht mehr nach BGB. S. § 1235 ff.

[23] S. o. N. 10. — Bei Justinian unter der Voraussetzung (§ 12 N. 8), daß der Kaufpreis bezahlt oder kreditiert ist.

der Käufer nur bonae fidei possessio. Der Pfandgläubiger[24] braucht, wenn er nicht in mala fide war, für Mängel im Rechte des Verpfänders nicht aufzukommen[25]. Dagegen haftet er dafür, daß der Akt der Verpfändung stattgefunden hat, und für seine Verkaufsberechtigung[26].

Ist ein Käufer nicht aufzutreiben, so kann der Pfandgläubiger sich die Sache gerichtlich zuschlagen lassen, regelmäßig unter besonderen Kautelen (Taxierung, 2jähriges Wiedereinlösungsrecht des Schuldners usw.). Sog. jus dominii impetrandi[27]. — Daß der Verfall an den Pfandgläubiger nicht mehr im voraus bedungen werden kann, ist schon erwähnt (I). Verschieden davon und zulässig ist die Abrede, daß im Nichtzahlungsfall das Pfand dem Gläubiger zu einem alsdann festzusetzenden Preise verkauft werden soll[28].

IV. Alles was einen Verkaufswert hat und verkäuflich ist, kann Gegenstand des Pfandrechts sein[29]. Also

1. alle selbständigen, des Privatrechts fähigen Sachen. Steht die Sache im Miteigentum, so kann sie nur von sämtlichen Miteigentümern, — es kann aber auch von jedem einzelnen Miteigentümer sein ideeller Anteil verpfändet werden.

Künftig entstehende oder erst künftig zu erwerbende Sachen können verpfändet werden. Doch entsteht das Pfandrecht erst, wenn die Erwartung sich erfüllt[30]. Wird dagegen eine fremde Sache als eigene verpfändet, so erwirbt der Gläubiger kein Pfandrecht, abgesehen von Genehmigung des Eigentümers, oder nachträglichem Eigentumserwerb des Verpfänders[31].

---

24 Er haftet nicht für Eviktion, s. u. § 38 N. 14 ff. (natürlich nur, wenn er als Pfandgläubiger verkauft hat).

25 Dagegen kann der Verpfänder vom Käufer auf Erstattung des Preises in Anspruch genommen werden. S. über die Konstruktionsversuche der röm. Juristen: Ulp. D. 21, 2, 38; Tryph. D. 20, 5, 12, 1; Hermog. D. 21, 2, 74, 1. S. Dernburg, Pfandr. 2, 191.

26 Letzterer Punkt wird bei Existenz mehrerer Pfandrechte an der Sache wichtig. S. u. § 28 II.

27 Cod. 8, 33.

28 D. 20, 1, 16, 9.

29 D. 20, 1, 9, 1.

30 Vgl. D. 20, 1, 16, 7.

31 Wie bei der Tradition seitens eines Nichteigentümers, § 12 II, Ziff. 2 a. Doch muß der Pfandgläubiger zur Zeit der Bestellung gutgläubig gewesen sein, d. h. den Besteller für verpfändungsberechtigt gehalten haben. Die entgegenstehende Stelle African. D. 20, 4, 9, 3 betrifft älteres Recht. — S. noch § 26 I, Ziff. 1.

2. Weiter drängte sich die Notwendigkeit auf, die Verpfändung von Rechten zuzulassen, mit welchen die Sicherstellung einer Forderung bewirkt werden kann. Daher können Superfizies, Emphyteuse, Nießbrauch und ländliche Dienstbarkeiten[32] als zu bestellende Rechte verpfändet werden, wodurch der Pfandgläubiger das Recht erlangt, im Nichtzahlungsfall die Servitut einem Dritten für einen Kaufpreis zu bestellen. Ferner können Superfiziar, Emphyteuta und Nießbraucher (insofern hier die Rechtsausübung übertragbar ist) auch ihr bestehendes Recht verpfänden[33]; ebenso ein Gläubiger das ihm zustehende Forderungsrecht (pignus nominis). Diese Verpfändung berechtigt den Pfandgläubiger zum Verkauf oder zur Beitreibung der Forderung gegen den Drittschuldner[34]. War die verpfändete Forderung durch Pfandrecht sichergestellt, so kann der Pfandgläubiger auch dieses Pfandrecht geltend machen. Auch am Pfandrecht für sich soll wiederum ein Pfandrecht bestellt werden können (subpignus)[35].

3. Eine Verpfändung kann unter Kollektivbezeichnung geschehen, z. B. Verpfändung einer Herde, eines Warenlagers, wobei als Absicht erscheint, daß nur der jeweilige Bestand des Lagers usw. pfandrechtlich haften soll[36].

Endlich kann eine Kollektivverpfändung des ganzen gegenwärtigen und zukünftigen[37] Vermögens erfolgen. Sog. Generalpfandrechte oder Generalhypotheken. Hier werden alle vom Verpfänder künftig er-

---

[32] Nicht auch Gebäudedienstbarkeiten, D. 20, 1, 11, 3.

[33] D. 13, 7, 16, 2; D. 20, 1, 11, 2. Dagegen können Grunddienstbarkeiten nicht verpfändet werden, weil sie am Grundstück haften und ohne letzteres nicht übertragen werden können.

[34] C. 4, 39, 7; D. 13, 7, 18. Geht die verpfändete Forderung auf Geld, so dient es bei der Einziehung der Forderung zur Befriedigung des Pfandgläubigers. Andernfalls erlangt er ein Pfandrecht an dem geleisteten Gegenstande. — Der Pfandgläubiger kann die Klage des Verpfänders als actio utilis anstellen.

[35] Dann kann der Pfandgläubiger nur die actio hypothecaria des Bestellers ausüben. Vgl. Sohm, Die Lehre vom subpignus (1864); Windscheid-Kipp, Pand. I § 239 N. 14.

[36] S. D. 20, 1, 34 pr. S. auch eod. 13 pr.

[37] Wegen der künftigen Objekte an sich s. o. N. 30. — Nur diejenigen Objekte sind ausgenommen, hinsichtlich deren: verisimile est, quemque specialiter obligaturum non fuisse.

worbenen Gegenstände im Augenblicke ihres Eintritts in sein Vermögen vom Pfandrecht ergriffen, während die veräußerten, jedenfalls nach justinianischem Recht, nicht aus der Pfandhaftung ausscheiden.

§ 26.

b) Erwerb und Verlust des Pfandrechts.

I. Pfandrechte entstehen

1. durch Bestellung des Eigentümers regelmäßig im Wege vertraglicher Verpfändung (pignus conventionale). Der Vertrag kann formlos geschlossen werden (Hypothek), setzt also Besitzübertragung nicht notwendig voraus (pignus), ebensowenig eine sonstige Verlautbarung. Der Besteller muß Eigentümer sein [1], vorbehaltlich einer Verpfändung unter der Bedingung des Erwerbs [2]. Auch kann ein bonae fidei possessor ein publizianisch geschütztes Pfandrecht bestellen, welches gegen alle diejenigen wirksam ist, gegen die der Verpfänder mit der actio Publiciana durchdringen würde (§ 27 II). — Durch Vermächtnis kann ein Pfandrecht bestellt werden, seitdem das Vindikationslegat (das einzig dingliche Rechte unmittelbar zur Entstehung bringt) auf nichtzivile Institute, wie das Pfandrecht, erstreckt worden war [3].

2. Auch durch behördliche Verfügung kann ein pignus entstehen: so in den Fällen der prätorischen Einweisung in gewisse Güter (missio in possessionem) zur Sicherheit bestimmter Ansprüche, z. B. Einweisung der Gläubiger in die Güter eines zahlungsunfähigen Schuldners [4], des Legatars in den Nachlaß, wenn der Erbe die cautio legato-

---

[1] Bei der (prätorischen) Hypothek genügte ehemals ein in bonis. Beim Faustpfand kann der Gläubiger, auch wenn es von einem Nichteigentümer bestellt ist, die Besitzinterdikte haben. § 8, Ziff. II, III.

[2] Davon, sowie von der Notwendigkeit der Existenz einer zu sichernden Forderung war schon die Rede.

[3] S. u. § 71 u. D. 13, 7, 26 pr. Bei Justinian ist die Bestellung bezeugt. C. 6, 43, 1. — Nach § 2174 BGB. ist sie nicht mehr zulässig, da die Vermächtnisse nur eine Forderung erzeugen. Die letztwillige Anordnung bewirkt also nur, daß der Erbe das Pfandrecht vertraglich bestellen muß.

[4] D. i. die Grundlage des Konkursverfahrens.

rum servandorum nicht leistet (§ 72 III), des bedrohten Nachbars in das Grundstück von dem die Gefahr droht, wenn die cautio damni infecti nicht geleistet wird (§ 18 II). Hier handelte es sich nicht um ein dingliches Recht, sondern nur um eine mit prätorischen Strafklagen gegen den Störer geschützte Festhaltung der Sache (§ 25 I). Erst Justinian gab die actio in rem. Sog. pignus praetorium. C. 8, 21.

Ebenso gibt es (seit der Kaiserzeit) eine Pfändung zum Zwecke der Zwangsvollstreckung (pignus in causa judicati captum, C. 8, 22), indem bestimmte Gegenstände, die nach Schätzung ungefähr den beizutreibenden Wert darstellen, auf Verlangen des Gläubigers durch die richterlichen Exekutoren beschlagnahmt und, mangels Auslösung binnen bestimmter Frist, zur Deckung des Gläubigers verkauft werden[5]. Dieses Pfandrecht ist ein Faustpfandrecht.

3. Endlich sind nach justinianischem Recht gewisse Forderungen kraft Gesetzes durch ein Pfandrecht gesichert: entweder an einzelnen Sachen des Schuldners oder an seinem ganzen Vermögen. Also durch Spezial- oder Generalpfandrecht.

Ein Spezialpfandrecht hat der Vermieter eines Grundstücks an den eingebrachten Sachen (invecta et illata) des Mieters[6] wegen der Forderungen aus dem Mietvertrage; der Verpächter an den Früchten des Grundstücks. Ferner hat ein Pfandrecht, wer Geld zum Wiederaufbau eines Hauses darlieh, an dem wiederhergestellten Gebäude, — der Unmündige (pupillus) an den mit seinem Gelde angeschafften Sachen, — der Vermächtnisnehmer seit Justinian an den Nachlaßgegenständen.

Eine Generalhypothek haben, außer dem Fiskus wegen gewisser Forderungen, nach späterem Recht die Ehefrau am Vermögen des Mannes wegen der dos, donatio propter

---

[5] Im späteren kaiserlichen Verfahren der sog. extraordinaria cognitio. Vgl. dazu Pernice, Ztschr. d. Sav.-Stift. 5, 31 ff.; 14, 180 n. 3.

[6] Seit der Umformung in ein pignus tacitum! Früher (s. o. § 25 N. 6) wurden auch fremde Sachen von der Beschlagnahme ergriffen. Im interdictum de migrando (D. 43, 32, 1, 5) haben wir noch das alte Recht. — § 559 BGB. folgt der justinianischen Auffassung.

nuptias (§ 59) und ihrer dem Manne überlassenen Kapitalien; — die Kinder am Vermögen des Vaters wegen ihrer Ansprüche aus der Verwaltung des mütterlichen Vermögens, und gegen den überlebenden Elternteil wegen der lucra nuptialia, die dieser bei Wiederverheiratung an die erstehelichen Kinder verliert[7], — endlich Unmündige, Minderjährige, Wahnsinnige am Vermögen des Vormunds wegen ihrer Ansprüche aus der vormundschaftlichen Verwaltung.

II. Ein Dritter kann das Pfandrecht geltend machen, wenn ihm durch Klagabtretung die Forderung zediert ist (§ 48), zu deren Sicherheit das Pfandrecht besteht[8].

Ein Recht auf solche Abtretung haben der Bürge des Schuldners und dritte Pfandbesitzer, wenn sie vom Gläubiger auf Zahlung oder Herausgabe der Pfandsache verklagt sind und den Gläubiger abfinden[9].

III. Die Erlöschungsgründe des Pfandrechts sind

1. die gewöhnlichen aller dinglichen Rechte, z. B. Untergang des Pfandobjekts, Verzicht des Gläubigers[10] und Vereinigung mit dem Eigentum (confusio), § 7 Ziff. V.

Ferner steht der Pfandklage nach den Regeln der longi temporis praescriptio (§ 15) mit Ablauf von 10 resp. 20 Jahren (inter praesentes vel absentes) eine Einrede entgegen, wenn der Erwerber die Sache in gutem Glauben (ohne Kenntnis des Pfandrechts) erlangt hat und nicht Erbe des Verpfänders ist[11]. Außerdem bewendet es bei der Verjährung der Pfandklage in 30 resp. 40 Jahren (§ 5 Ziff. III).

2. Daneben stehen besondere pfandrechtliche Erlöschungsgründe, nämlich

a) Erlöschen der Forderung, die durch das Pfandrecht gedeckt ist[12], wenn die Forderung durch

---

[7] S. u. § 54 i. f., § 58 i. f. u. § 59. — Über Dotal- u. Mündelpfandrechte im Altertum s. bes. Weiß, Pfandr. Unters. I 7 ff., 67 ff.

[8] Vgl. D. 18, 4, 6; C. 4, 10, 6 u. 7.

[9] Ius offerendi. D. 20, 4, 19. Andere Fälle s. u. § 28 III. S. Schulz, Ztschr. d. Sav.-Stift. 27, 97 ff., 102 ff.

[10] Der auch stillschweigend durch vorbehaltlose Rückgabe der Pfandsache u. dgl. erklärt werden kann.

[11] Eine Art Ersitzung der Pfandfreiheit. Nach Ablauf der Zeit kann der Ersitzende die Sache sogar vom Pfandgläubiger wieder herausverlangen, wenn er den Besitz an diesen verloren hatte.

[12] Ulp. D. 20, 6, 6: vel si qua ratione obligatio . . . finita est.

Erfüllung, Leistung an Erfüllungsstatt, Novation befriedigt oder erlassen ist (§ 45). Auch Erlöschen durch confusio wird gleichgestellt. Dagegen bleibt das Pfandrecht bei Verjährung der versicherten Forderung bestehen[13]. Ebenso, wenn sonst bloß die Klagbarkeit verloren und eine Naturalobligation (§ 30) zurückgeblieben ist.

b) Der ordnungsmäßige Pfandverkauf durch den Gläubiger hebt dessen Pfandrecht und auch das der nachstehenden Pfandgläubiger (§ 28) auf[14]. Soweit sie befriedigt sind, erlischt das Pfandrecht nach lit. a. Es erlischt aber auch ohne Befriedigung (wobei ihre persönliche Forderung fortbesteht), wenn sie mit ihrem Pfandrecht ausfallen.

§ 27.

c) Schutzmittel.

I. Da der Pfandgläubiger die Pfandsache nur verkaufen kann, wenn er sie besitzt, so hat er eine dingliche Klage zur Verschaffung des Besitzes, die actio hypothecaria oder pigneraticia in rem.

1. Der Pfandgläubiger hat zur Begründung der Klage sein Pfandrecht: also die Existenz seiner Forderung und eine gültige Verpfändung darzutun. Ferner sein Besitzrecht am Pfande. War ihm die Sache zum Faustpfand gegeben, so hat er das Besitzrecht sofort (§ 25 N. 7), andernfalls erst nach Fälligkeit und Nichtbefriedigung der Pfandforderung.

2. Die Klage geht (wie die rei vindicatio) auf Herausgabe der Pfandsache cum omni causa[1]: also auch der Früchte der Pfandsache, soweit sie nicht in das Eigentum eines Dritten gelangt sind[2] und zur Verwertung benötigt werden.

---

[13] Ebenso auch im Falle der Prozeßeinleitung, insofern die Litiskontestation nach § 45 II Ziff. 2 die ursprüngliche Forderung aufhob. Für das Pfandrecht ist die Forderung dadurch nur in ein neues Stadium getreten.

[14] Sonst wäre gar keine Realisierung des Pfandrechts denkbar, weil die nachstehenden Pfandgläubiger dem Erwerber auf Grund ihres Pfandrechts die Sache mit der actio hypothecaria wieder abnehmen könnten.

[1] S. o. § 16. Also nicht wie heute auf Zahlung der Pfandschuld!

[2] Vgl. D. 20, 1, 16, 4; D. 20, 1, 29, 1.

Beklagter ist jeder Inhaber, auch der fictus possessor.

3. Der Beklagte hat wegen Verwendungen ähnliche Einreden, wie gegenüber der rei vindicatio[3]; außerdem die der Pfandforderung entgegenstehenden Einreden[4].

Besondere Verteidigungsmittel des Beklagten sind:

a) er kann die Einrede eines gleichen oder besseren Pfandrechts an der Sache erheben (§ 28 Ziff. II);

b) er kann, wenn er das schlechtere Pfandrecht hat, dem Gläubiger Zahlung anbieten und dafür in seine Stelle treten (§ 28 III).

c) Endlich kann der Beklagte verlangen, daß unter Umständen vor ihm gewisse andere Personen in Anspruch genommen werden (sog. beneficium excussionis); und zwar

α) wenn die verfolgte Sache zu einem Generalpfandrecht gehört und daneben noch Spezialpfänder bestellt sind, zunächst die Inhaber der Spezialpfänder (exc. excussionis realis);

β) nach justinianischem Rechte kann der in Anspruch genommene dritte Pfandbesitzer sogar verlangen, daß vor ihm der persönliche Schuldner und dessen Bürgen in Anspruch genommen werden (exc. excussionis personalis)[5].

II. Die actio hypothecaria kann auch nach den Grundsätzen der actio Publiciana (§ 17, § 23 Ziff. II) von demjenigen angestellt werden, der sein Pfandrecht von einem im Ersitzungsbesitz befindlichen Verpfänder erlangt hat. Aber nur gegen einen schlechter Berechtigten; also insbesondere nicht gegen den Eigentümer der Sache oder einen nach § 17 gleich guten redlichen Besitzer.

III. Der Pfandgläubiger kann wegen Verletzung im Pfandbesitz utiliter auch von den Rechtsbehelfen des Eigentümers[6] und von den possessorischen Interdikten Gebrauch machen.

---

[3] D. 20, 1, 29, 2; D. 39, 2, 44, 1 (oben § 16 I gegen Ende).
[4] S. o. § 25 zu N. 14.
[5] S. C. 8, 13, 2; Nov. 4, 2. — Die exc. excussionis realis u. personalis bestehen nach BGB. nicht mehr. S. nur § 777 ZPO.
[6] D. 8, 1, 16.

§ 28.

d) Zusammentreffen mehrerer Pfandrechte.

I. Durch mehrfache Verpfändung oder Kollision mit gesetzlichen Pfandrechten kann dasselbe Pfand für mehrere Forderungen haften. Gegenüber dem Schuldner oder rechtlosen Besitzern hat jeder Pfandgläubiger gleiche Rechte — unter den Pfandgläubigern selbst besteht eine Rangordnung nach dem Zeitpunkt der Begründung des Pfandrechts (prior tempore potior jure). C. 8, 17, 3. Bei vertraglicher Verpfändung entscheidet im allgemeinen die Zeit der Pfandbestellung, bei gesetzlichen Pfandrechten die der Begründung der Forderung. Gewisse Pfandrechte sind aber privilegiert, so daß sie auch älteren vorgehen[1]. Abgesehen von verschiedenen fiskalischen Vorrechten, sind die wichtigsten privilegierten Pfandrechte das der Ehefrau wegen ihrer dos, und das für Aufwendungen (versio in rem) zur Erhaltung oder Verbesserung einer schon verpfändeten Sache.

Endlich soll nach einem Gesetz des Kaisers Leo (C. 8, 17, 11) ein in öffentlicher Urkunde (pignus publicum) oder in einer von drei unbescholtenen Zeugen unterschriebenen Privaturkunde (quasi publicum) bestelltes Pfandrecht demjenigen vorgehen, das nur in einer gewöhnlichen Privaturkunde bestellt ist. Dagegen besteht kein Vorzug vor gesetzlich privilegierten Pfandrechten.

II. Haben zwei Pfandrechte gleichen Rang, so entscheidet die Prävention. Bei verschiedenem Rang hat immer nur der ranghöchste Pfandgläubiger das Verkaufsrecht und kann die dingliche Pfandklage mit Erfolg anstellen. Das Pfandrecht des Nachstehenden ist also kein vollwirksames.

Darum wird auch eine Verpfändung unter absichtlicher Verschweigung eines an der Sache schon bestehenden Pfandrechts als betrügerische Handlung (stellionatus) angesehen. Verkauft der nachstehende Pfandgläubiger zur Realisierung seines Pfandrechts die Sache, so haftet er auf Gewährleistung wegen Eviktion durch den besseren Pfandgläubiger (C. 8, 17, 8; 8, 45, 1). Entsprechend

[1] S. Pappulias, Ztschr. d. Sav.-Stift. 29, 370.

kann der vorstehende Pfandgläubiger dem nachstehenden, wenn dieser im Besitz ist, zu Verkaufszwecken unmittelbar das Pfand mit der actio hypothecaria abnehmen, nicht aber umgekehrt. D. 20, 4, 12 pr. Der nachstehende Pfandgläubiger ist nur befugt, vom vorstehenden nach dem Verkauf des Pfandes und erfolgter Befriedigung die Herausgabe des Überschusses vom Kaufpreise zu verlangen [2]. Daneben ist ihm die Möglichkeit gegeben, durch Abfindung des vorstehenden Pfandgläubigers in dessen Rang und Verkaufsrecht einzutreten (jus offerendi et succedendi). Dies führt uns zu den Fällen der hypothekarischen Sukzession.

III. In den Rang des Pfandrechts, wie er einmal begründet ist [3], kann unter Umständen ein anderer eintreten. So zunächst der Gläubiger selbst, der durch Novation seinen alten Schuldner entläßt und einen neuen Schuldner annimmt [4], wenn er sich für die dergestalt entstehende neue Forderung (soweit sie den Betrag der alten nicht übersteigt) das Pfandrecht wieder an der Sache bestellen läßt. Der Gläubiger rückt dann in seine alte Stelle wieder ein [5].

Ähnlich kann, wer Geld darleiht, damit ein Pfandgläubiger abgefunden werde, statt eines Pfandrechts für die Darlehnssumme, sich den Eintritt in die Rechte des abgefundenen Pfandgläubigers ausbedingen, und erlangt so dessen Rang [6]. Dasselbe gilt, wenn ein vorstehender Pfandgläubiger durch einen Käufer der Pfandsache, unter gleicher Verabredung mit dem Kaufpreis ausbezahlt wird. Der Käufer soll dadurch vor der Abforderung der Sache durch die nachstehenden Pfandgläubiger geschützt werden [7].

---

[2] Mit actio pigneraticia, D. 13, 7, 42.

[3] Sog. successio in locum creditoris. Sie ist keine Nachfolge in die Rechte des Gläubigers, auch nicht in sein Pfandrecht, sondern nur in seinen Rang. Vgl. Dernburg, Pfandr. II §§ 161 ff.

[4] Die Novation (§ 45 I, Ziff. 2) bringt nach dem oben § 26 N. 12 ff. Gesagten das Pfandrecht zum Erlöschen.

[5] D. 20, 4, 3 pr. u. 12, 5; C. 8, 26.

[6] D. 20, 3, 3; C. 8, 18, 1 pr.

[7] C. 8, 18, 3. Obwohl er selbst Eigentümer geworden ist. Eine Art Eigentümerpfandrecht! Vgl. Pringsheim, Kauf mit fremdem Geld (1916).

Endlich kann auch ein nachstehender Pfandgläubiger dem vorstehenden die Ausbezahlung seiner Forderung anbieten unter Eintritt in dessen Rechte. Jus offerendi et succedendi (Ziff. II i. f.). Dadurch kann er einen ihm nachteiligen Verkauf der Pfandsache abwenden. Der vorstehende Pfandgläubiger muß auf das Angebot eingehen[8]. Stehen mehr als zwei Pfandgläubiger hintereinander, so darf das Angebot dem obersten Pfandgläubiger gemacht werden.

IV. Beim Zusammentreffen mehrerer Pfandrechte an derselben Sache zeigen sich hauptsächlich die Mängel des römischen Pfandsystems, so scharfsinnig dasselbe sonst ausgebildet ist. Es gibt für den Gläubiger kein Mittel, um bei einer Verpfändung sichere Kenntnis von früher an der Sache bestellten Pfandrechten zu erlangen. Bei Fahrnis half man sich wohl überwiegend durch das Faustpfandrecht, das andere Verpfändungen erschwerte. Bei Grundstücken hat es nur vereinzelt (in Ägypten) ein Grundbuch gegeben (§ 11 Ziff. II). Im übrigen half man sich wohl dadurch, daß dem Gläubiger die Urkunden über den Erwerb der Pfandsache mit in die Hand gegeben wurden. Das Gesetz über den Vorzug des öffentlich bestellten Pfandrechts (Ziff. I, 3) verhinderte das Vordatieren späterer Verpfändungen. Dazu traten scharfe Strafen gegen Stellionat und eidliche Erklärungen über die auf der Sache ruhenden Lasten.

Die romanischen Rechte (Frankreich usw.), die das römische Pfandsystem auch für Immobilien ziemlich unverändert übernommen haben, suchen der Heimlichkeit der Hypothek durch Eintragung in öffentliche Register (Inskriptionssystem, vgl. § 12 Ziff. III) zu begegnen, wovon die Wirkung der Hypothek gegen dritte Personen abhängt. Dadurch wird der Fehler aber nur teilweise verbessert. In Deutschland ist man nach Störung der alten Verpfändungsform durch die Rezeption hauptsächlich in den Partikularrechten wieder zur Verpfändung des Grundstücks vor Gericht oder dem Stadtrat zurückgekehrt oder hat daran festgehalten. Freilich gab das nicht überall einen Vorzug vor der gemeinrechtlich zulässigen formlosen Bestellung. Erst im 18. und 19. Jahrhundert ist, vornehmlich im preußischen Recht, der Grundsatz der

[8] D. 20, 4, 12, 6 u. 9; D. 20, 5, 5 pr.; C. 8, 17, 1 u. 5; C. 8, 18, 4. — Ebenso heutzutage nach §§ 1150, 1249 BGB.

Publizität, also die Bindung der Pfandbestellung an den Eintrag in ein öffentliches Buch (Pfandbuch, Grundbuch) durchgeführt worden. Die konsequente Fortbildung führte zum Prinzip der Spezialität (Beseitigung der Generalhypotheken), unter Führung der Grundbücher nach Realfolien, da ohne genaue Klarstellung des Objekts der Haftung von wirklicher Publizität nicht die Rede sein kann. Die Spezialität umfaßt auch die Angabe der Schuldsumme, da nur daraus der haftende Wertteil des Grundstücks erkannt werden kann. Schließlich mußte das Datum der Eintragung für den Rang der Belastung maßgebend sein: Prinzip der Priorität, womit die für den allgemeinen Kredit gefährlichen Pfandprivilegien verschwanden. Auf das Detail, z. B. Beseitigung des Erlöschens der Hypothek durch confusio mit dem Grundeigentum (durch Ausbildung der sog. Eigentümerhypothek), und Schaffung selbständiger (nicht akzessorischer) Pfandbelastungen (in Gestalt der Grundschuld und Rentenschuld) kann hier nicht eingegangen werden.

Das Pfandrecht an beweglichen Sachen wird nach § 1205 BGB. durch Besitzübergabe offenkundig (Faustpfandprinzip), und folgt mit dieser Modifikation im wesentlichen heute noch den römischen Grundsätzen. Der Verkauf des Pfandes durch den Gläubiger muß öffentlich geschehen (§§ 1235 ff.).

II. Buch.

Schuldrecht.

§ 29.

I. Begriff und Inhalt des Schuldverhältnisses.

1. Schuld und Haftung. Erfordernisse und Arten der Leistung.

1. Im Gegensatz zu den Herrschaftsrechten stehen die Forderungen. Schuldverhältnis (obligatio) ist die Beziehung zweier Personen zueinander, derzufolge die eine der anderen etwas leisten soll. Obligatio est juris vinculum, quo necessitate adstringimur alicuius solvendae rei [1]. Der Leistungspflichtige ist der Schuldner (debitor); der-

[1] I. 3, 13 pr. — Darin liegt zusammengeschlossen der Zustand des Leistensollens (Schuld) und der Genugtuung, wenn der Schuldner nicht leistet, was er soll (Haftung). Letzteres ist der primäre Gesichtspunkt: was geschieht, wenn der Schuldner nicht leistet? Ursprünglich werden Pfänder oder Bürgen gestellt. Auch

jenige, dem er zu leisten hat, der Gläubiger (creditor). Die Leistung selbst ist ein Handeln, möglicherweise auch ein negatives Handeln (Unterlassen oder Dulden). Die römischen Juristen fassen die verschiedenen Möglichkeiten des Leistens in der Formel: dare, facere, praestare zusammen. Unter dare verstehen sie besonders die Verschaffung von Eigentum und anderen dinglichen Rechten; unter facere jede andere Tätigkeit, Dienstleistungen, Rückgabe von Sachen, die dem Gläubiger bereits gehören usw.; unter praestare verstehen sie besonders das Einstehen für einen garantierten Erfolg (für den Fall, daß er nicht eintritt, wird Schadensersatz geleistet) [2].

2. Durch die Schadensersatzpflicht des Schuldners für den Fall, daß die von ihm geschuldete Leistung pflichtwidrig nicht erbracht wird, verwirklicht sich seine Haftung für die Leistung. Nach dem älteren Recht haftete der Schuldner dem Gläubiger für die Leistung, wenn sie nicht bewirkt wurde (§ 45), mit seiner Person. Der Schuldner konnte ergriffen und vom Magistrat dem Gläubiger zugesprochen werden (Schuldknechtschaft). Dieselbe starb ab, weil sie bei der abgemilderten Form, in der sie noch im klassischen Recht bestand, mit mehr Unkosten als Vorteil für den Gläubiger

---

der Hauptverpflichtete kann als Selbstbürge (praes) eintreten. Dann haftet er mit dem eigenen Körper (Personalhaft), später bloß mit dem Vermögen. Die römische actio bezeichnet das Haftungsverhältnis und zieht (§ 5 II) das Leistensollen nach sich. Dagegen besteht bei der Naturalobligation (§ 30) ein Schuldverhältnis ohne Haftung. Auch nach BGB. (§ 241) sind Schuld und Haftung vereinigt. Vgl. über alles dies Brinz, Pand. II, 1; Bekker, Aktionen I, 7 ff., 15 u. in Jherings Jahrb. 49, 51 u. Zit.; Mitteis, Festschr. f. Bekker (1907) 109 ff., R. Privatr. I, 266 ff.; Beseler, Beiträge IV (1920) 92 ff.; Binder, Rechtsnorm u. Rechtspflicht (1912); Strohal, Schuldpflicht u. Haftung (Festg. für Binding 1914); Cornil i. Mélanges Girard (1912) I 199; Steiner, Datio in solutum (1914); Koschaker, Ztschr. d. Sav.-Stift. 37, 348. S. auch Partsch, Griechisch. Bürgschaftsrecht I (1909; Koschaker, Babylonisch-assyrisches Bürgschaftsrecht (1911); Gierke, Schuld u. Haftung (1910); Schreiber, desgl. (1914); v. Schwerin, desgl. (1911); Buch (1914); Last i. Grünhuts Ztschr. 40, 515; v. Schwind i. Jherings Jahrb. 32, 1.

[2] Vgl. D. 44, 7, 3 pr. Über „praestare“ s. jetzt Mayr, Ztschr. d. Sav.-Stift. 42, 198 unter Aufzählung der versch. Ansichten. Über „dare“ bes. Rabel, Haftung des Verkäufers (1902) 124 ff., aber auch Mitteis, R. Priv. I, 58 N. 50; Schloßmann, Ztschr. d. Sav.-Stift. 29, 288 ff.

verbunden war. Demnach verbleibt nur die Vermögenshaftung (im Wege der Zwangsvollstreckung in das ganze Vermögen: durch missio in bona mit daran anschließender bonorum venditio, später in einzelne Vermögensstücke: pignus in causa judicati captum, § 26 I, 2). Die Schadensersatzpflicht verwandelt die nicht erbrachte ursprüngliche Leistung in eine Geldleistung, die im Wege der Zwangsvollstreckung aus dem Vermögen des Schuldners beigetrieben werden kann. Nach älterem Recht mußte schon die Verurteilung auf Geld lauten[3], und wenn der Streitgegenstand — so auch bei der Eigentumsklage (§ 16 I, Ziff. 3) und ähnlichen Klagen — ein anderer war, so konnte dem eigentlichen Urteil nur ein Restitutionsbefehl des Richters an den Beklagten vorausgeschickt werden, „bei Vermeidung der Zwangsvollstreckung" nach Maßgabe der richterlichen Anordnung zu leisten (sog. a. arbitraria)[4]. Im späteren Kaiserprozeß[5] wird der Restitutionsbefehl betreffs bestimmter Sachen vollstreckbar, also kann auf die Restitution oder Exhibition unmittelbar verurteilt und das Urteil (durch Strafandrohung oder Wegnahme manu militari) vollstreckt werden[6], wenn die Sache noch vorhanden ist[7]. Ist der Schuldner dagegen zu einem facere verpflichtet, so läßt selbst das neueste römische Recht keinen direkten Zwang, sondern nur eine Verurteilung auf Schadensersatz in Geld zu[8].

Der Gläubiger erhält also mittels der Haftung des Schuldners keineswegs immer genau das, was er zu fordern hat; im klassischen Recht infolge der Geld-

[3] Gai. IV 48, 52. Über das Prinzip der Geldkondemnation s. Koschaker, Ztschr. d. Sav.-Stift. 37, 355 ff.; Levy, das. 42, 476 ff.

[4] S. o. § 5 N. 10 u. Zit. — Auch die rei vindicatio gehörte zu den actiones arbitrariae (s. § 16 vor N. 10).

[5] Der sog. extraordinaria cognitio. — S. die allgemeine Anweisung Justinians in I, 4, 6, 32.

[6] D. 6, 1, 68. Ulpian hat das natürlich nicht gesagt. Die Stelle ist interpoliert.

[7] Hat der Schuldner bei der Leistung aber noch eine Wahl (s. u.), so besteht wieder ein Hindernis. Außer bei der Genusschuld (Ziff. 4 c), wenn Sachen der fraglichen Art im Vermögen des Schuldners sind. D. 42, 1, 15, 11 u. 12.

[8] D. 42, 1, 13, 1. Ebenso noch heutzutage Art. 1142 Code civil. Dagegen läßt das deutsche Recht auch hier Ungehorsamsstrafen und sonstige Zwangsmittel gegen den Schuldner zu. §§ 887 ff. ZPO.

kondemnation oft mehr, jedenfalls etwas anderes als das Geschuldete (wobei allerdings das Streben der Jurisprudenz dahin geht, daß Gläubiger zufrieden sein muß, wenn er das zu Fordernde erhält)[9]. Schon hierdurch wird der fundamentale Unterschied der Obligationen von den dinglichen Rechten klar: daß der Gegenstand des Rechts hier nicht der direkten Einwirkung des Gläubigers untersteht und ihm daher unter Umständen entgehen kann. Der Gläubiger hat kein Recht an der Sache, sondern soll sie nur bekommen: der Inhalt seines Rechts korrespondiert nur mit einer Pflicht des Schuldners, sich mit Beziehung auf das Leistungsobjekt in bestimmter Weise zu verhalten. Das Schuldverhältnis ist ein relatives Recht: es schafft nur eine Beziehung (juris vinculum) zum Schuldner (D. 44, 7, 3 pr.).

Aus dem Gesagten erklärt sich auch, daß nach römischem Recht ein Schuldverhältnis zunächst nur auf vermögenswerte Leistungen gehen kann[10].

3. Die Schuldverhältnisse sind regelmäßig zu ihrer eigenen Aufhebung (Lösung, solutio, § 45) bestimmt; im Gegensatz zu den dinglichen Rechten, die regelmäßig auf dauernden Genuß gehen. Sie vermitteln den Verkehr, den Umsatz der Güter und ihres Nutzens. Weiter dienen sie zur Ausgleichung von Rechtsstörungen auf dem Gebiete des Privatrechts (durch Schadensersatz und Strafzahlung an den Verletzten).

4. Obgleich der Inhalt der Obligationen von unbegrenzter Mannigfaltigkeit sein kann, gibt es doch gewisse all-

---

[9] Als Beleg dient: 1. Der Staz „omnia judicia absolutoria" (Gai. 4, 114), d. h. also bei der condictio kann auch nach der Litiskontestation (§ 45 N. 6) der Schuldner die zu leistende Sache anbieten und dadurch die Verurteilung auf Geld vermeiden, obschon es nach der Litiskont. nur noch auf die Geldkondemnation ankommt; — 2. ist nebeneinander Erfüllung und Konventionalstrafe für Nichterfüllung versprochen, so kann Gläubiger nur Schadensersatz oder Konventionalstrafe, aber nicht beide kumulativ eintreiben; — 3. auch noch nach dem Geldurteil kann der Schuldner der actio judicati des siegreichen Gläubigers auf den Geldbetrag eine exc. doli entgegenstellen, wenn er die streitige Sache anbietet. D. 44, 4, 15.

[10] Anders jedoch schon Papinian (D. 17, 1, 54) und jedenfalls das heutige Recht. Dagegen wird nach § 253 BGB. auch bei uns regelmäßig nur ein Vermögensschaden ersetzt.

gemeine Erfordernisse der Leistung. Dieselbe muß

a) zur Zeit des Vertragsabschlusses möglich sein. Der zu liefernde Sklave darf nicht verstorben, die Sache nicht extra commercium sein. Impossibilium nulla est obligatio. Rechtlich unmöglich und daher nichtig sind auch Schuldverhältnisse, die gegen die guten Sitten verstoßen. Dagegen beeinträchtigt ein bloßes Unvermögen des Schuldners zur Leistung (Mangel der facultas dandi) die Gültigkeit der Obligation nicht[11]. Cf. § 31.

b) Die Leistung muß erzwingbar sein (sonst fehlt das Haftungsmoment, Ziff. 2). Nach dem dort Gesagten muß der Leistungswert in Geld schätzbar sein. Der Wert kann aber künstlich, durch Verabredung einer Konventionalstrafe (§ 34 i. f.) geschaffen werden.

c) Schließlich muß die Leistung genügend bestimmt sein. Sonst ist kein Zwang denkbar. Doch ist nur solche Unbestimmtheit hinderlich, durch welche Inhalt und Umfang der Leistung in die Willkür des Schuldners gestellt würde. Daher gibt es

α) neben der einfachen Verpflichtung auf Leistung eines bestimmten Stückes, species (z. B. dieses Grundstücks, dieses Pferdes, wobei der Schuldner frei wird, wenn das geschuldete Stück zufällig untergeht), auch eine sog. Genusschuld, auf Leistung einer nur der Art oder Gattung nach bestimmten Sache. Letzteres ist bei Obligationen auf vertretbare Sachen sogar das gewöhnliche[12]. Hier hat der Schuldner die Wahl unter allen Sachen, die zur Gattung gehören. Der Untergang einzelner Objekte ist daher für den Bestand der Obligation gleichgültig und führt keine Entlastung des Schuldners herbei: genus perire non censetur.

---

[11] Daher ist z. B. der Verkauf einer fremden Sache nicht ungültig. D. 45, 1, 137, 4. — Vgl. Mommsen, Beitr. z. Oblig. R. I (1853); Hartmann, Obligation (1875), Jahrb. f. Dogmat. 22, 417; Lotmar, Unmoralischer Vertrag (1896); Rabel, Festg. f. Bekker (1907) 171 u. Mél. Gérardin (1907) 473.

[12] S. § 6 Ziff. VI. Doch kann eine Gattungsschuld auch auf unvertretbare Sachen gehen. — Und eine bestimmte, an sich vertretbare Sache kann specialiter geschuldet sein.

Darum sagt man auch: bei der Gattungsschuld trägt der Gläubiger keine Gefahr (§ 38 N. 8 ff.).

β) Ferner können mehrere Gegenstände alternativ geschuldet sein, so daß nur einer von ihnen zu leisten ist. Wahlschuld[13]. Im Zweifel steht die Wahl dem Schuldner zu, da das vinculum juris nicht straffer angezogen ist. Doch kann auch dem Gläubiger die Wahl eingeräumt sein. Bloße Wahlerklärung bindet nach römischem Recht nicht[14], es sei denn, daß ein Vertrag vorliegt (constitutum debiti, § 40 III, Ziff. 2). Der Schuldner übt sein Wahlrecht regelmäßig durch die Leistung aus. Wird die eine Leistung zufällig unmöglich, so beschränkt sich das Schuldverhältnis auf die andere Leistung und wird, wenn diese die letzte ist, zur Speziesschuld. Daher sagt man: bei der Wahlschuld steht die eine Leistung auf Gefahr des Schuldners, die andere auf Gefahr des Gläubigers[15].

Klagt der wahlberechtigte Gläubiger auf die eine Leistung, so verliert er das Recht, die andere zu fordern[16]. Hat er kein Wahlrecht, so muß er alternativ klagen[17], sonst macht er sich einer pluspetitio schuldig.

Bei der Wahlschuld sind die mehreren Leistungen in obligatione. Verschieden davon ist der Fall, wenn nur ein Objekt geschuldet, dem Schuldner aber das Recht eingeräumt ist, statt dessen einen andern Gegenstand, z. B. Geld zu leisten (facultas alternativa).

5. Ist die Leistung teilbar, so ist es auch die Obligation auf die Leistung[18]. Dies wird besonders wichtig, wenn Gläubiger oder Schuldner mehrere Erben zurücklassen. Dann spaltet sich die teilbare Obligation von selbst unter den mehreren Erben (nomina hereditaria ipso jure inter heredes divisa sunt). Aber auch von Anfang an können auf

[13] Pescatore, Die sog. alternative Obligation (1880).
[14] Anders nach § 263 BGB.
[15] S. dazu u. § 38 bei N. 8 ff. — Für den Fall, wenn der Schuldner die erste Leistung vernichtet hatte und die zweite dann zufällig untergeht, s. D. 46, 3, 95, 1.
[16] D. 45, 1, 112 pr. (mit der Litiskontestation, § 45 I Ziff. 2).
[17] I. 4, 6, 33.
[18] Vgl. Ubbelohde, D. L. v. d. unteilbaren Obligationen (1862); Rümelin, Teilung der Rechte (1883).

der Gläubiger- oder Schuldnerseite mehrere Personen stehen, was bei Teilbarkeit der Leistung regelmäßig eine entsprechende Verteilung zur Folge hat (D. 45, 2, 11, 1 ff.)[19]. Die Obligation auf dare ist regelmäßig teilbar, wenn das zu begründende dingliche Recht selbst teilweise bestellt werden kann (sei es pro rata parte oder an einem reellen Teile des Objekts). Dagegen sind Obligationen auf ein facere oder non facere regelmäßig unteilbar[20]; denn halbes Tun ist gar kein Tun, und halbe Verletzung steht der ganzen gleich[21].

§ 30.

2. Schutz des Forderungsrechts durch Klage. — Naturalobligation.

1. Der staatliche Zwang, der die Obligation zu einem Rechte macht, wird durch die actio vermittelt (§ 5 Ziff. II). Obligatio und actio werden daher auch synonym gebraucht, und creditor als jemand bezeichnet, der eine actio hat[1].

2. Gleichwohl sind neben der echten Obligation einzelne Fälle bloß natürlicher Verbindlichkeiten (obligationes naturales) anerkannt, in denen die Klage fehlt, also die Haftung des Schuldners nur unvollkommen durchgeführt ist[2]. Gewisse Rechtsfolgen haben sie aber doch. So vor allem, daß die freiwillige Erfüllung nicht rückgängig gemacht werden kann (der Empfänger hat das Recht der soluti retentio); und daß die

[19] Anders bei Solidarität der übernommenen Verpflichtung, s. u. § 46. — Ist die Leistung dagegen unteilbar, so tritt von selbst eine solidarische Verpflichtung der Schuldner ein, weil jeder schuldet und Teilleistung unmöglich ist. Ebenso § 431 BGB. — Mehrere Gläubiger einer unteilbaren Leistung können zwar jeder die Leistung fordern und beitreiben, — wenn sie aber nicht von selbst allen zugute kommt, nur gegen Sicherheitsleistung für die Abgabe an alle. D. 16, 3, 1, 36; D. 46, 3, 81, 1. S. heute § 432 BGB.

[20] S. dazu z. B. D. 7, 1, 5; D. 45, 1, 2, 54 pr. 117.

[21] Anders unter Umständen bei sukzessiven Handlungen, oder wenn ein Unterlassen auch bei teilweiser Zuwiderhandlung noch Wert behält. — Bei der Wahlschuld (Ziff. 4) liegt das Schwergewicht auf der Wahlhandlung des Schuldners (daher meist unteilbar).

[1] D. 44, 7, 42, 1; D. 50, 16, 10, 108. Vgl. Mitteis, Röm. Privatr. I 91 ff.; Wlassak, Pauly-Wiss. s. v. actio 306.

[2] Schwanert, Die Naturalobligation d. röm. Rechts (1861); Pernice, Labeo 3, 353; Gradenwitz, Natur u. Sklave bei d. nat. obl. i. d. Festg. f. Schirmer (1900).

Erfüllung als Schuldtilgung, nicht als Schenkung, anzusehen ist.

Diese Wirkungen erklären sich nicht etwa aus einer Art Anstandspflicht, deren Erfüllung begünstigt wird, sondern es handelt sich um Fälle, die auch das ausgebildete römische Recht nicht durch eine passende actio gedeckt hatte, oder wo ein besonderer Grund vorlag, die actio zu versagen. Daher wird meist auch nur diese versagt, dagegen zugestanden, daß die klaglose Verbindlichkeit durch Bürgschaft und Pfandbestellung gesichert, ja unter Umständen im Wege der Einrede, zum Zwecke der Kompensation (45 II, Ziff. 2) geltend gemacht, und Grundlage eines novatorischen Schuldversprechens (§ 36) werden kann, aus welchem dann auch eine Klage stattfindet[3].

3. Hauptfälle sind:

a) die von einem Sklaven übernommenen Verpflichtungen, die selbstverständlich bis zu einem gewissen Grad geschützt werden mußten, während der Sklave an sich keine Rechtsfähigkeit besaß (§ 53).

b) Ebenso konnten unter Angehörigen derselben Hausgewalt (§§ 52, 54ff.), also zwischen Vater und Sohn, unter Geschwistern usw. keine klagbaren Geschäfte geschlossen werden. Die Vereinbarungen sollten aber doch aus dem peculium wirksam erfüllt und auch verbürgt werden können.

c) Die Geschäfte eines Unmündigen (pupillus), der ohne Autorisation seines Vormundes gehandelt hatte, sollten den Unmündigen[4] nicht verhaften (§ 60 III). Dagegen sollte das Geschäft, wenn es vom pupillus unter vormundschaftlicher Autorisation, oder nach Erreichung des richtigen Alters erfüllt ward, zu Kraft kommen. Ebenso kann es von Dritten erfüllt, auch bürgschaftlich und pfandmäßig gesichert und noviert werden[5].

---

[3] Die sog. unvollkommenen Schuldverhältnisse des heutigen Rechts betreffen Fälle, die von den röm. obligationes naturales verschieden sind. Demgemäß ist auch die Wirkung eine verschiedene, insbesondere in den meisten Fällen eine schwächere als im röm. Recht und geht meist nur auf soluti retentio (vgl. § 814 i. f. BGB.).

[4] Abgesehen von einer erlangten Bereicherung. D. 26, 8, 5, 1.

[5] Die Quellen sind widerspruchsvoll.

d) Endlich sollten gewisse Einreden, die einer Forderung entgegenstehen, nur deren Klagbarkeit zerstören, aber eine naturalis obligatio zurücklassen. Hierhin gehört die excepito senatusconsulti Macedoniani (§ 39 Ziff. I) und die Einrede der Verjährung (§ 5 III).

§ 31.

3. Näheres über den Schadenersatz. Verursachung und Verschuldung. Ort und Zeit der Leistung. Verzug.

I. Der Schuldner haftet für die Erfüllung der Verpflichtung mit seinem Vermögen (§ 29 Ziff. 2). Diese Haftung führt, wie gezeigt, nicht immer zur zwangsweisen Beitreibung des Geschuldeten, sondern oft nur zur Erlangung des Vermögenswerts. Besonders der Untergang, vertragswidrige Vernichtung der geschuldeten Sache kann dazu führen, daß dem Gläubiger nur dieser Vermögenswert erreichbar ist. Freilich macht sich daneben oft ein Strafmoment bemerkbar, besonders wo die Obligation zur Ausgleichung von Rechtsstörungen dient. Da soll der Verletzte oft den mehrfachen Wert (das duplum, triplum usw.) der Schädigung als Privatstrafe beitreiben können (§ 44).

1. Bei den strengen Geschäften (§ 5 II), wie bei der stipulatio (§ 34), dem Darlehen (§ 39 I) wird das nicht besonders Zugesagte auch nicht geschuldet. Ist also das dare einer certa res, certa pecunia oder einer bestimmten Quantität vertretbarer Sachen versprochen, so entsteht eine certa obligatio, die (wie heute beim Wechsel) einen sachlich bestimmten Wert repräsentiert. Doch kann aus dem strengen Kontrakt auch eine incerta obligatio entstehen, so wenn eine facere oder praestare (§ 29) versprochen ist.

Im Gegensatz dazu verpflichten die negotia bonae fidei nicht schlechthin zu dem was zugesagt ist, sondern zu dem, was Treu und Glauben mit Rücksicht auf die Verkehrssitte erfordern[1]. Sie erzeugen daher eine incerta obligatio, da der Inhalt sich nach den Umständen

[1] Heutzutage sind grundsätzlich alle Verpflichtungen nach Treu und Glauben zu beurteilen. § 242 BGB. Anders aber auch jetzt noch der Wechsel.

bestimmt (selbst wenn zunächst ein certum versprochen war). Die bonae-fidei-Kontrakte verpflichten daher auch ohne Rücksicht auf eine ausdrückliche Zusage zu Schadensersatz, wenn die versprochene Leistung nicht oder nicht rechtzeitig oder mangelhaft bewirkt wird.

Freilich war die Bemessung der litis aestimatio anfangs noch unvollkommen. Soweit die Gesetze und Ediktsbestimmungen nicht etwas besonderes vorschrieben, beschränkte man sich meist auf Beitreibung des gemeinen Wertes der Leistung, also des Werts, den sie für jeden hat (vera rei aestimatio). Erst in der Kaiserzeit macht sich der Grundsatz geltend, daß bei Bemessung der Folgen des Nichtleistens die subjektiven Verhältnisse des verletzten Gläubigers zu berücksichtigen sind. So gelangt man zum Begriff des eigentlichen Schadensersatzes (des omne quod interest), auch volles Interesse genannt. Es besteht im Unterschiede des Vermögensstands des Gläubigers wie er jetzt ist, und wie er sein würde, wenn die Verletzung nicht erfolgt wäre. Der Betrag setzt sich zusammen aus der positiv erlittenen Vermögenseinbuße (sog. damnum emergens) und dem entgangenen Gewinn (lucrum cessans), den der Gläubiger hätte machen können, wenn die Verletzung nicht stattgefunden hätte (z. B. durch Weiterverkauf der geschuldeten Sache). Die Möglichkeit eines solchen Gewinnes muß aber in bestimmter Aussicht gestanden haben. Als Bestandteil des klägerischen Interesses werden auch Zinsen (in üblicher Höhe) zugesprochen[1a]. Die Höhe des Schadens ist nicht über die unmittelbaren Wirkungen der Verletzung zu verfolgen, im übrigen im Prozeß durch Schätzung zu ermitteln, eventuell durch Eidesleistung des Geschädigten (jusjurandum in litem)[2]. Unzweckmäßig beschränkt wurde die

[1a] „Officio judicis praestantur" (da sie nicht stipuliert sind). Aber in der Kaiserzeit nicht über den gesetzlichen Höchstbetrag vertragsmäßiger Zinsen (§ 34 Ziff. 4a) hinaus. — Bei Nachweis eines höheren Schadens ist Einforderung des vollen Interesse nach Maßgabe von Ziff. 2 natürlich nicht ausgeschlossen.

[2] Ein Recht auf diese Eidesleistung hatte der Kläger bei den sog. actiones arbitrariae (§ 5 II, welche diese Möglichkeit gleich vorsahen): und zwar gewöhnlich cum taxatione, d. h. mit Beschränkung auf einen vom Richter festzusetzenden Höchstbetrag, —

Interesseforderung durch eine Verordnung Justinians, wonach bei Schuldverhältnissen auf einen Gegenstand von bestimmtem Wert (casus certi) der zuzubilligende Ersatz höchstens das Doppelte dieses Wertes betragen soll (C. 7, 47)[3].

2. Weiter erhob sich die Frage, ob der Schadensersatz auch dann geschuldet wird, wenn die zu erbringende Leistung unmöglich geworden, z. B. die zu leistende spezielle Sache[4] untergegangen ist. Vorauszusetzen ist, daß der Schaden vom Schuldner verursacht ist. Bei strengen Kontrakten, wo der Schuldner nur für das haftet, was er versprochen hat, z. B. bei der Stipulation, ist er vertragsmäßig verantwortlich, wenn er sich durch sein Verhalten in die Unmöglichkeit versetzt, die Sache zu liefern, z. B. wenn er den geschuldeten Sklaven tötet oder freiläßt. Dagegen haftet er nicht, wenn er ihn durch Mangel an Obhut sterben läßt. Bei bonae-fidei-Geschäften dagegen erfand man die Unterscheidung, daß das Schuldverhältnis nur erlösche, wenn dem Schuldner kein subjektives, gegen Treu und Glauben verstoßendes Unrecht vorzuwerfen sei, während die Obligation durch einen dem Schuldner anzurechnenden Untergang der Sache perpetuiert werde (D. 45, 1, 91, 3). M. a. W. für die Haftung wird Verschulden verlangt[5].

---

ohne Taxe bei dolosem Verhalten des Beklagten in Ansehung der Restitution. Diese Eigentümlichkeiten sind in Deutschland weggefallen. S. heute § 287 ZPO. — Vgl. über den Begriff des Schadensersatzes Mommsen, Beitr. II, Lehre vom Interesse (1855); Cohnfeldt, desgl. (1865); Gimmerthal, desgl. (1876). S. auch Oertmann, Vorteilsausgleichung beim Schadensersatzanspruch (1901).

[3] Diese Beschränkung ist im BGB. beseitigt; leider fehlt eine bessere Beschränkung. S. nur §§ 252, 254 BGB.

[4] Denn genus non perit; s. o. § 29 bei Note 12.

[5] Die historische Entwicklung ist infolge der im Corpus juris enthaltenen Interpolationen nur schwer zu erkennen und bestritten. Vgl. Pernice, Labeo II; Mitteis, Röm. PrR. I, 315 ff.; Seckel i. Heumanns Handlex. s. v. culpa, custodia, diligentia; Gradenwitz, Ztschr. d. Sav.-Stift. 34, 255; Kübler, Das Utilitätsprinzip als Grund der Abstufung bei der Vertragshaftung i. klass. röm. R. S. A. aus Festgabe für Gierke (1910) II, 235 u. i. d. Ztschr. d. Sav.-Stift. 38, 73 sowie 39, 172; Lenel, Culpa lata u. culpa levis, Ztschr. d. Sav.-Stift. 38, 263 u. Binding, Culpa. Culpa lata u. culpa levis, ebenda 39, 1; Haymann, Haftung für custodia, ebenda 40, 167 ff. — Über das neueste Recht s. Hasse, Die culpa (2. A. 1838); Mommsen, Beitr. z. Obl. R. III (1855); Binding, Normen II.

Zunächst hielt man sich an die schwersten Fälle: einer vorsätzlichen Schädigung (dolus). Man haftet wegen dolus sowohl dann, wenn eine Vertragsbeziehung (strenger Vertrag oder bonae fidei judicium) vorliegt, als auch wo ohne Vertrag Schadensersatz verlangt wird. Bei der Sachbeschädigung (lex Aquilia, § 44 I Ziff. 3) wird der Gedanke des Verschuldens zunächst am deutlichsten entwickelt. Bei den bonae fidei judicia aus entgeltlichen Geschäften oder soweit der Schuldner ein Interesse am Geschäftsabschluß hatte, wird bald auch neglegentia, imprudentia, imperitia berücksichtigt, für die der Schuldner zu haften hat, und so der allgemeine Begriff der culpa gebildet. Daneben findet sich eine über das Verschulden des Pflichtigen hinausgehende Haftung für Entwendungsgefahr (custodia) bei einem Teil derselben Vertragsverhältnisse. Nach justinianischem Recht wird nur für Verschulden gehaftet.

Um zu bestimmen, wann ein solches Verschulden vorliegt, wird jetzt der objektive Maßstab (eines normal veranlagten menschlichen Individuums) angelegt, also von der Sorgfalt eines ordentlichen Hausvaters (diligens pater familias) ausgegangen, d. h. von der Sorgfalt eines ordentlichen Mannes im Verkehr[6]. Ist diese nicht beobachtet, so liegt Fahrlässigkeit (culpa levis) vor. Für solche wird regelmäßig gehaftet. Dies ist Bedürfnis der Verkehrssicherheit (anders als im Strafrecht, wo die unternormale Verstandesbeschaffenheit berücksichtigt wird). Willensfehler schließen aber das Verschulden aus. Wahnsinnige und Unmündige sind daher regelmäßig nicht verantwortlich. Die Verantwortlichkeit wird über die Fälle positiven Handelns hinaus auf jede Art der Nichterfüllung des Vertrages erstreckt, also auch auf Unterlassungen (culpa levis in non faciendo), während man bei Delikten noch ein positives Tun verlangt (culpa in faciendo oder aquilische culpa).

Für die Frage, was Nichtleistung ist, kommt es nicht bloß darauf an, ob durch das fahrlässige Verhalten des Schuldners die Leistung unmöglich geworden ist, sondern es wird auch mangelhafte Leistung, Verweigerung der Erfüllung, unvoll-

[6] Ähnlich heutzutage § 276 BGB.

ständige Prästierung der Anstrengung getroffen, die nach Inhalt des Vertrages auf die Erfüllung zu verwenden ist[7]. Dabei kommt als Vertragsinhalt nicht bloß das ausdrücklich Ausgesprochene, sondern alles in Betracht, was Treue und Redlichkeit in dem betreffenden Fall von dem Verpflichteten verlangen.

Später hat man in einzelnen Fällen die Verschuldenshaftung abgeschwächt, indem nicht die Sorgfalt eines ordentlichen Hausvaters, sondern nur eine Sorgfalt gewöhnlichster Art verlangt wird. Deren Verletzung ist grobe Fahrlässigkeit (culpa lata). Sie kommt dem dolus nahe. In anderen Fällen wurde zur Bestimmung des Verschuldens nicht der abstrakte Maßstab von der Sorgfalt eines ordentlichen Mannes angelegt, sondern die Anwendung eines konkreten Maßstabs: von der Sorgfalt des Betreffenden selbst in seinen eigenen Angelegenheiten zugelassen. Also von der diligentia, die der Betreffende in suis rebus adhibere solet. Die Verletzung dieser Sorgfalt heißt culpa in concreto. So bei Gesellschaft und Gemeinschaft, Vormundschaft (§§ 38 III, 43 II, III), beim Ehemann als Verwalter der Dotalsachen (§ 59). Grund ist die hier vorliegende regelmäßige Vermischung der eigenen und fremden Angelegenheiten, die vom Verkehr berücksichtigt wird.

Die historische Entwicklung hat keineswegs in der Reihenfolge der vorstehenden dogmatischen Einteilung stattgefunden. Der erste Fortschritt war, daß man von den strengen überhaupt zu den freien Kontrakten kam. In diesen war der maßgebende Gesichtspunkt zunächst nur, ob man als Ehrenmann gehandelt habe. Das war die bei der fiducia (§ 12 N. 1) vom Richter zu beantwortende Frage, deren Verneinung den Beklagten infam machte. Daraus ergab sich als Anfang nur die Dolushaftung. Societas, tutela, mandatum, depositum (mit ihren actiones famosae) gehören hierher. Die Haftung für diligentia trat langsam hinzu, und in verschiedener Abstufung. Bei anderen negotia bonae fidei war von vornherein nicht der Ehrengesichtspunkt (Delikt) maßgebend, sondern die Auffassung, daß je nach den Umständen des einzelnen Geschäfts und dem Interesse, das der Einzelne daran hatte, den Abschluß des Geschäfts zu wünschen, die Haftung eine verschiedene sein müsse; so beim commodatum und viel-

[7] Zu enge §§ 275, 323 ff. BGB., die neben dem Verzug des Schuldners (s. u. Ziff. II) nur den Fall der Unmöglichkeit der Leistung ins Auge fassen.

leicht auch bei der Haftung des Verkäufers. Wer vom Geschäft keinen Nutzen hat, haftet nicht für Fahrlässigkeit, sondern nur für Vorsatz (dem dann auch wohl die culpa lata gleichgestellt wurde). Der unentgeltliche Beauftragte, dem Justinian die Haftung für culpa levis auflegt, hat nach reinem röm. Recht nur für dolus gehaftet. D. 50, 17, 23. Die Haftung für culpa in concreto ist wahrscheinlich erst nach der klassischen Zeit aufgekommen. S. o. Note 5.

3. Was hiernach nicht als Verschulden angerechnet werden kann, ist Zufall (casus), für den regelmäßig keine Verantwortlichkeit besteht (casus a nullo praestatur). Zufall in diesem Sinne sind Naturereignisse, z. B. das Verderben der Ware[8] durch Hitze, Frost und Staub, sofern nicht bei sorgfältiger Behandlung vermeidlich war, sie diesen Einflüssen auszusetzen, oder möglich war, durch geeignete Vorkehrungen ihrer Wirkung zuvorzukommen. Zufall ist auch der Eingriff eines Dritten, wenn nicht dem Eingriff begegnet werden konnte[9]. — Soweit infolge des zufälligen Ereignisses nicht geleistet werden kann, wird der Schuldner von seiner Verpflichtung frei[10]. Er muß nur dem Gläubiger herausgeben, was er infolge der Befreiung behält oder erlangt, z. B. den Deliktsanspruch wider den Dritten, der die zu liefernde Sache zerstört oder gestohlen hat[11]. Herausgabe des sog. stellvertretenden commodum.

Übrigens hat das Gesetz einige Fälle einer Haftung ohne Verschulden aufgestellt, so der Gastwirte, Schiffer und Stallhalter (§ 43 Ziff. IV) für die in ihrem Gewerbebetriebe aufgenommenen Sachen; jedoch ohne Erstreckung auf unabwendbare Zufälle (im Gegensatz zu den gewöhn-

[8] Abgesehen vom Falle der Genusschuld (§ 29 Ziff. 4 lit. c. α), wo nach dem Inhalt der Verpflichtung solchenfalls andere Ware zu liefern ist.

[9] Über vereinzelte Fälle einer Haftung des Herrn für Diebstähle und Beschädigungen durch seine Angestellten oder Gehilfen s. D. 19, 2, 11 pr. 25, 7. 41. Fr. Schulz i. Grünhuts Ztschr. 38, 9 ff., 32 u. unten § 38 N. 35.

[10] S. z. B. D. 45, 1, 33. Ebenso § 275 BGB. — Aber schon bei Begründung des Vertrags kann ein haftbar machendes Verschulden vorliegen. Sog. culpa in contrahendo. S. Jhering, Jahrb. 4, 1; Mommsen, Erörterungen II (1879); Fr. Leonhard, Verschulden beim Vertragsschluß.

[11] Vgl. D. 18, 1, 35, 4; D. 19, 1, 13, 12; D. 43, 24, 11, 8—10; D. 47, 2, 14 pr.; Haymann, Ztschr. d. Sav.-Stift. 40, 302. — Heute s. § 281 BGB.

lichen). Man redet hier von höherer Gewalt (vis maior). Dahin gehören Erdbeben, Schiffbruch, Einfall einer Räuberbande usw., gegen welche die Betriebseinrichtungen keinen Schutz gewähren [12], und für die also auch hier nicht gehaftet wird.

4. Auch wo die Verschuldenshaftung einzutreten hätte, wird für denjenigen Nachteil nicht gehaftet, den der Verletzte selbst bei Anwendung der ihm obliegenden Sorgfalt hätte vermeiden oder abwenden können (sog. Kulpakompensation) [13].

5. Die Kulpa- und Kasuslehre ist in vollem Umfang in Deutschland aufgenommen worden. S. jetzt §§ 275 ff. BGB. Bei vertraglich übernommenen Verpflichtungen kann das Maß der Haftung erhöht und, wie schon im alten Recht, bis zu einer absoluten Garantiepflicht für die Leistung gesteigert werden. Man verbürgt sich gewissermaßen für den Erfolg, und gelangt auf diesem Wege künstlich wieder zu einer Erfolgshaftung ohne Verschulden.

II. Das Maß der Haftung des Schuldners wird auch beeinflußt durch Verzug (mora) des einen oder anderen Teils.

1. Der Schuldnerverzug (mora debitoris) setzt jedenfalls nach justinianischem Recht culpa des Debitors voraus [14]. Außerdem muß besonders feststehen, daß der Gläubiger die Leistung jetzt erwartet, so daß er durch die Verspätung verletzt wird. Dazu gehört regelmäßig eine Mahnung (interpellatio) des Gläubigers [15]. Ihrer bedarf es nach verbreiteter Meinung nicht, wenn für die Leistung ein fester Termin bestimmt war (daher das neuere Sprichwort

---

[12] Vgl. D. 4, 9, 3, 1; 19, 2, 59. Ähnlich heutzutage § 701 BGB. — Vgl. Exner, Begriff der höheren Gewalt (1883); Unger in Jherings Jahrb. f. Dogm. 30, 417; Baron, Arch. f. ziv. Prax. 52, 44; 78, 203. — Die Haftung der Schiffer, Wirte usw. war anfangs nicht gesetzlich, sondern beruhte auf dem receptum res salvas fore, s. u. § 40 III Ziff. 2 i. f.

[13] Vgl. D. 50, 17, 203; D. 9, 2, 9, 4. 52 pr. — Heute §§ 254 BGB

[14] Vgl. Madai, Lehre v. d. mora (1837); Wolff, desgl. (1841); Mommsen, Beiträge z. L. v. d. mora (1855); Kniep, Die mora des Schuldners, 2 Bde. (1871 ff.); Pernice, Labeo II, 2, 132; E. Heymann, Das Verschulden beim Erfüllungsverzug. S. A. a. d. Festg. f. Enneccerus (1913); Gradenwitz, Ztschr. d. Sav.-Stift. 34, 255 ff., 272 ff. Früher kam es nur darauf an, an wem es liegt, daß nicht geleistet wurde. Aber auch im justin. Recht blieb die Frage bestritten. — Heute richtig und scharf § 285 BGB.

[15] Siber, Interpellatio u. mora, Ztschr. d. Sav.-Stift. 29, 47 ff.

„dies interpellat pro homine")[16]; jedenfalls nicht, wenn die Schuld aus Delikt, bes. Diebstahl, entspringt („fur semper moram facere videtur"). In diesen Fällen spricht man von mora ex re[17].

Die Wirkung des Schuldnerverzugs ist, daß dem Gläubiger der durch die Verzögerung entstandene Schaden zu ersetzen ist. Daher erhält der Gläubiger auch Verzugszinsen[18]. Ferner haftet der Schuldner für Zufall, gleichgültig ob es sich um Untergang oder Verschlechterung des Gegenstandes handelt (perpetuatur obligatio). Anders nur, wenn der Zufall auch die rechtzeitige Leistung getroffen hätte.

2. Umgekehrt gerät der Gläubiger in Verzug (mora creditoris oder accipiendi), wenn es an ihm liegt, daß der Schuldner die Leistung, zu der er bereit ist, nicht machen kann[19]. Von einem Verschulden ist hier nicht zu reden, denn der Gläubiger ist als solcher zu nichts verpflichtet. Anderseits muß Leistungsbereitschaft des Schuldners vorliegen. Dazu gehört meist ein reelles Angebot der Leistung (nicht bloß mit Worten), in richtiger Art und am richtigen Orte (Ziff. III). Nur dann bedarf es keines besonderen Angebots, wenn der Gläubiger die Leistung abzuholen hat und auf Aufforderung nicht abholt oder die sonst erforderlichen Vorbereitungen zur Annahme unterläßt. — Durch den Gläubigerverzug soll die Stellung des Schuldners nicht erschwert werden. Deshalb haftet er nur noch für dolus und culpa lata. Auch wenn bei einer Genusschuld das dem Gläubiger gehörig angebotene Stück durch Zufall oder geringes Versehen zugrunde geht, wird der Schuldner befreit. Ja, er darf im Notfall den nicht abgeholten Wein ausgießen und die geschuldeten Mobilien auf die Straße setzen,

---

[16] Die betr. Quellenstellen lassen verschiedene Deutung zu. S. Dernburg, Pand. II § 40 N. 14. Die gemeinrechtliche Praxis hat den Textsatz angenommen. Ebenso in genauerer Präzisierung § 284 BGB.

[17] Dazu tritt noch der Fall, wenn der Schuldner sich der Mahnung zu entziehen versteht. S. D. 22, 1, 23, 1.

[18] D. 22, 1, 32, 2. S. o. bei N. 1 a.

[19] Kohler in Jherings Jahrb. 17, 261 u. Arch. f. bürgerl. R. 13, 149; Schey, Begriff u. Wesen d. mora creditoris (1884); Rosenberg i. Jherings Jahrb. 43, 141.

was aber nicht auf ein allgemeines Preisgeben des Objekts erstreckt werden darf[20]. Vor allem kann er den Schuldgegenstand hinterlegen[21] und sich dadurch von der weiteren Verwahrung und deren Auslagen, ebenso von weiterer Zinspflicht befreien.

III. Der Schuldner haftet auch für die Leistung am richtigen Orte. Der Erfüllungsort ist entweder ausdrücklich festgesetzt oder ergibt sich aus den Umständen, z. B. aus dem Aufenthaltsort der Sache oder der Natur der Leistung (Reparatur an Grundstücken u. dgl.). Wenn nun der Schuldner gar nicht leistet, so klagt der Gläubiger am Leistungsort, oder wo sonst ein Gerichtsstand des Schuldners begründet ist. Ist hiernach die Erfüllung am Leistungsort nicht zu erreichen, so muß das interesse loci (die Differenz zwischen dem Wert der Leistung an diesem und dem Klagort) bei der Verurteilung in Rücksicht gezogen werden, wofür der Prätor eine besondere Klage arbiträren Charakters (actio de eo quod certo loco dari oportet) verlieh[22].

IV. Der Grundsatz, daß der Schuldner für die Leistung resp. die Interesseforderung mit seinem ganzen Vermögen haftet (§ 29) wird, abgesehen von gewissen Exekutionsbeschränkungen[23], in einzelnen Fällen abgemildert durch das sog. beneficium competentiae[24], wonach dem Schuldner die sog. Lebensnotdurft belassen werden muß. Das beneficium ist von selbst mit dem Institut der cessio bonorum ver-

---

[20] D. 18, 6, 1, 3; eod. 13 u. 15. In der ersten Stelle ist sogar eine Art Selbsthilfeverkauf vorgesehen (aut vendere vinum bona fide).

[21] Vgl. D. 22, 1, 7; C. 4, 32, 6 u. 19.

[22] Die actio de eo quod certo loco ist der Hauptfall der röm. actiones arbitrariae, s. o. § 5 N. 10. Lenel, Edictum 2. A. 234 ff. u. Ztschr. d. Sav.-Stift. 37, 121 ff.; Gradenwitz, das. 24, 238; Beseler, Das Edictum de eo quod certo loco (1907) u. H. Krüger, Ztschr. d. Sav.-Stift. 29, 491.

Heute kann unbedingt am Erfüllungsorte geklagt werden (§ 29 ZPO.). Wird in einem anderen Gerichtsstand geklagt, so kann auf Leistung am Erfüllungsort verurteilt werden. Nur wenn es nicht zur Erfüllung kommt und das Geldinteresse beigetrieben wird, ist dafür noch das Ortsinteresse zu berücksichtigen.

[23] S. C. 8, 16, 7, 8; D. 20, 1, 6, 7 u. Wetzell, Zivilprozeß § 50 N. 8 ff.

[24] Insbesondere unter nahen Verwandten, Ehegatten (klassisch nur zugunsten des Ehemanns, D. 42, 1, 20 ist interpoliert), unter Gesellschaftern, zwischen Schenker und Beschenkten, und gegenüber gewissen privilegierten Personen (Soldaten usw.). — S. heute § 519 BGB.

bunden, wonach ein Schuldner durch freiwillige Vermögensabtretung an die Gläubiger die Schuldhaft und die infamierende Wirkung der Beschlagnahme seines Vermögens (durch missio in bona mit darauffolgender bonorum venditio) vermeiden konnte[25].

Wer Geld schuldet, darf nach einer Verordnung Justinians zur Vermeidung der Exekution den Gläubiger nötigen, unverkäufliche Grundstücke nach gerichtlicher Taxe an Zahlungsstatt anzunehmen[26].

Auf der anderen Seite ist den Gläubigern eine Klage gegeben, um Veräußerungen anzufechten, die der Schuldner in der Absicht und mit dem Erfolge vorgenommen hat, um die Zwangsvollstreckung in sein Vermögen zu beeinträchtigen. Im reinen römischen Recht war hier auf Grund einer in integrum restitutio (§ 5 IV) Geltendmachung des alten Eigentums des Schuldners durch den Konkurskurator möglich[27]. Justinian spricht von einer actio Pauliana, die man im gemeinen Recht als obligatorische Klage faßte[28]. Auch sonstige Vermögensverminderungen (obligando, liberando), Pfandbestellungen, können dadurch rückgängig gemacht werden. Handelt es sich um eine entgeltliche Vermögensverminderung, so muß der andere Beteiligte Mitwisser (fraudis particeps) sein und hat dem Gläubiger alles zu ersetzen, wie wenn das benachteiligende Geschäft nicht stattgefunden hätte. Hat der Empfänger unentgeltlich erworben, so haftet er auch bei gutem Glauben, jedoch nur auf Herausgabe der vorhandenen Bereicherung. In dieser Beschränkung haftet auch der deliktische Mitwisser nach einem Jahre, und ebenso dessen Erben[29].

§ 32.

4. Einseitige und gegenseitige Verpflichtungen.

I. Die strengen Geschäfte (stipulatio, Darlehen § 31 I) sind einseitig verpflichtende Geschäfte, so daß die eine Partei (der Versprechensempfänger) nur Gläubiger,

[25] S. darüber D. 42, 3; Cod. 7, 72; Wlassak i. Pauly-Wiss. s. v. cessio bon.; Guenoun, La cessio bonorum (Par. 1920).

[26] Sog. beneficium dationis in solutum. Nov. 4 cap. 3.

[27] D. 42, 8; C. 7, 75. S. Lenel i. Festschr. f. A. S. Schultze (1903) 1 ff.; Edictum 2. A. 419, 475.

[28] Collinet, L'origine byzantine du nom de la Paulienne i. Nouv. Revue hist. 1919, 187.

[29] Heutzutage s. Reichsges. v. 21. Juli 1879 betr. die Anfechtung v. Rechtshandlungen d. Schuldners (i. d. Fassung v. 20. Mai 1898) u. §§ 29 ff. der Konkursordnung.

die andere (der Versprechende) nur Schuldner ist[1]. Dagegen erzeugen die bonae fidei negotia zugleich eine Verpflichtung des Versprechensempfängers, und zwar entweder direkt (wie Kauf, Tausch) durch Übernahme von Verpflichtung und Gegenverpflichtung, oder wenigstens indirekt (durch die Berücksichtigung von Treu und Glauben). Z. B. bei der Leihe und Verwahrung (§ 39 II) ist der Geber zwar an sich bloß Gläubiger. Wer aber eine zu dem erbetenen Gebrauch ungeeignete Sache, oder z. B. ein krankes Pferd hingab, welches im Stalle des Empfängers dessen Pferde ansteckt, haftet auch selbst ex fide bona für seine Fahrlässigkeit (§ 31). Diese Verträge sind also zweiseitige.

Eine Unterscheidung der zweiseitigen Verträge ist damit schon angedeutet:

1. Der Vertrag ist für beide Teile gleichmäßig verpflichtend, wie Kauf, Miete, Gesellschaft (§ 38). Hier spricht man von gegenseitigen oder synallagmatischen[2] Verträgen (contractus bilaterales aequales). Die Klagen auf die beiderseitigen Leistungen sind selbständige Hauptklagen (actiones directae).

2. Anders ist es, wenn der Vertrag seinem eigentlichen Zwecke nach nur die eine Partei verpflichtet, wie bei der Leihe, dem depositum und mandatum (§§ 38 i. f. 39 II). Der Vertrag geht hauptsächlich auf Rückerlangung der Sache oder Ausführung des Auftrags. Darauf geht die actio directa (des Verleihers, Deponenten, Auftraggebers). Wird der Gläubiger ex fide bona auch verpflichtet[3], so ist dies nur eine Nebenverpflichtung. Auf sie geht eine actio contraria. (Sog. contractus bilaterales inaequales.)

II. Bei den synallagmatischen Kontrakten entspricht es unserem Gefühl, daß, wer selbst nicht

---

[1] Ähnlich heute bei Verpflichtung aus dem Wechsel. Nur einer ist Gläubiger. Warum der Wechsel gegeben wurde, und ob sich daraus nach Treu und Glauben Gegenansprüche wider den Gläubiger ergeben, kommt wegen der stricti-juris-Natur des Versprechens nicht in Betracht.

[2] Vgl. D. 2, 14, 7; D. 50, 16, 19. — S. heutzutage §§ 320 ff. BGB.

[3] Ex fide bona (§ 31 Ziff. I), z. B. auf Ersatz von Auslagen (s. o.), obschon er nichts versprochen hat. Vgl. Kübler i. d. Ztschr. d. Sav.-Stift. 38, 73.

leistet, auch die Gegenleistung nicht erhalten soll. Doch ist dieser Gedanke im römischen Recht wegen der prozessualen Selbständigkeit der actiones nur teilweise durchgeführt.

1. Am nächsten liegt, daß, wenn die eine der im Vertrag übernommenen Verpflichtungen nicht zur Entstehung kommt, auch die andere Verpflichtung zusammenfällt. Denn es sollte ein Umsatz stattfinden; die Entstehung der einen Verpflichtung ist der wirtschaftliche Bestimmungsgrund für die Übernahme der anderen Verpflichtung[4]. Wer aus solchem Vertrage klagt, muß seinen ganzen Inhalt behaupten. Er kann also nicht fordern, wenn er selbst nicht verpflichtet ist.

Doch gibt es davon auch Ausnahmen. Ein eigenartiger Fall ist das sog. negotium claudicans. Wenn ein Unmündiger sine tutoris auctoritate (§ 60 III) einen gegenseitigen Vertrag schließt, so wird er daraus nicht selbst verpflichtet, sondern nur die andere Partei[5]. Wenn freilich der Unmündige klagt, so kann er die Leistung nicht erzwingen, ohne die eigene Leistung anzubieten[6]. Aber der andere muß sich jederzeit zur Leistung bereit halten, ohne fordern zu können.

2. Wird die eine Partei durch Zufall von ihrer Verbindlichkeit befreit (§ 31), so führt die Selbständigkeit der aus dem Geschäft entstandenen Aktionen keineswegs ohne weiteres auch zu einer Befreiung des Gegners von seiner Verbindlichkeit[7]. Freilich bei der Miete, wo es auf dauernde Gebrauchsgewährung ankommt, läuft der Mietpreis nicht weiter, wenn die Mietsache durch Zufall zu-

---

[4] Anders als beim Wechsel (Note 1), oder sonstigen abstrakten Verpflichtungen. Die synallagmatischen Kontrakte sind bonae fidei.

[5] Da er selbständig erwerben, aber nicht veräußern und sich verpflichten kann. Vgl. I. 1, 21 pr.; D. 19, 1, 13, 29. Ein anderer Fall eines negotium claudicans in D. 18, 1, 34, 3.

[6] Weil darin ein Dolus läge. — Heutzutage ist das Geschäft nach §§ 108, 109 BGB. entweder (bei Genehmigung des Vertreters des Minderjährigen) ganz gültig oder ganz ungültig, und bis zur Entscheidung über die Genehmigung in der Schwebe.

[7] Wie das heutzutage nach § 323 (s. auch § 446) BGB. die Regel ist. Im römischen Recht ist nur die Entstehung, nicht notwendig auch die Wirkung der beiderseitigen Verpflichtungen voneinander abhängig.

grunde geht[8]. Aber beim Kauf und den kaufähnlichen Geschäften ist der Anspruch auf den Preis im Augenblick der Perfektion des Geschäftes entstanden; und wenn die Ware dann zufällig untergeht und der Verkäufer von seiner Leistungspflicht befreit wird, kann der Käufer aus dem Vertrag (der hier ja nicht verletzt ist) keine Einrede erheben. Der Käufer trägt also in dieser Beziehung die Gefahr des Kontraktes (periculum est emptoris). Er muß zahlen, obschon er nichts erhält[9], ebenso wie er umgekehrt vom gleichen Momente an auf die Nutzungen der Kaufsache Anspruch hat. Die Perfektion des Kaufs, die diese Wirkungen herbeiführt, ist aber nicht stets sofort mit dem Abschluß des Kaufgeschäftes vorhanden, sondern erst wenn ein bestimmtes Leistungsobjekt feststeht, hinsichtlich dessen man annehmen kann, daß es „umgesetzt", also definitiv vom Käufer erworben ist[10]. Dazu gehört unbedingte[11] Berechtigung des Käufers und individuelle Bestimmtheit der Ware[12].

3. Klagt der eine Teil einfach auf Leistung, ohne die Gegenleistung anzubieten, so hat nach dem Recht der Kaiserzeit der Beklagte die Möglichkeit, seine Leistung zu-

---

[8] Der Mietpreis wird nach Verhältnis der Zeit des gemachten Gebrauches (postnumerando) geschuldet. D. 19, 2, 30, 1.

[9] I. 3, 23, 3; D. 18, 6, 8; D. 47, 2, 14 pr. Über den Satz ist unendlich viel gestritten worden. Zusammenstellung der Ansichten bei Puntschart, Die fundamentalen Rechtsverhältnisse d. r. Pr. (1885): Windscheid-Kipp, Pand. § 390; F. Haymann, Ztschr. d. Sav.-Stift. 41, 44 ff. will den Satz erst für das byzantinische Recht gelten lassen. Dazu Rabel, das. 42, 543 ff. Auch bei der Werkmiete (locatio- conductio operis, § 38 II Ziff. 3) besteht eine gewisse Gefahrtragung.

[10] Nicht sachenrechtlich! Die Gefahr geht vor Tradition der Ware (§ 12) über, durch die der Käufer Eigentümer wird, und ist vom Eigentumserwerb des Käufers unabhängig. Der bloß schuldrechtliche Umsatz von Ware und Preis genügt; — im Gegensatz zum Anspruch aus der Miete, die einen Sukzessivanspruch erzeugt.

[11] Beim aufschiebend bedingten Kauf (§ 41) ist der Umsatz vor Eintritt der Bedingung noch nicht eingetreten. Er kann also nicht mehr eintreten, wenn die Ware inzwischen zugrunde gegangen ist. Ist sie nur verschlechtert, so erwirbt sie der Käufer bei Eintritt der Bedingung und muß den vollen Preis zahlen. Er trägt also hier die Gefahr der Verschlechterung, nicht die des Untergangs. D. 18, 6, 8 pr.

[12] Beim Genuskauf (§ 29 N. 12) kann die Gefahr erst mit der Übergabe eines bestimmten Stücks auf den Käufer übergehen, da vorher von keinem einzelnen Stück gesagt werden kann, daß es das geschuldete gewesen sei. Vgl. D. 18, 1, 35, 5; C. 4, 48, 2.

rückzuhalten, wenn er nicht vorzuleisten verpflichtet ist. Das ist regelmäßig nicht der Fall (anders beim postnumerando zu entrichtenden Mietpreis). Nach justinianischem Recht muß beim Kauf der Käufer zunächst den Preis anbieten, um die Leistung der Ware verlangen zu können.

Danach schiene also die im 19. Jahrh. von Keller aufgestellte und schon von den Glossatoren vertretene Lehre richtig zu sein, daß der Kläger stets das Erbringen der ihm obliegenden Leistung behaupten, oder die Leistung selbst anbieten muß. Gegen die unpraktische prozessuale Gestaltung, die sich dadurch ergibt, haben die Postglossatoren, unbewußt auf altes Recht zurückgreifend, den Satz aufgestellt, daß der Beklagte erst im Wege der Einrede behaupten muß, es sei ihm die Gegenleistung nicht erbracht worden. So kommt es zur exceptio non adimpleti contractus[13].

Ist der Gegner in Leistungsverzug, so können auch die Verzugsfolgen (§ 31) geltend gemacht werden. Dagegen kann der Nichtsäumige nicht wegen der Pflichtversäumnis des Gegners von seiner eigenen Verpflichtung zurücktreten, weil deren Bestand durch die Säumnis des Gegners nicht berührt wird. Anders nur, wenn die Verzögerung im Vertrag als Resolutivbedingung aufgestellt war[14].

§ 33.

II. Entstehung der Schuldverhältnisse.

1. Übersicht.

I. Nach § 29 Ziff. 3 dienen die Obligationen entweder zur Vermittelung des Verkehrs (des Güteraustauschs und der Güternutzung), also entsteht das Schuldverhältnis aus Kon-

[13] Schon der Prätor hatte bei Auktionen der argentarii, welche die Kaufpreise vor Lieferung der verkauften Sachen beitrieben, dem Käufer die exceptio mercis non traditae gegeben. Die Juristen der Kaiserzeit erstreckten dies auf Käufe aller Art und gaben eine ähnliche exceptio auch dem Verkäufer. Sie ruht auf dem Gedanken des Dolus. S. auch C. 8, 44, 5. — Über die heutige Gestaltung der Einrede s. § 320 ff. BGB.

[14] Sog. lex commissoria (expressa) oder kassatorische Klausel. D. 18, 3. — Auf diesem Wege weiterschreitend, sind die romanischen Rechte (Art. 1184 C. civ.) dazu gelangt, die Nichterfüllung des anderen Teils als stillschweigende Resolutivbedingung der Vertragsabmachung und somit der eigenen Verpflichtung anzusehen (sog. lex commissoria tacita). Nicht soweit gehen §§ 325, 326 BGB.; doch kann auch hiernach unter gewissen Voraussetzungen von dem Vertrage zurückgetreten werden.

trakt, d. i. klagbaren Schuldverträgen. Oder die Obligation dient zur Ausgleichung von Rechtsverletzungen, entsteht also aus solcher Verletzung, d. i. aus Delikt.

Das ist auch die Einteilung der römischen Juristen. Als man erkannte, daß sie nicht alle Fälle erschöpft, forschte man nicht lange einem weiteren Einteilungsprinzip nach, sondern gliederte die Restfälle (variae causarum figurae) rein äußerlich (je nach ihrer überwiegenden Behandlung nach Kontrakts- oder Deliktsgrundsätzen) der einen oder anderen Gruppe an: als Quasikontrakte oder Quasidelikte. D. 44, 7, 1 pr.; I. 3, 13, 2. S. u. §§ 43 u. 44 II.

II. Kontrakt (also Erzeuger eines gültigen Schuldverhältnisses) ist keineswegs jede Übereinkunft[1].

1. Dem römischen Volkscharakter entsprach es, für den bindenden Abschluß des Vertrages (zur Unterscheidung von bloßen Vorverhandlungen) eine feste Form zu verlangen. Ohne deren Beobachtung ist die Abrede nicht klagbar. Nachdem die altzivile Form des nexum[2] schon im klassischen Recht abgekommen war, diente der Schuldbegründung hauptsächlich die Stipulation. Sie war ein formelles mündliches Zusammenfassen des Verabredeten (Verbalkontrakt) in Frage und Antwort (z. B. „spondesne? — spondeo"), so daß kein Punkt offen blieb. Eine andere Form, durch welche jede andere Schuld in eine liquide, ja abstrakte Obligation verwandelt werden konnte, war der Eintrag des Schuldpostens in die vom römischen Hausvater geführten Hausbücher (codices accepti et ex-

---

[1] Vgl. dazu Mitteis, Röm. Privatr. I 146 ff.; Riccobono, Dal. diritto romano classico al dir. moderno (1917), bes. 291, 689 ff.

[2] Gleich der mancipatio (§ 12 Ziff. I) vor fünf römischen Bürgern und dem libripens durch Zuwägung der entsprechenden Quantität Kupfer geschlossen, die der Empfänger in gleicher Quantität demnächst zurückgewähren sollte. Vgl. o. § 2 Ziff. I. So war das nexum die älteste Form des Darlehns. Später wird ein Kupferpfennig auf die Wage gelegt, und die Form auch zur Begründung anderer Verpflichtungen benutzt, wobei in der nuncupatio (§ 12 Note 1) die näheren Klauseln festgesetzt werden konnten. Die Härte der Schuld war berüchtigt! Vgl. die verschiedenen Abh. von Mitteis, Bekker, Lenel, Mommsen, Kübler, Kretschmar i. d. Ztschr. d. Sav.-Stift. 22, 96 ff.; 23, 11, 64, 348, 429; 25, 254; 26, 507 ff.; 29, 227; 30, 30; H. H. Pflüger, Nexum und mancipium (1908); Kleineidam, Personalexekution i. d. XII Tafeln (1904); Eisele, Studien z. r. Rg. (1912); Mitteis, R. Pr. I, 136 ff.

pensi). Literalkontrakt[3]. Doch ist diese Form im nachklassischen Recht verschwunden; das dafür im Rechtssystem enthaltene Schema wurde von Justinian anderweitig ausgefüllt (§ 37).

Verba (die Stipulation) und litterae waren hiernach die beiden Ausdrucksmittel des formellen Vertragsschlusses. Das Schuldverhältnis entsteht ausschließlich nach dem Wortlaut der formalen Verabredung (obligatio stricti juris).

2. Durch fremdländische Einflüsse wurde aber schon früh in Fällen des alltäglichen Verkehrs auch ein formloser Vertragsabschluß zulässig. Die Gültigkeit fand Ausdruck in den Klagen, die aus der Verabredung gegeben werden (actio empti venditi; actio locati conducti etc., s. § 5 Ziff. II). Diese Geschäfte sind danach auch contractus. Aber sie sind ihrer Natur nach contractus bonae fidei und erzeugen Schuldverhältnisse, deren Inhalt sich nach den Grundsätzen der Billigkeit und der Verkehrssitte bestimmt.

3. Für die betreffenden Fälle bleibt auch die Stipulation verwendbar. Aber da der formlose Vertragsabschluß bequemer ist und mehr Spielraum gewährt, so wird von der Stipulationsform hier regelmäßig abgesehen[4]. So gelangte man zu einem gemischten System der Kontrakte. Neben die zwei strengen (Ziff. 1) treten zwei Gruppen freier Kontrakte, nämlich

a) die sog. Realkontrakte: auf Rückleistung eines hingegebenen Gegenstandes (res); sei es in specie

---

[3] Indem außer den gewöhnlichen Einträgen in diesen Büchern über wirkliche Geldeinnahmen und Ausgaben (nomina arcaria), die natürlich kein Vertrag, sondern höchstens Beweismittel waren, auch fiktive Eintragungen zufolge des übereinstimmenden Willens der Parteien gemacht wurden (sog. nomina transscripticia). Z. B. das als an den X ausgegeben bezeichnete Geld begründet die Forderung gegen den X. Jede Schuld konnte in dieser Weise in eine fiktive Darlehnsschuld verwandelt werden. Ähnlich konnte der Rückempfang fiktiv eingetragen werden, und schloß dann einen Erlaßvertrag (§ 45 I i. f.) in sich. S. dazu Keller, Institutionen (1861) § 125; Mitteis, Ztschr. d. Sav.-Stift. 19, 198 ff., 239 ff.; Karlowa, Röm. Rechtsgesch. II § 66; H. H. Pflüger, Ciceros Rede pro Roscio com. (1904) 161 ff.

[4] Es verhält sich nicht anders, als wenn man heutzutage für ein Darlehen oder für die Kaufpreisschuld einen Wechsel gibt. Dies ist zulässig; doch wird davon nur zu besonderen Zwecken (Abschneidung von Einreden) Gebrauch gemacht.

oder der Gattung nach. Diese sind vier: das Darlehen (mutuum), die Leihe (commodatum), der Verwahrungsvertrag (depositum) und der Faustpfandvertrag (pignus);

b) die sog. Konsensualkontrakte: ebenfalls vier Fälle, in denen die rein formlose Parteivereinbarung ein gültiges Schuldverhältnis erzeugt. Das ist der Fall beim Kauf (emptio-venditio), bei der Miete (locatio-conductio), bei der Gesellschaft (societas) und beim Auftrag (mandatum). — Dagegen blieben formlose Abreden in anderen Fällen klaglos. Sie heißen daher nicht contractus, sondern pacta[5].

4. So ergibt sich die römische Einteilung in Verbal-, Literal-, Real- und Konsensualkontrakte. Wie man sieht, ist es ein werdendes Recht, das den immer mannigfaltigeren Erscheinungen des Lebens Rechnung zu tragen sucht. Daher kamen die Römer schließlich mit ihrem Schema selbst nicht aus. Über die Erweiterungen s. unten § 40.

§ 34.

2. Kontrakte und Quasikontrakte.

a) Der Verbalkontrakt (stipulatio).

α) Die Stipulation als selbständiges Schuldversprechen.

Die Stipulation als formelles, akzeptiertes, mündliches Versprechen einer Leistung an den Gläubiger war die normale Form des obligatorischen Vertrages[1]. Die Konsensual- und Realkontrakte, so groß ihre praktische Bedeutung sein mochte, haben doch ihr gegenüber eine Art Ausnahmecharakter. Das zeigt sich auch darin, daß in die Form der Stipulation jede Vertragsabrede gebracht werden kann. Die Stipulation erstreckt sich auf das gesamte Rechtsgebiet, soweit die vertragliche Begründung obligatorischer Beziehungen in Frage kommt, z. B. beim Dotal-

[5] D. 2, 14, 7, 4 . . . nuda pactio obligationem non parit, sed parit exceptionem. — Im Anschluß daran spricht man von pacta nuda und pacta vestita, da später dennoch wenigstens einige pacta klagbar wurden, s. u. § 40 III.

[1] S. § 33 Ziff. II. Stipulator heißt der Versprechensempfänger (der also Gläubiger werden soll); — promissor heißt der Versprechende (der künftige Schuldner).

versprechen (§ 59 I Ziff. 2), Herausgabe von Universalvermächtnissen (§ 74). Grund genug, ihrer an erster Stelle zu gedenken.

1. Unter Abstreifung des ursprünglichen Formalismus (der Stichworte: spondesne? — spondeo[2]; promittisne? — promitto) kommt es für die Stipulation im justinianischen Recht schließlich nur noch auf den bestimmten Austausch des Konsenses der Parteien durch inhaltlich übereinstimmende Frage und Antwort unter Anwesenden an. C. 8, 37, 10. Die Verpflichtungskraft liegt in der mündlichen Abrede (verbis). Unter griechischem Einfluß wird es üblich, über die Vereinbarung eine Urkunde (cautio) aufzunehmen, welche die Stipulation, als geschehen, bezeugt. Beim Vorliegen einer solchen Urkunde wird vermutet, daß die Stipulation stattgefunden habe (unter Gegenbeweis eines Alibi am Tag der Ausstellung der Urkunde), so daß praktisch meist Vorlage der Urkunde genügt[3].

2. Ohne einen Zweck, um dessentwillen man die Leistung machen will, wäre das Versprechen ein unvernünftiges, sinnloses Handeln. Man verspricht z. B. weil man eine bestimmte Gegenleistung empfangen hat oder bekommen soll — oder um eine anderweitige Verpflichtung zu erfüllen — oder um zu schenken usw.[4]. Eine andere Frage ist, ob das Versprechen durch Vereitelung dieses Zweckes ungültig wird, oder ob der formale Austausch des Konsenses für die Wirksamkeit der übernommenen Verpflichtung genügt. M. a. W. ob die Stipulation ein kau-

---

[2] Der Ursprung dieses Kontrakts ist in dem oben § 29 Note 1 Ausgeführten zu suchen. Der sponsor (vgl. auch unten § 35 Note 3) ist Bürge, Geisel (praes, vas) und haftet mit seinem Leibe, später nur noch mit seinem Vermögen. Wenn der Hauptverpflichtete eine solche sponsio eingeht, so will er sich selbst vergeiseln, also in der angegebenen Art für die Schuld haften. Die sponsio ist ausschließlich für Römer. Von Fremden mußten andere Worte: fide promittis u. dgl. gebraucht werden. S. die Lit. an den zit. Stellen u. § 35[2], ferner Collinet, Le role primitif de la stipulation i. Mél. Gérardin (1907) 75.

[3] Vgl. Mitteis, Reichsrecht und Volksrecht in den östl. Provinzen des röm. Kaiserreichs (1891) 459 ff.

[4] Im Gegensatz zum (rechtsunerheblichen) Beweggrund, § 42 Ziff. 2.

sales oder ein abstraktes Versprechen ist[5]. Letzteres führt eine größere Schneidigkeit der Obligation herbei[6]. Mit Rücksicht auf die Einseitigkeit der Zusage eignet sich die Stipulation vorzüglich zum abstrakten Versprechen, und war als solches wirksam. Vielfach gemachte üble Erfahrungen (weil Versprechen und Aushändigung der darüber gefertigten Urkunde oft vor Empfang der Gegenleistung erfolgte und die Valutazahlung nachher ausblieb) sind der Anlaß gewesen, daß man vom Gläubiger, der aus der cautio klagt, den Beweis des Schuldgrundes verlangte, wenn die Urkunde ihn nicht selbst angab (also z. B. das Umsatz- oder Darlehensgeschäft klarlegte). Damit wurde die Stipulation kausal. Sie wurde zu einer Art stereotyper Schlußformel vorher stattgefundener Abmachungen, um letzteren Klagbarkeit zu verleihen, und soll aus ihnen ihre Charakterisierung erfahren[7]. Nimmt die Urkunde darauf Bezug (cautio discreta), so genügt sie zur Verurteilung des Schuldners, nicht aber als nacktes Zahlungsversprechen (cautio indiscreta)[8].

3. Trotz alledem bleibt die Stipulation ein einseitig verpflichtender Vertrag, mit Haftung nach strengem Recht. Der Schuldner hat genau das Versprochene zu leisten, so daß, wenn nichts besonderes gesagt ist, auch keine Verpflichtung zu diligentia und Schadensersatz, bes. Verzugszinsen, besteht.

Bei abstrakter Stipulation ward ehemals die Klage des Gläubigers als condictio (§ 5 N. 14ff.) bezeichnet; im übrigen sprach man allgemein von einer actio ex stipulatu, die aber ebenfalls stricti juris ist, wenn sie auch den Verpflichtungsgrund anführt und dem Richter, nach Maßgabe der Verabredung (stipulatio incerta) einen Spielraum bei der

[5] Entsprechend der Frage nach der kausalen oder abstrakten Natur der Eigentumsübertragung, o. § 12 Ziff. I u. II.

[6] Und damit eine größere Sicherheit für den Gläubiger, dem sonst aus der Vereitelung des Zweckes Einwendungen entgegengesetzt werden können. Diese sind beim abstrakten Versprechen (wie z. B. heute beim Versprechen in Wechselform) abgeschnitten.

[7] Vgl. dazu Rabel, Ztschr. d. Sav.-Stift. 28, 333ff., aber auch Pernice, das. 13, 270ff., 285ff.; Frese, 18, 241ff., 270.

[8] S. D. 22, 3, 25, 4; C. 4, 30, 13. — Damit war das abstrakte Schuldversprechen (wie heute noch nach Art. 1131 C. civ.) unwirksam. Unser BGB. hat es in §§ 780—782 wieder zugelassen.

Verurteilung gibt. Bei Justinian bestehen wegen des vereinfachten Prozeßverfahrens keine sachlichen Unterschiede zwischen beiden mehr: aus der stipulatio certa soll jetzt eine condictio (certi), aus der stipulatio incerta eine actio ex stipulatu hervorgehen (doch ist die Interpolation nicht überall durchgeführt). Im Wege der Stipulation kann jede Verabredung klagbar gemacht werden.

4. Besonders häufige Verabredungen, die regelmäßig in Stipulationsform getroffen wurden, sind die Verabredung von Zinsen[9] und Strafzahlung.

a) Zinsen sind Entgelt für den gestatteten oder vorenthaltenen Gebrauch eines Kapitals (sors), bestehend in Prozenten, d. i. einer Quote des Kapitals. Die Höhe der Prozente wird Zinsfuß genannt. Ein gegebenes Darlehen trägt an sich keine Zinsen. Neben dem Darlehensvertrag (§ 39 I) bedarf es also einer besonderen formellen Zinsberedung durch Stipulation[10], die auch den Zinsfuß angibt. Dabei darf (gegen Wucher) ein bestimmter Höchstsatz nicht überschritten werden, während der Kaiserzeit 12% (centesimae usurae: monatlich berechnet), unter Justinian 6% (usurae semisses), bei Kaufleuten 8%. Rückständige Zinsen sollen nicht übermäßig auflaufen. Sie können daher nicht über den Betrag des Kapitals hinaus (ultra alterum tantum) eingefordert werden. Verboten ist auch das Nehmen von Zinseszins (Anatozismus); selbst in der Form, daß die Zinsen zum Kapital geschlagen oder besonders kapitalisiert werden. C. 4, 32, 10 u. 28[11].

Im Mittelalter verbot die Kirche das Zinsennehmen als „Wucher" überhaupt (das Verbot wurde durch Rentenkauf umgangen). In der

[9] Anders, soweit die Zinsberedung von der Klage aus einem bonae-fidei-Kontrakt umfaßt wird, z. B. wer als Mandator (§ 38 IV) ein fremdes Kapital in Händen hatte, muß davon Zinsen zahlen, soweit er sie einnahm oder schuldhaft versäumte oder das Kapital in eigenen Nutzen verwandte. Über sog. gesetzliche Zinsen s. o. § 31 zu N. 1 a. — Cf. Savigny, System VI § 268 ff.; Verm. Schriften I (1850) 368; Petrażycki, Lehre vom Einkommen II, 123 ff.; Klingmüller, Ztschr. d. Sav.-Stift. 23, 68 u. i. Pauly-Wiss. s. v. fenus; Carus, Die selbständ. Klagbarkeit der gesetzlichen Zinsen (1876); Billeter, Gesch. d. Zinsfußes (1898).

[10] Bei anderen als Geldzinsen genügt später ein einfaches pactum.

[11] Letzteres gegen das klassische Recht und entschieden zu weitgehend. S. heute § 248 BGB.

Praxis des gemeinen Rechts wurden 5 % Zinsen gestattet. Im BGB. § 246 ist der Zinsfuß mangels besonderer Verabredung 4 %. Bei höheren Zinsen als 6 % besteht nach § 247 ein Kündigungsrecht. Die Zinsberedung ist im übrigen frei. Daneben steht (selbständig) das Wucherverbot des § 138 Abs. 2, das sich nicht auf das Zinsennehmen beschränkt, sondern alle Geschäfte trifft, die eine Ausbeutung des anderen Teils (nach den dort angegebenen Kriterien) enthalten. Das wucherische Geschäft ist nichtig.

b) Strafzahlung[12] (Konventionalstrafe) ist das Versprechen einer Leistung für den Fall der Nichterfüllung oder mangelhaften Erfüllung einer anderen Zusage. Sei es, daß sie den Inhalt eines gültigen Vertrages bildet, oder nicht. Ersterenfalls stehen zwei Schuldverhältnisse nebeneinander, so daß der Gläubiger an sich beide Leistungen (soweit dies überhaupt möglich ist) beitreiben kann, es sei denn, daß die Vertragsstrafe den Schadensersatz repräsentiert[13]. Sehr häufig ist aber das durch das Strafversprechen zu befördernde Verhalten nicht Gegenstand eines besonderen Schuldverhältnisses, z. B. wegen mangelnder Schätzbarkeit in Geld (§ 29 Ziff. 2 i. f.), oder weil der Fall sonst in der Rechtsordnung nicht vorgesehen ist. Dann besteht nur die bedingte Stipulationsschuld auf die Strafe[14].

§ 35.

β) Akzessorische Stipulationen *.

Schon das Versprechen einer Konventionalstrafe zur Sicherung einer bestehenden Obligation (s. o.) stellt ein akzessorisches Schuldversprechen in Stipulationsform dar.

Dazu treten weitere Fälle.

---

[12] S. Pergament, Konventionalstrafe u. Interesse (1896); Sjögren, Über die röm. Konventionalstrafe usw. (1896); Berger, Die Strafklauseln in den Papyrusurkunden (1911).

[13] Auf diese Vertragsauslegung wird im justinianischen Recht bewußt abgestellt. S. den wohl interpolierten Schluß von D. 45, 1, 115, 2.

[14] S. heutzutage §§ 339 ff. BGB., besonders § 343 (richterliches Ermäßigungsrecht).

* S. Girtanner, Die Bürgschaft (1850 ff.); Hasenbalg, Die Bürgschaft (1870); Geib, Z. Dogmatik des röm. Bürgschaftsrechts (1894); Pernice, Ztschr. d. Sav.-Stift. 19, 125 ff., 179; Levy, Sponsio, fidepromissio, fidejussio (1907); Partsch, Griech. Bürgschaftsrecht I (1909); Koschaker, Babylonisch-Assyrisches Bürgschaftsrecht (1911); Mitteis, Papyruskunde II 264.

I. Im justinianischen Recht veraltet ist die adstipulatio, wonach der Schuldner neben dem ersten Gläubiger noch einer zweiten Person als akzessorischem Mitgläubiger versprach, damit (bei Verhinderung des Gläubigers[1] oder nach seinem Tode) die Leistung durch den anderen beigetrieben werden konnte. Dabei fungierte der Nebengläubiger (adstipulator) wie ein Beauftragter des Hauptgläubigers, und haftete auf Herausgabe an den Hauptgläubiger oder dessen Erben[2].

II. Der umgekehrte Fall ist die adpromissio. Sie ist bestehen geblieben. Hier verspricht eine zweite Person als Schuldner (adpromissor) akzessorisch dem Gläubiger, was dieser vom Hauptschuldner zu fordern hat. Das ist Bürgschaft in Stipulationsform (fidejussio). Die Bürgschaft hat den Sinn einer Übernahme der persönlichen Haftung für einen anderen, wenn dieser seine Verbindlichkeit nicht erfüllt. Der Bürge setzt dafür sich selbst resp. sein Vermögen ein, ähnlich wie bei der Pfandbestellung (§ 25) eine Sache dafür eingesetzt wird. Die Übernahme der persönlichen Haftung erscheint aber im Altertum als die wichtigere und bessere Form des Einstehens (der Kredit war mehr Personal- als Realkredit). Daher konnten die Pfänder ursprünglich durch Bürgschaftsstellung eingelöst werden; und wo Sicherheit als solche (z. B. von Behörden) verlangt werden kann, sind regelmäßig Bürgen gemeint. — Die Bürgschaftsstipulation hat sich in drei Formen (sponsio, fidepromissio und fidejussio) entwickelt. Die Formel der ersteren war: Idem dari spondes? — spondeo. Die der zweiten: Idem fidepromittis? — die der dritten: Idem fide tua esse jubes? — mit entsprechender Antwort. Bei der fidejussio, die schließlich allein übrig blieb, braucht die Haupt-

---

[1] Bei der dem röm. Recht eigentümlichen Beschränkung der Stellvertretung, s. u. § 49. Vgl. M. Rümelin, Z. Geschichte der Stellvertretung (1886) 73.

[2] Ehe die Rechtsfigur des Mandats genügend entwickelt war, gab es eine eigene Strafklage gegen den adstipulator, der sein formelles Recht zur Befreiung des Schuldners mißbrauchte. Davon handelte das 2. Kapitel der lex Aquilia (s. u. § 44 I Ziff. 3). — Im übrigen s. noch u. § 47 Note 1.

schuld nicht mehr, wie früher[3], selbst eine Stipulationsschuld zu sein; es genügt jede irgendwie bestehende Verpflichtung, sogar eine Naturalobligation. Auch im Hinblick auf das künftige Entstehen einer Verbindlichkeit kann das akzessorische Schuldversprechen erfolgen. Die Stipulationsbürgschaft ist eine Bürgschaft von striktem Charakter. Der Bürge verspricht dasselbe („idem"), was der Hauptschuldner zu leisten hat, und kann nur dasselbe versprechen. Geht das Versprechen auf mehr oder auf etwas anderes, so ist es nichtig[4]. Der Bürge haftet nur, wenn und soweit der Hauptschuldner haftet. Hat also z. B. der Hauptschuldner etwas von der Schuld abgetragen oder sonst eine Einrede gegen die Schuld, so steht die Berufung darauf auch dem Bürgen zu[5]. Umgekehrt haftet der Bürge für etwaige Erweiterungen der Hauptschuld, die in ihrem Wesen begründet sind, z. B. für Verzugszinsen (D. 22, 1, 24, 1).

Bis ins justinianische Recht stand die Verpflichtung des Bürgen — abgesehen von besonderen Vereinbarungen (Schadlosbürgschaft, D. 45, 1, 116) — neben der des Hauptschuldners, so daß der Gläubiger sich nach seiner Wahl an den einen oder anderen halten konnte. Dagegen hat Nov. 4 dem Bürgen das sog. beneficium excussionis (s. ordinis) gegeben, wonach der Bürge verlangen kann, daß der

---

[3] Bei der sponsio und fidepromissio. — Die übrigen Unterschiede der sponsio und fidepromissio von der fidejussio haben nur geschichtliches Interesse. Die sponsio war das altzivile Institut, die fidepromissio das für die Fremden bestimmte. Beide setzen eine Stipulationsschuld als Hauptschuld voraus, die fidejussio nur überhaupt eine Schuld, z. B. auch eine Deliktsschuld. Die sponsio und fidepromissio verhafteten den Bürgen mit seinem Leibe (als Geisel) für den Hauptschuldner, daher ging die Verpflichtung auf die Erben des Bürgen nicht über. Nach einer lex Furia erlosch sogar die Haftung des Bürgen nach zwei Jahren. Anders bei der fidejussio. Auch hatte bei der sponsio und fidepromissio zufolge der lex Furia schon viel früher als bei der fidejussio eine Teilung der Bürgschaftsschuld unter mehreren Mitsponsoren und Fidepromissoren (nach Köpfen) statt. Bei der fidejussio s. u. N. 7. Vgl. Levy, Sponsio, aber auch Mitteis i. d. Festg. f. Bekker (1907) 111, 119 ff. u. Röm. Privatr. I, 266; R. Leonhard in Pauly-Wiss. s. v. fidejussio fidepromissio; Appleton i. Mél. Gérardin (1907) 1.

[4] D. 46, 1, 8, 7. Dagegen ist eine adpromissio in leviorem causam zulässig.

[5] Abgesehen von höchstpersönlichen Einreden, z. B. aus dem benef. competentiae.

Gläubiger zunächst die Beitreibung der Schuld gegen den (anwesenden und solventen) Hauptschuldner versuche[6].

Haben mehrere sich für dieselbe Schuld verbürgt, so kann seit Hadrian[7] ein jeder Bürge im Wege der Einrede verlangen, daß der Gläubiger seine Forderung auf die (anwesenden und solventen) Mitbürgen verteile, also ihn nur auf den bezüglichen Anteil in Anspruch nehme (sog. beneficium divisionis).

Aus der Bürgschaft folgt an sich kein Regreß des Bürgen, wenn er dem Gläubiger zahlen mußte[8]. Doch hat der Bürge in den meisten Fällen eine Klage aus seinem persönlichen Verhältnis zum Hauptschuldner, z. B. wenn dieser ihn ersucht hatte, für ihn einzustehen. Daraus folgt eine actio mandati contraria des Bürgen (§ 38 Ziff. IV)[9]. Schon seit klassischem Recht kann der Bürge vom Gläubiger verlangen, daß dieser ihm seine Rechte wider den Hauptschuldner und sonstige mithaftende Personen abtritt (sog. beneficium cedendarum actionum)[10].

§ 36.

γ) Novatorische Stipulationen*.

Als Versprechen, das jeden möglichen Schuldinhalt in sich aufnehmen kann, eignet die Stipulation sich auch be-

---

[6] Ebenso hat Justinian die ehemalige Befreiung des nicht verklagten Teils durch die konsumierende Kraft der Litiskontestation (§ 45 I, 2) aufgehoben. C. 8, 40, 28.

[7] S. Gai III, 121 ff. über ältere Gesetze. — Im BGB. beseitigt.

[8] Nur bei der sponsio gab es einen solchen Erstattungsanspruch mittelst der durch eine lex Publia eingeführten actio depensi.

[9] Hat er sich ohne Auftrag im Interesse des Hauptschuldners verbürgt, so hat er Ansprüche auf Grund der negotiorum gestio (§ 43 Ziff. I).

[10] Durch exceptio geltend zu machen. — Ähnlich wie unter Korrealschuldnern, s. u. § 46 gegen Ende. Danach wird die Zahlung des Bürgen nicht als Schuldtilgung, sondern als eine Art Forderungskauf angesehen. D. 46, 1, 17, 36; D. 46, 3, 95, 11. Nach § 774 BGB. tritt der Rechtsübergang von selbst ein. — S. im übrigen wegen der Bürgschaft noch unten § 47.

* v. Salpius, Novation u. Delegation (1864); Salkowski, Zur Lehre v. d. Novation (1866); Hruza, Z. L. v. d. Novation (1881); R. Merkel, Der römischrechtl. Begriff der Novatio (1892); v. Blume, Novation, Delegation und Schuldübertragung (1895); Last, Zur Novationslehre i. Grünhuts Ztschr. 37, 451 ff. S. auch u. § 45 I, Ziff. 2.

sonders zur Umwandlung einer anderen Schuld in diese Verpflichtungsform[1]. Eine solche Umwandlung ist vielfach von Vorteil. So, um die Schuld in eine strenge zu verwandeln: sowohl zur größeren Sicherung des Gläubigers, als um die Schuld durch acceptilatio aufheben zu können (§ 45 I, Ziff. 4). Oder um inhaltlich eine Änderung an der Verpflichtung vorzunehmen (z. B. eine Bedingung einzufügen oder zu beseitigen, den Gegenstand der Leistung auszudehnen oder einzuschränken). Endlich dient die Umwandlung, um an Stelle des bisherigen Gläubigers oder Schuldners einen anderen zu setzen (als Hilfsmittel für die im römischen Recht nicht ausgebildete Übertragung von Forderungen und Schulden, § 48).

1. Eine solche Schuldumwandlung (Novation) setzt den Bestand eines früheren Schuldverhältnisses voraus — welches von jeder Art, z. B. auch ein bedingtes, ein betagtes oder eine Naturalobligation sein darf. Nur muß grundsätzlich die alte Schuld bestehen; denn an ihre Stelle soll die neue Verpflichtung treten. Diese Stipulation ist (§ 34 Ziff. 2) also regelmäßig ein kausale. Sie nimmt auf die alte Schuld Bezug und wandelt sie in eine Stipulationsschuld um. Das neue Versprechen ist daher ungültig, wenn die alte Schuld nicht bestand. Ist die Novationsstipulation dagegen abstrakt[2], so würde sie eine Art Erfüllung der alten Schuld sein, und daher, wenn diese nicht bestand, nur zu einer vom Schuldner zu beweisenden Einrede gegen die Zahlungspflicht, oder zu einer Anfechtung des neuen Versprechens im Wege der condictio[3] führen.

Da es sich nur um eine Umwandlung handelt, bleibt umgekehrt auch, wenn die Stipulationsschuld aus irgendeinem Grund nicht gültig ist, die alte Schuld bestehen.

2. Wird die Novationsstipulation unter den Parteien der alten Obligation vorgenommen, so

---

[1] Auch der alte Literalkontrakt (§ 37) vermittelte diese Aufgabe. Mit dessen Zurücktreten blieb die Stipulation für den Zweck übrig.

[2] Wie wenn heutzutage für die bestehende Kaufpreisschuld ein Wechsel gegeben wird.

[3] S. u. § 43 V, Ziff. 2 a u. § 812 Abs. 2 BGB.

muß das Versprechen sich von letzterer in irgendeiner Weise unterscheiden, weil sonst der Akt keinen Sinn hätte (es genügt aber, daß ein bisher schwankender Obligationsgrund in einen klaren und festen verwandelt, oder die Verjährung unterbrochen wird). — Tritt aber ein neuer Gläubiger oder Schuldner an die Stelle des alten, so ist das allein schon eine genügende Veränderung.

Dabei ist besonders darauf zu sehen, ob auch wirklich die alte Schuld aufgehoben, und nicht die neue Schuld neben die alte gestellt werden soll[4]. Letzterenfalls liegt ein akzessorisches Versprechen vor, z. B. Anerkennung der alten Schuld, Bürgschaft (§§ 35, 40 III Ziff. 2). Im alten Recht wurde die Frage, ob das eine oder andere der Fall sei, kasuistisch nach hergebrachter Auslegung beantwortet. Diese geriet ins Wanken seitdem die Stipulation zu einer stereotypen Schlußformel wurde (§ 34 Ziff. 2). Deshalb wird jetzt auf die Parteiabsicht (den animus novandi) alles Gewicht gelegt, also insbesondere auf den Willen des bisherigen Gläubigers, die alte Verpflichtung durch Begründung der neuen Forderung aufzuheben. Justinian verlangt, daß dieser Wille in der Urkunde deutlich zum Ausdruck gekommen sei. Im Zweifel soll keine Novation angenommen werden[5].

3. Die Novationsstipulation mit Personenwechsel hat neben dem ersten Zweck (der Schuldumwandlung) noch einen weiteren. Was ist der Grund, weshalb der Gläubiger die alte Schuld aufgibt, um zuzulassen, daß sein bisheriger Schuldner einem Dritten verspricht (Gläubigerwechsel)? Der Grund liegt in dem internen Verhältnis des alten Gläubigers zum Dritten (er will ihm dadurch eine Gegenleistung machen, oder sich ihm gegenüber von einer Verbindlichkeit befreien[6], oder ihm unentgeltlich etwas zuwenden). Dieselben Gründe sind es, die entsprechend einen neuen Schuldner bewegen, sich dem Gläubiger zu verpflichten, wofür dieser

[4] Dann liegt nicht Novation, sondern Kumulation vor.
[5] So gegenüber dem älteren Recht in aller Schärfe. C. 8, 41, 8.
[6] Dadurch werden mehrere Barleistungen erspart.

den alten Schuldner freigibt (Schuldnerwechsel). Verwirklichen sich diese Gründe wider Erwarten nicht, so kann daraus nicht ohne weiteres eine Ungültigkeit der Novationsstipulation hergeleitet werden, sondern nur in dem Maße als die neue Stipulation auf jene Verhältnisse Bezug nimmt[7]. Andernfalls berühren die betreffenden Einwände nur die beiden Beteiligten und sind zwischen ihnen durch condictio auszugleichen[8].

4. Tritt beim Schuldnerwechsel der neue Schuldner auf Anweisung des alten Schuldners ein, so heißt dies delegatio. Sog. Passivdelegation. Der neue Schuldner (Delegat) verspricht dem Gläubiger (Delegatarius); dafür gibt dieser den alten Schuldner frei. Es kommt aber auch vor, daß der neue Schuldner aus eigenem Antrieb eintritt (expromissio), und durch seinen Vertrag mit dem Gläubiger den alten Schuldner (möglicherweise ohne dessen Wissen) befreit. — Dagegen ist bei der Novation mit Gläubigerwechsel immer eine Anweisung des bisherigen Gläubigers an den Schuldner (Delegaten) erforderlich, daß er dem neuen Gläubiger (Delegatarius) verspricht. Damit verbindet sich, nach dem Willen des Gläubigers, dann die Entlastung vom alten Schuldbande, wenn das neue zustande kommt. Aktivdelegation.

5. Indem die Novation die Aufhebung der alten Schuld bewirkt, gehen auch deren sämtliche Akzessionen: Bürgschaft, Pfandrechte, Zinsversprechen, Ansprüche auf Schadensersatz oder Strafzahlung unter, soweit sie nicht in dem neuen Versprechen wiederholt werden[9].

Im gemeinen Recht hielt man nach Maßgabe der Quellen die Novation fest, obschon eigentlich mit dem Wegfall der Stipulation die Fragestellungen des Novationsrechtes veraltet waren. Nach BGB. ist deren praktische Bedeutung gänzlich geschwunden. S. u. § 45 I, Ziff. 2 nach N. 5.

---

[7] Z. B. durch die Wendung: quod Titio debes, mihi dare spondes? So beim Gläubigerwechsel D. 46, 2, 8, 5; entsprechend beim Schuldnerwechsel D. 46, 2, 34, 2.

[8] § 43 V Ziff. 2. Diese Einwände betreffen das sog. Deckungsverhältnis oder das Valutaverhältnis. Vgl. heute § 784 BGB.

[9] Vgl. D. 46, 2, 15, 18. 27; D. 46, 1, 60 u. o. § 28 Ziff. III.

§ 37.

b) Der Literalkontrakt*.

Während der nationalrömische Literalkontrakt: das abstrakte Versprechen durch Eintragung des Schuldpostens in die Hausbücher (§ 33 Ziff. II) in der nachklassischen Zeit verschwunden war, trat auf Umwegen eine verpflichtende Kraft des Schuldscheins an die Stelle, die schon bei Gaius (III, 134) als litterarum obligatio für Nichtrömer vermerkt wird und griechischer Rechtssitte entsprach. Seitdem das Zentrum des Reiches nach Osten verlegt war, ist es erklärlich, daß diese Sitte sich durchsetzte. Freilich ward den Römern die selbständige Schuldbegründung durch Urkunde (chirographum) nicht freigegeben. Man half sich daher durch Aufnahme einer Stipulationsberedung in den Schuldschein (§ 34 Ziff. 1), so daß die stipulatio in der Urkunde als geschehen bezeugt wird. An Stelle der Beurkundung, daß man leisten wolle, enthält die Urkunde ein Anerkenntnis, daß man versprochen habe!

Immerhin blieb das rechtlich wirkende Element die Stipulation, und nicht die Urkunde (wenngleich es sich mehr und mehr nur um eine Formalität des Urkundenstils handelte. Eine wirkliche Änderung trat aber durch folgendes ein:

Auch bei der Stipulation über Herauszahlung (insbesondere Rückzahlung) einer Geldsumme, kam es nicht selten vor, daß der Schuldner den Gegenwert: die Valuta, die er begreiflicherweise erst nach Aushändigung der über die Stipulation aufgenommenen Urkunde erhalten sollte, in Wirklichkeit nicht erhielt. Der Schuldner durfte dann wider die Klage aus der Stipulation die Einrede der nicht empfangenen Valuta (exceptio non numeratae pecuniae) vorbringen, worauf der Gläubiger deren Zahlung (trotz der in seiner

* S. o. § 33 N. 3. — Mitteis, Röm. Privatr. I 290; Reichsrecht u. Volksrecht i. d. östl. Provinzen des röm. Kaiserreichs (1891) 459 ff.; Papyruskunde II 48 ff., 116; Rabel, Ztschr. d. Sav.-Stift. 28, 333 ff.; Heck, Der altröm. Literalkontrakt i. Arch. f. ziv. Prax. 116, 129; Binder, Der justinianische Literalkontrakt i. d. Studi Brugi (1910) 339; Collinet, Etudes (§ 2 N. 19 a) 59 ff.; Brandileone, Sulla supposta obligatio litterarum nell' antico dir. greco (R. Acad. delle Scienze dell' Istit. di Bologna, 1920).

Hand befindlichen Urkunde) zu beweisen hatte[1]; — ja der Schuldner konnte sogar binnen kurzer Frist durch Protestation (querella non numeratae pecuniae) die Urkunde entkräften. Justinian setzte die Dauer der Frist auf 2 Jahre seit Ausstellung des Schuldscheins fest. Ist diese Zeit aber ohne Protest verstrichen, so soll jeder Gegenbeweis wider die Urkunde ausgeschlossen sein, so daß nunmehr der Schuldschein als solcher Verpflichtungskraft besitzt[2]. Damit ist ein neuer Literalkontrakt anerkannt[3].

§ 38.

c) Die Konsensualkontrakte.

In vier einzelnen Fällen (des täglichen Verkehrs) wurde schon frühzeitig ein Vertragsschluß ohne besondere Form (durch bloßen consensus) mit verpflichtender Kraft anerkannt. Die daraus entstehenden Obligationen sind bonae fidei (nach Maßgabe der Verkehrssitte).

I. Der wichtigste Fall ist der Kauf (emptio venditio)[1].

Er war ursprünglich sicher nur als Barkauf (unter sofortigem Austausch von Ware und Preis) gedacht und anerkannt. Später genügt Übereinkunft in betreff des Austauschs, also die beiderseitige Übernahme einer Verpflichtung. Gegenstand ist einesteils die Ware

[1] S. o. § 34 Ziff. 2 bei N. 8.

[2] C. 4, 30, 8 u. 14 pr. S. auch Frese, Gräkoägyptisches Rechtsleben (1909) 24 ff.

[3] I. 3, 21 de litterarum obligatione. Auf die vorausgegangene Stipulation wird kein Gewicht mehr gelegt. — Vgl. §§ 780, 781 BGB. (abgesehen von der Frist).

[1] Bechmann, Der Kauf, 3 Bde. 1876—1905; Eck, Verpflichtung des Verkäufers zur Gewährung des Eigentums (1874); Girard, Etudes historiques sur la formation du système de la garantie d'éviction en dr. rom. (1884); Rabel, Die Haftung des Verkäufers wegen Mangels im Rechte I (1902); Bonnet i. d. Mél. Gérardin (1907) 43; Pringsheim, Kauf mit fremdem Gelde (1916) u. dazu Mitteis, Ztschr. d. Sav.-Stift. 37, 369 ff. — Hanausek, Haftung des Verkäufers für Beschaffenheit d. Ware (1883 ff.); Haymann, Haft. d. Verk. f. Beschaffenheit der Kaufsache (1912) und dazu Partsch, Ztschr. d. Sav.-Stift. 33, 600. — Über ägyptisches Recht Mitteis, Papyruskunde II 166 ff. u. Zit.

(merx), andernteils die dafür zu leistende Geldsumme (pretium). Solange beide nicht feststehen, ist kein Kauf vorhanden. Ist kein Geldpreis, sondern etwas anderes als Gegenleistung bedungen, so liegt kein Kauf vor[2]. Ebenso muß der Preis genügend bestimmt sein[3].

1. Ware kann alles sein, was man gegen ein Geldäquivalent einem anderen übertragen resp. dauernd gewähren kann: also körperliche Sachen, welche nicht dem Verkehr entzogen sind; aber auch übertragbare Rechte (superficies, Forderungen) oder neu zu begründende Rechte (Servituten) und die Ausübung eines Ususfruktus. Nicht erforderlich ist, daß die Ware schon existiert oder der Disposition des Verkäufers unterworfen ist. Man kann also auch künftige Sachen und solche, auf deren Erwerb man erst rechnet[4], verkaufen. Emptio rei speratae ist der Kauf unter der Voraussetzung, daß die Sache demnächst wirklich vorhanden ist[5], so daß das Kaufgeschäft erst mit dem Vorhandensein perfekt wird. Verschieden davon ist die sog. emptio spei, wobei gewissermaßen die Hoffnung (Chance) auf Erlangung der Sache gekauft ist[6]. Dieser Kauf ist also sofort perfekt, und der Preis auch dann zu zahlen, wenn die Sache nicht zur Entstehung kommt.

Die Ware kann individuell (nach dem Stück) oder bloß nach Gattungsmerkmalen bestimmt sein. Im letzteren Fall (Genuskauf) kann der Verkäufer seiner Pflicht durch Leistung beliebiger Sachen Genüge tun, wenn sie nur den verabredeten Gattungsmerkmalen entsprechen: vorher kann man nicht sagen, daß ein bestimmtes Stück verkauft (oder geschuldet) sei. Doch werden in den römischen Quellen beim Kaufvertrag nur Fälle versprochener Lieferung aus

---

[2] S. u. § 40 Ziff. II. Der Tausch ist Innominatkontrakt.

[3] S. § 29 Ziff. 4c und z. B. D. 18, 1, 7, 1—2.

[4] Der Verkauf einer fremden Sache ist daher nicht ungültig. Anders nur bei einem Verhalten contra bonos mores, also wenn beide Teile wissen, daß die Sache gestohlen ist. D. 18, 1, 28. 34, 3.

[5] Z. B. der Verkauf künftiger Früchte. D. 18, 1, 8 pr. Ähnlich verhält es sich mit dem Verkauf einer erst anzufertigenden Sache. D. 18, 1, 20 u. 65.

[6] Z. B. ein Fischzug. Vgl. D. 18, 1, 8, 1; D. 19, 1, 11, 18. 12.

einem bestimmten Vorrat (durch Zumessen, Zuwägen u. dgl.) behandelt[7].

2. Der Kauf ist abgeschlossen, sobald die Parteien über Ware und Preis einig sind (consensus). In diesem Augenblicke entsteht für den Käufer die Verpflichtung zur Zahlung des Preises (geltend zu machen mit actio venditi) — für den Verkäufer die Verpflichtung zur Lieferung der Ware (geltend zu machen mit der actio empti), vorbehaltlich eines beiderseitigen Weigerungsrechts, wenn die Gegenleistung nicht angeboten wird (§ 32 II, Ziff. 3). Der Verkäufer haftet für jedes Verschulden. Wird ihm die Leistung durch Zufall unmöglich, z. B. weil die gekaufte Sache nach Kaufabschluß ohne sein Verschulden zugrunde geht, so wird er frei (§ 31), nicht aber damit zugleich auch der Käufer von der Zahlung des Kaufpreises, trotzdem er die Sache nicht erhält[8]. Der Käufer trägt also die Gefahr (periculum est emptoris). Anders, solange der Käufer noch kein unbedingtes Recht auf das untergegangene Stück erlangt hatte. Also beim Gattungskauf, nach dem Satze genus non perit. Ebenso beim aufschiebend bedingten Kauf, wenn die Ware vor Eintritt der Bedingung untergeht (nicht bloß verschlechtert wird, D. 18, 6, 8 pr.). Die Gefahrtragung des Käufers beginnt also erst mit Perfektion des Geschäfts. Ein unbedingter Stückkauf ist sofort mit dem Abschluß perfekt (§ 32 II Ziff. 2).

Vom Moment des Gefahrübergangs gebühren dem Käufer auch die Vorteile, welche die Kaufsache (durch Früchte oder sonstigen Zuwachs, Verbesserungen) erfährt[9].

3. Im übrigen stehen die Verpflichtungen der Parteien unter den Grundsätzen der bona fides, woraus sich (§ 31) eventuell eine Schadensersatzpflicht wegen Verzugs der beider-

---

[7] Vgl. D. 18, 1, 35, 5 ff.; D. 18, 6, 1, 1; C. 4, 48, 2. Vom Code Nap. Art. 1585 ff. getreulich nachgeahmt!

[8] S. o. § 32 bei N. 9 u. Zit. — Anders, auf Grund deutschrechtlicher Anschauungen nach BGB. §§ 323, 446 ff. Ebenso für das klassische röm. Recht Haymann, Ztschr. d. Sav.-Stift. 41, 44 ff. Dazu vorzüglich Rabel, das. 42, 543 ff. Auch die §§ 446, 447 BGB. stellen noch nicht der Weisheit letzten Schluß dar.

[9] Diese hat also der Verkäufer mit herauszugeben. Cuius est periculum, eius est commodum. Vgl. D. 18, 6, 7 pr.

seitigen Leistungen ergibt. Der Käufer hat den Kaufpreis ins Eigentum des Verkäufers zu bringen und im Fall des Verzuges zu verzinsen. Der Verkäufer schuldet Handlungen. Bis zur Ablieferung hat er die Ware mit aller Sorgfalt aufzubewahren[10]. Ferner hat er

a) die Lieferung der Ware vorzunehmen (rem praestare, possessionem tradere, vacuam possessionem tradere), was mit der actio empti verlangt werden kann[11]. Dazu gehört bei körperlichen Sachen die Vornahme des Übereignungsaktes (§ 12), also Tradition; bei verkauften Rechten die Bestellung oder Übertragung des Rechts. Doch steht der Verkäufer nicht für den Effekt der Übereignung ein[12], sondern nur für sein gehöriges Handeln: also für die Besitzübergabe mit dem Willen, das Eigentum der Sache auf den Käufer zu übertragen[13]. Weiter hat er dem Käufer dafür einzustehen, daß dieser die Sache haben und behalten kann (ut rem emptori habere liceat). Daraus ergibt sich: Nicht schon der Nachweis, daß der Käufer nicht Eigentümer geworden sei, genügt, um den Verkäufer auf Schadensersatz haftbar zu machen, sondern erst die stattgefundene wirkliche Entziehung der Sache durch einen Dritten[14].

---

[10] Der Verkäufer haftet für culpa levis. Hierüber sowie wegen eventueller Abtretung der Klagen gegen einen Dritten, der die Sache entwendet oder beschädigt hat s. D. 18, 1, 35, 4; D. 18, 6, 1, 1. 2, 1. 3.

[11] Vgl. Art. 1603, 1604 ff. Code civil. — Übrigens konnte dem Kaufgeschäft schon in Rom eine Stipulation fundum dari hinzugefügt und dadurch eine Pflicht zur Eigentumsverschaffung begründet werden.

[12] Was dem Verkäufer bei der römischen Rechtsunsicherheit z. B. über das Eigentum seines Auktors (s. o. § 12 II, Ziff. 2a, § 16 I, Ziff. 1) kaum möglich gewesen wäre. Daher genügt die Erlangung des Publizianischen Rechtes (§ 17) durch den Käufer. Ja es genügt, wenn der Käufer nur überhaupt praktisch nicht belästigt wird (cf. N. 14). S. auch oben Note 4 wegen des Verkaufs einer fremden Sache.

[13] Daher ist auch der Verkauf ungültig, wenn die Sache dem Käufer schon gehörte. D. 18, 1, 16. 34, 4.

[14] Daher entfällt die Haftung, wenn die Sache vor der Eviktion vom Käufer ersessen wird, oder wenn sie untergeht oder vom wahren Eigentümer derelinquiert wurde. Vgl. l. 21 pr. § 1, l. 64 § 2, l. 76 D. 21, 2; l. 26 C. 8, 44. — Dagegen hatte nach deutschem Recht der Verkäufer dem Käufer überhaupt lastenfreies Eigentum zu verschaffen, — also auch im Prozeß des Käufers mit einem Dritten über die Sache den Käufer zu verteidigen. Gelang die Verteidigung nicht, so mußte er den Kaufpreis ersetzen

So versteht sich der Satz: Der Verkäufer haftet dem Käufer wegen Eviktion. Die Haftung mit der actio empti [15] geht auf Ersatz des vollen Interesses des Käufers [16]. Ebenso haftet der Verkäufer auf Gewährleistung, wenn er zwar Eigentümer der Sache war, letztere aber mit dinglichen Rechten (abgesehen von Grunddienstbarkeiten) belastet ist, z. B. wenn ein Pfandgläubiger in Verfolgung seines Pfandrechts die Sache dem Käufer abstreitet [17].

b) Endlich hat der Verkäufer in gewissem Maße für die Güte der Ware einzustehen. Freilich unbedingt nur beim Gattungskauf. Denn hier kann man sagen, daß Lieferung mangelhafter Ware nicht Erfüllung des Kaufes ist. Dieser geht eben auf Lieferung fehlerloser Sachen der geschuldeten Art. Der Käufer kann daher Lieferung anderer Sachen verlangen, die der Verpflichtung entsprechen [18]. Wenn aber der Kauf auf ein bestimmtes Stück geht, so hat Verkäufer mit Lieferung dieses Stückes seiner Verpflichtung genuggetan, auch wenn dessen Qualität nachher hinter den Erwartungen zurückbleibt. Es müssen also besondere

---

und ward als Dieb angesehen. Das BGB. §§ 433, 434 ff., 440 hat dementsprechend die Haftung des Verkäufers verschärft. Der Erfüllungsanspruch des Käufers geht auf die erwähnte Eigentumsverschaffung. Hat sie nicht stattgefunden, so kann nicht nur Gewährleistung verlangt, sondern es können sämtliche Konsequenzen der Nichterfüllung gezogen werden. Nur bei beweglichen Sachen hängen sie auch nach BGB. (§ 440) bis zu gewissem Grad von der vollzogenen Eviktion ab.

[15] Die älteste Klage bei stattgefundener Manzipation war die actio auctoritatis die (mit Strafcharakter) auf den doppelten Kaufpreis ging. In Nachbildung derselben wurden dann bei anderen Käufen Stipulationen auf denselben Effekt geschlossen, sog. duplae stipulationes (D. 21, 2), durch die sich der Verkäufer für den Eviktionsfall auf Zahlung des doppelten Kaufpreises verpflichtete. Indem diese Verabredung später auch erzwungen resp. als stillschweigend erfolgt angenommen wurde, entstand schließlich die gesetzliche Haftpflicht des Verkäufers mit der actio empti auf das Interesse.

[16] Doch muß der auf Eviktion belangte Käufer dem Verkäufer den Streit verkünden (litis denuntiatio), damit er ihn wider den Gegner unterstützen kann. — Heutzutage s. §§ 72 ff. ZPO.

[17] In allen diesen Fällen spricht man heutzutage von einer Gewährleistung des Verkäufers für Mängel im Rechte (s. dazu o. N. 1 und 14), — im Gegensatz zu der gleich folgenden Haftung für die Güte der Ware.

[18] In den Quellen findet sich freilich diese Entscheidung nicht. Aber sie folgt logisch, und diese Logik ist auch in anderen Fällen in den Quellen bezeugt (D. 30, 110; 43, 3, 33, 1). Ebenso die herrschende Ansicht des ehemaligen gemeinen Rechts.

Gründe vorliegen, die den Verkäufer für derartige Mängel haftbar machen. Solche sind zivilrechtlich vorhanden, wenn der Verkäufer bestimmte Eigenschaften der Sache zugesagt hatte; ebenso wenn er bestimmte Fehler arglistig verschwieg. Er haftet für sog. dicta et promissa und für dolus dem Käufer mit der actio empti auf sein Interesse, also vollen Schadensersatz. Bei heimlichen Mängeln dagegen (die der Verkäufer selbst nicht kannte) kann von solcher Ersatzpflicht nicht die Rede sein (die actio empti versagt). Solche Mängel wurden ursprünglich nicht berücksichtigt. Dann stellten die mit der Marktgerichtsbarkeit betrauten Magistrate (die kurulischen Ädilen) für diesen Fall in ihrem Edikt (§ 5) beschränkte Klagen auf[19], um den Verlust angemessen zu verteilen. Dies sind die sog. ädilizischen Klagen, wegen erheblicher heimlicher Mängel der verkauften Sache. Und zwar, nach Wahl des Käufers: die actio redhibitoria auf „Wandelung" des Kaufgeschäftes, d. i. beiderseitige Rückgabe des Geleisteten (binnen 6 menses utiles) — oder die actio quanti minoris auf „Minderung des Kaufpreises", entsprechend der Minderwertigkeit der Ware (innerhalb eines annus utilis)[20]. Die Klagen sind auch bei Kenntnis des Verkäufers von der Mangelhaftigkeit der Ware zulässig, da sie sich auf die Mängel als solche beziehen, wenn sie nur erheblich, dem Käufer nicht bekannt, resp. nicht ohne weiteres in die Augen fallend waren. Die erleichtert die Rechtsstellung des Käufers.

---

[19] Lit. s. N. 1. — Zunächst nur für Sklaven und Zugvieh und mit Strafcharakter. Die Jurisprudenz hat die Ansprüche erweitert und zu kontraktlichen Klagen gemacht, so daß sie auch gegen die Erben des Verkäufers gehen.

[20] Wegen des Konkurrenzverhältnisses zwischen beiden Klagen s. Levy, Konkurrenz der Aktionen I (1918) 30 ff., 134 ff. Lagen dicta et promissa oder arglistiges Verschweigen von Mängeln vor, so konkurrierten die ädilizischen Klagen innerhalb ihrer Zeitgrenze auch mit der zivilrechtlichen actio empti (s. o.).

Das Recht der ädilizischen Klagen hat sich in Deutschland behauptet (s. §§ 459 ff. BGB.); nur gerade beim Viehkauf ist unser neuestes Gesetz zum deutschrechtlichen Standpunkt zurückgekehrt, wonach nur für bestimmte erhebliche (sog. Haupt)mängel gehaftet wird, soweit sie sich innerhalb bestimmter Fristen (Gewährfrist) zeigen. S. §§ 481 ff. BGB. (aber doch auch hier in Verbindung mit dem System der actio redhibitoria. Eine Minderung ist ausgeschlossen).

4. Eine Aufhebung des Kaufvertrags kann vom Verkäufer wegen laesio enormis begehrt werden: wenn der Kaufpreis nicht einmal die Hälfte des gemeinen Wertes der Sache erreicht. Doch kann Käufer die Aufhebung durch Nachzahlung des Wertes abwenden [21].

II. Miete (locatio conductio) [22].

Im Gegensatz zum kaufweisen Umsatz von Ware gegen Geld steht die vorübergehende entgeltliche Überlassung von Gebrauch und Nutzung einer Sache oder von Arbeitskräften. Das ist die Miete (locatio — conductio). Sie kann formlos geschlossen werden und steht unter den Grundsätzen der bona fides, die den näheren Inhalt bestimmen. Auch hier ist omnis diligentia zu prästieren, widrigenfalls Schadensersatz (Interesse) zu leisten ist. Eine besondere Gefahrtragung besteht nicht [23]; bei kasuellem Wegfall der Pflicht zur Gebrauchsüberlassung ist auch kein Mietpreis zu zahlen. Der Preis ist grundsätzlich erst nach erfolgter Gebrauchsgewährung (postnumerando) zu entrichten. Dagegen muß er, wie beim Kauf, in Geld bestehen [24]. Nur bei der Landpacht darf statt des Pachtgelds eine Quote des Fruchtertrags geleistet werden (colonia partiaria) [25].

Das römische Recht kennt drei Arten des Mietvertrages:

1. Die Sachmiete, Pacht (locatio conductio rei). — Hier verpflichtet sich der eine Teil (locator), dem anderen (conductor) den Gebrauch, bei der Pacht auch den

---

[21] Der Grundsatz wurde durch ein wohl interpoliertes Reskript Diokletians eingeführt C. 4, 44, 2, 8. Gradenwitz, Bull. di Dir. R. 2, 14. Er ist in unserm BGB. beseitigt, weil er mehr schädlich als nützlich war.

[22] Burckhardt, Gesch. d. locatio conductio (1889); Pernice, Ztschr. d. Sav.-Stift. 9, 239 ff.; Crome, Die partiarischen Rechtsgeschäfte (1897); Deschamps, Locare operas i. Mél. Gérardin (1907) 157. Die sonst. Lit. bei Windscheid-Kipp, Pand. § 399 N. *.

[23] Vgl. o. § 32 N. 8. — Außer beim Werkvertrage s. u. Ziff. 3.

[24] Sonst liegt keine Miete, sondern Innominatkontrakt (§ 40 II) vor.

[25] D. 19, 2, 25, 6. Daraus ist nicht zu schließen, daß hier eine Sozietät (Ziff. III) vorliege. S. Crome a. a. O. 23 ff., 37 ff. — Colonus ist der Pächter eines ländlichen Grundstücks; der Mieter eines Hauses heißt inquilinus. In Hausmiete wohnten bei den Römern meist „kleine Leute“.

Fruchtgewinn einer Sache für bestimmte Zeit zu gewähren, — der andere, dafür den Preis zu zahlen. Miete und Pacht werden nicht grundsätzlich unterschieden.

a) Die Verpflichtungen des Vermieters (geltend zu machen mit actio conducti) gehen auf fortlaufende Gewährung von Gebrauch und Nutzung (uti, frui). Die Sache ist in einem dazu geeigneten Zustande zu übergeben und zu erhalten [26]. Der Vermieter braucht nicht Eigentümer der Sache zu sein [27]. Er haftet aber für jedes Verschulden, wenn der Mieter den verabredeten Gebrauch nicht machen kann.

b) Die Verpflichtung des Mieters geht auf Zahlung des Mietpreises, ohne Rücksicht auf wirklich gemachten Gebrauch. Bei der Pacht kann wegen schlechter Ernte ein Nachlaß am Pachtzins (remissio mercedis) verlangt werden; doch muß der Pächter bei reichem Ertrag anderer Jahre nachzahlen [28]. — Der Mieter hat die Sache mit aller Sorgfalt aufzubewahren und vor Beschädigung zu hüten, und nach Ablauf der Mietzeit in gehörigem Zustand zurückzugeben. Andernfalls haftet er auf das Interesse [29]. Diese Verpflichtungen sind mit der actio locati geltend zu machen. Zur Sicherung für seine Forderungen hat Vermieter ein gesetzliches Pfandrecht (§ 26 I Ziff. 3).

c) Da die Miete nur ein obligatorisches Recht auf Gebrauch gegen den Vermieter erzeugt, ist es nicht ausgeschlossen, daß letzterer die Sache während der Mietzeit gültig an einen Dritten veräußert. Dann kann dieser mit

---

[26] Daraus folgt eine Verpflichtung des Vermieters zum Ersatz der sog. impensae necessariae, wenn der Mieter Aufwendungen auf die Sache machen mußte, — abgesehen von solchen, die nur dem Vorteil des Gebrauchs entsprechen (wie Fütterungskosten eines Tieres).

[27] Daher ist auch die Aftermiete (sublocatio) gestattet, wodurch der Mieter die Sache an einen Dritten weiter vermietet. Der erste Vermieter steht diesem Vertrage fern.

[28] Abgesehen von der colonia partiaria, s. o. N. 25. — Im BGB. ist die remissio beseitigt.

[29] Erfolgte die Verschlechterung durch einen Dritten, so haftet der Mieter nur für sein eigenes Verschulden bei Zugänglichmachung der Sache an den Dritten: d. i. für culpa in eligendo et custodiendo. So bei Beschädigungen durch Angestellte und Gäste des Mieters. Teilweise anders § 278 BGB.

rei vindicatio dem Mieter die Sache abnehmen: „Kauf bricht Miete“[30]. Der Mieter hat nur einen Schadensersatzanspruch gegen den Vermieter wegen dessen Verschulden (lit. a).

2. Die Dienstmiete (locatio conductio operarum). — Hier ist der Arbeiter der Vermieter. Er vermietet seine Arbeitskräfte, also Dienste gewöhnlicher Art (operae illiberales)[31] zum Gebrauch eines anderen (des Mieters), gegen einen nach dem Maß oder der Zeit bemessenen Entgelt (Tagelohn usw.).

Der Arbeiter hat die versprochenen Dienste persönlich zu leisten, und haftet für culpa levis (mit der actio conducti). Umgekehrt hat er (mit der actio locati) einen Anspruch auf den Lohn, selbst wenn der Mieter die Dienste nicht abgenommen hat[32].

3. Die Werkmiete (locatio conductio operis). — Bei diesem Vertrage handelt es sich darum, daß der Arbeiter gegen Entgelt ein bestimmtes Resultat (opus) durch seine Tätigkeit hervorbringe, z. B. die Anfertigung oder Ausbesserung von Gegenständen, einen Transport von Sachen oder von Personen. Das Maß der Arbeit ist gleichgültig; es kommt

[30] S. o. § 16 Nr. 13. Anders nach deutschem Recht. Nach der Rezeption half man sich vielfach durch Eintragung der Miete im Grundbuch, wodurch letztere dingliche Kraft bekam. Besser nach französischem Recht, wo man (durch enregistrement) nur für ein sicheres Datum des Mietvertrags sorgte. Doch blieb die Konstruktion des Vorrechts des Mieters im Unklaren. BGB. §§ 571 ff. gewinnt diese durch gesetzlichen Eintritt des Käufers in den Mietvertrag. Im Effekt ähnlich bei Mobilien § 986 Abs. 2 BGB.

[31] Die, gleich einer Ware, einen bestimmten Marktpreis haben. Ist eine Tätigkeit höherer Art, z. B. von Ärzten und Lehrern, zugesagt, so nehmen die Römer einen Mandatsvertrag (Ziff. IV) an. Das mandatum ist zwar unentgeltlich. Das hindert aber nicht, daß dem Beauftragten für seine Tätigkeit etwas zugewendet wird. Das Zugewendete erscheint dann nicht als Äquivalent für die Tätigkeit, weil letztere keinen Marktpreis hat. Es heißt daher honorarium (salarium), und war nur im Wege einer extraordinaria cognitio einforderbar. Vgl. D. 50, 13, 1, 4.

[32] In Deutschland sind die vielgestaltigen Erscheinungen des Dienstrechts vom einfachen Hand- und Gesinde- bis zum Hofdienst in das Schema der loc. cond. operarum gepreßt worden, ohne jedoch zur Unterdrückung der nationalen Eigentümlichkeiten zu führen. S. heute §§ 611 ff. BGB. (in Abtrennung von der Sachmiete, und ohne Unterscheidung, ob Dienste höherer oder niederer Art zu leisten sind. Das Mandat § 662 BGB. ist auf rein unentgeltliche Dienstleistungen beschränkt).

nur auf den Erfolg an. Vermieter ist hier der Arbeitgeber. Locator locat opus faciendum. Der locator gibt das Material (z. B. den Bauplatz für den Hausbau, oder den zu verarbeitenden Stoff) her[33]. Der Arbeiter ist der conductor oder Unternehmer[34]. Der Besteller hat das Unternehmen bei ihm untergebracht (placiert oder in Entreprise gegeben).

Der Unternehmer hat das Werk rechtzeitig und fehlerlos auszuführen und abzuliefern, und haftet für omnis culpa. Er kann sich fremder Hilfe bedienen, was bei der Größe der Unternehmung oft ganz selbstverständlich ist, und haftet auch für die Hilfspersonen, mindestens für Auswahl und Instruktion eines Substituten, z. B. weiteren Frachtführers[35]. Der Besteller hat die actio locati. Umgekehrt haftet er (mit actio conducti) auf Lohnzahlung. Wenn das Werk abgenommen (gebilligt), oder der Besteller im Annahmeverzuge ist, so trägt letzterer die Gefahr des Unternehmens, d. h. muß den Lohn zahlen, auch wenn das Werk durch Zufall zugrunde geht[36].

Wurden beim Seetransport zur Erleichterung des Schiffes in Seenot Güter über Bord geworfen (Haverei), so ist der Schaden von allen durch die Seenot Gefährdeten gemeinsam zu tragen[37].

---

[33] Liefert der Unternehmer auch den Stoff, so liegt Kauf (einer anzufertigenden Sache, Note 5) vor. — Anders § 651 BGB. (Werklieferungsvertrag).

[34] Darf der Unternehmer statt des vom Besteller gelieferten Stoffs anderen verwenden, bei einem Transport andere als die übergebenen Fungibilien am Adreßort abliefern, so liegt eine sog. locatio conductio irregularis vor. D. 19, 2, 31; D. 34, 2, 34 pr. Rossi i. Studi Senesi 7, 181.

[35] Sog. Culpa in eligendo et custodiendo. D. 19, 2, 13, 1. Für die eigenen Gehilfen scheint schon eine unbedingte Haftung des Unternehmers angenommen zu sein. D. 19, 2, 25, 7. Vgl. § 31 N. 9. — Jedenfalls so heute § 278 BGB.

[36] Vgl. D. 19, 2, 36. 37. 59. 62. Das Detail ist bestritten. S. Oertmann i. Grünhuts Ztschr. 24, 1. Für unser heutiges Recht s. §§ 644 ff. BGB.

[37] Einschließlich des Schiffseigentümers. Diese Bestimmung der lex Rhodia de jactu wurde von den römischen Juristen aus dem System des Mietrechts konstruiert. Die Eigentümer der geopferten Waren verlangen aus dem Frachtvertrag vom Schiffer Ersatz mit der a. locati. Dieser macht mit der a. conducti seine notwendigen Aufwendungen gegenüber den Verfrachtern geltend. Das Resultat ist eine allgemeine Repartition. Vgl. D. 14, 2, 2, pr. 2. S. heutzutage §§ 700 ff. HGB. Rehme, Geschichtl. Entwicklung der Haftung des Reeders (1891); Berger i. Pauly-Wiss. s. v. Jactus d. l. Rhod.

III. Gesellschaft (societas)[38].

Diese ist ein Vertrag zweier oder mehrerer Personen auf Bewirkung gegenseitiger Leistungen zur Erreichung eines gemeinschaftlichen Zweckes. Aus der Familien- und Landwirtschaft stammte die societas omnium bonorum: zufolge deren jeder Erwerb gemeinsam wurde. Dann wird die societas Mittel des Geld- und Handelsverkehrs, eine Vereinigung zum gemeinschaftlichen Erwerbe: sei es, daß Alles durch die Erwerbstätigkeit Erlangte und Geschuldete gemeinsam wird (societas lucri, quaestus), oder daß sich die Genossen nur zum Betriebe eines bestimmten Handelsgeschäfts vereinigen, so daß nur dessen Ergebnisse gemeinsam werden (soc. negotiationis). Zuweilen beschränkt sich der Zweck auf Erlangung einer einzelnen Sache (soc. unius rei) oder auf ein ideales oder geselliges Unternehmen. Der Zweck muß ein erlaubter sein (D. 17, 2, 57).

Die Leistungen, zu denen sich die Gesellschafter gegenseitig verpflichten, stellen gewissermaßen die Unkosten zur Erreichung des gemeinschaftlichen Zweckes dar. Doch braucht nicht jeder eine Geldleistung zu machen, sondern man kann sich auch zu Arbeitsleistungen verpflichten. Durch die Kapitalbeiträge entsteht kein selbständiges Gesellschaftsvermögen im heutigen Sinne: nichts, was nach außen hin oder dinglich in die Gesellschaftszwecke gebunden wäre[39]. Die zusammengebrachten Kapitalien[40] gehören einfach den Gesellschaftern (stehen in ihrem Miteigentum) und unterscheiden sich nicht von deren sonstigem Vermögen. Die Folge ist, daß jeder über seinen Anteil

[38] Leist, Zur Geschichte der röm. societas (1881); Pernice, Labeo I, 443, Ztschr. d. Sav.-Stift. 3, 48; Trumpler, Gesch. d. röm. Gesellschaftsformen (1906); Peters, Ztschr. d. Sav.-Stift. 32, 285.

[39] Daß die Gesellschaft keine juristische Person (§ 51) ist, betrifft einen anderen Punkt (die Rechtsfähigkeit der Personengemeinschaft), wovon auch bei der heutigen Gesellschaft keine Rede ist. Im Text dreht es sich nur um das gemeinschaftliche Vermögen. §§ 718 ff. BGB.

[40] Übrigens gibt es auch Gegenstände, die bloß zum Gebrauche der anderen socii eingeschlossen sind (quoad usum). Diese bleiben im Gegensatz zu dem quoad sortem Eingeschlossenen im Alleineigentum des Gesellschafters, der sie eingebracht hat.

verfügen, auch auf Teilung dringen kann. Inwieweit er das nach dem Gesellschaftsvertrag nicht darf, ist eine andere, lediglich obligatorische Frage[41]. Die Gesellschaft erzeugt also nur ein Innenverhältnis: gegenseitige Rechte und Pflichten der Genossen, geltend zu machen mit der actio pro socio. Entspechend entstehen aus den Verpflichtungen mehrerer handelnder Gesellschafter geteilte oder solidarische (§ 46) Verpflichtungen der einzelnen[42].

1. Die wechselseitigen Verpflichtungen der socii gehen auf Leistung der versprochenen Beiträge, einschließlich der Geschäftsführung, und auf Teilung von Gewinn und Verlust. Das Detail bestimmt sich, mangels besonderer Festsetzung, nach den Grundsätzen der bona fides. Die Anteile am Gewinn und Verlust sind regelmäßig gleiche. Doch können sie nach Höhe der Einlagen — ja sogar verschieden am Gewinn und Verlust — bestimmt sein; nicht aber so, daß einzelne gar nicht am Gewinn, sondern nur am Verlust beteiligt sein sollen. Die sog. „societas leonina" ist keine Gesellschaft[43].

Das Vertrauensverhältnis (jus fraternitatis), das unter den Gesellschaftern obwaltet, bewirkt, daß jeder socius dem anderen nur für diligentia quam suis rebus haftet. Verurteilung wegen Vertrauensbruchs (dolus) macht infam (§ 50). Umgekehrt hat jeder verklagte Gesellschafter das beneficium competentiae (§ 31 IV).

2. Aus dem Vertrauensverhältnis folgt auch, daß die societas mit Wegfall eines Mitglieds endigt: also

[41] Nach Maßgabe des Gesellschaftsvertrags, der aber wie o. N. 30 die Miete „gebrochen" werden kann.

[42] Das schließt nicht aus, daß ein sog. geschäftsführender Gesellschafter bestellt wird. Dieser berechtigt und verpflichtet sich selbst nach den Regeln der indirekten Stellvertretung. § 49 II Ziff. 2. Nach Ziff. 3 das. kann er möglicherweise als institor usw. durch seine Geschäftsführung auch die anderen Gesellschafter verpflichten. Diese haften dann nach den Regeln der actio institoria und exercitoria. S. auch D. 14, 1, 4 pr. 1; D. 21, 1, 44, 1. — Heute folgt eine Gesamtverpflichtung nach §§ 164 ff. 714 BGB. aus den Regeln der Stellvertretung.

[43] Ob eventuell ein anderer gültiger Vertrag (z. B. Schenkung, § 40 III Ziff. 3 a) vorliegt, ist Tatfrage. — Nichtbeteiligung Einzelner am Verlust ist statthaft. I. 3, 25, 2.

durch Tod, Verlust der Rechtsfähigkeit[44] und Konkurs eines Gesellschafters. Ebensowenig können neue Mitglieder in eine bestehende Gesellschaft aufgenommen werden. Geschieht es mit allseitigem Einverständnis, so liegt Abschluß eines neuen Gesellschaftsvertrags und eine neue Gesellschaft vor. — Im übrigen löst die Gesellschaft sich durch Erreichung des Gesellschaftszwecks, vereinbarte Aufhebung und einseitige Kündigung (Austritt) eines Gesellschafters auf. Unzeitige Kündigung macht (als Verstoß gegen die bona fides) den Kündigenden schadensersatzpflichtig und beraubt ihn des Gewinnes aus den schwebenden Geschäften, während er am Verlust beteiligt bleibt[45]. — Die Aufhebung der Gesellschaft bewirkt, daß neue Forderungen und Schulden aus dem Verhältnis nicht mehr entstehen können; die bereits begründeten bleiben bestehen und kommen mit der actio pro socio zur Abrechnung. Die in die Gesellschaft eingebrachten und im Betrieb erworbenen Gegenstände sind Miteigentum der Gesellschafter und bleiben bis zur Teilung (§ 19) gemeinsam[46].

IV. Der Auftrag (mandatum).

Mandat ist der Vertrag, durch welchen sich jemand zufolge der Aufforderung eines anderen verpflichtet, ein Geschäft für diesen auszuführen, und zwar ohne Entgelt[47]. Die übernommene Besorgung kann von verschiedenster Art[48] — es können auch Dienste sein, die, wenn sie

---

[44] S. u. § 50 Ziff. 4: früher bei jeder capitis deminutio, seit Justinian nur bei der maxima u. media.

[45] D. 17, 2, 65, 3—6. A se quidem liberat socios suos, se autem ab illis non liberat.

[46] Die Teilung des aus der Sozietät entstandenen Miteigentums wird mit der actio communi dividundo betrieben. Das Miteigentum der Gesellschafter ist das gewöhnliche nach Bruchteilen. S. o. bei N. 39 ff. Das heutige „Gesellschaftsvermögen" kennt solche Bruchteile nicht (§ 11 i. f.).

[47] Mandatum nisi gratuitum nullum est. S. jedoch wegen des Honorars bei operae liberales o. Note 31 ff.

[48] Auch ein Kreis von Geschäften, eine Vermögensverwaltung. Nur nichts Unsittliches. — Gewöhnlich liegt das Geschäft im Interesse des Auftraggebers, es darf aber auch im Interesse eines Dritten liegen (mandatum aliena gratia, D. 17, 1, 2, 2). Liegt es dagegen bloß im Interesse des Beauftragten (mandatum tua gratia), so ist die Verabredung nicht mehr als ein guter Rat, der als solcher keine Verpflichtung begründet.

entgeltlich geleistet würden, Gegenstand einer Dienstmiete wären. Aber auch höhere Dienste, für die es, wenn von Freien geleistet, keinen Entgelt, weil keinen Marktpreis gibt. Auch das Mandat ist ein Vertrauensverhältnis. Der Auftrag kann auf ein faktisches Tun oder auf Abschluß eines Geschäfts mit Dritten gehen. In letzterem Falle ist der Mandatar als solcher nicht befugt, das Geschäft im Namen des Mandanten abzuschließen. Eine Stellvertretung ist römisch kaum ausgebildet (§ 49): der Mandatsvertrag schließt ein solches Handeln nicht in sich. Er erzeugt nur ein Innenverhältnis zwischen Auftraggeber und Beauftragten.

1. Die Verpflichtungen ergeben sich aus dem Inhalt des Auftrags und der bona fides. Sie sind in erster Linie solche des Mandatars. Er hat den Auftrag auszuführen und haftet (trotz der Unentgeltlichkeit) für culpa levis (§ 31 I Ziff. 2 i. f.). Alle durch die Ausführung empfangenen Vorteile hat er dem Mandanten herauszugeben. Darauf geht die actio mandati directa des Herrn. Verurteilung des Mandatars wegen Vertrauensbruchs machte infam. Der Auftraggeber hat dem Beauftragten seine (verständigerweise) gemachten Auslagen und den Schaden zu ersetzen, den derselbe durch Ausführung des Auftrags erleidet. Darauf geht die actio mandati contraria[49].

2. Der Auftrag erlischt, unbeschadet der entstandenen Verpflichtungen, durch den Tod einer Partei[50] und einseitigen Widerruf, Kündigung. Unzeitgemäße Kündigung macht den Mandatar schadensersatzpflichtig. Umgekehrt hat er Anspruch auf Ersatz von Auslagen, die er in Unkenntnis vom Erlöschen des Auftrags noch zu dessen Ausführung gemacht hat[51].

---

[49] Vgl. Eisele, Arch. f. civ. Praxis 84, 319. — Über das Verhältnis der Mandatsklage zu anderen Klagen, und Haftung mehrerer s. Peters, Ztschr. d. Sav.-Stift. 32, 280 ff.; Levy, Konkurrenz d. Aktionen I (1918) 194 ff.

[50] Auch des Mandanten (D. 17, 1, 26 pr.) außer beim sog. mandatum post mortem (auf Besorgung einer Angelegenheit nach dem Tode). Anders § 672 BGB.

[51] D. 17, 1, 26 pr.; C. 4, 35, 15.

§ 39.

d) Die Realkontrakte.

Der natürliche Gesichtspunkt, daß ohne Gegenwert Empfangenes zurückzugeben ist, führte zur Anerkennung von vier weiteren Kontraktsfällen [1], wobei der formlosen Übereinkunft der Parteien die Hingabe einer Sache (res) an die andere Partei hinzutritt [2]. Die Verpflichtung aus diesen Kontrakten geht daher stets auf Rückgabe. Sie entsteht erst durch den Empfang [3]. Er macht den Empfänger zum Schuldner. Die Fälle sind:

I. Das Darlehn (mutuum) [4].

Der Darlehnsvertrag wird geschlossen durch formlose Übergabe (Tradition) einer Quantität vertretbarer Sachen (§ 6 VI), bes. Geld, in das Eigentum des Empfängers, unter Verpflichtung des letzteren zur Rückgabe einer gleichen Quantität derselben Art. Die Tradition, und daher auch das Darlehn, setzt Eigentum des Gebers voraus [5]. Doch darf die Übereignung auch in-

---

[1] S. o. § 33 Ziff. II. Die alte Form des Darlehns, das nexum (s. das. Note 2) verschwand schon seit Ende der republikanischen Zeit. Es entwickelte sich der formlose Darlehnskontrakt (das mutuum), dessen Klagbarkeit auf die res (die Darlehnshingabe) gegründet wird, als zivilrechtliches Geschäft. S. Mitteis I 258 ff.

[2] An Stelle der unten genannten drei weiteren Geschäfte (commodatum, depositum, pignus) gab es zivilrechtlich nur eine Kontraktsform, die über den beabsichtigten wirtschaftlichen Zweck hinausging, nämlich die vollständige Übereignung der Sache durch mancipatio oder in jure cessio unter der Verabredung (pactum fiduciae) der Rückübertragung: bei der Leihe nach gemachtem Gebrauch; bei der Verwahrung auf entsprechendes Verlangen des Deponenten; bei der Verpfändung nach Bezahlung der Schuldsumme. S. o. § 12 Note 1 u. § 25 II. Der Vorteil des neueren Rechts liegt darin, daß die Hingabe der Sache auch ohne Eigentumsübertragung die Verpflichtung auf Rückgabe erzeugt.

[3] Ein Vertrag auf Kreditgewährung bedarf der Stipulationsform (§ 33 N. 5). Vgl. D. 45, 1, 68.

[4] Huschke, Die röm. Lehre vom Darlehn (1882). — Über antike Bankgeschäfte Mitteis, Ztschr. d. Sav.-Stift. 19, 198 ff.

[5] D. 12, 1, 2, 4. War der Hingebende nicht veräußerungsfähig (z. B. ein pupillus, § 60) oder nicht Eigentümer, so entsteht kein Darlehn, weil die Valuta nicht zu Eigentum übermacht ist. Ist der Empfänger aus anderem Grunde, z. B. durch Konsumtion, Vermischung des Geldes, Eigentümer geworden, so hat er nur die erlangte Bereicherung (mit condictio sine causa, § 43 Ziff. V) herauszugeben. I. 2, 8, 2; Julian D. 12, 1, 19, 1.

direkt erfolgen: entweder so, daß auf Anweisung des Darleihers ein Dritter, z. B. dessen Schuldner, das Geld (auch eigenes) an den Empfänger auszahlt[6]. Oder so, daß übereingekommen wird, daß das aus anderem Grund Geschuldete dem Schuldner als Darlehn belassen werden soll[7]. Oder so, daß der Darleiher dem Schuldner eine Sache zum Verkauf gibt, um den Preis als Darlehn zu behalten[8].

Das Darlehn erzeugt eine einseitige Verbindlichkeit des Empfängers. Dieselbe ist stricti juris. Die Klage des Darleihers ist daher eine condictio (§ 5 N. 14 ff.). Sie geht auf das hingegebene Kapital, so daß sie nicht einmal für Zinsen Raum hat, nicht einmal für Verzugszinsen[9]. Vertragszinsen kann der Gläubiger sich durch Stipulation versprechen lassen und dann aus dieser einklagen (§ 34 Ziff. 4 a). Bei anderen als Gelddarlehn genügt später ein einfaches pactum[10]. Die Klage aus dem Darlehn heißt condictio certi[11], und wenn sie auf andere Sachen als Geld, z. B. Getreide geht, condictio triticaria[12].

---

[6] Doch muß der Schuldner hier wissen, von wem er das Darlehn erhält. Sonst kann der Anweisende nicht mit Darlehnsklage, sondern nur mit der Bereicherungsklage (condictio sine causa, § 43 Ziff. V), welche hier condictio Juventiana genannt wird, auf Erstattung dringen. D. 12, 1, 32. Weiß der Schuldner aber, von wem das Geld kommt, so ist der Kapitalist Darlehnsgläubiger geworden. S. u. § 49 N. 28.

[7] D. 12, 1, 15. Ältere Anschauung in D. 17, 1, 34 pr. Literatur bei Windscheid-Kipp, Pand. § 370 N. 11. — S. heute § 607 Abs. 2 BGB.

[8] Von dem Moment, da der Verkauf erfolgt ist. D. 12, 1, 11 pr.

[9] An deren Stelle verfiel bei Gelddarlehn im klassischen Recht zufolge Strafsponsion ein Drittel der Klagsumme (poena tertiae partis) Gai. IV § 171; beim Darlehn anderer Sachen, wo dies untunlich war, wurde nach C. 4, 32, 23 später Ersatz zugelassen.

[10] S. u. § 40 Ziff. III. — Auch beim Seedarlehn (D. 22, 2, 5, 1), zufolgedessen der Darlehnsgläubiger nur dann forderungsberechtigt ist, wenn das Geld oder die damit angeschafften Waren am Bestimmungsort ankommen (pecunia trajecticia), war als Entgelt für die damit vom Darleiher übernommene Gefahr allgemein (mittels einfachen pactum) das Versprechen von Zins zugelassen. Justinian bschränkte die Zinsen auf 12 Prozent (faenus nauticum). C. 4, 32, 26, 2.

[11] Im Corpus juris (interpoliert). Darüber § 5 N. 15 ff. — Wegen der Strenge vgl. D. 12, 1, 11, 1.

[12] D. 12, 1, 9, 3; D. 13, 3, 1. — Wegen des Darlehnsschuldscheins s. o. § 37. — Über das Darlehn als Realvertrag im heutigen Recht s. § 40 V Ziff. 4.

Über die Rückzahlungsverpflichtung kann auch eine Stipulation geschlossen werden. Dann wird aus dieser geklagt, und zwar auf Grund des bloßen Versprechens, nicht auf Grund der Hingabe des Geldes usw. Ist weniger gegeben, als in der Stipulation steht, so gilt das Recht der exceptio non numeratae pecuniae (§ 37).

Weil Hauskinder nach römischer Rechtsanschauung (§ 54) kein eigenes Vermögen haben konnten, sind Gelddarlehen an sie verboten. Senatus consultum Macedonianum[13]. Der Prätor gab gegen die Klage des Gläubigers die exceptio SC. Macedoniani. Doch kann der Haussohn nach Wegfall der väterlichen Gewalt vollgültig zahlen, und man spricht daher von einer Naturalobligation (§ 30 i. f.).

II. Die anderen Realkontrakte erzeugen bonae fidei-Verpflichtungen[14]. Der Empfänger ist daher nicht lediglich zur Rückgabe, sondern zu allem verpflichtet, was die bona fides im gegebenen Falle verlangt. Auch Gegenforderungen des Empfängers wegen Verwendungen auf die Sache oder wegen Verschuldens des Gebers (z. B. wenn er eine ungeeignete Sache herlieh) können hier vorkommen, und sind mit actio contraria (§ 32 I) geltend zu machen[15]. Im Einzelnen gilt:

1. Die Leihe (commodatum) kommt zustande durch Hingabe einer nicht vertretbaren Sache an den Kommodatar zu bestimmtem Gebrauch, und unentgeltlich (sonst läge Miete vor). Der Entleiher ist Detentor, und verpflichtet, die Sache nach gemachtem Gebrauch

---

[13] Im Anschluß an einen bestimmten Fall: des Haussohns Macedo, der von den Gläubigern bedrängt, seinen Vater ermordete. Das SC. erging unter Vespasian. Übrigens ward es nicht angewendet, wenn der betr. Haussohn allgemein (und daher vom Gläubiger entschuldbar) nicht als solcher angesehen wurde. D. 14, 6, 3 pr. — Vor der Volljährigkeit bestand anderweitiger Rechtsschutz (für den impubes nach § 60 III Ziff. 1) wegen mangelnder auctoritas, für Mündige durch in integrum restitutio, § 61 Ziff. I).

[14] Vgl. Pernice, Labeo I 424, II 2, 154; Karlowa, R. Rechtsgesch. II, 1310; Ferrini, Arch. giur. 52, 469; 53, 41, 257; E. Levy, Ztschr. d. Sav.-Stift. 36, 1; Biondo-Biondi, Judicia bonae fidei I (1920).

[15] Der Geber braucht nicht immmer Eigentümer zu sein. Dagegen darf die Sache nicht dem Empfänger gehören.

oder abgelaufener Leihezeit in gehörigem Zustand zurückzugeben. Er haftet für jede Sorgfalt (culpa levis). Der Verleiher hat gegen ihn die actio commodati directa. Der Verleiher selbst haftet nur unter Umständen (s. o.) auf Schadloshaltung des Empfängers, auch (wegen der Unentgeltlichkeit) nur für dolus oder culpa lata (§ 31). Der Entleiher hat wegen seiner Gegenforderung auch ein Retentionsrecht an der Sache.

2. Der Verwahrungsvertrag (depositum) wird geschlossen durch Hingabe einer beweglichen Sache an den Empfänger (depositarius) zur Verwahrung, die ebenfalls unentgeltlich stattfindet[16]. Dieser Vertrag ist zum Vorteil des Deponenten. Der Empfänger haftet (mit actio depositi directa) auf jederzeitige Rückgabe der Sache (in gehörigem Zustand), hat aber nur für dolus und culpa lata einzustehen[17]. Anderseits liegt ein Vertrauensverhältnis vor. Verurteilung wegen Treulosigkeit macht den Verwahrer infam. Wegen etwaiger Auslagen kann er die Sache nicht zurückbehalten, auch gegen seine Schadensersatzpflicht nicht mit einer ihm wider den Deponenten zustehenden Forderung aufrechnen[18]. Der Depositar hat ähnliche Ansprüche wie bei der Leihe (geltend zu machen mit der actio depositi contraria); der Deponent haftet für culpa levis. — Die Verwahrung einer Streitsache für mehrere Streitteile, mit der Abrede, die Sache an den Sieger im Streit herauszugeben, heißt Sequestration. Der Sequester hat juristischen Besitz der Sache, während der Depositar sonst nur Detentor ist (§ 8 Ziff. II u. III).

Betrifft die Verwahrung vertretbare Sachen, so kann ausgemacht sein, daß Rückgabe einer gleichen Quantität derselben Art erfolgen soll (so bei unver-

---

16 Sonst läge Werkmiete (locatio conductio operis, § 38 II Ziff. 3) vor. — Nach BGB. §§ 688 ff. gibt es auch eine entgeltliche Verwahrung.

17 Nach § 690 BGB. bei Unentgeltlichkeit für culpa in concreto, sonst nach § 276 für culpa levis. — Beim sog. depositum miserabile (Hinterlegung in dringender Not), z. B. bei Aufruhr, Brand usw. sollte der Verwahrer im Fall arglistigen Ableugnens auf den doppelten Betrag verurteilt werden (D. 16, 3, 1, 1 ff.).

18 S. u. § 45 II Ziff. 2. — In beiden Punkten besteht nach BGB. keine Besonderheit mehr.

schlossener Hingabe von Geld oder anderen Fungibilien). Hier wird der Depositar Eigentümer der empfangenen Stücke (D. 12, 1, 9, 9). Sog. depositum irregulare. Die Rückgabepflicht ist ähnlich der aus dem Darlehen[19]. Doch bleibt das Geschäft bonae fidei und zum Vorteil des Deponenten. Daher können durch einfaches pactum Zinsen bewilligt, auch vom Richter Verzugszinsen zugesprochen werden, und die exceptio S. C. Macedoniani findet nicht statt.

3. Der Faustpfandvertrag (pignus) wird geschlossen durch Hingabe einer Sache zum Pfande: also mit der Abrede, daß sie nach Tilgung der gesicherten Forderung zurückgegeben werden soll. Wegen des dadurch entstehenden Pfandrechts s. o. §§ 25 ff. Der Empfänger genießt auch Besitzschutz (§ 8 Ziff. II u. III). Die Hingabe erzeugt aber auch ein Schuldverhältnis zwischen dem Verpfänder und dem Pfandgläubiger: auf Rückgabe der Sache nach Wegfall der Pfandforderung, oder auf Herausgabe des Überschusses nach Verkauf des Pfandes und Befriedigung aus dem Erlöse. In diesem Sinne ist die Hingabe ein Realkontrakt. Da der Vertrag zum Vorteil beider Parteien ist, haften beide für culpa levis. Die Hauptverpflichtung ist die des Empfängers (geltend zu machen mit actio pigneraticia directa). Unter Umständen haftet auch der Verpfänder (mit actio pigneraticia contraria) für Auslagen usw. des Empfängers, wie in den vorigen Fällen. Der Empfänger hat auch ein Retentionsrecht (§ 25 III Ziff. 4).

§ 40.

e) Erweiterungen.

I. Um die Lücken des Kontraktsystems auszufüllen, wurde schon früh die actio doli (§ 42 Ziff. 2, § 44 I Ziff. 5) in erweiterter Form als allgemeine subsidiäre Billig-

[19] Vgl. Niemeyer, Depositum irregulare (1889); Mitteis, Ztschr. d. Sav.-Stift. 19, 209 ff.; Kübler, das. 29, 206 ff. — S. § 700 BGB.

[1] In derselben Art, wie die exceptio doli (§ 5 Note 13) in allgemeiner Funktion dazu verwendet wurde, Härten der Rechtsordnung abzuwenden (wenn bei erhobener Klage des Gegners die res „in se dolum habet", s. z. B. D. 45 1, 36). Mitteis, R. Privatr. I 318 ff.

keitsklage nutzbar gemacht[1]; ferner in Analogie der rechtlich anerkannten Klagen, die im Edikt der Rechtspflegebehörden verzeichnet standen, andere (actiones utiles und in factum, § 5 II) gegeben, und das betreffende Verhältnis dadurch klagbar gemacht. — In viel größerem Umfang gelang eine Ausfüllung der Lücken

II. durch Erweiterung des Gedankens der Realkontrakte, die man zu unbenannten Realkontrakten oder Innominatkontrakten ausweitete. Sie haben mit den vier soeben erwähnten Realkontrakten, die wesentlich Rückgabe anvertrauten Gutes betreffen, keinen inneren Zusammenhang. Sie sind eigentlich Fälle von Konsensualkontrakten, so z. B. der Tausch, die Miete mit anderer Gegenleistung als Geld, und gehen auf Austausch von Leistungen. Weil aber der einfache Konsens hier nicht die Kraft hat, eine klagbare Verpflichtung zu erzeugen, so stand anfangs nur eines fest, nämlich, daß die Partei, die wirklich geleistet hat, während der Gegner nicht leistet, berechtigt ist, ihre Leistung als ungerechtfertigte Bereicherung des Gegners zurückzufordern (mit condictio causa data causa non secuta). § 43 Ziff. V. Aber das Bedürfnis ging weiter. Ist die Entwickelung im einzelnen auch nicht ganz aufgeklärt, jedenfalls hat sich im späteren Recht der Gedanke Bahn gebrochen, daß man die stattgefundene Leistung auch als res im Sinne der Realkontrakte auffassen, und auf dieser Basis einen contractus (eine klagbare Abrede) anerkennen könne. Daraus folgt für den Geber (neben der auch weiter zulässigen condictio auf Rückgabe der eigenen Leistung) eine Klage auf die Gegenleistung[2]. Dieselbe ist bonae fidei: eine actio in factum

[2] Ausgangspunkt war der sog. Trödelvertrag: in Wahrheit Verkaufskommission (§ 49 II Ziff. 2) mit einem im Maximum bestimmten Kaufpreis (D. 19, 3). Daraus gab man die actio aestimatoria (praescriptis verbis). Vgl. Karlowa, Rechtsgeschäft 254. S. im übrigen Gradenwitz, Interpolationen 122; Lenel, Edictum 2. A. 292; Pernice, Ztschr. d. Sav.-Stift. 9, 248, Labeo III 88; Audibert i. Mél. Gérardin (1907) 21; De Francisci, Συνάλλαγμα. Storia e dottrina dei cosidetti contratti innominati (2 Bde. 1913, 1916). Die in das corpus juris aufgenommenen Stellen sind stark interpoliert, die a. praescriptis verbis überhaupt nachklassisch.

(civilis). Sie wird actio praescriptis verbis genannt[3]. Die Zahl der unter dieser Voraussetzung klagbaren Vereinbarungen ist unermeßlich. Sie sind Innominatkontrakte, weil man sie nicht einzeln bezeichnen kann. Oder Innominatrealkontrakte, weil sie durch die res (Bewirkung der einen Leistung) zustande kommen. Sie werden im Corpus juris in vier Kategorien eingeteilt. Sie gehen auf do ut des (z. B. der Tausch)[4], — auf do ut facias (z. B. wenn gegen eine Sachleistung, die nicht in Geld besteht, vermietet wird), — umgekehrt auf facio ut des, und endlich auf facio ut facias (bei Austausch gegenseitiger Dienstleistungen)[5].

III. Endlich wurde der Kreis der Konsensualkontrakte materiell dadurch erweitert, daß einzelne pacta klagbar gemacht wurden (sog. pacta vestita, § 33 N. 5).

1. Nach Zivilrecht konnte aus den pacta nicht geklagt werden (§ 33 i. f.), z. B. war also die formlose Zinsabrede ohne Haftung. Nur als Verabredung über Nebenpunkte, die dem Abschluß eines anerkannten bonae fidei-Kontrakts hinzugefügt wurden, waren sie (als sog. pacta adjecta) durch die Hauptklage gedeckt, weil die bona fides die Berücksichtigung aller beim Vertragsschluß vorliegenden Umstände erforderte. Ist die Nebenabrede später getroffen, so wird sie nach justinianischem Recht vom Vertrag (und seiner actio) nicht mit umschlossen, und kann sich der Versprechensempfänger nur unter Umständen verteidigungsweise auf das pactum berufen[6].

---

[3] Das sind die Ausdrücke bei Justinian. Die actio in factum civilis beruht sicher in manchen Fällen auf einer schon im klassischen Recht entwickelten actio in factum oder actio utilis (Ziff. I). Deutliche Zeugnisse dafür haben wir beim Trödelvertrag (Note 2, s. D. 19, 3, 1 pr., wo die a. praescriptis verbis sicher interpoliert ist, u. eod. 2, wo die a. utilis noch steht) und beim Vergleiche (C. 2, 4, 6, 1).

[4] Hier wurden auch Klagen wegen Eviktion nach Art des Kaufes gegeben. D. 19, 4, 1, 1; C. 8, 44, 29.

[5] S. D. 19, 5. — Weil die condictio der eigenen Leistung fortdauernd zulässig bleibt, wohnt den römischen Innominatkontrakten bis zur Gegenleistung ein eigentümliches „Reurecht" inne.

[6] So, wenn das pactum die Klagforderung mindert. Wenn es sie vermehrt, so kommt es darauf an, ob aus besonderen

In der Form des pactum adjectum setzten sich die besonderen Spielarten des Kaufs: der Kauf auf Probe — pactum displicentiae, — der Verkauf mit Vorbehalt eines besseren Angebots (in diem addictio), — die allgemeine Verfallklausel bei obligatorischen Verträgen mangels rechtzeitiger Gegenleistung (lex commissoria)[7], — die Klausel eines Draufgelds (arrha)[8] und anderes durch. Eine besondere Bedeutung haben auch die pacta adjecta bei der Dosbestellung, da sie bei der actio rei uxoriae (§ 29 II Ziff. 2) mit berücksichtigt werden. Über Bedingungen und Zeitbestimmungen s. u. § 41.

2. Andere pacta sind durch das prätorische Recht klagbar geworden (daher pacta praetoria genannt). Hierhin gehört das constitutum debiti[9]: d. i. das formlose Versprechen, eine bestehende, auch naturale Schuld, — sei es die eigene (constitutum debiti proprii) oder eine fremde (constitutum debiti alieni) — erfüllen zu wollen. Das erstere ist eine Art der Anerkennung, das letztere ein Fall der Bürgschaft[10]. Weil keine selbständige Verpflichtung (durch stipulatio) vorliegt, muß das Bestehen der früheren Schuld, wenn

Gründen der bona fides dem Versprechensempfänger eine exceptio bewilligt wird. Vgl. D. 2, 14, 7, 5; D. 18, 1, 72 pr.; C. 2, 3, 13, u. o. § 33 N. 5.

[7] Dig. 18, 8 u. oben § 32 i. f. — Während die dingliche Verfallklausel, daß die Pfandsache bei nicht rechtzeitiger Zahlung dem Gläubiger zufallen soll, später verboten wurde. S. o. § 25 Ziff. I.

[8] Vgl. Leonhard: Pauly-Wiss. s. v. arrha; Calogirou, Die Arrha i. Vermögensrecht (1911); Partsch i. Gött. Gel. Anz. 1911, 713; Collinet, Etudes (§ 2 N. 19a) 85 ff. — Die arrha ist entweder Zeichen des bindenden Abschlusses des Vertrages (sog. a. confirmatoria), oder dient als Vertragsstrafe bei schuldhafter Nichterfüllung des Vertrages (a. poenalis). Seltener ist sie Reugeld (a. poenitentialis), so daß bei Verlust dieses Betrags vom Vertrage zurückgetreten werden kann. Vgl. §§ 336—338 BGB. — Der in Deutschland übliche Mietstaler ist lediglich Form des Vertragsabschlusses (s. u. V Ziff. 1).

[9] Bruns, Kleine Schriften 1, 221; Leonhard in Pauly-Wiss. s. v. Constituere.

[10] Die Nichterfüllung des Konstitutsversprechens galt römisch als eine besondere Treulosigkeit. Im klassischen Recht mußte man sich daher durch sponsio dimidiae partis zur Zahlung der Hälfte der Schuldsumme (neben dieser) als Strafe im Fall des Unterliegens verpflichten. Entsprechend der Gegner durch restipulatio. Im justinianischen Recht sind diese Strafen fortgefallen. — Das heutige Recht kennt überhaupt kein Konstitutum mehr. Als Anerkennungsvertrag ist es nutzlos, als besondere Bürgschaftsform entbehrlich.

auch nur zur Zeit des Eingehens des constitutum dargetan werden. Späteres Erlöschen der alten Schuld (auch deren Verjährung) schadet nicht. Nur darf keine Befriedigung des Gläubigers stattgefunden haben (dadurch erlischt auch die Konstitutsschuld). Oft werden durch das Konstitut auch Zahlungszeit oder andere Modalitäten der Forderung näher bestimmt. — Ursprünglich bezog sich das constitutum nur auf Geld (actio de pecunia constituta). Im Justinianischen Recht besteht diese Beschränkung nicht mehr.

Durch das constitutum tritt eine neue Obligation neben die alte (hebt sie nicht auf). War letztere keine Naturalobligation, so kann auch sie also immer noch eingeklagt werden. Jedoch erlangt der Schuldner dagegen aus dem Konstitutsvertrag eine exceptio, wenn die Geltendmachung dem Inhalt des Konstituts widerspricht.

Auch die auf dem receptum nautarum, cauponum et stabulariorum (§ 43 Ziff. IV) beruhende Haftung der Schiffer und Wirte für die bei ihnen eingebrachten Sachen war ursprünglich eine auf formlosem Garantievertrag beruhende des prätorischen Rechts[11].

3. Weitere Fälle fügte das Kaiserrecht hinzu (pacta legitima).

a) Der wichtigste Fall ist das formlose Schenkungsversprechen, das durch Justinian klagbar gemacht wurde[12]. Freilich kann eine Schenkung nicht bloß durch Versprechen, sondern auch durch direkte Übereignung von Sachen (§ 12) und andere Übertragung von Vermögenswerten stattfinden.

Das römische Recht ist gegen Schenkungen sehr mißtrauisch. Sie geschehen oft unvorsichtig; oft sind sie ein Deckmantel für Bestechung, Erpressung und sonstige Unlauterkeit. Indessen gegen eine durch sofortige Übereignung vollzogene Schenkung läßt sich viel schwerer einschreiten, als gegen ein Versprechen, dessen Erfüllung noch aussteht. Im klassischen Recht geschah die erstere bei Sachen wie gewöhn-

---

[11] S. Partsch, Ztschr. d. Sav.-Stift. 29, 403 ff.; Haymann, das. 40, 205.

[12] C. 8, 53, 35, 5. Vgl. Riccobono, Ztschr. d. Sav.-Stift. 34, 168 ff.; Pringsheim, das. 42, 273 ff.

lich durch mancipatio oder Tradition, das Versprechen durch Stipulation. Schon die lex Cincia (ein Volksgesetz v. 204 v. Chr.) hatte übermäßige Honorare und Schenkungen, außer an gewisse nahe Angehörige, verboten, traf aber (als lex imperfecta) nicht die vollzogene Übereignung[13]. Nur die Leistungsklage wurde vom Prätor mit der exceptio legis Cinciae entkräftet — außer wenn der Schenker verstorben war (morte Cincia removetur). In nachklassischer Zeit verfiel dieses Verbot; man verlangt jetzt für die Gültigkeit der Schenkungen, mögen sie durch direkte Übereignung oder durch Versprechen geschehen, eine besondere Form: die Erklärung zu gerichtlichem Protokoll[14]. Justinian schreibt die gerichtliche Verlautbarung (Insinuation) nur für solche Schenkungen vor, deren Wert den Betrag von 500 solidi übersteigt; im übrigen ist das pactum formlos gültig und klagbar. Der den Höchstbetrag übersteigende Teil ist ungültig. — Damit nähert sich das Schenkungsversprechen den Konsensualverträgen, wird mit dem Kauf zusammengestellt, und zur Unterscheidung die übliche (cf. z. B. § 8 III, § 36, 2) Begriffsbestimmung aus dem animus der Paziszenten entnommen, aus der liberalen Absicht (animus donandi), während richtig der wirtschaftliche Zweck entscheidend ist, daß die Zuwendung ohne Entgelt erfolgt.

Noch der I. Entwurf § 437 zum BGB. enthielt den animus donandi, indem er auf die „Absicht der Bereicherung" abstellte. Heute wird nach § 516 BGB. das Erfordernis einer solchen Absicht verneint. RB. 70, 17; 95, 14.

Im älteren Recht konnten Schenkungen des Patrons an seinen libertus (§ 53 N. 11), im justinianischen Recht kann jede Schenkung wegen groben Undanks des Beschenkten widerrufen, und darauf das Geschenkte zurückgefordert werden, aber nur vom Schenker selbst, nicht von seinen Erben. — Wegen des Verbots der Schenkungen unter Ehegatten s. u. § 58 N. 9.

---

[13] Was zum Vollzug gehörte (z. B. bei res mancipi auch Besitzübertragung), war oft schwierig zu sagen. S. Mitteis, Röm. Privatr. I 153 ff.

[14] Zuerst für alle nicht ganz geringfügigen Schenkungen; auch wohl vor Zeugen oder unter Sachübergabe, später ohne letzteres. C. 8, 53, 25 ff.

Nicht selten wird der Schenkung eine Klausel zugefügt, der Beschenkte solle das Empfangene (ganz oder teilweise) in bestimmter Weise verwenden oder dafür etwas leisten. Hierin liegt eine Abschwächung der Liberalität eine Auflage[15] Doch ist die Zuwendung nicht von Befolgung der Auflage abhängig (wie bei einer Bedingung, § 41). Die Befolgung hat auch nicht den Charakter einer Gegenleistung, da der Schenkung ein Entgelt fehlt und die Auflage keinen Gegenwert für die Zuwendung darstellt. In älterer Zeit war die Auflage im allgemeinen nicht erzwingbar (hatte nur den Charakter einer Empfehlung)[16] Neuestens kann, wenn nach dem Empfang des Zugewendeten der Modus nicht erfüllt wird, die Schenkung mit condictio ob causam datorum zurückgefordert werden[17], und der Schenker oder der, zu dessen Vorteil die Auflage besteht, mit einer actio praescriptis verbis auf Erfüllung des Modus dringen[18]

b) Seit Theodos II ist auch das formlose Dotalversprechen klagbar[19] Darüber bei der Dos (§ 59 Ziff II)

IV Endlich wurde von Kaiser Zeno sogar ein neuer Konsensualkontrakt, für die immer wichtiger gewordene Emphyteuse zugelassen der contractus emphyteuticarius[20]

V In Deutschland hatten vor dem Eindringen des römischen Rechts, abgesehen von den Verpflichtungen durch Empfang eines vermögenswerten Entgeltes (Realvertrag), ebenfalls verschiedene bestimmte Formen für den Vertragsabschluß bestanden, so die Hingabe

[15] S. Pernice, Labeo III 1, Haymann, Schenkung unter Auflage (1901), Mitteis, R. Privatr I 194 ff. Schulz, Interpolationenkrit. Stud. i. Festschr f. Zitelmann (1913), Beseler Beitr IV (1920) 309. — Im klassischen Recht spricht man von condicio oder lex (contractus), später von modus.

[16] Abgesehen von der Freilassungsauflage, s. u. § 53. Wenn sonst eine Auflage schuldhaft nicht erfüllt wurde, gab es (wenn man sich nicht durch Stipulation, bzw. früher auch durch pactum fiduciae gesichert hatte) nach klassischem Recht kein Rückforderungsrecht. Anders bei zufälliger Unmöglichkeit der Erfüllung. Bei der Auflage, die Sache einem Dritten herauszugeben, haben der Schenker und sogar der Dritte eine Klage erhalten (D. 39, 5, 2, 7 C. 8, 54, 3). S. Mitteis a. a. O. 200 ff., Haymann 124 ff.

[17] S. u. § 43 Ziff. V C 8, 54, 1.

[18] C. 8, 53, 9. 22, 1. — So kann man sagen Die Bedingung suspendiert, aber zwingt nicht der Modus zwingt, aber suspendiert nicht (Savigny).

[19] C. 5, 11, 6.

[20] S. o. § 24 Ziff. II, bes. N. 7

von Symbolen (wadia), Handschlag. Dagegen waren die Formen der Stipulation und die Beschränkung der materiellen Verträge auf die Konsensualkontrakte etwas so Nationalrömisches, daß es in Deutschland kein Verständnis finden konnte. Somit mußte (gewohnheitsrechtlich) die Stipulation verschwinden, — die Klagbarkeit der pacta nuda sich durchsetzen[21]. Der Unterschied beider war in der deutschen Sprache überhaupt kaum zum Ausdruck zu bringen. Das „Spondesne? Spondeo" erblickt man in einem ausdrücklichen oder „sonderlichen" Versprechen. Gegen die römische Klaglosigkeit der pacta nuda wird auf Grund der aequitas mit einer actio de dolo geholfen oder das officium principis zur Erzwingung des pactum angegangen (das kanonische Recht läßt die Erzwingung aller Verträge mittels Anklage vor den geistlichen Gerichten zu). Im Verkehr der Kaufleute vor den Handelsgerichten wird die Unklagbarkeit des pactum überhaupt nicht anerkannt, da hier die aequitas in erster Linie entscheide. Endlich erfindet man (seit Tartagnus) die Theorie vom pactum geminatum, indem man die aus dem nudum pactum in einzelnen Fällen entstehende Naturalobligation verallgemeinerte, als eine auf dem Naturrecht beruhende auffaßte, und durch ein zweites pactum (constitutum) klagbar werden ließ. Im 17. und 18. Jahrhundert ist in Deutschland die allgemeine Klagbarkeit der Verträge anerkannt.

1. Freilich gab die dadurch eingerissene Formlosigkeit der obligatorischen Verträge vielfach zu Bedenken Anlaß. Dagegen schützte man sich hauptsächlich in den Partikularrechten durch Aufstellung neuer Gültigkeits- und Beweisformen. Natürlich sind unsittliche, unehrenhafte oder sonst verbotene Verabredungen ungültig. Vgl. heutzutage §§ 309 ff. BGB. und hinsichtlich der Form z. B. den wichtigen § 313 und §§ 566, 766, 1434. Bezüglich der Schenkung blieb es gemeinrechtlich bei dem Erfordernis der Insinuation heutzutage s. § 518 BGB.

2. Ferner führte die Verallgemeinerung des Konsensualprinzips zur Aufzehrung der römischen Innominatkontrakte (Ziff. II). Denn die betreffenden Abreden sind jetzt sofort klagbar Die Leistung der einen Partei erfolgt nicht mehr contrahendi causa (um den Gegner zu verpflichten), sondern solvendi causa (um zu erfüllen, was man schuldig ist). Das ihnen römisch innewohnende Reurecht (Note 5) mußte wegfallen.

3. Da das Wesen der römischen Konsensualkontrakte in der Ungetrenntheit des Versprechens von seinem Verpflichtungsgrunde bestand, so mußten durch ihre Verallgemeinerung alle Schuldverträge zu kausalen Verträgen werden. So auch Art. 1131 C. civ. (l'obligation sans cause ne peut avoir aucun effet). Dagegen ist

[21] Vgl. L. Seuffert, Geschichte der obligatorischen Verträge (1881).

im neueren gemeinen Recht, zuerst unter Kaufleuten und danach auf breiterer Basis, die Gültigkeit eines abstrakten Schuldversprechens und Schuldanerkenntnisses wieder zulässig geworden [22]. Vgl. §§ 780, 781 BGB., ferner den Wechsel, kaufmännische Anweisungen und Verpflichtungsscheine usw.

4. Dagegen bilden die benannten Realkontrakte (§ 39) auch heute noch eine besondere Gruppe, insofern sie ihrem Inhalt nach auf Rückgabe kreditierter oder anvertrauter Objekte gehen. Freilich kann auch schon die Hingabe gültig und klagbar versprochen werden, aber dieses Versprechen enthält nicht schon die charakteristischen Züge des Darlehens, der Leihe, der Verwahrung, sondern ist nur ein Vorvertrag auf Darlehensgewährung usw. (so auch § 610 BGB.). Das Darlehn selbst und die ihm eigentümlichen Verpflichtungen beginnen erst mit Leistung der Valuta. — Das Recht der exceptio und querella non numeratae pecuniae war schon durch EGZPO. § 17 für Deutschland beseitigt. Die Beweiskraft eines Schuldscheins ist an den Ablauf einer Zeitfrist nicht gebunden.

5. Endlich sind heute alle Verträge zu bonae fidei-Kontrakten im römischen Sinne geworden (§ 242 BGB.), auch das Darlehn. Einzelne Ausnahmen, wie das Wechselversprechen, gehören dem Spezialrecht an.

VI. Ohne Vertrag, durch einseitige Erklärung entsteht nach römischem Recht nur in zwei Fällen eine klagbare Verpflichtung: bei einem Versprechen an die Gottheit resp. zu frommen Zwecken (votum) und beim Versprechen (pollicitatio) an eine Stadtgemeinde ob justam causam, sonst nach Beginn der Erfüllung (mit opus coeptum) [23].

§ 41.

f) Bedingungen und Zeitbestimmungen*.

Die wichtigsten, den gewöhnlichen Inhalt des Vertrags abändernden Klauseln [1] sind Bedingung und Zeitbestimmung. Durch sie wird die Wirkung der Verabredung beschränkt.

[22] Bähr, Die Anerkennung als Verpflichtungsgrund 1855 (3. A. 1895).

[23] D. 50, 12. — S. heute in dieser Beziehung nur §§ 657 ff. BGB. (Auslobung).

* v. Scheurl, Nebenbestimmungen bei Rechtsgeschäften (1871); Wendt, L. vom bedingten Rechtsgeschäft (1872); Czyhlarz, Resolutivbedingung (1871); Schulin, Resolutivbedingungen (1875); Enneccerus, Rechtsgeschäft, Bedingung und Anfangstermin (1889); Bruck, Bedingungsfeindliche Rechtsgeschäfte; Mitteis, Röm. Privatr. I § 11; Ztschr. d. Sav.-Stift. 32, 1 ff. 11 ff.

[1] Man spricht hier von accidentalia negotii, im Gegensatz zu den naturalia (vgl. D. 19, 1, 11, 1), welche die regelmäßige Wirkung

Die Wirkung soll nicht ohne weiteres eintreten[2], sondern wird abhängig gemacht vom Eintritt eines ungewissen Ereignisses (condicio), oder eines bestimmten Zeitpunkts (dies). D. 44, 7, 44.

Während die Hauptgeschäfte des Zivilrechts (mancipatio, in jure cessio) wegen ihrer Formstrenge solchen Abweichungen keinen Raum ließen, wurden im neueren Recht nur noch einzelne Geschäfte um ihrer Wichtigkeit willen von Bedingung und Zeitbestimmung freigehalten[3] (actus legitimi), z. B. der Erlaß einer Forderung durch acceptilatio (§ 45 I Ziff. 4). — Die Entwicklung der Bedingung erfolgte zuerst bei Verfügungen von Todeswegen. Die dort gewonnenen Resultate wurden dann nach und nach auch auf Geschäfte unter Lebenden übertragen.

I. Die Bedingung macht die rechtliche Wirkung des Kontrakts von einem zukünftigen ungewissen Ereignis abhängig.

1. Liegt keine Ungewißheit vor, wie bei den sog. condiciones in praesens vel praeteritum collatae (mögen die Parteien das schon eingetretene Ereignis auch nicht kennen), oder bei condiciones necessariae und impossibiles (wo der Eintritt oder Nichteintritt gewiß ist), so ist auch die Wirksamkeit oder Unwirksamkeit des Geschäftes schon bei seinem Abschluß sichergestellt, und die Rechtssätze über Bedingung greifen nicht Platz[4]. Auch Voraussetzungen der Vereinbarung, welche die Rechtsordnung selbst aufstellt: sog. condiciones juris vel tacitae (z. B. daß das Dotalver-

---

betreffen (z. B. daß beim Kaufe Zug um Zug, bei der Miete postnumerando zu zahlen ist). — Dagegen sind essentialia negotii diejenigen Bestimmungen, welche das typische Wesen des Vertrages ausmachen (ohne die er also ungültig ist oder zu einem andern würde), z. B. beim Kauf, daß Ware und bestimmter Geldpreis vorliegt. Die essentialia können nicht wegbedungen werden, wenn der betreffende Vertrag überhaupt vorhanden sein soll.

[2] Vgl. D. 50, 16, 213. Dann spricht man von negotium purum. — Über den Unterschied von Bedingung und Auflage s. § 40 Note 18.

[3] Aufzählung in D. 50, 17, 77. S. Mitteis I 65 ff. — Ähnlich z. B. noch heute die Auflassung (§ 925 BGB.) usw.

[4] Die aufschiebende (Ziff. 3) unmögliche und die auflösende notwendige Bedingung macht den Vertrag regelmäßig nichtig, die auflösende unmögliche ist bedeutungslos. Besonders deutlich wird die Sache bei der Erbeseinsetzung. Liegt das Ereignis, von der sie ab-

sprechen nur bei Abschluß der Ehe wirksam werden soll) sind keine Bedingung. — Selbstverständlich darf die Bedingung nicht auf ein unsittliches oder verbotenes Handeln abzielen (condicio turpis), da die Vereinbarung dadurch selbst einen unerlaubten Inhalt erlangt (§ 29 Ziff. 4). Bei testamentarischen Verfügungen s. § 66, IV.

2. Eigentümlich ist die Potestativbedingung (C. 6, 51, 1, 7). Hier ist die Erfüllung in die Willkür des bedingt Berechtigten gestellt (im Gegensatz zu kasualen und gemischten Bedingungen, auf deren Eintritt kein, oder nur mitwirkender Einfluß geübt werden kann). Die Potestativbedingung ist wahre Bedingung, wird aber nicht stets als Bedingung gerechnet. Dagegen steht eine Bedingung, deren Eintritt ausschließlich in die Willkür des Verpflichteten gestellt ist, in Widerspruch mit dem Wesen des Schuldverhältnisses und vernichtet den Vertrag[5].

3. Die Bedingungen sind entweder aufschiebende oder auflösende: je nachdem Anfang oder Ende der beabsichtigten Rechtswirkung vom Eintritt oder Nichteintritt des ungewissen Ereignisses abhängt. In beiden Fällen ist die Zeit der Ungewißheit und schließlichen Gewißheit zu unterscheiden.

a) Bei der aufschiebenden Bedingung (der eigentlichen condicio des römischen Rechts) soll während der Schwebezeit die Wirkung des Geschäftes noch nicht eintreten. Anderseits ist der Zustand nicht so, wie wenn kein Geschäft geschlossen wäre. Vielmehr besteht eine Gebundenheit der Parteien, soweit die Voraussicht auf die Zukunft dies erfordert[6]. Daher darf der bedingt Verpflichtete

---

hängig gemacht ist, in der Vergangenheit, so besteht, wenn es nicht zutrifft, überhaupt keine Erbeseinsetzung. Muß es notwendig eintreten, so ist die Erbeseinsetzung unbedingt. Nur wenn es nicht eintreten kann, wird die Klausel (ähnlich wie auch unsittliche Bedingungen) in Testamenten gestrichen. S. u. § 66 bei N. 16.

[5] S. D. 44, 7, 8; D. 45, 1, 46, 3; D. 18, 1, 7 pr.; C. 4, 38, 13. Sog. Bedingung der mera voluntas: si volam. Raape, Die Wollensbedingung (1912).

[6] Die römischen Juristen sind in der Entwicklung dieses Prinzips von Einzelfällen, z. B. dem Statuliber (§ 53 Ziff. 5) ausgegangen. S. auch o. § 38 nach N. 8 (Gefahrtragung). Vgl. Gai. II 200; D. 8, 6, 11, 1; D. 10, 2, 12, 2; D. 20, 4, 9, 1. 11, 1; D. 20, 6, 3; D. 23, 3, 7, 3;

den Gegenstand des Geschäfts nicht zerstören oder anderweitig veräußern. Bei bedingten Verfügungen bleibt der Veräußerer während der Schwebezeit Eigentümer; kollidierende Verfügungen werden bei Eintritt der Bedingung entkräftet. Die Gebundenheit geht auch auf die Erben der Parteien über, — das Verhältnis kann durch Pfandrecht gesichert, noviert oder erlassen werden. Es entsteht eine Art Anwartschaft auf das bedingt versprochene Recht für den Fall des Eintritts der Bedingung. Die Zwischenwirkung fällt zusammen, sobald der Nichteintritt der Bedingung gewiß ist. *Tritt die Bedingung aber ein* — was auch angenommen wird, wenn die Partei den Eintritt unredlich vereitelt[7] —, so kommt die Geschäftswirkung voll zur Entfaltung, und zwar von selbst (ipso jure). Dagegen tritt die Geschäftswirkung *nicht mit rückwirkender Kraft* (ex tunc) ein, wie wenn die Bedingung sofort erfüllt und gar kein Zwischenzustand eingetreten wäre[8]. Vielmehr liegt das Dasein eines solchen im Wesen der Bedingung (condicioni dies inest), so daß es z. B. bei bedingter Tradition dabei bleibt, daß der *Tradent inzwischen Eigentümer war*[9]. Ebenso verbleiben die *Vorteile der Zwischenzeit* (an Früchten, Zinsen) regelmäßig dem bedingt Verpflichteten. Ist aber während der Schwebezeit der Leistungsgegenstand durch *Zufall untergegangen*, so kann die Geschäftswirkung nicht mehr eintreten[10]; der Käufer hat daher auch keinen Preis zu zahlen[11].

b) Die *auflösende* Bedingung bezweckt den sofortigen Eintritt der Geschäftswirkung in der Gegenwart und eventuelles *Aufhören* dieser Wirkung in der Zukunft. Die Klausel war anfangs nur mit obligatorischer Wirkung und bei bonae fidei-Geschäften zulässig. Nach Eintritt der Be-

---

D. 30, 69, 1; D. 35, 1, 105; C. 6, 43, 3, 3 u. *Mitteis*, R. Pr. I 172 ff. Deutliche Fassung hat es im BGB. §§ 160, 161 gefunden. Daselbst erleidet es aber eine wichtige Ausnahme durch den modernen Schutz des gutgläubigen Verkehrs (§ 161 Abs. 3).

[7] S. D. 50, 17, 161. Ebenso § 162 BGB.

[8] *Mitteis* I 172 ff. — Ebenso §§ 158 (159) BGB.

[9] S. z. B. D. 18, 6, 8 pr.; D. 41, 4, 2, 2—4; D. 23, 3, 7, 3.

[10] Das Geschäft wird nicht *perfekt*, s. o. § 32 bei N. 8 ff.

[11] D. 18, 6, 8 pr.; D. 23, 3, 10, 5 u. oben § 38 vor Note 9. Anders bei bloßer Verschlechterung der Sache.

dingung entsteht eine Einrede gegen die Klage aus dem Hauptgeschäft. War schon erfüllt, so sind die aus dem Hauptgeschäft gemachten Leistungen zurückzugewähren. Stipulation und Eigentumsübertragung konnten anfangs überhaupt nicht unter auflösender Bedingung erfolgen. Bei den auflösenden Klauseln des Kaufgeschäfts: in diem addictio und lex commissoria (§ 40 N. 6 ff.) ging bis zur Entscheidung über die Bedingung das Eigentum nicht über[12]. Erst seit Julian wird der Käufer, dem unter solcher Klausel tradiert ist, Eigentümer, genießt den Publizianischen Rechtsschutz und erwirbt die Früchte der Sache. Später ringt sich die Auffassung durch, daß mit Eintritt der Bedingung das dingliche Recht von selbst zurückfalle und jene dinglichen Vorteile erlöschen, womit die eigentliche Resolutivbedingung anerkannt ist. Eine Rückziehung tritt auch hier nicht ein. Hinsichtlich der Früchte der Zwischenzeit entscheidet die Parteiabsicht. Sollen sie dem Zwischenberechtigten nicht belassen wèrden, was der Sachlage oft nicht entspricht, so bleibt es dabei, daß sie nur obligatorisch zurückzugewähren sind[13].

II. Termine oder Zeitbestimmungen sind Anfangs- und Endtermine (dies a quo und dies ad quem). Hier ist der Eintritt resp. das Aufhören der Geschäftswirkung gewiß, wenn auch der Zeitpunkt vielleicht ungewiß ist, z. B. der Todestag einer Person (dies certus an, incertus quando). Dagegen ist ein in seinem Eintritt ungewisser Termin (dies incertus an), mag sein Datum (wie beim Volljährigkeitstermin) bestimmt oder (wie der Hochzeitstag) unbestimmt sein, regelmäßig nur eine in Form des Termins gekleidete Bedingung.

a) Auch hier ist der Anfangstermin die hauptsächlich entwickelte Klausel. Zweifellos ist, daß wenn ein dingliches Recht a die begründet werden soll, es einstweilen noch nicht entsteht, sondern erst mit Eintritt des Termins

---

[12] Also für das dingliche Recht wurde die Klausel in eine aufschiebende Bedingung umgedeutet. — Über die weitere Entwicklung s. D. 18, 2, 4, 3; D. 6, 1, 44 pr.; D. 39, 3, 9; C. 4, 54, 4; C. 8, 54, 2. Mitteis, Röm. Privatr. I 178 ff., 183 ff. u. Zit.; Senn, Etudes Girard I (1912) 283.

[13] So soll jedenfalls bei der in diem addictio und lex commissoria nichts beim Käufer verbleiben. — Vgl. D. 41, 4, 2, 4; D. 18, 2, 4, 4. 6 pr.; D. 18, 3, 5. — Mitteis 190.

(D. 7, 9, 9, 2). Ist aber ein Forderungsrecht befristet, so läßt sich das nicht bloß so auffassen, daß die Forderung erst mit dem Anfangstermin entsteht, sondern auch so, daß sie sofort vorhanden und nur ihre Fälligkeit hinausgeschoben ist. Letzteres erscheint als das gewöhnliche[14]. Daher kann eine in Unkenntnis des Termins geleistete Zahlung nicht als indebitum (§ 43 V) zurückverlangt werden[15].

b) Endtermine sind ebenso zögernd zugelassen worden, wie auflösende Bedingungen. Zunächst auch nur bei bonae fidei negotiis[16] und prätorisch geschützten Verabredungen (Pfandbestellung). Dann gab auch bei anderen Geschäften (Stipulation, Eigentumsübertragung mit Endtermin) der Prätor obligatorische Rechtsbehelfe, Klagen und Einreden[17]. Nach justinianischem Recht läßt sich sagen, daß das zeitlich beschränkte Recht mit dem Eintritt des Endtermins von selbst aufhört[18]. Eine Rückziehung findet natürlich nicht statt.

§ 42.

g) Willensmängel*.

Die erst in neuester Zeit in voller Klarheit gestellte und beantwortete Frage, inwiefern beim Vertragsschluß eine Abweichung der abgegebenen Erklärung vom Willen des Erklärenden die Gültigkeit des Vertrags beeinflußt, liegt in dieser Allgemeinheit den römischen Juristen fern. Die

[14] Vgl. D. 35, 1, 1, 1; D. 45, 1, 41, 1; I. 3, 15, 2.

[15] D. 12, 6, 10. 16. 17. Im Gegensa§ zur Zahlung in Unkenntnis einer Bedingung.

[16] D. 17, 2, 1 pr.

[17] S. Mitteis I 191 ff. Die Bestellung eines inhaltlich beschränkten Rechts, z. B. eines Usufruktus auf Zeit, war auch nach Zivilrecht zulässig.

[18] C. 8, 54, 2.

* Vgl. die umfassende gemeinrechtliche Literatur bei Windscheid-Kipp, Pand. I §§ 75, 76, 82. Ferner R. Leonhard, Der Irrtum als Ursache nichtiger Verträge (2. A., 1907); Henle, Vorstellungs- und Willenstheorie (1910); Binder, Wille und Willenserklärung i. Arch. f. Rechts- u. Wirtschaftsphilosophie V 266, 414, 556, VI 96, 282, 451 (auch SA.).

Über die verschiedenen vorkommenden Arten der Ungültigkeit oder Unwirksamkeit s. noch Mitteis, R. Privatr. I 236 ff.; Hellmann, Terminolog. Untersuchungen über die rechtl. Unwirksamkeit i. röm. R. (1914); Arch. f. ziv. Praxis 90, 363 (nachträgliche Ungültigkeit).

Berücksichtigung solcher Abweichungen widerstrebte den typischen Formalgeschäften des älteren Rechts. Bei diesen blieb es, solange sie vorkamen, daher auch bei der typischen Auslegung des Worts. Dem gebrauchten Ausdruck liegt hier allemal ein fester Sinn unter, dem jeder sich anbequemen muß, der das Geschäft abschließen will. Erst mit dem Zurücktreten des Formzwangs, insbesondere mit dem Aufkommen der Geschäfte, die durch bloßen Konsens abgeschlossen werden, tritt die Frage etwaiger Undeutlichkeit des Ausdrucks und ihrer Wirkungen hervor. Die Auslegung führt dazu, bei zweideutiger Wortfassung den Willen des Erklärenden zu berücksichtigen. So gelangt man beim Kauf und anderen bonae fidei-Geschäften zu der Erkenntnis, daß, wenn der Wille, resp. bei zweiseitigen Geschäften der consensus fehlt, das Geschäft keinen Bestand haben könne. Damit war man bei diesen Geschäften zur Herrschaft der sog. „Willenstheorie" gelangt (man darf sich darauf berufen, daß Wille und Erklärung sich nicht decken). Nur wenn der Sinn der Erklärung für jedermann klar ist, wird eine Berufung auf entgegenstehenden internen Willen von den Juristen nicht zugelassen[1].

Die Rechtsbeständigkeit des Geschäfts fehlt mangels Konsenses bei Erklärung im Scherz und zum Schein. Doch muß die Absicht dem andern Teil erkennbar gewesen sein; sonst liegt dolus vor, der keinen Erfolg hat. Das simulierte Geschäft ist beiderseits nicht gewollt und deshalb im späteren Rechte ungültig[2].

Unabsichtliches Abweichen von Wille und Erklärung liegt vor beim Unterlaufen eines wesentlichen Irrtums. Mag der consensus deshalb fehlen, weil der Erklärende seinen eigenen Willen nicht richtig zum Ausdruck brachte, oder weil er bei seiner Zustimmung die Erklärung des andern Teils

[1] Also das objektive Moment (wie ein unparteiischer Dritter den gebrauchten Ausdruck verstehen würde) wird doch nicht ganz außer acht gelassen. Vgl. im BGB. § 116 u. § 119 Abs. 1 (bei verständiger Würdigung des Falles).

[2] Vgl. z. B. D. 44, 7, 3, 2; D. 29, 1, 24. — D. 18, 1, 55; 44, 7, 54; C. 4, 22. Partsch, Ztschr. d. Sav.-Stift. 42, 227 ff. — Ähnlich §§ 116—118 BGB.

nicht richtig verstand. Doch sind die römischen Juristen keineswegs zu einer einwandfreien Feststellung der in Betracht kommenden Erscheinungen gelangt. Klar war vor allem, daß ein Irrtum über die Art und über den Gegenstand des Geschäfts die gültige Entstehung des letzteren hindert. Wenn die eine Partei das Geld verleihen will und die andere glaubt, sie erhalte es geschenkt, so kommt weder Darlehen noch Schenkung zustande[3]. Wenn der eine den fundus Cornelianus verkaufen und der andere den fundus Sempronianus erwerben will, so ist weder der eine noch der andere verkauft (error in corpore). Nur muß es sich nicht bloß um ein Mißverständnis im Namen, sondern in der Sache handeln[4]. Schwieriger war es, die Erheblichkeit des Irrtums über die Eigenschaften der Sache zu bestimmen. Ursprünglich ward er nicht berücksichtigt. Nach und nach getraut man sich (in Anlehnung an den error in corpore), den Mangel solcher Eigenschaften für erheblich zu erklären, welche das Wesen des Gegenstandes (nicht seine Beschaffenheit und Güte) bestimmen. Daher wird der error in substantia, nicht aber sonstiger error in qualitate für wesentlich erklärt: z. B. wenn jemand irrtümlich statt eines goldenen Gefäßes ein solches von Blei, nicht aber wenn er ein vergoldetes erhielt (quia auri aliquid habuit), oder wenn er statt des Tisches aus feinem Holze einen solchen aus schlechterer Holzart bekommen hat[5]. Endlich kann ein Irrtum über die Person des anderen Kontrahenten erheblich werden, wenn es auf die Individualität der Gegenpartei ankommt, z. B. wenn der Darlehnsschuldner über die Person seines Gläubigers irrt (D. 12, 1, 32), im Gegensatz zu Fällen, wo die Person gleichgültig ist, wie beim Verkauf im offenen Laden[6].

---

[3] Vgl. D. 12, 1, 18. — Wegen des Eigentums s. o. § 12 Note 9.

[4] D. 18, 1, 9 pr. 1; I. 3, 19, 23.

[5] S. D. 18, 1, 9, 2. 10. 14. R. Leonhard, Irrtum II 70ff. — Heutzutage genügt das Fehlen von Eigenschaften, die im Verkehr als wesentlich angesehen werden. Daher z. B. auch, wenn der Gegenstand aus schlechterem Gold besteht als angenommen wurde, oder bloß vergoldet ist usw. § 119 Abs. 2 BGB. Cf. Lenel i. Jehrings Jahrb. 44, 1.

[6] Die Nichtigkeit, wo sie vorliegt, wird regelmäßig als eine absolute angesehen. S. übrigens Mitteis, Röm. Privatr. I 236ff., 241. Heute besteht Anfechtbarkeit § 119 (s. u.).

Irrtümer anderer Art sind bedeutungslos. Sie wirken nur in besonders hervorgehobenen Fällen [7]. Bedeutungslos ist insbesondere der Irrtum im Beweggrund.

Aus der Nichtigkeit folgte bei zivilen Geschäften ipso jure Abweisung der Klage. In anderen Fällen, in denen nach Zivilrecht die actio durchdrang, gewährte der Magistrat, wenn Umstände vorlagen, die nach dem Volksempfinden Berücksichtigung verdienten, besondere Rechtsbehelfe, um die Wirkungen des Geschäftes abzuwenden. So beim Betrug, der nur den Beweggrund zum Geschäftsschluß bildet, die actio doli. Sie geht gegen den Betrüger (nicht gegen einen Dritten, der aus dem Geschäft Vorteile gezogen hat) auf Schadensersatz, gegebenenfalls Rückgängigmachung des Geschäfts. Jedoch nur falls keine andere Klage möglich ist [8]. Ferner gab der Prätor eine exceptio doli, wodurch der Betrogene die wider ihn aus dem Geschäft erhobenen Ansprüche zurückweisen darf. — Bei Drohung, welche den Willen bestimmt und so erheblich ist, daß das Nachgeben erklärlich scheint [9], gab der Prätor zur Beseitigung der Geschäftswirkung die actio quod metus causa gegen den Drohenden [10], auch (als actio in rem scripta) gegen Dritte, die aus dem erzwungenen Geschäft etwas erlangt haben. Ferner die exceptio metus wider Ansprüche aus dem erzwungenen Geschäft, und eine in integrum restitutio propter metum (§ 5 i. f.), deren Anwendungsgebiet vor allem in Beseitigung der Wirkung aus zivilen Rechtsgeschäften (mancipatio, acceptilatio) liegt.

In diesen Rechtsbehelfen liegt der Keim der heutigen

---

[7] Z. B. schließt Irrtum den Dolus aus. Die Zahlung einer Nichtschuld kann, wenn im Irrtum geschehen, zurückgefordert werden (condictio indebiti, § 43 V, Ziff. 2 a). Die Fälle sind gehörigen Orts zu erwähnen. Nur für sie wird im röm. Recht Entschuldbarkeit des Irrtums verlangt (s. z. B. § 43 N. 16), nicht für die früher erwähnten Fälle, da es dort einzig auf die Divergenz zwischen Wille und Erklärung ankommt (die auch durch unentschuldbaren Irrtum hervorgerufen werden kann).

[8] Über die actio doli als Deliktsklage s. noch u. § 44 I, Ziff. 5. Über ihre allgemeine Funktion als Billigkeitsklage § 40 Ziff. I.

[9] Bei vis absoluta, z. B. Schreiben mit geführter Hand, fehlt der Wille, ja sogar eine richtige Erklärung. D. 4, 2, 1.

[10] Gegen den Drohenden hat sie den Charakter einer Deliktsklage, § 44 I, Ziff. 5. — Vgl. noch Beseler Beiträge I (1910) 72 ff.

Anfechtbarkeit in den betreffenden Fällen. Jedoch wirkten die actio doli und quod metus causa ex nunc, d. h. beseitigen die Geschäftswirkung nur für die Zukunft. Die restitutio in integrum dagegen wirkte ex tunc, d. h. beseitigt die Folgen der Verletzung auch für die Vergangenheit.

Die romanischen Rechte haben schon beim Fehlen des consensus wegen Irrtums die aus der Willenstheorie folgende Nichtigkeit zu einer bloßen Anfechtung zugunsten des Verletzten abgeschwächt. Dasselbe tut unser BGB. (§§ 119 ff.); nur daß es hier für die Anfechtung keiner Klage mehr bedarf, sondern lediglich einer außergerichtlichen Anfechtungserklärung. Nach römischem Recht würde auch der Gegner des Irrenden sich auf das Nichtzustandekommen des Geschäfts berufen können, was für uns unerträglich ist (übrigens bei den röm. Juristen nicht vorkommt). Ferner erlischt das Anfechtungsrecht, wenn es nicht unverzüglich ausgeübt wird. Endlich hat der Irrende nach § 122 BGB. im Fall der Anfechtung dem Gegner den Schaden zu ersetzen, den dieser dadurch erlitt, daß er auf das Zustandekommen des Geschäfts vertraute (negatives Geschäftsinteresse).

Bei Betrug und Drohung geht die Anfechtung heute immer in rem. Ein negatives Geschäftsinteresse braucht der Betrogene (Bedrohte) nicht zu leisten. Das Anfechtungsrecht dauert ein Jahr (§§ 123, 124 BGB.). Außerdem hat der Verletzte einen Deliktsanspruch, entsprechend der a. doli und quod metus causa (§§ 823, 826 BGB.) und eine der exceptio doli und metus entsprechende Einrede (§ 853).

§ 43.

h) Die Quasikontrakte.

In Anlehnung an einzelne Kontraktsfälle wird zuweilen jemand einem anderen verpflichtet, obschon er mit ihm keinen Vertrag geschlossen hat, wenn nur der Fall ähnlich liegt, wie bei einem der anerkannten Verträge. So ward schon in älterer Zeit das auftragslose Handeln für einen Abwesenden (durch Freunde usw.) mit verpflichtenden Wirkungen nach Art des Auftrags (§ 38 IV) ausgestattet, — die Leistung von etwas irrtümlich Geschuldetem nach Art des Darlehns (§ 39 I) behandelt, um die Rückgabepflicht zu konstruieren[1]. Die spätere Kaiserzeit entwickelte den allgemeinen Begriff der Quasikontrakte (I, 3, 27), wonach in gewissen Fällen das einseitige

[1] S. Gaius D. 44, 7, 5 pr. — 3.

Handeln einer Person[2] oder eine sonstige Tatsache eine zivilrechtlich wirksame Obligation erzeugt. Die Hauptfälle sind:

I. Die Geschäftsführung ohne Auftrag negotiorum gestio)[3].

Hat jemand, ohne durch Auftrag, Dienstmiete usw. dazu veranlaßt zu sein, ein fremdes Geschäft besorgt, so entsteht dadurch ein Schuldverhältnis zwischen ihm und dem Geschäftsherrn, nach Art des Mandats. Der Anspruch des Herrn (actio negotiorum gestorum directa) entspringt unmittelbar aus der Tätigkeit des Geschäftsführers (seinem Eingriff), und geht auf sorgfältige Ausführung des Geschäfts, Herausgabe aller daraus empfangenen Vorteile an den Herrn, und Ersatz des Schadens, den der Handelnde diesem durch culpa levis zugefügt hat. Dagegen hat der Geschäftsführer nur unter Umständen Gegenansprüche (mit actio negot. gestorum contraria) auf Ersatz seiner Auslagen und Schadensersatz, wenn er nicht in unentgeltlicher Absicht[4] gehandelt hat; und auch nur dann, wenn die Geschäftsführung für den Herrn eine nützliche war (negotium utiliter gestum). Doch wird die Nützlichkeit nicht nach dem Enderfolg, sondern nach der Zeit des Eingriffs und der Vorstellung des Handelnden über die mutmaßlichen Intentionen des Geschäftsherrn beurteilt (negotium utiliter coeptum)[5]. Es genügt auch, wenn der Herr die Geschäftsführung genehmigt (ratihabitio mandato comparatur, § 49 N. 14). Die Klagen sind bonae fidei.

Keine auftraglose Geschäftsführung ist es, wenn jemand, z. B. als gutgläubiger Besitzer einer fremden Sache, an dieser eine Veränderung vornimmt (hier gilt lediglich das § 16 I

---

[2] Bei unerlaubtem Handeln s. u. § 44.

[3] S. Karlowa, Röm. Rechtsgesch. II 667 (mit d. ält. Literatur); Wlassak, Z. Geschichte der Negotiorum gestio (1879); Peters, Ztschr. d. Sav.-Stift. 32, 263 ff.; Partsch, Studien zur Negot. gestio I (1913); Riccobono, Dal diritto romano classico al dir. moderno (1917).

[4] Z. B. beim Handeln aus Freundschaft, ohne Ersatzabsicht.

[5] Gewisse Geschäfte haben immer nützlichen Charakter, so daß sie den Anspruch gewähren. So römisch die Bestattung eines Menschen (actio funeraria für die Auslagen, selbst wenn gegen den Willen der Erben gehandelt wurde). In § 679 BGB. ist der Gesichtspunkt verallgemeinert.

Ziff. 3 Gesagte). Der Handelnde hat kein fremdes Geschäft führen wollen. Dagegen führt ein fremdes Geschäft, wer sich unredlich in fremde Angelegenheiten einmischt. Er haftet daher wie ein Geschäftsführer, ja sogar für kasuelle Schäden, und kann Gegenansprüche nur soweit erheben, als der Geschäftsherr durch den Eingriff zurzeit noch bereichert ist (Ziff. V)[6].

II. Tutela. — Auch die Führung der Vormundschaft erzeugt ein mandatsähnliches Verhältnis zwischen dem Mündel (als Geschäftsherrn) und dem Vormunde. Letzterer haftet dem Mündel mit der actio tutelae directa für sorgfältige Ausführung der vormundschaftlichen Geschäfte, Herausgabe aller daraus erlangten Vorteile und Schadensersatz. Doch steht der Vormund nur für diligentia quam suis rebus (also für culpa in concreto) ein. § 31 Ziff. I[7]. Der tutor hat wegen seiner Auslagen die actio tutelae contraria. Näheres u. § 60.

III. Die Gemeinschaft (communio incidens). Eine bloß zufällig, z. B. durch Vermächtnis einer Sache an mehrere, Sachverbindung, Grenzverwirrung entstandene Gemeinschaft erzeugt zwischen den Teilhabern eine Obligation, ähnlich der aus der societas (§ 38 III). Die Verpflichtungen der Teilhaber (die einander nur für diligentia quam suis rebus einstehen) sind gerichtet auf Auseinandersetzung der Gemeinschaft, und, solange diese dauert, auf anteilige Gewährung des Gebrauchs und Genusses der gemeinschaftlichen Sache — entsprechenden Ersatz von Auslagen und Schadensersatz bei Pflichtversäumnis. Diese Ansprüche sind mittels der Teilungsklagen (§ 19) geltend zu machen.

IV. Auch ohne Vertrag[8] haften seit Justinian Schiffer (Reeder) und Wirte für die in ihrem Gewerbebetrieb aufgenommenen Gegenstände auf Grund der bloßen Tatsache des Einbringens. Sie haben also wegen der abhanden gekommenen oder beschädigten Sachen Schadensersatz zu leisten, auch wenn der Schaden durch casus, durch ihre Leute oder andere Reisende verursacht ist[9]. Beruht er auf höherer Gewalt

---

[6] D. 3, 5, 5, 5. 31 pr. — Ähnlich § 687 BB.
[7] D. 27, 3, 1 pr. Heute haftet er für culpa levis. § 1833 BGB.
[8] Vom Receptum o. § 40 bei N. 11. — Heute §§ 701 ff. BGB.
[9] Möglicherweise konkurriert gegen den Täter eine Deliktsklage.

(§ 31 I Ziff. 3) oder eigenem Verschulden des Einbringenden, so ist die Haftung ausgeschlossen.

V. Ungerechtfertigte Bereicherung[10].

Die Tatsache, daß ein anderer auf Kosten unseres Vermögens ohne rechtlichen Grund bereichert ist, erzeugt eine Verpflichtung auf Rückgabe dieser Bereicherung nach Art des Darlehns[11], geltend zu machen mit condictio (sine causa).

1. Der Fall des Habens aus rechtlich mißbilligtem Grunde (wo den Erwerber auch subjektiv ein Vorwurf trifft) ist der nächstliegende. Er betrifft

a) die Rückgewährung von entwendetem Gut (mittels der bei Justinian sog. condictio furtiva, D. 13, 1) an den Eigentümer oder dinglich Berechtigten[12]. Demselben ist das Objekt und voller Schadensersatz zu leisten, nach den Regeln wie wenn der Schuldner sich im Verzug be-

---

[10] S. o. § 5 N. 15 Zit. Ferner Erxleben, Die condictiones sine causa (1850/53); Witte, Die Bereicherungsklagen (1859); Pfersche, desgl. (1883); Pernice, Labeo III 201 ff.; v. Koschembahr-Lyskowski, Die condictio als Bereicherungsklage (1903, 1907); H. H. Pflüger, Ztschr. d. Sav.-Stift. 32, 168; v. Tuhr, Z. L. v. d. ungerechtfertigten Bereicherung i. d. Festschr. f. Bekker (1907).

[11] Die condictio (s. § 5 N. 14 ff.) als abstrakte obligatorische Klage aus stricti juris-Geschäften eignete sich vorzugsweise, um den grundlosen Erwerb als solchen rückgängig zu machen. Es war ein alter Rechtssatz, daß der grundlose Besitzer einer fremden Sache re verpflichtet sei, dieselbe herauszugeben. Dies wird auf das jus gentium (D. 25, 2, 25) oder auf die aequitas (D. 12, 1, 32) gestützt. Sabinus bezeugt, daß er schon den veteres bekannt war (D. 12, 5, 6). Die strikte Klage, die hiernach auf certa pecunia oder certa res angestellt werden konnte, wird von den Juristen der Hadrianischen Zeit auch auf andere Fälle der Bereicherung (also ein incertum) erstreckt und damit den höchsten Zwecken der Billigkeit dienstbar gemacht! So z. B. in den Fällen einer Bestellung dinglicher Rechte, Schuldtilgung, Besitzüberlassung (§ 18 Ziff. I). In Anlehnung an den Fall der condictio ex mutuo entwickelt man die condictio indebiti, ob causam datorum, die cond. furtiva etc. Justinian vollendet die Systematik der condictiones (s. heute §§ 812 ff. BGB.), und fügt ihnen noch zwei weitere hinzu: die condictio ex lege (D. 13, 2) für Ansprüche, die unmittelbar auf eine gesetzliche Bestimmung, ohne bes. Bezeichnung der Klage, gegründet sind, und die sog. condictio generalis (D. 12, 1, 9 pr.), die wesentlich prozessualische Bedeutung hat (vgl. Mitteis in Jherings Jahrb. 39, 153 ff.).

[12] Eine Eigentümlichkeit dieser Klage ist, daß sie vom Eigentümer der Sache angestellt werden kann, was bei den übrigen Kondiktionen nicht zutrifft. Rei vindicatio (§ 16) und condictio schließen sich sonst grundsätzlich aus. Dem Bestohlenen genügte nicht immer die Strafklage (§ 44 N. 5), und die dingliche Klage (§ 16). Man

findet[13]. Daher sind auch Früchte zu erstatten, die der Berechtigte von der Sache hätte ziehen können; bei zufälligem Untergang ihr höchster Wert seit der Entwendung.

b) Ähnlichen Inhalt hat die condictio ob turpem causam (D. 12, 5) auf Rückerstattung eines unsittlichen Empfangs (z. B. einer Erpressung, eines Löse- oder Schweigegelds), vorausgesetzt, daß der Geber sich nicht selbst in turpitudine befindet[14];

c) ferner die condictio ob injustam causam wegen rechtlich mißbilligter Bereicherungen anderer Art, z. B. auf Rückgabe geleisteter Wucherzinsen.

2. Darüber hinaus gelangt man dann zur Rückforderung eines bloß objektiv ungerechtfertigten Erwerbs. Der Empfänger wird, bloß weil er keinen hinreichenden Grund zum Behalten hat (durch den Empfang), zur Herausgabe der ungerechtfertigten Bereicherung verpflichtet. Voraussetzung ist immer, daß der Empfänger vollgültig erworben hat, z. B. durch Tradition (§ 12), oder auch rein zufällig z. B. durch Vermischung von Geld, Anschwemmung kraft Wassersgewalt an Grundstücke[15]. Obschon das Eigentum übergegangen (eine rei vindicatio ausgeschlossen) ist, erscheint der Erwerb dem verfeinerten Rechtsgefühl doch materiell ungerechtfertigt, so daß ein Forderungsrecht auf Ausgleichung zugunsten dessen entsteht, auf dessen Kosten die Bereicherung stattgefunden hat. Hierher gehören

a) die condictio indebiti (D. 12, 6) auf Rückgabe einer zum Zwecke der Schulderfüllung einem anderen

---

gab ihm seit der Kaiserzeit auch eine persönliche Rückforderungsklage, mit der er den Wert der Sache vom Diebe oder dessen Erben verlangen kann, wenn die Sache untergegangen ist oder sie sie nicht mehr besitzen. S. noch Levy, Konkurrenz der Aktionen u. Personen (1918) 279.

[13] Also auch wenn er die Sache ohne sein Verschulden verlor. Denn fur semper moram facere videtur. D. 13, 1, 8, 1. 20. S. o. § 31 II.

[14] In pari turpitudine melior est possidentis condicio! Vgl. D. 12, 5, 3. 4, 3. Die Rechtsordnung zieht sich hier gewissermaßen ganz zurück. Sie gestattet auch kein Einklagen eines Lohnes solcher Art. C. 4, 7, 1, 5. Ebenso § 817 S. 2 BGB.

[15] S. o. § 14 I. Vgl. D. 12, 1, 4, 2: Ea quae vi fluminum importata sunt, condici possunt.

gemachten Leistung, wenn die Schuld nicht oder nicht mehr bestand und der Leistende sich aus entschuldbarem Irrtum[16] für verpflichtet gehalten hatte. Als Nichtschuld in diesem Sinne galt auch eine mit dauernder Einrede behaftete Schuld, falls keine naturalis obligatio vorlag (§ 30);

b) die condictio ob causam datorum (oder causa data causa non secuta, D. 12, 4) auf Rückgabe einer Vermögenszuwendung, die in Erwartung eines künftigen Erfolges gemacht war, falls der Erfolg nicht eintritt. So bei den Innominatkontrakten § 40 Ziff. II (wahlweise mit der dortigen Klage auf die Gegenleistung). Der mit der Leistung des Hingebenden bezweckte Erfolg braucht aber keine Gegenleistung, sondern kann auch ein anderer sein: z. B. daß das Hingegebene als dos (§ 59) diene. Kommt dann die Ehe nicht zustande, so kann zurückgefordert werden;

c) endlich die condictio sine causa i. e. S. (D. 12, 7) gerichtet auf Rückgabe sonstigen ungerechtfertigten Habens, z. B. in den Fällen Note 15[17].

VI. Durch den Erbschaftsantritt wird der Erbe quasi ex contractu verpflichtet, die ihm auferlegten Vermächtnisse auszuzahlen. Davon im Erbrecht.

§ 44.

3. Delikte und Quasidelikte*.

I. Unter den Vergehen unterscheidet man crimina publica und die delicta privata. Letztere dienen zur Ergänzung des öffentlichen Strafrechts. Insbesondere wo lediglich ein Privater an seiner Person oder seinem Vermögen verletzt ist, überläßt man ihm selbst, sich für die Ver-

[16] Was ein Irrtum über Rechtssätze regelmäßig nicht ist. Doch wird der Rechtsirrtum ausnahmsweise gewissen Personen nachgesehen (bes. Minderjährigen, Frauen und Soldaten). D. 22, 6, 2. 3. 6. 9, 5; D. 36, 4, 1 pr. S. dazu Windscheid-Kipp, Pand. § 426 N. 14; Pernice, Labeo II 1, 493ff.; Adler in Jherings Jahrb. 33, 149ff. Nach BGB. wird keine Entschuldbarkeit des Irrtums mehr verlangt.

[17] S. auch o. § 39 Note 6 und den Fall der Rückforderung einer Schenkung wegen groben Undanks (§ 40 nach N. 14).

* S. Mommsen, Röm. Strafrecht (1899); Pernice, Labeo II; Hitzig in Pauly-Wiss. s. v. Delictum; Wlassak, das. s. v. actio (poenalis); Lehmann, Vermögensstrafen des röm. Rechts

letzung Genugtuung zu verschaffen. Die Genugtuung ist mehr als Schadensersatz: sie geht auf eine Strafzahlung (Buße)[1], die oft bis zum mehrfachen (2—4fachen) Betrage der Verletzung ansteigt und dem Verletzten zufällt (wohl in Fortwirkung der alten Privatrache). Das Privatdelikt erzeugt also eine Forderung des Verletzten, im Zivilprozeß durch actio geltend zu machen. Man spricht hier von actiones poenales. Es gibt Deliktsklagen, die nur Strafzwecke verfolgen, z. B. die actio furti (im übrigen besteht die condictio furtiva[2]) und andere, die in Gestalt der Strafe dem Verletzten zugleich Entschädigung gewähren sollen (so bei der actio Aquiliae und actio doli). Letztere heißen auch actiones mixtae. — Dem Strafzweck entsprechend, können die actiones poenales nur gegen den Täter geltend gemacht werden, erlöschen also mit seinem Tode. Die anderen Deliktsklagen gehen auch gegen den Erben des Täters, aber nur auf Erstattung der an ihn gelangten Bereicherung (in quantum ad heredem pervenit). Dagegen können die Erben des Verletzten regelmäßig die Deliktsklage erheben, außer in gewissen Fällen, wo letztere (wie bei Injurien) eine rein persönliche Vergeltung bezweckt. Sog. actiones vindictam spirantes. — Doch gehen die hiernach unvererblichen Forderungen und Schulden nach stattgefundener Prozeßeinleitung (Litiskontestation) gleichwohl auf die beiderseitigen Erben über[3].

Die hauptsächlichsten Privatdelikte sind:

1. Das furtum[4], d. i. die widerrechtliche gewinnsüchtige Entwendung (contrectatio) einer beweglichen Sache,

---

(1904); E. Levy, Privatstrafe u. Schadensersatz i. klass. röm. Recht (1915) u. Mitteis, Ztschr. d. Sav.-Stift. 37, 328; Siber, Passivlegitimation bei der Rei vindicatio (1907) 171 ff.; Levy, Konkurrenz der Aktionen u. Personen I (1918), bes. 428 ff., 462 ff.

[1] Einen Rest der Buße haben wir heute noch bei Beleidigungen und Körperverletzungen in §§ 188, 231 StGB. (§§ 443—446, 495 StPO).

[2] S. o. § 43 N. 12 ff.

[3] S. u. § 45 bei Note 13. Durch die damit verbundene Novation entsteht ein gewöhnlicher Vermögensanspruch. — Nach heutigem Recht gibt es actiones vindictam spirantes (§§ 847, 1300 BGB.), aber keine actiones poenales. Alle Deliktsklagen verfolgen ausschließlich Ersatzzwecke. Der Ersatz kann unbeschränkt auch von den Erben des Täters beigetrieben werden.

[4] Schirmer, Ztschr. d. Sav.-Stift. 5, 207; Krüger, das. 5, 219; Labiche, De l'action furti (1893); Pampaloni, Delitto

und zwar nicht bloß ihrer Substanz (dann muß die Sache eine fremde sein), sondern möglicherweise auch bloß ihres Gebrauchs oder des Besitzes (z. B. seitens des Verpfänders). Demgemäß unterscheidet man furtum rei, usus und possessionis. Die heutige Unterschlagung ist einbegriffen. Aus dem Diebstahl erwächst die (infamierende) actio furti für den Interessenten[5]. Sie geht gegen den fur manifestus (der auf der Tat betroffen ist) auf das Vierfache (quadruplum), gegen den fur nec manifestus auf das duplum des klägerischen Interesses[6]. Diese Strafzahlungen stellen die Sühne für das Vergehen dar. Auf die Sache selbst kann der Bestohlene mit der rei vindicatio (16) oder mit der condictio furtiva (§ 43 N. 12) klagen.

2. Entsprechend erwuchs aus der gewaltsamen Wegnahme (rapina) die ohne weiteres auf das Vierfache gehende prätorische actio vi bonorum raptorum (konkurrierend, aber auch erleichternd[7] gegenüber der Diebstahlsklage).

3. Das damnum injuria datum[8] betrifft die schuldhafte Sachbeschädigung. Auf Grund des Aquilischen Volksgesetzes (Kap. 1 u. 3)[9] und dessen Fortbildung haftet

---

di furto I (1894); Mommsen, Röm. Strafrecht (1899) 733 ff.; Pernice, Ztschr. d. Sav.-Stift. 17, 216 ff.; Hitzig i. Pauly-Wiss. s. v. furtum, u. Ztschr. d. Sav.-Stift. 23, 315; Wlassak, das. 25, 95.

[5] Aber nicht an Erbschaftssachen, solange der heres extraneus die Erbschaft noch nicht angetreten hat und die Sachen nicht in dritter Hand sind. D. 47, 2, 69—71. Über das zum Ersatz eingeführte crimen expilatae hereditatis s. § 68 I Ziff. 3. — Wegen der Aktivlegitimation zur a. furti s. Fr. Schulz, Ztschr. d. Sav.-Stift. 32, 23 ff. Haymann, das. 40, 273 ff.

[6] Später beseitigte Klagen des klassischen Rechts waren noch die actio furti concepti auf das triplum gegen den, bei dem die Sache durch Haussuchung gefunden wurde; — die actio furti prohibiti aufs quadruplum gegen den, der sich der Haussuchung widersetzte. Die actio furti oblati auf das triplum ging gegen den, der eine gestohlene Sache in fremdem Hause versteckt hatte. Die Haussuchung war ein hergebrachtes Recht des Bestohlenen (nackt, lance et licio: nur mit einem Schurz bekleidet, auszuüben). Mit dem Recht der Haussuchung verschwanden die bezüglichen Klagen.

[7] Der Beraubte erlangt das quadruplum auch wenn der Räuber nicht auf frischer Tat ergriffen wurde. Die Klage ist a. mixta, der Ersatz ist in dem quadruplum mit einbegriffen. Sie ist infamierend wie die Diebstahlsklage und steht jedem Interessenten zu.

[8] Pernice, Z. L. v. d. Sachbeschädigungen n. röm. R. (1867); Wäntig, Haftung für fremde unerlaubte Handlungen (1875); v. Tuhr, Schätzung des Schadens i. d. lex Aquilia (1892).

[9] Über den Inhalt des 2. Kapitels s. o. § 35 Note 2.

(mit der actio legis Aquiliae), wer, wenn auch nur unter geringer Verschuldung (culpa levis), durch Zerstörung oder körperliche Beschädigung einer Sache, später auch durch Entziehung von Sachen ohne physische Zerstörung (z. B. Werfen ins Meer, Losbinden eines dadurch abhanden kommenden Tieres) einem anderen Schaden zufügt[10]. Anfangs mußte ein unmittelbarer körperlicher Eingriff vorliegen; später genügt auch indirekte Einwirkung, z. B. durch Darreichen von Gift, wenn nur der Kausalzusammenhang mit der Verletzung feststeht. Ferner setzte die Klage ein positives Tun des Urhebers voraus (§ 31 I Ziff. 2: aquilische culpa). Ein schuldhaftes Unterlassen wurde erst allmählich unter besonderen Voraussetzungen für genügend erklärt, wenn eine Pflicht zum Handeln vorlag, z. B. wegen eines vorher herbeigeführten gefahrvollen Zustandes[11]. Die verschiedenen Ausdehnungen erfolgten im Wege von actiones utiles (formulae in factum). — Die Klage geht auf Schadensersatz, und zwar, wenn es sich um Tötung eines Sklaven oder vierfüßigen Tieres (pecus) handelt, auf Ersatz des höchsten Wertes im letzten Jahr, bei anderen Sachschäden auf Ersatz des höchsten Wertes im letzten Monat. Sie geht bei Ableugnung der Tat auf das Doppelte (lis infitiando crescit in duplum). Das pönale Element liegt in der eigentümlichen Art der Ersatzberechnung und in der Strafe für das Leugnen. Klagberechtigt ist der Eigentümer, später auch dinglich Berechtigte der Sache.

Die actio legis Aquiliae ist auf die Körperverletzung eines freien Menschen ausgedehnt worden, und geht hier auf Ersatz der Kurkosten und des beeinträchtigten Erwerbes[12].

---

[10] Ursprünglich wurde nur der unmittelbare Sachschaden (das damnum corpore corpori datum) ersetzt, z. B. beim durch Zerschneiden des Halteseiles weggetriebenen und untergegangenen Schiffe nur das Seil, später auch der mittelbare Schaden, also der Wert des Schiffes.

[11] Z. B. bei Übernahme eines Wächterpostens in Verbindung mit nachträglicher Unterlassung der Bewachung, wodurch Zerstörung der Sache eintritt. — Dagegen wird keine Beschädigung, die nicht Sachbeschädigung, sondern nur allgemeine Vermögensbeschädigung ist, getroffen. Für Fälle letzterer Art s. u. Ziff. 5.

[12] Diebstahl, Raub, Sachbeschädigung, Körperverletzung usw. werden heute gleichmäßig in § 823 Abs. 1 BGB. getroffen.

4. Injuria[13]. Hier handelt es sich um eine absichtliche Mißachtung einer Person durch Worte oder Handlungen, welche gegen die Ehre, die körperliche Integrität oder die Freiheit der Person gerichtet sind (Verbal- und Realinjurien). Das alte Zivilrecht hatte in unvollkommener Weise nur einzelne Fälle (membrum ruptum, os fractum aut collisum etc. mit bestimmten Strafsummen) herausgegriffen. Der Prätor gab darüber hinaus beim Vorliegen der obigen Voraussetzungen dem Verletzten die actio injuriarum aestimatoria auf eine arbiträre Geldbuße, die vom Richter nach den Umständen festgesetzt wird. Die Klage erlosch mit Ablauf eines annus utilis. Sie ist vindictam spirans, daher aktiv und passiv unvererblich (N. 3). In der Person von Frau und Hauskindern kann auch der Mann und Vater beleidigt sein.

Im Lauf der Zeit wurde der Klage noch größere Ausdehnung gegeben, so daß sie jedes absichtliche Handeln trifft, durch welches eine Mißachtung der fremden Person ausgedrückt werden soll, z. B. Mißhandlung von Sklaven und Tieren eines andern, Abwerfen oder Abladen von Unrat auf seinem Grundstück und sonstige Schikanehandlungen.

Nach Vorgang einer lex Cornelia (des Sulla) wurde in der Kaiserzeit für gewisse Fälle dem Verletzten die Wahl zwischen der Privatklage und öffentlicher Kriminalklage gegeben. Die Rechtsbehelfe kommen bei Justinian nebeneinander vor[14].

5. Als Ergänzung des Deliktsrechts wurde schon durch das prätorische Edikt die actio de dolo eingeführt[15], wegen jeder Art absichtlicher Vermögensbeschädigung, die nicht mit einer anderen Klage zu treffen war. Diese subsidiäre (infa-

---

[13] Jhering, Jahrb. f. Dogm. 23, 155; Landsberg, Injuria u. Beleidigung (1886); Mommsen, Strafr. 784 ff.; Hitzig, Injuria (1899); R. Leonhard, Schutz der Ehre im alten Rom (1902); Maschke, Die Persönlichkeitsrechte d. röm. Injuriensystems (1903); Huvelin i. Mél. Appleton (1903) 369; Girard, Mél. Gérardin (1907) 255; Mainzer, Die ästimatorische Injurienklage (1908); Binding, Ztschr. d. Sav.-Stift. 40, 106. — Hier ist immer Dolus vorauszusetzen.

[14] Vgl. Hermogenian, D. 47, 10, 45; I. 4, 4, 10.

[15] S. Pernice, Labeo 2 I 200 ff.; Karlowa, R. Rechtsg. II 1068 ff.; Mommsen, Strafr. 679 ff. Wegen der Subsidiarität auch Siber, Passivlegitimation bei der Rei vindicatio 187 ff. und wegen des Dolusbegriffs Litten i. d. Festg. f. Güterbock (1910) 255.

mierende) Klage kann nur binnen eines annus utilis, seit Justinian binnen 2 Jahren gegen den Täter auf Schadensersatz angestellt werden, falls er nicht das rechtswidrig Gewonnene herausgibt. Nach Ablauf der Zeit kann nur noch in factum auf die vorhandene Bereicherung geklagt werden. Ebenso gegen die Erben des Täters. Bei vermögensbeschädigender Drohung, sofern sie widerrechtlich und zur Einschüchterung geeignet war, ist die actio quod metus causa gegeben[16].

In Deutschland wurden die Privatstrafen beseitigt. Der Gesichtspunkt der Entschädigung wird zugrunde gelegt. Daher haftet der Erbe des Täters, wenigstens bis zum Belauf der Erbschaft. Mehrere Täter haften solidarisch. Andererseits wird die im deutschen Recht nicht seltene Haftung für zufällige Tat überwunden; die Haftung für Fahrlässigkeit dringt durch. Doch entwickelt sich keine der actio doli parallele allgemeine actio culpae (wie im französischen Recht, Art. 1382 C. c.), sondern man bleibt bei den einzelnen Deliktstatbeständen (Diebstahl, Raub, Sachbeschädigung usw.) stehen. Dasselbe gilt nach BGB. §§ 823 ff., nur daß hier die Fassung der Tatbestände eine abstrakte geworden ist. Es gibt die unterschiedlichen Delikte des § 823 Abs. 1 §§ 824 825, 826 (Rechtsgüterverletzung); des § 823 Abs. 2 (Verletzung von Schutznormen zugunsten fremder Privatinteressen); § 839 (Verletzung von Amtspflichten), von denen manchmal mehrere auf denselben Tatbestand passen. Ein Fall der Haftung ohne Verschulden in § 829 BGB.

II. Wie an die Kontrakte (§ 43), werden auch an das Deliktsrecht einzelne Tatbestände angeknüpft, in denen jemand wie bei einem begangenen Delikt auf Privatstrafen und Schadensersatz haftet. Quasidelikte.

1. Zunächst wird ein Richter[17], der in der Prozeßleitung durch Verschulden (auch Versehen) einer Partei Schaden zufügt, quasi ex delicto verpflichtet, und kann auf eine arbiträre Geldbuße belangt werden, deren Betrag nach billigem Ermessen festgesetzt wird[18].

2. In gewissen Fällen gibt es eine Haftung für einen anderen, welcher der eigentliche Täter ist. So, wenn aus

---

[16] Über beide Klagen auch o. § 42. Über die allgemeinere Funktion der actio doli zur Geltendmachung der Billigkeit o. § 40 Ziff. I.

[17] Im älteren Verfahren (Formularprozeß) der Geschworene.

[18] Man spricht hier vom judex qui litem suam facit. In Deutschland entwickelte sich daraus die sog. Syndikatsklage. S. heute viel allgemeiner das wirkliche Beamtendelikt des § 839 BGB. (Ziff. I i. f.).

einer gegen die Straße usw. gelegenen Wohnung etwas hinausgeworfen oder gegossen wird[19], hat der Beschädigte gegen den Inhaber der Wohnung die prätorische actio de effusis vel dejectis auf doppelten Schadenersatz. Ähnlich geht gegen den Inhaber eines Gebäudes oder des Gebäudeteils, von welchem aus etwas über der Straße so aufgestellt oder gehängt ist, daß durch Herabfallen ein Schaden entstehen kann[20], die actio de posito vel suspenso auf eine Geldstrafe. Sie steht jedermann (als actio popularis) zu[21].

3. Gegen Schiffer und Wirte (nautae, caupones, stabularii) findet wegen Diebstahls und Sachbeschädigung seitens ihrer Leute an den Sachen des Reisenden eine actio in factum (auf das Doppelte) statt.

4. Hat ein Sklave ein Delikt begangen (vor Justinian galt dasselbe entsprechend auch für Hauskinder), so kann der Verletzte die Deliktsklage gegen den Herrn als actio noxalis anstellen. Darauf muß der Herr entweder zahlen oder den Täter dem Verletzten herausgeben (noxae dedere). Ist der Täter inzwischen in die Gewalt eines neuen Herrn gelangt, so trifft diesen die Verpflichtung (noxa caput sequitur).

Die Noxalhaftung ist auch auf Beschädigungen durch Tiere ausgedehnt[22]. Für gewöhnlich ist hier freilich der Herr aquilisch selbst als Täter verantwortlich. Denn er ist selbst in Schuld, wenn er durch Versäumen der erforderlichen Obhut die Schadenstiftung des Tieres nicht verhindert. Wenn abgesehen davon ein Tier einen Schaden anrichtet, so gab schon das Zivilrecht dem Beschädigten die actio de pauperie als actio noxalis gegen den Eigentümer

[19] Vgl. Pernice, Labeo II 2, 50. Also gleichgültig von wem! Der Haftpflichtige hat gegen ihn einen Rückgriff. D. 9, 3, 5, 4.

[20] Nach wirklich eingetretener Beschädigung haftet der Täter.

[21] Dagegen ging das römische Recht nicht soweit, den Hausherrn für den Einsturz des ganzen Gebäudes verantwortlich zu machen! Dies konnte nur auf dem Umwege der cautio damni infecti (§ 18 Ziff. II) geschehen. — Anders heutzutage § 836 BGB.

[22] Vgl. hierzu Eisele i. Jherings Jahrb. 24, 480; Litten, das. 49, 419 u. Ztschr. d. Sav-Stift. 26, 494; Monosohn, Actio de pauperie (1911); Haymann, Haftung für Tierschaden, Zeitschr. d. Sav.-Stift. 42, 357 ff. Über die Konkurrenzverhältnisse bei den Noxalklagen, Levy, Konkurrenz der Aktionen und Personen I z. B. 158 ff., 309 ff., 339 ff.

des Tiers: auf Ersatz oder Herausgabe. — Aus ähnlichem Gesichtspunkt bestand eine Noxalklage (actio de pastu), wenn ein Tier fremde Früchte abweidet.

Im älteren deutschen Recht haftete der Hausherr in weitem Umfange für seine Hausangehörigen, der Dienstherr für seine Angestellten. Auf Grund römischen Einflusses wurde diese Haftung auf eine solche für eigenes Verschulden des Herrn (culpa in eligendo oder in custodiendo) beschränkt. Dagegen erhielt sie sich im französischen Recht (Art. 1384 C. c.). Das BGB. (§§ 831, 832) schlägt einen Mittelweg ein. Es geht von der grundsätzlichen Haftung aus; doch kann der Herr oder Aufsichtspflichtige sich exkulpieren.

Für Haustiere bestand Sachhaftung, also ein der noxae datio ähnlicher Zustand. Das BGB. hat sie beseitigt. Nach § 833 haftet, wer ein Tier hält, d. h. es zu eigenem Nutzen dauernd unterhält, für den durch dasselbe angerichteten Schaden, — bei berufsmäßig gehaltenen Haustieren unter Möglichkeit der Exkulpierung.

§ 45.

III. Erlöschen der Schuldverhältnisse*.

Das Band zwischen Gläubiger und Schuldner (obligatio, § 29) kommt durch bestimmte Aufhebungsgründe zur Lösung. Die zivilrechtlichen Aufhebungsgründe wirkten ipso jure: sie vernichten die Obligation (es ist kein dare facere oportere mehr vorhanden). Dagegen konnte der Prätor nicht unmittelbar ein Recht aufheben, sondern nur dessen gerichtliche Durchsetzung hemmen: die prätorischen Aufhebungsgründe wirken daher nur ope exceptionis[1].

I. Ipso jure wirkende Erlöschungsgründe sind

1. vor allem die Erfüllung (solutio): die Leistung des Geschuldeten, auch einfach Zahlung genannt. Sie ist der normale Aufhebungsgrund, und befreit den Schuldner um des Erfolges willen (weil der Gläubiger vollkommen befriedigt

* Erman, Z. Geschichte d. röm. Quittungen u. Solutionsakte (1883) u. Ztschr. d. Sav.-Stift. 20, 193; Kretschmar, Erfüllung I (1906); Römer, Leistung an Zahlungsstatt (1866); Steiner, Datio in solutum (1914); Koschaker, Ztschr. d. Sav.-Stift. 37, 352 ff.; Mitteis, R. Privatr. I 258 ff.

[1] S. o. § 5 bei N. 8, 12. Die Einrede kann allerdings nachher aus irgendeinem Grunde wegfallen oder gehemmt sein. Dann setzt die Forderung sich durch. Trotzdem werden in D. 50, 17, 112 beide Erlöschungsgründe im wesentlichen gleichgestellt.

ist). Darum braucht die Erfüllung nicht durch den Schuldner selbst, sondern kann auch durch einen Dritten geschehen [2], falls nicht die Leistung von der Art ist, daß sie vertragsmäßig nur durch den Schuldner richtig vorgenommen werden kann.

Überhaupt muß der Gläubiger alles erhalten, was geschuldet ist und wie es geschuldet ist. Etwas anderes braucht er nicht anzunehmen. Er kann es aber tun; dann tilgt, infolge seines Einverständnisses, die sog. datio in solutum das Schuldverhältnis geradeso, wie die Erfüllung [3].

Die Erfüllung muß an den Gläubiger oder an eine zum Empfang ermächtigte Person (procurator, tutor) oder an jemanden geschehen, der im Vertrag [4] als Zahlstelle bezeichnet ist (solutionis causa adjectus). Letzterer ist nicht forderungsberechtigt (wie der adstipulator, § 35 I), sondern die Leistung an ihn mit befreiender Wirkung ist nur ein Recht des Schuldners, das ihm vom Gläubiger nicht mehr ohne seinen Willen entzogen werden kann.

Bei Nichtannahme gehöriger Leistung treten die Folgen des Gläubigerverzugs ein (§ 31 Ziff. II).

2. Statt der sachlichen Befriedigung des Gläubigers kann die Obligation auch durch vertragliche Umwandlung in eine Stipulationsschuld zum Erlöschen gebracht werden; solange der alte Literalkontrakt bestand, in entsprechender Weise auch durch diesen. Dies nennt man Novation [5]. Ehemals genügte der bloße Hinweis in diesen Formalgeschäften auf die alte Schuld, um die Umwandlung herbeizuführen (der Hinweis war nötig, weil man sonst doppelt geschuldet hätte). In der Kaiserzeit muß die Umwandlungsab-

---

[2] Im Auftrage des Schuldners, oder ohne oder gegen seinen Willen. — Ebenso erlischt die Obligation, wenn der Schuldner mit fremdem Gelde zahlt, letzteres aber durch Vermischung vom Gläubiger zu Eigentum erworben wird (§ 6 bei N. 21).

[3] Nach der durchgedrungenen Ansicht der Sabinianer. Vgl. Gaius III 168; I. 3, 29 pr. — Wird das Geleistete dem Empfänger nachher evinziert, so kann dieser nach klassischem Recht aus der alten Forderung klagen, wegen der er nicht befriedigt ist. Nach justinianischem Recht hat er die Wahl zwischen der Klage aus der alten Forderung und Geltendmachung von Ersatzansprüchen wie ein Käufer. Vgl. C. 8, 44, 4. Heutzutage s. § 365 BGB.

[4] Bei Stipulation in der Form: mihi aut Sejo dare spondes? Spondeo.

[5] Literatur s. o. § 36 N. *.

sicht feststehen. Im justinianischen Recht wird gegen den animus novandi vermutet (C. 8, 41, 8). Steht aber fest, daß der Gläubiger gegen Empfang des neuen Versprechens die alte Schuld aufgeben will, so wird letztere durch die Novationsstipulation aufgehoben.

Das nähere über die verschiedenen Fälle: Novation unter den bisherigen Parteien, Novation mit Gläubiger- und Novation mit Schuldnerwechsel s. o. § 36. Ebenso über Novation auf Anweisung (delegatio) und ohne solche (expromissio).

Mit dem Aufkommen der Zession in Deutschland (heute §§ 398 ff. BGB.) und der Schuldübernahme (§ 415 ff. BGB.) trat die Novation mit Gläubiger- und Schuldnerwechsel in den Hintergrund. Dazu tritt noch die Anweisung (§ 783 ff. BGB., deren Akzept nach § 784 den Angewiesenen dem Anweisungsempfänger nach Maßgabe des Inhalts der Urkunde verpflichtet). Aber auch unter den bisherigen Parteien bedarf es der Novation nicht mehr, um zweckmäßige Änderungen des Schuldinhalts herbeizuführen. Neben der datio in solutum (Note 3) gibt es die sog. promissio in solutum (§ 364 Abs. 2 BGB.), die einfache Schuldumwandlung nach § 305 BGB., und die Verabredung, daß der Schuldner das bisher Geschuldete als Darlehn behalten solle (schon den röm. Juristen bekannt, s. o. § 39 N. 7, heute § 607 Abs. 2 BGB.). Die Novation ist im heutigen Recht nicht aufgehoben, aber durch die zit. Bestimmungen überholt.

Genau zuzusehen ist auch hier, wie schon nach röm. Recht (§ 36 N. 4 ff.), ob das neue Versprechen nicht bloß akzessorisch neben die alte Schuld treten soll, z. B. wenn für die bestehende Schuld ein Wechsel oder ein Schuldversprechen resp. Schuldanerkennung nach §§ 780 ff. BGB. gegeben wird, und im Falle § 364 Abs. 2 BGB.

Eine ähnliche Wirkung wie die Novation führt die Einleitung des Prozesses über den Anspruch herbei, die daher auch als novatio necessaria bezeichnet wird. Ohne sie bestände keine Sicherheit, daß nicht der Anspruch (z. B. die actio empti) zum zweitenmal geltend gemacht und doppelte Verurteilung erzielt würde. Das mußte verhindert werden (bis de eadem re ne sit actio). Man erreichte es, indem die ordinatio judicii (Litiskontestation) mit ihrer Feststellung der Streitpunkte („daß, worüber, zwischen welchen Parteien gestritten wird") in älterer und klassischer Zeit als ein prozessualisches Rechtsgeschäft betrachtet wurde, wodurch der ursprüngliche materielle Anspruch (die actio) aufgehoben und eine Prozeßobligation an die Stelle gesetzt wurde, sich dem in der Sache zu fällenden Urteil zu unterwerfen [6]. In Fortsetzung desselben Gedankens wird die Prozeßobligation schließlich, wenn die richterliche Verurteilung erfolgt, durch den Urteilsanspruch (actio judicati) ersetzt, wie umgekehrt, wenn die Klage abgewiesen wird, der Beklagte sich fortan einfach auf das freisprechende Urteil berufen kann. Würde die ursprüngliche Klage aus derselben Sache noch einmal erhoben, so hat die Gegenpartei dawider die exceptio rei in judicium deductae resp. die exceptio rei judicatae [6a]. Durch das Anhängigmachen der Sache vor Gericht ist der ursprüngliche Anspruch wie durch Novation verbraucht und umgewandelt [7]. An Stelle des dare oportere (§ 29) tritt das condemnari oportere, und nach Verurteilung des Beklagten das judicatum facere oportere (Gai. III, 180). Der Kläger (was immer seine frühere

[6] Vgl. Keller, Über Litiskontestation u. Urteil (1827); Wlassak, Die Litiskontestation im Formularprozeß (1888); Lenel, Ztschr. d. Sav.-Stift. 24, 329 ff., Hölder, das. 197, Bekker, das. 362; Wlassak, das. 25, 138; 33, 92 ff., Bekker, das. 27, 13 ff., Hölder, das. 31, 371; Schlossmann, Litis Contestatio (1905). Nach erfolgter Feststellung der Streitpunkte ging der Prozeß zur Untersuchung des festgelegten Stoffs und Fällung des Urteils an den Spruchrichter resp. Geschworenen. Im späteren Kaiserprozeß blieb der Rechtsstreit von Anfang bis zu Ende vor derselben richterlichen Behörde. Litiskontestation ist in demselben Stadium des Prozesses vorhanden, in welchem früher die Abgabe an den Spruchrichter stattfand, also das im Text bezeichnete beiderseitige Vorbringen zur Sache stattgefunden hat. — Über die Weiterentwicklung nach Justinian s. R. Sohm jun., Die litiscontestatio in ihrer Entwicklung vom frühen Mittelalter bis zur Gegenwart (1914).

[6a] Wenn nicht aus dem Wortlaut der formula selbst schon die Möglichkeit folgte, die gesetzliche Konsumtion anzuwenden (im sog. judicium legitimum bei zivilen Schuldklagen).

[7] Sog. negative Funktion der exceptio rei judicatae, wonach das bloße Dasein des früheren Verfahrens genügt, um die Erneuerung des Streites auszuschließen. Von diesem Standpunkt ist das römische Recht grundsätzlich ausgegangen. So scharf dies ist, so genügt es doch nicht immer. Wir kennen daher auch eine positive Funktion der Einrede der Rechtskraft, kraft deren sie dazu dient, den Inhalt der früheren Entscheidung zur Geltung zu bringen, auch wo es sich nicht einfach um Wiederholung einer früheren Klage handelt. Hier ist römisch nur in Einzelfällen geholfen worden. Der Streit, ob das römische Recht die positive Funktion der Einrede entwickelt habe, gehört nicht hierher. Bei uns ist sie die Hauptfunktion.

actio gewesen sein mag) hat nach gewonnenem Prozeß einheitlich die actio judicati, aus der die Zwangsvollstreckung folgt[8].

Der Grundsatz der Konsumtion des Anspruchs durch die Litiskontestation wird besonders wichtig, wenn jemand auf Grund eines einheitlichen Tatbestands mehrere Klagen hat (z. B. aus Kontrakt und Delikt). Hier kommt es darauf an, ob eadem res im obigen Sinne vorliegt. Dazu gehört nicht nur Identität des Zieles beider Klagen, sondern auch Identität des Klagegrundes[9]. Liegt eadem res vor, so tritt Prozeßkonsumtion ein, andernfalls ist die Kumulation ungehemmt[10]. Der Grundsatz dient auch zur Erklärung der Korrealität, s. u. § 46.

Aus der konsumierenden Kraft der Litiskontestation folgte im älteren Recht sogar, daß, wer z. B. zu früh oder zu viel eingeklagt hatte, gar nichts erhielt. Sein ehemaliger Anspruch war erloschen, und zur Zeit der Litiskontestation, welche die Grundlage des Urteils bildet, hatte er nichts zu fordern. Erst in der Kaiserzeit erkannte man an, daß der in judicium deduzierte Anspruch in Wahrheit derselbe bleibt und nur in ein neues Stadium tritt. Daher läßt man nach Abweisung der verfrüht erhobenen Klage eine neue nach Fälligkeit des Anspruchs zu[11], und Justinian läßt auch den, der zu viel ge-

---

[8] Mit der Litiskontestation wird auch nach klassischem Recht der ursprünglich nicht auf Geld lautende Anspruch des Klägers in einen Geldanspruch verwandelt. § 29 Ziff. 2 (s. das. auch N. 9). — Vgl. noch Seckel i. d. Festschr. f. Bekker (1907) 323 ff.; Gradenwitz, das. 383 ff.; Wenger, Z. L. v. d. Actio judicati (1901).

[9] S. dazu H. Krüger, Ztschr. d. Sav.-Stift. 29, 378 ff.; Eisele i. Arch. f. d. zivil. Praxis 77, 374; 79, 327; Binder, Die Korrealobligationen (1899); Siber, Die Passivlegitimation bei der Rei vindicatio (1907); Peters, Generelle u. spezielle Aktionen i. d. Ztschr. d. Sav.-Stift. 32, 179 ff.; E. Levy, Privatstrafe u. Schadensersatz (1915); Die Konkurrenz der Aktionen und Personen i. klass. röm. Recht I (1918).

[10] Darüber, wann dasselbe Ziel und derselbe Klaggrund vorliegt, ausführlich Levy, Konkurrenz I bes. 76 ff. — Derselbe unterscheidet richtig drei Formen der Aktionenkonkurrenz: den Fall der einfachen Klagkonkurrenz, wo derselbe Kläger gegen denselben Beklagten mehrere Klagen hat; den Fall der einfachen Personenkonkurrenz, wo dieselbe Klage gegen mehrere Personen zusteht oder der Beklagte ihr von Seiten mehrerer Personen ausgesetzt ist; endlich den Fall der doppelten Konkurrenz, wo die Verschiedenheit sowohl in den Aktionen als in den auf der Aktiv- oder Passivseite beteiligten Personen liegt. Nach diesem Gesichtspunkt geht Verf. in einem besonderen Teil das Rechtssystem durch.

[11] C. 3, 10, 1. I. 4, 13, 10 (s. auch I. 4, 6, 33).

fordert hat, nicht mehr den ganzen Prozeß verlieren, sondern legt ihm nur die dreifachen Kosten des zu viel Geforderten auf. C. 3, 10, 2. Die Konsumtion tritt nicht schon durch Litiskontestation, sondern erst mit dem Urteil ein[12]. Dagegen sind die Unterbrechung der Klagverjährung und die Vererbung eines sonst unvererblichen Anspruchs auch weiterhin an die Litiskontestation geknüpft[13].

3. Auch durch nachträgliche kasuelle Unmöglichkeit der Leistung wird der Schuldner regelmäßig befreit (§ 31 I Ziff. 3). Dasselbe gilt beim sog. concursus causarum lucrativarum, wenn ein bestimmter, infolge Schenkung oder Vermächtnis geschuldeter Gegenstand anderweitig unentgeltlich erworben wird[14]. — Endlich erlischt die Obligation durch confusio[15], also wenn z. B. durch Erbgang die Person des Gläubigers und Schuldners sich vereinigt (da niemand sich selbst leisten kann).

Auch durch Verlust der Rechtsfähigkeit (§ 50) wurden die zivilen Kontraktsschulden des capite minutus aufgehoben. Doch gab der Prätor eine actio utilis gegen diejenigen, an welche das Vermögen fiel, bis zum Belaufe des Vermögens (D. 4, 5, 2 pr.). Beim bloßen Wechsel des Agnatenverbands (capitis deminutio minima, § 50 Ziff. 4c) machte der Prätor durch in integrum restitutio die Aufhebung unschädlich.

4. Von besonderer Wichtigkeit sind die befreienden Verträge. — Nach älterem Recht galt die Juristentheorie, daß dem Schuldbegründungsakt die Lösung des Schuldbandes durch entsprechenden Formalakt nachzufolgen habe. Die Form bestand in der Umkehrung des früheren Geschäfts (contrarius actus). Der Schuldbegründung durch nexum entsprach die nexi liberatio[16], der Verpflichtung durch Stipula-

---

[12] In Zusammenhang damit steht auch die Beseitigung der „gesamtzerstörlichen" Wirkung der Litiskontestation durch Ausklagung eines von mehreren Korrealschuldnern bei Justinian C. 8, 40, 28 (s. u. § 46).

[13] S. o. § 5 N. 22 u. § 44 N. 3.

[14] S. Binder, Korrealobligationen 42 ff.; Last, Anspruchkonkurrenz (1908) 84 ff.; Fr. Schulz, Ztschr. d. Sav.-Stift. 38, 114 u. Zit.

[15] S. Kretschmar, Die Theorie der Konfusion (1899).

[16] Wie das nexum selbst vor fünf römischen Bürgern und dem libripens vorzunehmen. S. o. § 33 N. 2. Ursprünglich eine wahre Zurückzahlung per aes et libram, wird später eine imaginaria solutio

tion oder durch Literalkontrakt entsprach die acceptilatio: durch Worte (quod ego tibi promisi habesne acceptum? habeo) resp. durch Austragung des Schuldpostens in den Hausbüchern[17]. Als die formlose Erfüllung (Ziff. 1) allein genügte, um die Obligation aufzuheben, wurde die Tilgungserklärung dennoch nicht wertlos. Zwar die nexi liberatio und literale Akzeptilation verschwanden mit den bezüglichen Kontrakten. Aber die verbale acceptilatio, als Umkehr der stipulatio (§ 34) blieb. Man verwertet sie jetzt nicht nur zum Beweis der solutio, sondern auch als Erlaßvertrag. Ähnlich wie man zum Zweck des Erlasses eine Quittung gibt. Der Erlaß ist ein abstrakter Vertrag. Die Befreiung des Schuldners wird von der Rechtsordnung begünstigt[18]. War der Erlaß grundlos, so hat der Gläubiger eine condictio sine causa (§ 43 V); war er durch Betrug erschlichen, so hat er die actio de dolo.

Die acceptilatio („habesne acceptum? habeo") ist hiernach Quittungserteilung in Stipulationsform[19], aber nur für Stipulationsschulden (Verbalkontrakte). Andere Schulden können auf diesem Wege nur erlassen werden, indem man sie vorher in eine Stipulationsschuld umwandelt (§ 36). Ja der Jurist Aquilius Gallus erfand für Abrechnungen usw. eine Formel, um alle bisherigen Schuldposten zwischen zwei Parteien in dieser Weise zu novieren und durch Akzeptilation in einem Gesamtakt aufzuheben (stipulatio Aquiliana)[19a].

Formlos gültige Verträge (Konsensualkontrakte)

---

daraus. Es wird ein Kupferpfennig auf die Wage gelegt und dadurch die Enthaftung vorgenommen. Gai. III 173 ff. Das formelle Enthaftungsgeschäft wird schließlich ganz aufgegeben.

[17] S. § 33 Note 3.

[18] Die tatsächliche Erfüllung gehörte weder zum Akt der acceptilatio, noch war sie Voraussetzung desselben. Vielmehr liegt eine reine Verfügung der Parteien über die Beendigung des Obligationsverhältnisses vor. Cf. § 12 Note 10.

[19] Der Akt muß unbefristet und unbetagt sein. § 41 N. 3. Hierzu u. zum folgenden s. auch Erman, Gesch. d. röm. Quittungen (1883); Frese, Ztschr. d. Sav.-Stift. 18, 241 ff.; Erman, das. 20, 193 ff.; Rabel, das. 28, 333 ff.

[19a] Wlassak, Die Aquilianische Stipulation. Ztschr. d. Sav.-Stift. 42, 394 ff.

können auch wieder formlos, also durch contrarius consensus aufgehoben werden[19b].

II. Ope exceptionis wirken

1. das pactum de non petendo. Dies ist ein formloser Erlaßvertrag (pactum), der auf dem Vergleichsgedanken (pax) beruht, und woraus der Prätor eine Einrede gegen die verabredungswidrig erhobene Klage gab[20]. Hier sind Nuancen möglich. Z. B. es wird „bedingt" oder „auf Zeit" erlassen (Stundungsvertrag). Oder die Parteien schließen einen eigentlichen Vergleich, indem sie den streitigen oder zweifelhaften Anspruch durch wechselseitiges Nachgeben ordnen[21]. Das pactum de non petendo kann durch nachträgliche Gegenabrede aufgehoben werden (z. B. auf Grund neuerer Abrechnung), wodurch die Einrede wieder entfällt. Auch eine vertragsmäßige Kompensation fällt unter das pactum de non petendo[22].

2. Es gibt aber auch ein einseitiges Kompensationsrecht des Schuldners[23], der eine gültige, gleichartige, fällige Gegenforderung wider den Gläubiger hat. Hier entspricht es, der Billigkeit, den Betrag der

---

[19b] S. dazu Siber, Ztschr. d. Sav.-Stift. 42, 68 ff.

[20] Nur zuweilen wirkt die formlose Erlaßabrede ipso jure: so bei bonae fidei negotiis, wenn die trotzdem erfolgende Einforderung der Leistung gegen die bona fides verstoßen würde; ferner bei gewissen Delikten (furtum, injuria) wo die Erlaßabrede das Delikt selbst behebt. Natürlich auch bei den Konsensualverträgen, soweit die Erfordernisse des contrarius consensus (s. o.) vorliegen.

[21] Der Vergleich pflegte ursprünglich durch Stipulation bekräftigt zu werden, so daß aus ihr geklagt wurde. Dann wird eine besondere Klage für ihn anerkannt, die später auch als actio praescriptis verbis bezeichnet wird. C. 2, 4, 6, 1. S. o. § 40 N. 3. Pernice, Labeo 3, I 91.

[22] BGB. § 397 kennt nur einen einheitlichen Erlaßvertrag, der ipso jure wirkt. Die allerdings auch heute daneben vorkommende Stundungsabrede ist kein betagter Erlaßvertrag mehr, sondern Verschiebung der Fälligkeit der Forderung.

[23] Brinz, L. v. d. Kompensation (1849); Dernburg, Gesch. u. Theorie d. Kompensation (2. A. 1868); Schwanert, Komp. (1870); Eisele, Komp. (1876); Stampe, D. Kompensationsverfahren i. vorjustinian. stricti juris judicium (1886); Appleton, Hist. de la compensation en droit romain (1895); F. Leonhard, Aufrechnung (1897); R. Leonhard i. Pauly-Wiss. Realenzykl. s. v. compensatio; Siber, Kompensat. u. Aufrechnung (1899); P. Kretschmar, Entwickl. der Kompensation i. röm. R. (1907) u. Koschaker, Ztschr. d. Sav.-Stift. 30, 457 ff.

Gegenforderung abzurechnen und den Schuldner nur auf den Rest zu verurteilen.

Das römische Recht hat den Gedanken nur zögernd verwirklicht. Abgesehen von den Bankiers (argentarii), die gegen Kunden aus laufender Rechnung nur die Differenz einklagen durften, und abgesehen vom Ersteher einer Konkursmasse (bonorum emptor), der bei der Beitreibung von Masseforderungen sich die Schulden an den Beklagten abziehen lassen mußte, gab es zunächst nichts derartiges. Allerdings durfte bei Klagen aus bonae fidei-Geschäften der Richter nach freiem Ermessen Gegenansprüche des Beklagten aus demselben Geschäft bei der Verurteilung berücksichtigen (z. B. Auslagen des Mandatars). Erst Mark Aurel gab dem Schuldner ein eigentliches Kompensationsrecht auch gegenüber Klagen aus stricti juris-Geschäften (z. B. dem Darlehen) mittelst exceptio doli[24], wobei folgerecht Gegenforderungen aus anderen Geschäften (ex alia causa) angerechnet werden dürfen. Diese Erweiterung ging dann in die bonae fidei judicia über. Im kaiserlichen Prozeßverfahren ließ sich die Aufrechnung bei gehöriger Vorschützung der Gegenforderung überhaupt leichter bewerkstelligen. Justinian hob die verschiedenen Unterscheidungen auf. Es kann fortan gegen jede Klage (außer einigen, bei denen es offenbar unbillig schien, z. B. beim depositum[25]), eine gleichartige, fällige, wider den Kläger zustehende liquide[26] Gegenforderung zur Aufrechnung gebracht werden, und zwar in jedem Stadium des Prozesses, nicht bloß bei der Einlassung auf die Klage. In Reminiszenz des alten Rechts der argentarii, und des Gedankens, daß man beim Bestehen der Gegenforderung eigentlich nur um soviel weniger schulde, heißt es gelegentlich

---

[24] Früher hatte die exceptio doli wegen vorhandener Gegenforderung beim stricti juris-Geschäft nicht zur Kompensation, sondern zur völligen Abweisung der Klage geführt, was indirekt den Kläger wohl dazu bewog, sich den Betrag der Gegenforderung selbst abzurechnen und nur den Überschuß einzuklagen. Ein unvollkommenes Mittel!

[25] Nach BGB. ist diese Besonderheit weggefallen. S. aber §§ 393—95.

[26] S. darüber C. 4, 31, 14, 1 u. heute §§ 145, 302 ZPO.

im corpus juris: „ipso jure compensatur“ [27]. Das bedeutet nicht, daß die Aufrechnung sich von selbst vollzöge, sobald die beiden Forderungen einander gegenübergetreten sind. Vielmehr bedarf es auch jetzt der Vorschützung der Gegenforderung durch den Beklagten im Prozeß, mittelst Einrede. Aber dann muß der Richter, falls die Gegenforderung in obiger Weise besteht, die Aufrechnung vornehmen und den Beklagten auf soviel weniger verurteilen [28], und die vollzogene Aufrechnung wirkt auch rückwärts. z. B. in Ansehung der Zinsen.

Den letzten Schritt tat man in Deutschland. Warum mußte man, um die Kompensation zu erklären, erst das Gericht anrufen?! Nach §§ 388 ff. BGB. kann der Entschluß, mit einer (dazu geeigneten) Gegenforderung aufrechnen zu wollen, dem Gegner auch außergerichtlich erklärt werden. Dann wirkt die Aufhebung von dem Augenblicke, wo die beiden Forderungen sich, als zur Aufrechnung geeignet, gegenübergetreten sind (§ 389).

§ 46.

IV. Subjekte des Schuldverhältnisses.

1. Mehrheit der Schuldner oder Gläubiger.

a) Selbständige Beteiligung. Solidarität*.

I. Haften mehrere für dieselbe ganze Leistung [1], so verstärkt sich die Stellung des Gläubigers, der dadurch gegen die Gefahr der Insolvenz eines einzelnen Schuldners gesichert ist. Er hat gegen jeden Schuldner eine Forderung [2] resp. eine actio. Entsprechend verhält es sich,

[27] Vgl. I. 4, 6, 30; D. 16, 2, 4, 10 pr. 21; C. 4, 31, 14 pr.

[28] Was nach Aufhebung der Gefahren der pluspetitio (o. bei Note 11) ohne weiteres möglich war.

* Mitteis, Individualisierung der Obligation (1886) u. Grünhuts Ztschr. 14, 419 ff.; Eisele, Arch. f. ziv. Prax. 77, 374; 84, 295; Binder, Die Korrealobligationen (1899); Last, Anspruchkonkurrenz und Gesamtschuldverhältnis (1908) u. die o. § 45 N. 9 Zitierten, bes. Levy, Konkurrenz der Aktionen u. Personen, z. B. 173 ff., 377 ff.

[1] Im Gegensatz zur Teilung des Schuldverhältnisses, o. § 29 Ziff. 5.

[2] Die früher grundlegenden Arbeiten von Keller, Litiskontestation u. Urteil (1827) u. Ribbentrop, Z. L. v. d. Korrealobligationen (1831) sind im Hauptpunkt (daß bei der Korrealobligation nur una obligatio mit mehrfacher subjektiver Beziehung, bei gewöhnlicher Solidarität dagegen mehrere Obligationen auf dieselbe

wenn mehrere vom Schuldner dieselbe Leistung zu fordern haben: hier ist der Sinn, daß jeder sein und der anderen Interesse wahrnehmen kann. Es besteht eine Klagenkonkurrenz. Nicht in objektiver Hinsicht, wie bei einer Mehrheit von Ansprüchen zwischen denselben Personen[3], sondern in subjektiver Hinsicht (der mehreren Beteiligten).

Das Nebeneinanderstehen der verschiedenen Forderungsrechte kann so gemeint sein, daß jeder Schuldner das Ganze leisten muß, ohne daß seine Leistung die anderen befreit. Dann sind die Ansprüche vervielfältigt. Dies kommt bei Deliktsklagen vor, insofern sie auf Privatstrafe gehen, § 44. Jeder Täter soll Strafe zahlen, und zwar möglicherweise eine verschiedene Strafe (duplum, quadruplum). Soweit die Klagen aber auf Schadensersatz gehen, muß grundsätzlich die von einem beigetriebene Entschädigung die Verpflichtung der anderen Mittäter aufheben[4], soweit nicht das römische Recht auch in die Entschädigung noch Strafzwecke hineinlegt[5].

II. Werden durch einmalige Erfüllung die sämtlichen nebeneinanderstehenden Schuldverhältnisse aufgehoben, so spricht man von Solidarität. Sie ist eine aktive, wenn von mehreren Gläubigern des Schuldners jeder die ganze Leistung fordern kann; sie ist eine passive, wenn mehrere Schuldner einem Gläubiger auf dieselbe Leistung verpflichtet sind, während der Gläubiger sie nur einmal zu fordern berechtigt ist.

Identität des Leistungsgegenstandes ist noch nicht Identität der Leistung. Die Leistung ergibt sich aus dem Schuldgrunde und wird durch ihn maßgebend bedingt. Das Objekt allein ist etwas Zufälliges (z. B. eine Geldsumme), und kann aus den verschiedensten Schuldgründen erwachsen. Zufall ist es daher, wenn das Objekt bloß wegen seiner Indi-

---

Leistung vorlägen) heute überholt. Die voneinander abweichenden Äußerungen im Corpus juris über die Wirkungen der Litiskontestation (§ 45 N. 6 ff.), die jene Distinktion zu erklären suchte, beruhen auf nicht konsequent durchgeführter Interpolation.

[3] S. oben § 45 Note 8—10.

[4] So heute allgemein § 840 BGB.

[5] Daraus erklärt sich D. 9, 2, 11, 2. Anders C. 4, 8, 1 (Diokletian). Vgl. Levy, Konkurrenz 476 ff.

vidualität nicht zweimal geleistet werden kann. So wenn mehreren Mandataren in verschiedenen Akten die Ausführung derselben Besorgung aufgetragen ist, — wenn verschiedene selbständige Obligationen auf Ersatz desselben Schadens bestehen, wie z. B. gegen den Brandstifter und die Versicherungsgesellschaft. Ebenso beim concursus causarum lucrativarum (§ 45 I Ziff. 3). Weil mehrfache Herbeiführung des identischen Resultats unmöglich ist, werden nach einmaliger Herstellung des Resultats hier allerdings auch die anderen Schuldner frei, weshalb man hier auch von unechten Gesamtschuldverhältnissen gesprochen hat. Sie sind von den wahren sehr wohl zu unterscheiden und nehmen an deren sämtlichen Wirkungen nicht teil. Der Grund der Befreiung liegt hier eben nicht in der Art der Verpflichtung, sondern erklärt sich aus einer Art Unmöglichkeit der (nochmaligen) Leistung. Oft tritt auch eine ganz andere Lösung ein; z. B. haftet der Brandstifter auch nach erfolgter Ersatzleistung durch die Versicherungsgesellschaft weiter (letztere kann sich die Klage des Beschädigten abtreten lassen und mit derselben Regreß nehmen).

1. Unter den aus dem gleichen Schuldgrund entspringenden (echten) Gesamtschuldverhältnissen nehmen römisch die aus gemeinschaftlicher Stipulation die erste Stelle ein. An diesem Fall, der mehreren correi debendi (rei promittendi) oder correi credendi (rei stipulandi) haben die römischen Juristen die Regel entwickelt. Das Korrealverhältnis mußte (in gemeinschaftlich verflochtener Frage und Antwort) unzweideutig vereinbart sein[6]. Nach Analogie der korrealen Stipulation wurden dann andere Fälle eines gemeinschaftlichen Vertragsabschlusses mit identischer Leistung behandelt, z. B. mehrerer gemeinschaftlicher Entleiher und Verwahrer — der Fall mehrerer Mandanten und Vormünder. Auch durch Vermächtnis kann ein Gesamtschuldverhältnis begründet werden, wenn mehrere mit dem Gegenstand alternativ bedacht oder beschwert sind. Wo die mehreren auf dasselbe Ziel gerichteten Obligationen durch den gemeinschaftlichen Vertrag oder das Vermächtnis

[6] Nach § 427 BGB. wird bei gemeinschaftlicher Übernahme einer Verpflichtung für Gesamtschuld vermutet (nicht umgekehrt beim Versprechen an mehrere auch für Gesamtgläubigerschaft).

zu einer Art Gesamtverhältnis verknüpft sind, spricht man vorzugsweise von Korrealität, wo dies nicht der Fall ist, von (einfacher) Solidarität. Einen Hauptfall der letzteren bildet die Verpflichtung mehrerer aus einem gemeinschaftlich begangenen Delikt zu einmaliger Schadensreparatur.

2. Die Wirkung der passiven Solidarität ist, daß der Gläubiger jeden Gesamtschuldner auf das Ganze belangen kann. Er darf aber auch seine Klagen teilen, so daß er von jedem Schuldner nur einen Teil einfordert, sei es, daß er alle oder nur einige verklagt. Hat er aber einmal (wenn auch nur von einem Schuldner) Befriedigung erhalten, so sind alle befreit. Bei Teilleistung beschränkt sich die Befreiung aller auf den betreffenden Teil der Schuld. Der Befriedigung gleich stehen die Surrogate der Erfüllung, also datio in solutum und durchgeführte Kompensation. Dieselbe „gesamtzerstörliche" Wirkung hat auch der formelle Erlaßvertrag (acceptilatio) in seiner Eigenschaft als contrarius actus der Schuldbegründung[7], nicht aber die sonstigen befreienden Verträge. Beim pactum de non petendo entscheidet die Parteiabsicht, ob alle, oder nur der, mit dem der Vertrag geschlossen ist[8], aus seiner Verbindlichkeit entlassen werden soll. Ähnlich bei der Novation[9]. Bei correi (Ziff. 1 i. f.) führte vor Justinian die Klagerhebung gegen einen einzelnen Schuldner durch die konsumierende Kraft der Litiskontestation Befreiung der anderen Gesamtverpflichteten herbei[10]. Justinian hob dies auf, weil es der Korrealschuld praktisch allen Wert entzog. C. 8, 40, 28, 2. Nach erfolgloser Klage gegen einen Gesamtschuldner können also auch noch die anderen verklagt werden. Dagegen blieb streitig, ob ein Gesamtschuldner für Verschulden

[7] Also auch wenn der Akt nur mit einem Schuldner vorgenommen wurde. D. 45, 2, 2; 46, 2, 31, 1; 46, 4, 16 pr. S. o. § 45 I Ziff. 4.

[8] Sog. Erlaß in personam. Anders auch hier, wenn der Erlaß ohne Beziehung auf eine bestimmte Person (in rem) ausgesprochen ist. S. D. 2, 14, 21, 5.

[9] D. 2, 14, 27 pr. (Paulus); D. 46, 2, 31, 1.

[10] Das materielle Gesamtverhältnis wurde (hier wie bei der Bürgschaft, § 47 N. 2) durch die o. § 45 N. 6ff. erwähnte Prozeßobligation mit dem Beklagten ersetzt. — Bei einfacher Solidarität, also gegenüber mehreren Deliktsschuldnern hafteten, wenn einer verklagt wurde, die anderen weiter.

des anderen haftet[11]. — Im übrigen können die Obligationen der mehreren Gesamtschuldner sich durch Nebenbestimmungen unterscheiden[12], der Vertrag des einen kann gültig, der des anderen ungültig sein[13], und eine etwaige confusio, welche bei einer dieser Obligationen eintritt, hebt keineswegs die anderen auf[14].

Die aktive Solidarität erleichtert die Stellung des Schuldners, indem er jedem Gläubiger das Ganze leisten darf. Jeder Gläubiger kann das Ganze fordern und dadurch auch seinen Mitgläubigern zuvorkommen. Ist einer für das Ganze befriedigt, so hat kein anderer Gläubiger mehr zu fordern. Durch Litiskontestation eines Korrealgläubigers mit dem Schuldner[15] sind die anderen Gläubiger ausgeschlossen[16].

3. Aus der Solidarität folgt an sich kein Regreß des Zahlenden gegen seine Mitschuldner, die durch ihn befreit sind; und ebensowenig braucht bei aktiver Solidarität der Gläubiger, der Zahlung empfangen hat, seinen Mitgläubigern etwas herauszugeben. Doch stehen die correi untereinander regelmäßig in einem besonderen Rechtsverhältnis, Mandat, Sozietät usw., das sie veranlaßte, gemeinschaftlich die Schuld zu begründen, und daraus folgt auch ein Rückgriff (mit der actio pro socio oder actio mandati contraria). — Das Regreßrecht ist verstärkt worden durch das sog. beneficium cedendarum actionum, wodurch der zahlende Gesamtschuldner vom Gläubiger verlangen kann, daß letzterer ihm seine Klagen wider die anderen Gesamtschuldner abtrete.

---

[11] Gegen D. 45, 2, 18 steht für den Fall der mora eines Mitschuldners D. 22, 1, 32 u. D. 50, 17, 173, 2. — Folgerichtig § 425 BGB.

[12] S. D. 45, 2, 9, 2. Die Verpflichtung des einen kann bedingt oder betagt sein.

[13] Vgl. z. B. D. 45, 2, 6 pr. 8.

[14] D. 45, 2, 13; D. 46, 1, 71. — Auch die Wirkung der eingetretenen Klagverjährung beschränkt sich auf den Schuldner, zu dessen Gunsten sie sich vollendet hat. — Anderseits verordnete Justinian in C. 8, 39, 4, daß die Unterbrechung der Verjährung gegen einen Gesamtschuldner (und ebenso durch einen Gläubiger) bezüglich aller wirksam sei. Anders mit Recht § 425 Abs. 2 BGB.

[15] Justinians Bestimmung N. 10 bezieht sich nur auf passive Korrealität.

[16] Eine ähnliche Prävention liegt auch im constitutum debiti zugunsten eines Gläubigers. Dadurch schließt er die anderen aus.

Streng genommen müßte dies vor der Zahlung geschehen, da die Klagen sonst erloschen sind; doch wird die Zahlung wie ein Kauf der Forderung behandelt. Mit der zedierten Klage kann nun der Zahlende das von ihm Entrichtete pro rata, abzüglich des Anteils, den er selbst zu tragen hat, von den anderen Gesamtschuldnern wieder beitreiben [17].

Hierin liegt, daß die Gesamtschuldner, sofern der Schuldposten sie materiell gleichmäßig angeht, im Innenverhältnis zu entsprechenden Anteilen verpflichtet sind [18]. Dagegen ging es zuweit, wenn Justinian einem verklagten Korrealschuldner, nach dem Vorbild mehrerer Bürgen (§ 47) das Recht gab, vom Gläubiger zu verlangen, daß er seinen Anspruch gegen die Schuldner verteile (soweit sie nicht abwesend oder zahlungsunfähig sind). Beneficium divisionis, Nov. 99. Dies zerstört die Hauptwirkung der Gesamtschuld [19].

§ 47.

b) Akzessorische Beteiligung. Bürgschaft. Interzessionen.

I. Auch durch die Verbürgung (fidejussio) entsteht ein Gesamtschuldverhältnis, da der Bürge dem Gläubiger für die Leistung des Hauptschuldners einzustehen verspricht, ohne daß der Hauptschuldner befreit wird. § 35 Ziff. II. Indessen ist der Bürge nur akzessorisch verpflichtet, so daß seine Leistungspflicht vom Bestehen der Hauptschuld abhängt. Daher wird der Bürge frei, wenn die Hauptschuld gezahlt oder erlassen ist [1].

Anderseits konnte der Gläubiger nach seiner Wahl die Leistung vom Hauptschuldner oder vom Bürgen beitreiben. Hatte er aber den einen von ihnen verklagt, so führte die konsumierende Kraft der Litiskontestation die Befreiung des anderen herbei [2]. Justinian hob dies auf, so daß bis zur wirk-

[17] Vgl. D. 46, 1, 36; D. 27, 3, 1, 18. Die ältere Ansicht ist noch aus D. 46, 3, 76 ersichtlich.

[18] So ausdrücklich § 426 BGB.

[19] Vgl. Collinet, Etudes (§ 2 N. 19a) 124 ff. — Das BGB. hat die Einrede der Teilung beseitigt.

[1] Ebenso kommen regelmäßig alle Einreden des Hauptschuldners dem Bürgen zustatten. Näheres s. o. § 35.

[2] Konform dem o. § 46 N. 10 für Korrealobligationen Gesagten über die Ersetzung des Gesamtverhältnisses durch die Prozeßobligation mit dem Beklagten.

lichen Befriedigung die Klage erhalten bleibt. Außerdem kann der Bürge kraft Gesetzes verlangen, daß regelmäßig der Hauptschuldner zuerst ausgeklagt werde (sog. beneficium excussionis). Nov. 4.

Mehrere Mitbürgen haften ebenfalls grundsätzlich solidarisch, was aber seit Hadrian abgemildert wurde durch das sog. beneficium divisionis, wonach die Bürgen vom Gläubiger Teilung der Klage verlangen können[3].

Dem Rückgriff des Bürgen dienen die Klagen aus dem Innenverhältnis (actio mandati contraria; a. negot. gestorum contraria; a. pro socio), verstärkt durch die erzwungene Abtretung der Klagen des Gläubigers (§ 46 i. f.). Beneficium cedendarum actionum[4].

II. Wegen der Mängel des klassischen römischen Bürgschaftsinstituts wurde der Auftrag (§ 38 IV), der darauf geht, daß der Geldverleiher einem Dritten Kredit geben soll, als verpflichtend anerkannt. Sog. mandatum qualificatum oder Kreditauftrag[5]. Folgt der Beauftragte dem Ersuchen[6], so hat der Auftraggeber nach Mandatsgrundsätzen dafür aufzukommen, wenn der Kreditgeber durch Ausführung des Auftrags Schaden leidet. Die Kreditgewährung erfolgt also auf Gefahr des Auftraggebers. Der Sache nach ist er Bürge; der Kreditempfänger ist Hauptschuldner. In der Mandatsbürgschaft liegt die subsidiarische Haftung (benefic. excussionis) von selbst. Denn die actio mandati contraria des Gläubigers setzt dessen Beschädigung durch die Kreditgewährung voraus. Auch erfolgt der Ersatz nur gegen Klagenabtretung[7] (ähnlich dem benef. cedendarum actionum). Das beneficium

---

[3] S. § 46 i. f. Dadurch wird Erleichterung ihrer Stellung bezweckt, so daß das Verlangen hier guten Sinn hatte. — In BGB. § 769 ist die Teilungseinrede aber auch hier beseitigt.

[4] In § 774 BGB. durch gesetzlichen Übergang der Rechte des Gläubigers auf den zahlenden Bürgen verbessert (es bedarf keiner Zession mehr).

[5] So noch heute nach § 778 BGB. — Sokolowski, Mandatsbürgschaft (1891); Bertolucci, Studi romanistici . . . mandato di credito (1906).

[6] Vor der Ausführung kann der Auftrag zurückgenommen oder vom Beauftragten gekündigt werden. Der Bürgschaftseffekt beginnt erst mit der erfolgten Kreditgewährung.

[7] Wegen der Erstattungspflicht des Mandatars in Ansehung alles Erlangten an den Auftraggeber. D. 17, 1, 27, 5. 28.

divisionis ist auf mehrere Mandatoren ausgedehnt. Nach den Regeln des Konsensualkontrakts kann diese Garantie formlos, also auch unter Abwesenden übernommen werden. Die Solidarität ist nur eine unechte, insofern der vom Garanten zu leistende Schadensersatz mit der Verpflichtung des Kreditempfängers übereinkommt[8]. D. 17, 1, 28.

III. Ähnlich wie die moderne kumulative Schuldübernahme steht neben der Bürgschaft das constitutum debiti alieni. S. o. § 40 III Ziff. 2. Indem man die fremde Schuld zu erfüllen versprach, haftete man sehr scharf[8a], weil man auch dann schuldete, wenn die Hauptschuld zur Zeit der Klage ohne materielle Befriedigung des Gläubigers erloschen war. Anderseits haftete der Konstituent immer nur nach Maßgabe seines Versprechens, nicht auch aus etwaigem Verschulden des Hauptschuldners.

IV. Justinian strich das receptum argentarii[9]: nach klassischem Recht konnte der das Konto des Kunden führende Bankier dem Empfänger einer Anweisung Haftung dafür übernehmen, daß aus dem Konto des Kunden gezahlt werde. Diese Haftung bestand ohne Rücksicht darauf, ob der Kunde selbst schuldig war.

V. Die Bürgschaft gehört unter den weiteren Begriff der Interzession. Darunter versteht man die Übernahme einer Schuld in fremdem Interesse. Dies kann durch persönliche Verpflichtung, aber auch durch Pfandbestellung geschehen[10]. Tritt der Interzedent neben den, welchen die Schuld materiell angeht, so spricht man von kumulativer Interzession. So bei der Verbürgung, bei der Gesamtverpflichtung als Korrealschuldner mit dem eigentlichen Inter-

[8] Über mehrere Mandate s. Levy, Konkurrenz der Aktionen 194 ff.

[8a] Dazu im vorjustinianischen Recht noch durch die Prozeßstrafe der Hälfte der Schuldsumme im Fall der Nichtzahlung (§ 40 N. 10).

[9] Man kann auch von einer Verschmelzung mit dem constitutum reden. C. 4, 18, 2; I. 4, 6, 8. Vgl. Lenel, Ztschr. d. Sav.-Stift. 2, 62; Partsch, das. 29, 403. Über die heutige Beseitigung des constitutum, § 40 N. 10. An Stelle des receptum ist der moderne Wechselakzept getreten.

[10] Cf. D. 16, 1, 8 pr. 32, 1; D. 6, 1, 39, 1 u. o. § 25. Dagegen ist Zahlung einer fremden Schuld keine Interzession. Sie ist nicht so gefährlich, daß beschränkende Vorschriften nötig waren.

essenten, bei Bestellung eines Pfandrechts für fremde Schuld. Tritt der Interzedent an Stelle des Verpflichteten, z. B. durch novatorisches Schuldversprechen (§ 36), so liegt privative Interzession vor. Ja als stillschweigende Interzession wird ein Eintreten für einen anderen betrachtet, das äußerlich ohne Bezugnahme auf ihn erfolgt, z. B. wenn das für den Dritten bestimmte Geld in eigenem Namen aufgenommen wird.

Mit Rücksicht auf die Gefährlichkeit für Unerfahrene hat das SC. Vellaeanum (v. J. 46 n. Chr.) die Annahme von Interzessionen der Frauen verboten (D. 16, 1). Bei Zuwiderhandlung sind sie durch die exceptio SC[i] Vellaeani geschützt, welche nicht einmal eine Naturalobligation übrig läßt[11]. Bei privativer Interzession wird gegen den Befreiten wieder die Klage gegeben (actio restitutoria), bei stillschweigender eine Klage gegen den eigentlichen Interessenten (sog. actio institutoria). — In einigen Fällen (bei entschuldbarem Irrtum, arglistiger Täuschung des Gläubigers, anderweitiger genügender Deckung der Frau usw.) fiel das Verbot weg. Justinian verschärfte es durch eine Formvorschrift (öff. Urkunde mit Unterschrift von 3 Zeugen), widrigenfalls die Interzession sogar kraft Gesetzes nichtig ist. Interzessionen der Ehefrau für ihren Mann sollen schlechterdings ungültig sein[12].

§ 48.

2. Subjektwechsel. Zession.

I. Das den Gläubiger und Schuldner verstrickende Band (obligatio, § 29) kann grundsätzlich nicht von der Person des Gläubigers oder Schuldners gelöst und auf einen anderen übertragen werden. Zu solcher Umgestaltung bedarf es der Aufhebung und Ersetzung der alten Schuld durch eine neue

[11] Im Gegensatz zur exceptio SC[i] Macedoniani, § 39 Ziff. I i. f.

[12] C. 4, 29, 23 u. Nov. 134 c. 8. Daraus die authentica „si qua mulier“ zu C. 4, 29, 22. — Für diese sog. „weiblichen Rechtswohltaten“ fehlte der nachrömischen Zeit das Verständnis. Vgl. für die Glossatorenzeit Tourtoulon, Etudes Girard I 417. Jedenfalls hat man in Deutschland einen Verzicht der Frau (nach Rechtsbelehrung) auf das Vorrecht zugelassen. Das BGB. kennt dieses Recht der Frau überhaupt nicht mehr.

im Wege der Novation (§ 36) und daher einer Mitwirkung des Schuldners. Nur kraft Erbrechts gingen regelmäßig schon von Alters her Forderung und Schuld auf die Rechtsnachfolger der Parteien über (§ 62)[1].

II. Dagegen drängte das praktische Bedürfnis unaufhaltsam zu einer Übertragung des Gläubigerrechts durch Geschäfte unter Lebenden (Zession)[2], weil die zur Novation erforderliche Mithilfe des Schuldners nicht immer zu erreichen ist.

Zu einem offenen Zugeständnis der Übertragung ist das römische Recht gleichwohl nicht gelangt. Man behalf sich auf Umwegen, durch Abtretung der actio.

1. Das älteste Auskunftsmittel lag in der Prozeßprokuratur. Der Gläubiger bestellte den, welchem er die Forderung übertragen wollte, mittels mandatum ad agendum zu seinem Prozeßbevollmächtigten, mit der Abmachung, daß der Mandatar das Erstrittene für sich behalten soll. Er ist procurator in rem suam[3]. Nach Mandatsrecht erlischt dieser Auftrag, wenn der Gläubiger ihn widerruft oder stirbt[4]. Auch macht der procurator in rem suam im Prozeß nicht sein eigenes Recht, sondern das seines Mandanten geltend. Erst wenn es zur Litiskontestation (§ 45 N. 6ff.) mit dem Schuldner gekommen war, hatte der Beauftragte, wegen der diesem Prozeßakt innewohnenden novierenden Kraft, das dominium litis, so daß die Verurteilung des Beklagten nunmehr an ihn erfolgen muß, und der Erwerber ein unwiderrufliches Recht am Streitgegenstand gegenüber dem Mandanten erlangt.

Aber das Bedürfnis drängte, das mandatum in rem suam schon in einem früheren Stadium unwiderruflich zu machen. Wahrscheinlich wurde dies durch eine Benachrichtigung des Schuldners über die Bestellung des Prokurators er-

[1] Über Ausnahmen s. § 44 bei N. 2—3.

[2] S. Mühlenbruch, L. von der Zession der Forderungsrechte (3. A. 1836); Bähr, Z. Zessionslehre i. Jherings Jahrb. 1, 351; Gide, Novation et transport des créances (1879); Eisele, Actio utilis des Zessionars (1887) u. Ztschr. d. Sav.-Stift. 27, 46.

[3] Darum ist er nicht verpflichtet, sondern bloß berechtigt, die Klage anzustellen und braucht das Erstrittene nicht herauszugeben.

[4] Gegen einen Verlust der Post aus diesem Grunde schützte man sich wohl durch Strafverabredungen.

reicht (denuntiatio), die also geradezu auf eine Benachrichtigung von der Zession hinausläuft. Der Schuldner durfte nun auch nicht mehr an den ursprünglichen Gläubiger zahlen. C. 8, 41, 3.

2. Vereinzelt gab man dann — zuerst dem Käufer einer Erbschaft[5], ferner dem Käufer oder entgeltlichen Erwerber einer Forderung[6], endlich auch dem unentgeltlichen Erwerber[7] — die Klagen des ursprünglichen Gläubigers als utiles. Dadurch kann der Erwerber in eigenem Namen klagen. Der Umweg des Prozeßmandats erübrigt sich: es genügt die Abrede über die Veräußerung zwischen dem Zedenten und dem Zessionar[8]. Die denuntiatio an den Schuldner hat jetzt den Sinn, den Schuldner ins Unrecht zu setzen, wenn er der Vereinbarung zuwider noch an den bisherigen Gläubiger zahlt. Zahlt er ihm unbenachrichtigt und ohne Kenntnis von der Abtretung, so muß der Erwerber die Zahlung gegen sich gelten lassen[9].

3. Natürlich macht sich der Gläubiger auch selbst dem Zessionar ersatzpflichtig, wenn er der Abrede zuwider noch eine Zahlung annimmt oder die Rechtsstellung des Zessionars erschwert[10]. Dies beurteilt sich nach dem zwischen ihnen beiden bestehenden (inneren) Verhältnis: dem sog. Zessionsgrund. Nach diesem richtet sich auch die Haftung des Übertragenden, wenn die Forderung nicht besteht oder nicht beitreibbar ist. Der Verkäufer einer Forderung haftet für deren rechtliche (nicht faktische) Beitreibbarkeit[11]. Für einen Schenker wäre dies zu hart[12]. Ebenso, wenn jemand gesetzlich verpflichtet war, seine Rechte an einen anderen ab-

[5] Antoninus Pius. D. 2, 14, 16 pr.

[6] Vgl. C. 4, 10, 1, 2; C. 4, 39, 7.

[7] Justinian C. 8, 53, 33.

[8] Der Mandant ist der Zedent, — der Mandatar ist Zessionar geworden. Der Schuldner wird als debitor cessus bezeichnet.

[9] Ähnlich §§ 406—410 BGB. Die Zession selbst vollzieht sich nach § 398 lediglich zwischen Zedenten und Zessionar.

[10] D. 18, 4, 23, 1.

[11] Vgl. D. 18, 4, 4; D. 21, 2, 74, 3. Sog. Einstehen für nomen verum, aber nicht für nomen bonum. Entsprechend §§ 437, 438 BGB.

[12] Dieser haftet aber für dolus. Ähnlich § 523 BGB.

zutreten (sog. cessio necessaria)[13]. Hier ist überall nur das wirklich Vorhandene zu übertragen[14].

Beim Forderungskauf soll nach der lex Anastasiana (v. J. 506 n. Chr.) der Erwerber auch gegen den debitor cessus nicht mehr einklagen können, als der Kaufpreis der Forderung betrug[15].

III. Das römische Recht ist hiernach über eine Übertragung der Ausübung des Forderungsrechts durch einen anderen nicht hinausgekommen[16]. Vollendet wurde die Entwicklung in Deutschland[17]. Im gemeinen Recht hat man die Zession tatsächlich als einen Übergang der Forderung auf den Zessionar aufgefaßt und die Konsequenzen daraus gezogen. Das BGB. schließt sich dem an (§§ 398 ff.).

IV. Ja im Anschluß an gewisse Fälle des deutschen Rechts, so beim Erwerb einer an einen anderen herauszugebenden Sache, oder eines ganzen Vermögens gegen Übernahme lebenslänglicher Versorgung des Übertragenden (Vitalizienvertrag) hat man neuerdings sogar den Übergang einer bestehenden Verpflichtung, also der Passivseite der Obligation, auf einen Dritten zugelassen. Schuldübernahme. §§ 414 ff. BGB. Die romanischen Rechte verhalten sich dazu heute noch grundsätzlich ablehnend.

§ 49.

3. Verträge zugunsten und zu Lasten Dritter. Stellvertretung. Actiones adjecticiae qualitatis.

I. Die strenge Bindung der Obligation an ihre Subjekte verhindert auch, daß sich der Stipulant die Leistung an

---

[13] So beim beneficium cedendarum actionum (s. z. B. § 46 N. 17, § 47 N. 4), bei Herausgabe des vom Mandatar Erlangten an den Mandanten, wenn es in einem Anspruch gegen Dritte besteht. Vgl. Fr. Schulz, Ztschr. d. Sav.-Stift. 27, 82.

[14] Wegen der Pfandrechte zur Sicherung der Forderung, s. § 26 II.

[15] Für den Rest wird der Schuldner frei. C. 4, 35, 22. Diese rechtspolitisch verkehrte Bestimmung ist im BGB. beseitigt. — Dasselbe gilt für das Verbot der cessio in potentiorem (C. 2, 13, 2), das auch dem klassischen Recht unbekannt war. S. Mitteis i. Mél. Girard (1912) II 225.

[16] Anders, wie es scheint, im Rechte der Papyri. S. Wenger, Studi Fadda (1906); Frese, Gräko-äg. Rechtsleben 26; Mitteis, Papyrusk. 115.

[17] Vgl. über den Entwicklungsgang Fränkel, Zur Zessionslehre der Glossatoren und Postglossatoren i. d. Ztschr. f. Handelsrecht 36, 305 ff. u. 37, 79 ff. Eine bloße Ausübung der Forderung durch den

einen Dritten ausbedingen kann[1], in der Weise, daß der Dritte ein selbständiges Klagerecht auf die Leistung erlangt[2]. Neque stipulari neque emere vendere contrahere, ut alter suo nomine recte agat, possumus[3]. Der Dritte ist nicht Partei. Der Stipulant aber kann nicht klagen, insofern er kein eigenes Geldinteresse an der versprochenen Leistung hat (§ 29 Ziff. 2). Hier setzte die weitere Entwicklung ein. Man erkannte, daß es Fälle eines solchen Interesses gibt. Vor allem kann man es durch Konventionalstrafe (§ 34 i. f.) künstlich erzeugen. Eine Hinterlegung mit der Bestimmung, daß die Sache nach dem Tode des Deponenten einem Dritten herausgegeben werden soll, wird wie eine letztwillige Verfügung aufrecht erhalten (fideicommissum a debitore relictum). So gewinnt hier der Dritte eine Klage. Das spätere Recht gibt ihm auch in einigen anderen Fällen eine actio utilis aus dem Vertrage, z. B. wenn die Herausgabe einer deponierten oder verliehenen Sache an den Eigentümer ausbedungen, oder auf die Schenkung eine Auflage zugunsten eines Dritten gelegt ist[4]. Die Regel „alteri stipulari nemo potest" als solche blieb im römischen Rechte gewahrt.

Das deutsche Recht, welches Verträge zugunsten Dritter in gewissen Fällen wohl kannte, ist durch die Rezeption in dieser Beziehung eine zeitlang zurückgedrängt worden. Dann verfiel man auf den Ausweg, daß der Dritte ein eigenes Recht aus dem Vertrag erlangen könne, wenn er ihm beitritt, bzw. die für ihn bestimmte Zuwendung annimmt. Schließlich hat § 328 BGB. den Parteien die Macht gegeben, durch ihren Vertrag unmittelbar dem Dritten ein Recht zu begründen. Der Satz: alteri stipulari nemo potest ist also beseitigt.

Zessionar nahmen noch Mühlenbruch und Vangerow, Pand. III § 574 an. Anders schon Windscheid, Pand. II §§ 329 ff. u. die Neueren.

[1] Tartufari contratti a favore di terzi (1889); Pacchioni contr. a fav. di terzi 2. A. (1913); Hellwig, Die Verträge auf Leistung an Dritte (1889); Bruck, Ztschr. d. Sav.-Stift. 31, 402.

[2] Darauf allein kommt es an. — Daß der Gläubiger sich die Leistung auch in der Weise versprechen lassen kann, daß sie an einen Dritten (Zahlstelle) zu erfolgen hat, war unbezweifelt. S. über einen solchen solutionis causa adjectus o. § 45 N. 4. Er hat kein Klagrecht.

[3] D. 44, 7, 11; D. 50, 17, 73, 4; C. 5, 12, 26 usw.

[4] Vgl. I. 3, 19, 19 u. 20; D. 45, 1, 38, 17 u. 20 ff.; D. 30, 77; D. 16, 3, 26 pr. — C. 3, 42, 8; C. 8, 54, 3.

Umgekehrt kann man die Leistung eines Dritten versprechen in dem Sinne, daß man sich selbst verpflichtet (zu Strafe oder Interesseleistung), wenn die Handlung des Dritten unterbleibt. Sog. Starksagung, Garantieversprechen. Der Dritte wird nicht verpflichtet[5]. Nur wenn jemand eine von seinem Erben zu bewirkende Leistung verspricht, ist letzterer nach justinianischem Recht selbst zur Erfüllung verpflichtet[6].

II. Der Grundsatz: alteri stipulari nemo potest[7] führt auch zum Ausschluß der Stellvertretung[8]. Für das Zivilrecht mit seinen formellen Geschäften (mancipatio, in jure cessio) verstand sich dieser Ausschluß von selbst. Auch bei der Stipulation bleibt wegen ihrer Formstrenge (der persönlichen Frage und Antwort) das Handeln im Namen eines Dritten ausgeschlossen.

1. Dies wäre ein schweres Verkehrshindernis und wohl kaum erträglich gewesen, wenn nicht zufolge der römischen Hausgewalt (§§ 52 ff.) der Hausherr von selbst alles erworben hätte, was seine Sklaven und Hauskinder erwarben[9]; so daß letztere zu allen Geschäften verwendet werden konnten, die der Hausherr selbst abzuschließen verhindert war. Aus

[5] Vgl. I. 3, 19, 3. 21; D. 45, 1, 38 pr.; D. 46, 8, 19 u. Code civil Art. 1120.

[6] C. 4, 11. Im Gegensatz zum früheren Sprichwort: ab heredis persona obligationem incipere non posse.

[7] In den Quellen läßt sich oft Stellvertretung und Handeln in favorem tertii nicht deutlich unterscheiden.

[8] Betr. Stellvertretung s. die Bibliographie bei Windscheid-Kipp, Pand. I § 73, bes. Buchka, Stellvertretung (1852); Mitteis (1885); Schlossmann (1900, 1902); Lenel i. Jherings Jahrb. 36, 1; Hupka, Vollmacht (1900), Haftung des Vertreters ohne Vertretungsmacht (1903); Mitteis, Röm. Privatr. I 203 ff. — Schlossmann, Besitzerwerb durch Dritte (1881); Kniep, Vacua possessio (1885) 210 ff.; V. Bruns, Besitzerwerb durch Interessenvertreter (1910) 10 ff.; Last i. Jherings Jahrb. 62, 12 ff., 23 ff., 53 ff.; Peters, Ztschr. d. Sav.-Stift. 32, 201 ff.; Lewald, das. 34, 450 ff. — Rosenberg, Stellvertretung im Prozeß (1908) § 6.

[9] Die römische Wirtschaft war überhaupt vorwiegend Sklavenwirtschaft. Daraus erklärt sich auch das verhältnismäßige Zurücktreten der Mietverhältnisse. In Ägypten, wo es auf dem Lande weniger Sklaven gab, findet sich daher auch eine bessere Ausbildung der direkten Stellvertretung. Vgl. Wenger, Die Stellvertretung im Rechte der Papyri (1906); Mitteis, R. Pr. 230 u. Ztschr. d. Sav.-Stift. 28, 477; Kübler, das. 29, 223.

Verpflichtungen, die der Gewaltunterworfene bei solchem Geschäftsschluß übernahm [10], machte der Prätor auch den Herrn haftbar (Ziff. 3). Dies ist zwar nicht Stellvertretung, aber es ersetzte sie wirtschaftlich. Man spricht hier auch von unfreier Vertretung [11].

2. Die eigentliche Stellvertretung dagegen bedeutet den Abschluß von Geschäften durch eine freie Person im Namen eines anderen, also mit der Absicht und dem Erfolge, daß die Handlung als Handlung des anderen gilt. Dabei muß der Handelnde nicht bloß die fertige und abgeschlossene Erklärung des anderen überbringen. Dann ist er nur Bote (nuntius), dessen Gebrauch auch bei den Römern ganz unbedenklich war, und funktioniert kaum anders als ein Brief. Ein richtiger Stellvertreter dagegen soll den Herrn auch in der Fassung des Willensentschlusses vertreten; er soll den Umständen gemäß handeln. Er erklärt daher seinen eigenen Willen, aber mit der Maßgabe, daß es als Willenserklärung des Herrn gelte. Das Innenverhältnis zum Herrn ist meistens Mandat oder negotiorum gestio; doch gibt es auch gesetzliche Fälle einer Vertretung, z. B. des Mündels durch den Vormund, des Staates oder der Gemeinden durch ihre Beamten. Das römische Recht hat diese Vertretung in der uns heute geläufigen Art nicht ausgebildet. Man half sich durch sog. mittelbare oder indirekte Stellvertretung. Auch sie ist keine wahre Vertretung. Der Handelnde nimmt nur im Innenverhältnis die Interessen des Geschäftsherrn wahr, er handelt als sein Mandatar, Gesellschafter, negotiorum gestor. Nach außen hin handelt er für sich (schließt das Geschäft „auf seinen Kopf") und wird daher selbst aus dem Geschäfte berechtigt und verpflichtet [12]. Die mit dem Einkauf und Verkauf betrauten freien Vermittler sind Kom-

---

[10] Während aus Delikten derselben die Noxalhaftung des Herrn entspringt. S. § 44 i. f.

[11] Wo es auf bona oder mala fides, dolus usw. ankommt, ist, da der Herr ipso jure erwirbt, regelmäßig auf die Person des Vertreters zu sehen. D. 21, 1, 51 pr.; D. 44, 6, 2.

[12] Wegen bona, mala fides, Kenntnis (z. B. der Sachmängel) gilt dasselbe wie N. 11, da der Herr dem Geschäft fernsteht. D. 21, 1, 51, 1.

missionäre[13] Sie erwerben und verpflichten sich durch die im Interesse eines anderen vorgenommenen Geschäfte persönlich. Aus dem Innenverhältnis sind sie dann zur Herausgabe an den Herrn verpflichtet, resp. haben gegen ihn Anspruch auf Ersatz ihrer Auslagen.

Soweit ein negotiorum gestor nicht gültig gehandelt hatte, kann die Veräußerung oder Verpfändung vom Herrn genehmigt werden, wodurch sie vollwirksam wird, wie wenn der Herr sie vorgenommen hätte[14].

Im älteren Recht wurde auch wohl ein Nebengläubiger: adstipulator bestellt (§ 35 Ziff. I), um die Rechte aus dem Vertrage geltend zu machen. Ein Prozeßvertreter nahm durch Eingehen der Litiskontestation (§ 45 I Ziff. 2) den Prozeß auf den eigenen Kopf[15].

3. Eine Verpflichtung des Herrn aus den Geschäften des mittelbaren Vertreters ist damit noch nicht gegeben. Haftet er letzterem auch im internen Verhältnis mit der actio mandati contraria, negotiorum gestorum contraria auf Erstattung von Auslagen usw., so ist dies noch keine Verpflichtung gegenüber dem Dritten. Auch aus den Kontrakten der Gewaltunterworfenen (Ziff. 1) wird der Herr nur berechtigt, aber nicht verpflichtet. Dem Dritten verpflichtet sind nur die Handelnden selbst (der Sklave allerdings nur naturaliter, § 30). Doch hat das prätorische Recht in einigen Fällen den Gewalthaber oder Geschäftsherrn neben seinem Hauskind, Sklaven oder freien Angestellten resp. Ermächtigten für die Verpflichtungen aus dem Geschäft haftbar gemacht (in Anerkennung der Bedeutung einer solchen Ermächtigung auch für Dritte, und um gewissen Geschäftsbetrieben den nötigen Kredit zu geben). Dies geschah durch sog. actiones adjecticiae quali-

---

[13] Entsprechend § 383 HGB. Vgl. Kniep, Argentaria stipulatio (1911) über die Geschäftsvermittlung durch Bankhalter (argentarii). S. auch Mommsen, Jur. Schr. 3, 225 u. oben § 40 N. 2 über Verkaufskommission.

[14] Vgl. D. 46, 3, 12, 4; D. 13, 7, 20 pr.; L. Seuffert, Ratihabition (1868).

[15] S. auch oben § 48 II Ziff. 1, wonach diese Wirkung der Litiskontestation (beim sog. procurator in rem suam) auch die Zession vermittelte.

tatis gegen den Herrn[16]. Von diesen gingen einige auf die volle Schuldsumme, andere weniger weit[17].

a) Die actio quod jussu bezog sich auf den Fall, daß der Dritte vom Herrn (durch jussum) ermächtigt worden war, mit seinem Gewaltunterworfenen, Sklaven oder Hauskind das Geschäft zu schließen[18]. Dann haftete der Herr daneben (adjektizisch) auf den vollen Betrag der Schuld.

b) Entsprechend, wenn der Herr dem Sklaven oder Haussohn ein peculium (Sondergut) zu Verwaltung und Genuß eingeräumt hatte (§§ 53, 54), so liegt darin eine Herausforderung des Vertrauens Dritter, die sich daraufhin geschäftlich mit dem Gewaltunterworfenen einlassen. Daher geht gegen den Herrn die Klage aus dem mit dem Gewaltunterworfenen geschlossenen Geschäft als Vertragsklage bis zur Höhe des Pekuliums (z. B. actio empti oder condictio de peculio). Die Haftung ergreift den Herrn persönlich und mit seinem ganzen Vermögen, aber nur bis zur Wertgrenze des Pekuliums. Bei Berechnung des Wertes kann der Herr abziehen, was der Untergebene ihm selbst naturaliter schuldet, nicht aber was der Herr zur Schädigung des Gläubigers dem Pekulium entzogen hat. Lag ein Auftrag an den Untergebenen oder eine nützliche Geschäftsführung desselben vor, so muß der Herr jedenfalls dem Pekulium soviel gutschreiben, als aus dem Geschäft in sein Vermögen gelangt ist. Daher heißt die Klage: de peculio deque in rem verso[19].

---

[16] S. Baron, Die adjektizischen Klagen (1882) u. Ztschr. f. Handelsr. 19 n. 2; v. Tuhr, Die actio de in rem verso (1895); Karlowa, R. Rechtsg. II 1121 ff.; Seckel, Haftung de peculio u. de in rem verso i. d. Festg. f. Bekker (1907) 323 ff.; Solazzi i. Studi Brugi (1910) XIII; Rabel, Ein Ruhmesblatt Papinians i. Festschr. f. Zitelmann (1913).

[17] Hier besteht zivilrechtlich nur eine Schuld des Handelnden, aus der der Prätor daneben eine Klage gegen den Herrn zuläßt. — Über Konkurrenz der Klagen s. Levy, Konkurrenz der Aktionen u. Personen I (1918) 150 ff., 238 ff., 331 ff.

[18] Das jussum ist nicht mit einem Mandat zu verwechseln. Der Herr macht dem Dritten erkennbar, daß er das Geschäft auf eigene Rechnung gelten lassen wolle (möglicherweise vermittelt durch eine dem Untergebenen erteilte Vollmacht, die dieser dann dem Dritten kundtat). S. Rabel a. a. O., bes. 24.

[19] D. 15, 3. — Die Haftung des Herrn ist also eine doppelte (dumtaxat de peculio — sive si quid in rem versum est).

Ergänzende Klagen sind die actio annalis de peculio binnen eines Jahres nach Entlassung aus dem Gewaltverhältnis wider den bisherigen Herrn oder seinen Erben, — und die actio tributoria auf gleichmäßige (konkursmäßige) Befriedigung der Gläubiger einschließlich des Herrn, wenn der Handelsbetrieb (merx peculiaris), zu dem das Peculium gegeben war, trotz der Überschuldung weiter bestand.

c) Auf freie und unfreie Angestellte beziehen sich die actio institoria und die actio exercitoria. Beide setzen eine gewerbliche Unternehmung des Herrn voraus, zu deren Leitung er einen anderen bestellt hat, der in diesem Rahmen mit Dritten Verträge schließt. Exercitor ist der Schiffsreeder, der einen Kapitän (magister navis) zum Abschluß der Verfrachtungsverträge und sonstigen auf die Seefahrt bezüglichen Geschäfte bestellt hat. Institor ist der Angestellte (Kommis) in einem Landhandelsgeschäfte, z. B. einem Laden, Lager- oder Handelshause. Beide gelten durch die Anstellung als ermächtigt zum Abschluß aller Geschäfte, die der gewöhnliche Geschäftsbetrieb der Unternehmung mit sich bringt[20]. In beiden Fällen ist es die Anstellung durch den Herrn (praepositio), die sich nach außen hin auch Dritten erkennbar macht[21] und darum dem Dritten, der sich daraufhin in dem bezeichneten Rahmen mit dem Angestellten einläßt, einen Anspruch auch gegen den Geschäftsherrn verleiht[22]. Die actio geht auf den ganzen Betrag der Schuld aus solchen Geschäften. Von der Stellvertretung unterscheidet sich die Rechtslage dadurch, daß auch der institor selbst als Kontrahent mit der Vertragsklage haftet.

d) Der Grundsatz ist schließlich auf andere Angestellte erstreckt worden. Zunächst auf den im römischen Hause ständigen procurator, das Faktotum der reichen Leute, höheren Beamten usw. — gewöhnlich ein Freigelassener, der eine allgemeine Vollmacht hatte (procurator omnium bonorum) oder gewissen Vermögenszweigen vorstand. Die Anstel-

[20] Vgl. D. 14, 1 u. 14, 3; C. 4, 25.

[21] Darum muß eine den gewöhnlichen Kreis der Ermächtigung einschränkende Klausel, um gegen gutgläubige Dritte wirksam zu sein, in nicht zu übersehender Art (z. B. durch Anschlag im Laden) offenkundig gemacht werden. D. 14, 3, 11, 2 ff.

[22] Bei mehreren Gesellschaftern s. o. § 38 N. 42.

lung macht sich auch hier nach außen geltend, bei Geschäftsschlüssen, die zu seiner Verwaltung gehören. Der Dritte hat gegen den Herrn die actio quasi institoria[23]. Der Grundsatz und die Klage wird dann auf Spezialbevollmächtigte erstreckt.

4. Schließlich wurden vereinzelte Fälle wahrer Stellvertretung anerkannt[24]. Stellvertreter dürfen eine operis novi nuntiatio (§ 18 III) anmelden[25], einen institor bestellen, das receptum nautarum usw. übernehmen. Es wird der Besitzerwerb durch den erwähnten procurator, und von Justinian auch durch Stellvertreter mit Spezialvollmacht zugelassen[26], und dies eröffnet ein weiteres Feld für den Eigentumserwerb durch Stellvertretung im Wege der Tradition[27] und für schuldrechtliche Verträge, die durch Eigentums- und Besitzübertragung zustande kommen, insbesondere für das Darlehn[28]. Mündeln und juristischen Personen (Stadtgemeinden) wird aus ordnungsmäßigen Verträgen ihrer Vormünder und Vorstände mit Dritten eine actio utilis gegeben[29]. Andere Personen sind aus Verträgen ihres Bevollmächtigten ausnahmsweise berechtigt, wenn letzterer zahlungsunfähig geworden ist[30].

[23] S. D. 14, 3, 19 pr.; D. 17, 1, 10, 5; D. 19, 1, 13, 25. Mitteis, R. Privatr. I 227; Albertario, L'actio quasi institoria (1912); Rabel a. a. O.

[24] Mitteis, R. Pr. I 220 ff., 228 ff. — Über die größere Freiheit im Rechte der Papyri auch Papyrusk. II 260 u. Zit.

[25] Vgl. D. 39, 1, 1, 3.

[26] I. 2, 9, 5; D. 41, 1, 53; C. 7, 32, 1. S. o. N. 8 u. Zit.; § 9 N. 7.

[27] S. auch o. § 12 N. 5 u. § 9 N. 7. D. 41, 1, 20, 2.

[28] D. 12, 1, 9, 8; 15; D. 45, 1, 126, 2 (wo zwischen der numeratio und dem Fall der Stipulation, bei welcher die Vertretung durch freie Personen ausgeschlossen ist, sehr deutlich unterschieden wird); C. 4, 27, 3. (Durch diese Verordnung Justinians erwirbt der Vertretene auch das Pfandrecht zur Sicherung der Darlehnsschuld.)

[29] Vgl. D. 13, 5, 5, 7. 9; D. 26, 7, 2 pr. 9; D. 26, 9, 2, 5. 8; C. 5, 37, 26, 3; C. 5, 39, 2. 4. S. inbetreff der Gemeinden noch Ulp. D. 42, 1, 4, 2; Paul. D. 44, 7, 35, 1; Pap. D. 50, 8, 5, 1 (besonders haften sie soweit das Geld in ihr Vermögen geflossen ist. D. 12, 1, 27).

[30] D. 14, 3, 1. 2; D. 46, 5, 5. — Über die Frage, nach wessen Person der beim Vertragsschluß unterlaufende Irrtum, Dolus usw. (§ 42) zu beurteilen ist, s. Windscheid-Kipp, Pand. I § 73 N. 17 ff.; Mitteis, Stellvertretung §§ 33, 35 ff. und für das klassische Recht Fr. Schulz, Ztschr. d. Sav.-Stift. 33, 37 ff. Über Haftung des Bevormundeten aus Arglist des Vormunds das. 27, 125 ff.

In Deutschland ist die direkte Stellvertretung bei allen Geschäften, abgesehen von einzelnen Ausnahmen, zugelassen worden. Ebenso BGB. §§ 164 ff. Sie beruht entweder auf einer Vollmacht, d. i. einer (im Gegensatz zum Auftrag) nach außen wirkenden Ermächtigung des Geschäftsherrn an den Vertreter, das Geschäft an seiner Stelle vorzunehmen, oder einer nachträglichen Genehmigung des Herrn (bis dahin ist das Geschäft in der Schwebe). §§ 167 ff., 177 ff. BGB. Oder die Vertretung beruht unmittelbar auf dem Gesetz (bei Kindern, Wahnsinnigen usw.). — Der Vertreter bildet den zu dem Geschäftsabschluß erforderlichen Willen selbst, und erklärt ihn im Namen des Geschäftsherrn. Der Vertreter wird von der Wirkung seiner Erklärung dann selbst gar nicht berührt. Die Wirkung tritt unmittelbar bei dem Vertretenen ein. Der Vertreter selbst wird nur eventuell wegen Verschuldung verpflichtet, z. B. wenn ihm die Vollmacht fehlte. — Insofern er den zum Geschäftsschluß erforderlichen Willen bildet, werden Willensmängel (Irrtum, Unkenntnis usw.) aus seiner Person, nicht aus der des Vertretenen beurteilt. § 166.

Die actiones adjecticiae qualitatis sind dadurch für unser Recht gegenstandslos geworden. Das BGB. kennt sie nicht mehr. Dies erschwert dem Dritten, der mit dem Vertreter ein Geschäft geschlossen hat, sein Recht zu verfolgen, wenn der in Anspruch genommene Vertreter nachweist, daß er nur Vertreter war, und nachher bei der Klage gegen den Vertretenen dem Dritten der Nachweis der Vertretungsmacht nicht gelingt.

Die unfreie Vertretung ist mit Wegfall der römischen Hausgewalt beseitigt. — Direkte und indirekte Stellvertretung beherrschen allein die moderne Rechtsgestaltung.

III. Buch.

Personen- und Familienrecht.

§ 50.

I. Rechtsfähigkeit. — Jura status. — Ehrenminderung*.

Wir treten hiermit in besondere, vom heutigen Recht abweichende Verhältnisse der Antike ein. Eigentum, Forderungsrechte und Schulden zu haben, wurde leicht allen Personen,

* Kniep, Gai. instit. comm. primus (1911); Mommsen, Röm. Staatsrecht III 7 ff.; Pernice, Labeo I 97 ff.; Mitteis, R. Pr. I 62 ff., 69 ff., 114 ff.

jedenfalls in viel weiterem Umfang zugestanden, als das Recht der Eheschließung nebst den zugehörigen persönlichen und erbrechtlichen Wirkungen. Das erstere Gebiet ist das Verkehrsrecht. Die Fähigkeit dazu (jus commercii), gestand man auch Ausländern zu, während die Begründung eines römischen Hausstands mit seinen Voraussetzungen und Folgen (jus conubii), und die Befugnis, von Todeswegen über hinterlassenes Vermögen zu verfügen (testamenti factio) nationale Einrichtungen waren, an denen man keineswegs geneigt war, die Fremden teilnehmen zu lassen.

1. Die Fähigkeit, Rechte zu haben und Subjekt von Pflichten zu sein, gesteht das römische Recht grundsätzlich nur dem römischen Bürger zu; die Fremden leben nach Rechtsgrundsätzen, welche im Peregrinenprozeß der Prätor und später auch die Provinzialstatthalter ausgebildet haben[1], und nur in diesem Umfang wird der Fremde als Rechtssubjekt anerkannt. Mit der Ausbreitung des Bürgerrechts, besonders seit Caracalla (212), und für die Restfälle (Note 1) durch Justinian, wurden diese Verschiedenheiten ausgeglichen.

2. Da die volle Rechtsfähigkeit hiernach das Bürgertum (zunächst in der römischen Stadtgemeinde, später das Reichsbürgerrecht) voraussetzt, so sind selbstverständlich alle Sklaven nicht rechtsfähig. Sie stehen als Sachen im Eigentum des Herrn. Der status libertatis und status civitatis sind daher (stufenweise) die Voraussetzun-

---

[1] Es galt überhaupt das Prinzip der Persönlichkeit der Rechte (Jeder lebte nach dem Recht des Staates, dem er angehörte). Anders nur bei Angehörigen der unterworfenen Völkerschaften, die nirgends heimatberechtigt waren (dediticii). — Eine Zwischenstufe zwischen Bürgern und Fremden hatten in alter Zeit die Latini gebildet, die als Bundesgenossen in verschiedenen Abstufungen commercium oder gar conubium mit den Römern hatten. Sie erlangten schließlich römisches Bürgerrecht. Das jus Latii wurde aber auch an Angehörige gegründeter Kolonien erteilt (Latini coloniarii), bis auch hier das volle Bürgerrecht eintrat (s. u.). Schließlich waren in der Stellung der ehemaligen Latiner nur noch die sog. Latini Juniani, d. i. Freigelassene, die man aus politischen und sozialen Gründen nicht zu vollen römischen Bürgern aufrücken lassen wollte. Anderen Freigelassenen bewilligte man wegen begangener Verbrechen nur die Rechtsstellung der ehemaligen dediticii (s. o.). Vgl. § 53 Ziff. 3. Justinian hat dies alles aufgehoben.

gen der Rechtsfähigkeit (Persönlichkeit). Fehlt die höhere Stufe, so kann auch die niedere nicht vorliegen[2].

3. Als unterster status ist dann noch der status familiae bedeutungsvoll. Und zwar im Sinne einer Verschiedenheit der Rechtsfähigkeit der Person: als Hausherr (homo sui juris) oder Hauskind (homo alieni juris). Die Hauskinder, einschließlich ihrer eigenen Kinder, sind Gewaltunterworfene des Hausherrn (pater familias). Sie sind in seiner potestas, ohne Rücksicht auf Alter, Bürgerrecht und etwaige Bedeutung im Staatswesen. Die Haussöhne konnten sich im allgemeinen gültig verpflichten; aber alles was sie erwarben, fiel gesetzlich ihrem Gewalthaber, dem Familienhaupte zu. Wurde dies auch später durch die Pekulien (§ 54) abgemildert, so blieb es doch als Grundsatz bestehen[3]. — Eine Gewaltunterworfene des Hausherrn war in der ursprünglichen römischen Ehe auch die Frau. Sie war in manu mariti und stand im Erbrecht den Haustöchtern gleich[4]. Umgekehrt traten die Töchter, wenn sie sich verheirateten und in die manus ihres Eheherrn gelangten, dadurch aus der Gewalt des Elternhauses und damit aus ihrer familia heraus. Doch entwickelte sich daneben bald ein freieres eheliches Verhältnis, bei welchem die Frau nicht in die manus ihres Ehegatten kam und demgemäß ihre Rechtsstellung in ihrer bisherigen familia behielt (§ 58).

In der potestas des Hausherrn waren ferner die an Kindesstatt angenommenen und legitimierten Kinder (§ 55 Ziff. 2, 3).

Zum Hause gehörten schließlich die Personen in mancipio. Das waren Kinder aus fremdem Hause, die von ihrem Gewalthaber in fremde Gewalt manzipiert worden sind[5]. Sie

[2] Über den Zusammenhang von Freiheit u. Zivität s. auch Mommsen, Jur. Schriften 3, 1 u. Desserteaux i. Mél. Gérardin (1907).

[3] S. darüber schon oben § 49 Ziff. II bei N. 9 ff., 16 ff.; § 39 bei N. 13.

[4] Überhaupt bezeichnet manus anfangs das Herrschaftsverhältnis des Hausvaters über alle Personen und Sachen des Hausstands, also auch über die Hauskinder. Mitteis a. a. O. 75 ff. Vgl. auch Jhering, Entwicklungsgesch. d. R. R. (1894) 49 ff.

[5] S. A. Schmidt, Das Hauskind in mancipio (1879); Karlowa, R. Rechtsgesch. II 233 ff.

waren im Hause des neuen Herrn in Dienststellung (servi loco)[6]. In der lichten Geschichte wird diese Veräußerung nur zu dem Zwecke vorgenommen, um das bisherige Familienband aufzulösen (§ 55 Ziff. 3 b, § 56), abgesehen vom Fall der noxae datio wegen Delikten des Kindes, solange die Noxalhaftung der Hauskinder bestand (§ 44 i. f.). Nach Aufhebung dieser durch Justinian ist von Personen in mancipio nicht mehr die Rede.

4. Der dreifachen Rechtsstellung als Freier, als römischer Bürger und als Hausherr resp. Zugehöriger zu einem bestimmten Hause kann man verlustig gehen (capitis deminutio)[7]:

a) durch Verlust der Freiheit (capitis deminutio maxima). Dies bedeutet den Eintritt in die Sklaverei[8] und damit den Verlust aller Rechte, auch der Zivität und der Familienstellung;

b) durch Verlust des Bürgerrechts (capitis deminutio media)[9]. Hier bleibt die Freiheit bestehen, der Verbannte verliert aber gleichfalls die römischen Zivilrechte und seine Familie.

c) Ein bloßer Wechsel der Familienstellung (capitis deminutio minima) liegt in den Ziff. 3 erwähnten Akten: tritt also durch Heirat cum conventione in manum mariti, — Geben in mancipium, — durch Hingabe eines Kindes in Adoption ein (§ 55), — ebenso wenn ein bisher Gewaltfreier in eine fremde Hausuntertänigkeit kommt, indem er sich an Kindesstatt annehmen läßt (Arrogation, § 55), — oder wenn ein Gewaltunterworfener durch Emanzipation (§ 56) zum homo sui juris wird. Er begründet damit für sich eine neue Familie. — Diese capitis deminutio bezieht sich also auf den bisherigen Haus- oder Agnatenverband (§ 52 Ziff. 4). Der minutus verliert seine bisherige Persönlichkeit (caput), auch

---

[6] Sie blieben freie Bürger (Gai. 1, 162).

[7] S. H. Krüger, Geschichte der capitis deminutio I (1887); Eisele, Beitr. z. röm. R. Gesch. (1896) 160 ff.; Desserteaux, Etudes s. l. formation historique de la cap. dem. I (1909).

[8] Z. B. durch Verurteilung zum Tode, s. u. § 53 Ziff. 2.

[9] Durch Verbannung, Deportation. Früher auch durch Eintritt in eine latinische Kolonie, s. Note 1.

wird er als bisheriger Gewaltfreier durch Eintritt in den neuen Hausverband vermögenslos. Doch sorgte der Prätor dafür, daß die Schulden aus dem bisherigen Vermögen beigetrieben werden konnten [10], und im justinianischen Recht wird der Wechsel des Agnatenverbands bedeutungslos.

Dagegen erlitten Gewaltunterworfene, die durch den Tod des Hausherrn homines sui juris wurden, keine capitis deminutio. Hier bleibt das Familienband bestehen.

5. Mit der capitis deminutio maxima und media infolge von Verbrechen war für den Römer ein völliger Ehrverlust verbunden. Außerdem konnte eine Verminderung der bürgerlichen Ehrenrechte [11] ohne capitis deminutio eintreten, so nach Zivilrecht insbesondere durch Rüge des Zensors, hauptsächlich aber später kraft der Weigerung des Prätors, den Bescholtenen zu Anträgen vor Gericht (jus postulandi), außer für sich selbst und die nächsten Angehörigen zuzulassen, oder ihm zu gestatten, einen Prozeßvertreter zu bestellen oder als solcher aufzutreten. Diese prätorische Infamie, deren Eintritt anfangs vom freien Ermessen des Magistrats abhing, knüpfte sich bald (nach dem Edikt) herkömmlich an den Betrieb gewisser unsittlicher oder anrüchiger Gewerbe, schimpfliche Entlassung aus dem Soldatenstande, Bigamie usw., dann aber auch an bestimmte Verurteilungen: aus schwereren Straf- und Zivildelikten (wie Diebstahl, Raub, Betrug) oder aus den sog. actiones famosae (Vertrauensbruch bei Sozietät, Mandat, Tutel, Depositum usw.). Justinian stellt eine Liste der Infamen auf, die sowohl von den erwähnten gerichtlichen Geschäften, als auch von den hauptsächlichsten Verwaltungsakten ausgeschlossen sind.

Ergänzend tritt die sog. infamia facti hinzu, d. i. die tatsächliche Ehrenminderung gewisser Personen auf Grund der öffentlichen Meinung, die wegen schlechten Lebenswandels eine Person als verächtlich bezeichnet (auch turpitudo ge-

---

[10] An sich gingen die zivilrechtlichen Kontraktsschulden des capite minutus unter. Der Prätor gab aber eine actio ficticia (§ 5 N. 11) gegen ihn, wie wenn keine cap. deminutio vorläge (Gai. IV 38). — Wegen Personalservituten s. § 22 bei Note 6.

[11] S. Marezoll, Bürgerliche Ehre (1824); Lenel, Ztschr. d. Sav.-Stift. 2, 56 ff.

nannt). Sie hat ähnliche Wirkungen, ferner Zurücksetzungen im gerichtlichen Zeugnis und bei Vormundsbestellung nach richterlichem Ermessen zur Folge[12].

6. Die Rechtsfähigkeit beginnt mit Vollendung der Geburt (eines Wesens menschlicher Gestalt). Die ungeborene Leibesfrucht ist noch nicht rechtsfähig. Doch wird in einigen Beziehungen der nasciturus pro jam nato erachtet, soweit es sich um seinen Vorteil handelt. Z. B. wird ihm Stand und Erbrecht vorbehalten, falls er später zur Welt kommt; es wird ihm für die Zwischenzeit sogar möglicherweise ein Pfleger (curator ventris) bestellt[13]. Über Kindheit, Unmündigkeit und Volljährigkeitstermin s. § 60 Ziff. III, § 61 Ziff. I. Die Rechtsfähigkeit endet mit dem Tode, der von den Interessenten bewiesen werden muß[14]. Doch konnten Geburts- und Sterbefälle vielfach aus den Steuerregistern ersehen werden. Sind mehrere in gemeinsamer Lebensgefahr umgekommen, so wird im späteren Recht für das Vorversterben des Aszendenten vor seinem mündigen Deszendenten, und des unmündigen Deszendenten vor seinem Aszendenten vermutet.

Das nationalrömische Personen- und Familienrecht hatte mit dem deutschen nur geringe Berührungspunkte. Das meiste davon ist schon dem Einfluß des griechischen Rechtes in der Kaiserzeit gewichen. Indessen war es ein langsamer Übergangsprozeß, in dem viele Sätze, namentlich die aus der römischen Hausgewalt (§§ 52 ff.) entsprungenen so umgebogen wurden, daß die Ausnahme zur Regel gemacht, und damit die ursprüngliche Regel in ihr Gegenteil verkehrt wurde; so z. B. in Ansehung der Beendigung der väterlichen Gewalt und der Pekulien (§§ 54, 56). Auch der Standpunkt, daß nur der römische Bürger volle Rechtsfähigkeit besitzt, mußte natürlich

---

[12] Entsprechend ist auch nur die turpitudo des römischen Rechts in Deutschland aufgenommen. Für die Rechtlosigkeit gab es in Deutschland andere Formen. Der Makel unehelicher Geburt und ehrlosen Gewerbes ist überhaupt beseitigt. Die Ehrenminderung aus strafrechtlicher Verurteilung ist als Folge der Verurteilung zur Zuchthausstrafe und als „Aberkennung der bürgerlichen Ehrenrechte" im Strafgesetzbuch gestaltet.

[13] S. auch D. 25, 4, 1 u. die missio possessionum ventris nomine (heute §§ 1, 1912, 1923 Abs. 2, 1963 BGB.) — Das Kind war ein Freier, wenn die Mutter während der Schwangerschaft auch nur einen Augenblick frei gewesen war.

[14] Vgl. D. 15, 2, 1, 10. Erman, Ztschr. d. Sav.-Stift. 19, 329. Ein Verschollenheitsrecht, wie nach §§ 13 ff. BGB, war den Römern unbekannt.

weichen. Geburten, Eheschließungen und Sterbefälle sind heutzutage aus staatlich geführten Personenstandsregistern (RG. v. 17. Febr. 1875) zu ersehen. Verschollene können für tot erklärt werden (§§ 13 ff. BGB.). Beim Umkommen in gemeinsamer Lebensgefahr ist die römische Vermutung beseitigt. § 20.

§ 51.
II. Juristische Personen*.

Sind hiernach nicht alle Menschen rechtsfähig, und noch weniger gleichmäßig rechtsfähig, so ist anderseits gewissen Einrichtungen und Anstalten, die nicht Menschen sind, bis zu gewissem Grade Rechtsfähigkeit beigelegt. Hier spricht man von juristischen Personen. Es handelt sich um Vermögen, die nicht den individuellen Bedürfnissen eines Einzelnen, sondern einem größeren oder kleineren Kreise, also öffentlichen oder sozialen Zwecken dienen, und daher eigentlich im Gegensatz zur Privatrechtssphäre stehen. So war es anfangs in der Tat. Das Vermögen des römischen Volkes (aerarium populi), die Kirchengüter standen als res publicae und res sacrae überhaupt nicht im Einzeleigentum, sondern waren dem Privatrecht entzogen[1]. Erst in der Kaiserzeit wurde das auf diejenigen Gegenstände beschränkt, welche unmittelbar dem Gemeingebrauche dienen (res extra commercium, § 6 Ziff. II). Bezüglich des sonstigen Staats- und Gemeindevermögens kam die Auffassung auf[2], daß es dem Staat oder der Gemeinde

---

* Gierke, Die Staats- u. Korporationslehre des Altertums u. d. Mittelalters u. ihre Aufnahme in Deutschland 1881 (Genossenschaftsrecht III); D. Privatr. I 456 ff.;; Pernice, Labeo I 254, III 57, 150; Karlowa, Röm. Rechtsgesch. II 1 ff., 59 ff. u. Grünhuts Ztschr. 15, 381 ff.; Behrend, Stiftungen I (1904); Hölder, Natürl. u. juristische Personen (1905); Binder, Problem der jur. Persönlichkeit (1907); G. Schwarz, Arch. f. bürg. Recht 35, 10 ff. — Mitteis, Röm. Privatr. I § 18; Mommsen, De collegiis et sodaliciis Romanorum (1843); Jur. Schr. III 53 u. 108 ff.; Cohn, Z. röm. Vereinswesen (1873); Liebenam, Gesch. u. Organ. d. röm. Vereinswesens (1890); Kornemann i. Pauly-Wiss. s. v. collegium; Waltzing, Et. hist. sur les corporations professionelles chez les Rom. 4 v. (1895—1900).

[1] Vgl. hierzu auch Mommsen, Staatsrecht I 234 ff.; Mitteis 348 ff.

[2] Die Munizipalverfassung gab den Anstoß. Vgl. Mitteis 341 ff., 376 ff.

als solchen gehöre, wodurch die Möglichkeit gegeben war, die Institute des Privatrechts (Eigentum usw.) darauf anzuwenden. Damit war der Verband rechtsfähig — die universitas als Rechtsträger neben den physischen Personen geschaffen.

1. Zu einer erschöpfenden Entwickelung des Rechts der juristischen Personen ist man dabei nicht gelangt. Von Fall zu Fall wird fortgeschritten. Die große Tat war die Anerkennung einer Verbandsperson, die von der Existenz der einzelnen Mitglieder unabhängig ist: die demgemäß Rechte und Pflichten haben kann, welche nicht Rechte und Pflichten der Mitglieder sind[3], und die auch beim Wechsel der Mitglieder fortbesteht[4]. Der an den städtischen Gemeinden hauptsächlich entwickelte Gedanke ist dann im justinianischen Recht verallgemeinert. In letzterem finden sich besonders folgende juristische Personen:

a) der Fiskus, d. i. der Staat von seiner vermögensrechtlichen Seite. Im Gegensatz zu dem aerarium populi (s. o.) trat in der Kaiserzeit derjenige Teil des Staatsvermögens, der (als fiscus Caesaris) der kaiserlichen Verwaltung unterstand[5], als eine besondere Anstalt in das Privatrecht ein. Als schließlich (im 3. Jahrh.) dem aerarium populi alle Haupteinnahmen entzogen waren, wurde der fiscus das eigentliche Staatsvermögen. Seiner Größe wegen zerfiel es notwendig in verschiedene Verwaltungen (stationes fisci), die getrenntes Rechnungswesen haben. Daher ist Kompensation gegen eine fiskalische Forderung nur dann zulässig, wenn die Gegenforderung wider dieselbe Kasse besteht (die Kassen sind nicht selbst juristische Personen). Außerdem genießt der Fiskus im Privatrecht zahlreiche Privilegien: so als Pfandgläubiger, ferner im Konkurs eines Schuldners; er hat Anspruch auf erblose und Unwürdigen entzogene Verlassenschaften usw.;

b) die Stadt- und Landgemeinden (civitates, municipia, coloniae, vici), mit den staatlichen nachgebildeten

---

[3] Ulp. D. 3, 4, 7, 1; D. 48. 18, 1, 7; Marcian. D. 1, 8, 6, 1.

[4] D. 3, 4, 7, 2. Im Gegensatz zur societas (§ 38 Ziff. III), wo auch nur ein Vermögen der einzelnen Mitglieder existiert.

[5] Näheres bei Mitteis a. a. O. 349 ff. u. Zit.

Organen, die ebenfalls gewisse Privilegien genießen[6], aber unter der Aufsicht von Staatsbehörden stehen;

c) Vereine — so die althergebrachten collegia von Beamten, Zünfte, öffentliche Erwerbsgesellschaften, die Vereinigungen der Staatspächter oder Publikanen (sog. vectigalium publicorum); ferner gesellige, religiöse und politische Vereine (sodalitates, collegia sodalicia), die seit der Kaiserzeit aus öffentlichrechtlichen Gründen in engen Grenzen gehalten werden, und, wenn sie nicht ganz harmlos sind, wie Begräbnis-, Unterstützungsvereine der kleinen Leute (collegia tenuiorum), der staatlichen Genehmigung bedürfen. Ist der Verein hiernach erlaubt, so ist er jedenfalls auch juristische Person (ad exemplum rei publicae), wenn er nach der Satzung mit Vereinsversammlung, Vertretern und Vereinsvermögen konstituiert ist[7].

d) Schließlich sind private[8] Stiftungen als besondere Anstalten anerkannt; aber erst nach Einführung des Christentums für fromme oder wohltätige Zwecke (daher pia corpora, piae causae genannt), z. B. Armenanstalten, Krankenanstalten[9]. Hier liegt keine Personengemeinschaft vor, sondern lediglich ein Vermögen, das durch Schenkung oder letztwillige Verfügung dem frommen Zwecke

[6] Z. B. ein privilegium exigendi (Paul. D. 42, 5, 38, 1). Anderseits genossen sie das Privilegium der in integrum restitutio (§ 5 IV) wie die Minderjährigen (vgl. D. 49, 1, 9; C. 11, 30, 3; C. 2, 53, 4).

[7] Gai. D. 3, 4, 1, 1; vgl. Paul. D. 34, 5, 20. Näheres, auch über die Zeit dieser Entwickelung bei Mitteis 390 ff., 399 ff. — Zur Begründung müssen mindestens drei Personen vorhanden sein, nicht für die Fortdauer des Vereins (D. 3, 4, 7, 2). Tres faciunt collegium (im Gegensatz zu der Gesellschaft).

[8] Kaiserliche Alimentenstiftungen u. dgl. gab es schon im klassischen Recht, die eine Art staatlicher Anstalten waren. S. Pernice, Labeo III 164 ff.

[9] Cf. Saleilles, Les piae causae dans le droit de Justinien i. Mél. Gérardin (1907). — In der früheren heidnischen Zeit wurde zwar auch privatim viel für öffentliche Zwecke bereitgestellt, aber in der Form von Zuwendungen an Städte, Tempel, Vereine mit Auflage, oder auch fiduziarisch an Einzelpersonen. Das gestiftete Vermögen blieb also unselbständig; es bestand nur die Verpflichtung einer anderen Stelle, es in gewisser Weise zu verwenden. Vgl. dazu Pernice, Labeo III 56 ff., 150 ff.; Mitteis 414 ff.; Laum, Stiftungen i. d. griech. u. röm. Antike (1914) 2 Bde. Erst die fromme Stiftung der christlichen Kaiserzeit erzeugt ein selbständiges Vermögen, und zwar, um des am Tage liegenden guten Zweckes willen, ohne besondere Staatsgenehmigung.

gewidmet ist. Die Anstalt erscheint der Kirche angegliedert, wenn auch mit besonderer Organisation als selbständiges Wesen. Darum genießt sie das Privileg, und steht unter Aufsicht des Bischofs oder einer sonstigen Kirchenbehörde[10].

2. Daß eine Vertretung der universitas durch ihre Organe erfolgt, versteht sich bei den öffentlichrechtlichen Personengemeinschaften von selbst. Die zuständigen Beamten handeln für das Gemeinwesen, wo es sich um Ausübung der öffentlichen Gewalt handelt. In Kreditgeschäften dagegen schließen die Beamten die Verträge in eigenem Namen als mittelbare Stellvertreter; doch wird die Sache meist durch actio utilis auf die Gemeinde übergeleitet (§ 49 i. f.). Bei Privatvereinen scheint es regelmäßig bei der mittelbaren Vertretung verblieben zu sein[11].

3. Die Rechtsfähigkeit der juristischen Personen beschränkt sich auf das Vermögensrecht (dingliche Rechte, Forderungen und Schulden, einschließlich der Prozeßführung)[12]. Aus Delikten ihrer Beamten haften sie regelmäßig nur bis zum Belaufe der Bereicherung[13]. Auch die Erbfähigkeit war bei Gemeinden und Privatkorporationen beschränkt[14].

Über diese bescheidenen Anfänge ist die römische Theorie der juristischen Personen nicht hinausgekommen. Man beschäftigt sich hauptsächlich nur mit den Korporationen des öffentlichen Rechts, Staat und Gemeinden (und letztere sind so bevormundet, daß von einer erheblichen Selbstbetätigung kaum die Rede sein kann). Indem man die Trennung der singuli von der Gesamtheit aufs schärfste durchführt, bleibt das Wesen der letzteren doch unklar (wie sich besonders in der mangelnden Deliktsfähigkeit zeigt). Nicht viel weiter kamen im Mittelalter die Glossatoren. Auch ihnen ist das Hauptbeispiel der

---

[10] Über die Frage, wem das Vermögen zuzuschreiben ist, besteht viel Streit (die Anstalt selbst — die Gesamtheit der Begünstigten?). Saleilles, a. a. O. 513.

[11] Vgl. Mitteis I 380 ff., 402, 407.

[12] S. o. N. 3, 4. Über ihre freigelassenen Sklaven hatten sie sogar das Patronatsrecht (§ 53 Ziff. 4).

[13] D. 4, 3, 15, 1; D. 43, 16, 4. Darüber hinaus besteht grundsätzlich keine Deliktshaftung. Quid enim municipes dolo facere possunt! D. 4, 2, 9, 1 u. 3, wo die a. quod metus causa wider die Stadtgemeinde gegeben wird, erklärt sich aus o. § 42 bei N. 10, wonach diese Klage auch gegen den bereicherten Dritten geht.

[14] Abgesehen von Privilegien. S. C. 6, 24, 8. Der Erwerb von Vermächtnissen ist den Städten seit dem 2. Jahrh. freigegeben. S. Mitteis 377 ff.

Staat. Sie erkennen die universitas als einheitliches Rechtssubjekt, — aber nicht das nähere Wesen der Korporation und damit den Unterschied von der societas. Die Kanonisten entwickeln das Wesen der universitas als einer persona ficta. Die Fiktionstheorie wird von den Postglossatoren (Bartolus, Baldus) weiter ausgebildet und gelangt mit der Rezeption nach Deutschland. Hier beginnt man den tieferen Unterschied zwischen Körperschaften und Anstalten (zu denen auch die Stiftungen gezählt werden) herauszuarbeiten, aber die Abgrenzung der Körperschaft von der Gesellschaft liegt immer noch im Argen. Das Kriterium der ersteren erblickt man teils in der für sie geforderten Staatsgenehmigung, teils in der von der Gesellschaft abweichenden (korporativen) Organisation. Von den modernen Theorien: Zweckvermögen (Brinz) usw. und insbesondere der Genossenschaftstheorie (Gierke) ist im geltenden Recht zu handeln. — Das BGB. kennt die rechtsfähigen Vereine, d. i. Korporationen, deren Rechtsfähigkeit teils nach dem Konzessionssystem, teils nach dem der staatlichen Normativbestimmungen (§§ 21, 22) erworben wird. Sie sind solche des Privatrechts und des öffentlichen Rechts (§ 89). Ebenso gibt es selbständige private Stiftungen (§ 80 ff.) und öffentliche Anstalten. Alle juristischen Personen werden durch ihre verfassungsmäßigen Organe vertreten und haben für die unrechtmäßigen schadenstiftenden Handlungen der letzteren aufzukommen (§§ 26 ff., 31, 86, 89).

§ 52.

III. Die römische Hausgewalt.

1. Übersicht. — Agnatenverband *.

1. Der Ausgangs- und Mittelpunkt des römischen Familienrechts ist die Hausgewalt des römischen pater familias. Sie umfaßte die Vollgewalt über die Ehefrau in manu mariti, über die Kinder und weiteren Abkömmlinge, die als vermögenslos in der patria potestas des Hausherrn stehen (§ 50 Ziff. 3), ferner die Gewalt über die Sklaven und Halbsklaven (personae in mancipio) die zum Hause gehören, und an die sich die Freigelassenen anschließen. — Und wie der Sklave überhaupt nur eine Sache ist, so gehörten zur familia im weiteren Sinne auch noch

* Vgl. Mitteis, R. Privatr. I 71 ff.; R. Leonhard i. Pauly-Wiss. s. v. familia. Eigenartig Moriaud, De la simple famille paternelle (1910).

andere (körperliche) Sachen, was sich z. B. bei der Testamentserrichtung über die familia (§ 65 II Ziff. 1) und bei der erbrechtlichen Teilungsklage (actio familiae erciscundae, § 70) zeigt[1].

2. Von der Hausgewalt des römischen Familienvaters ist im Lauf der Zeit so vieles abgebröckelt, daß sie schließlich nur noch gegenüber den Sklaven in alter Weise fortbesteht. Die Manusehe und die Dienststellung der freien Personen in mancipio (§ 50 Ziff. 3) sind im späteren Rechte fortgefallen. Das Gewaltverhältnis über die Hauskinder ist durch Zulassung der Pekulien (§ 54) abgeschwächt und wurde durch die häufige Emanzipation von Söhnen und Töchtern usw. (§ 56) gemildert. Gleichwohl besteht die Gewalt als rechtliche Grundlage des Familienlebens fort, wenn sich auch manches überlebt hat und die Ausnahmen praktisch die Regel überwiegen.

3. Die unter der Hausgewalt des pater familias stehenden Familienmitglieder bilden nach römischer Auffassung mit diesem zusammen eine Einheit, die es unmöglich macht, daß unter diesen Personen zivilrechtlich wirksame Rechtsgeschäfte abgeschlossen werden können. Was ein abhängiges Familienglied erwirbt, hat es dem Familienvorstand erworben (§ 50 Ziff. 3). Der Hausherr kann sich daher auch der Söhne in einfachster Art zu seiner Vertretung bedienen (§ 49 Ziff. II). Verpflichtungen zwischen Vater und Hauskind, ebenso wie unter Geschwistern sind nur als Naturalobligationen anerkannt (§ 30).

4. Durch die Hausgewalt wird der Kreis der agnatischen Familie bezeichnet. Agnaten sind die Zugehörigen zu einem bestimmten Hause, nicht die Blutsverwandten (von letzteren u. § 57). Da die Zugehörigkeit durch die patria potestas vermittelt wird, sind Agnaten alle Personen, die unter der patria potestas desselben Familienhauptes stehen, oder stehen würden, wenn der gemeinsame Stammvater noch lebte. (Die Mutter gehörte nur bei der Manusehe zu dem Agnatenkreise. Sie hatte Kindesstellung im Hause, gleich den

[1] Wegen der Forderungen und Schulden des Nachlasses s. § 29 Ziff. 5.

eigenen Kindern. Bei der freien Ehe tritt sie nicht in den Hausverband des Mannes ein.) Zu den Agnaten gehören hiernach die in rechter Ehe erzeugten Söhne und Töchter[2], ferner die Enkel von Söhnen, aber nicht von Töchtern her, da diese in die Gewalt ihres V a t e r s fallen. Daher der Satz: mulier familiae suae caput et finis est[3]. Dasselbe gilt entsprechend für die weiteren Abkömmlinge. Die Agnation setzt sich also stets nur durch Männer fort. Sie kann aber auch ohne Blutsverwandtschaft durch Adoption (§ 55) künstlich geschaffen, und durch Emanzipation (§ 56) künstlich beseitigt werden[4].

§ 53.

2. Die Gewalt über Sklaven.

1. Der Sklave ist Mensch ohne Rechtsfähigkeit. Er steht als Sache im Eigentum des Herrn, und dieser hat absolute Macht über ihn. Das Los der Sklaven ward aber durch Sitte und Recht gemildert. Es gab Sklaven für das Haus (familia urbana) und für den Ackerbau, Plantagenbau (familia rusticana). Letztere wurden strenger behandelt als die Haussklaven, die mehr die Vertrauten des Herrn und oft feingebildete Leute waren. Seit der Kaiserzeit gibt es Hilfe (extra ordinem) gegen zu grausame Behandlung der Sklaven.

Vermögensrechtlich war der Sklave, weil rechtlos, auch vermögenslos[1]. W a s e r e r w a r b, f i e l d e m H e r r n z u. Eine gewisse Selbständigkeit gewann der Sklave, wenn der Herr ihm einen gewissen Vermögensteil als S o n d e r g u t (p e c u l i u m) zur eigenen Verwaltung überließ[2]. Dieses Ver-

---

[2] Uneheliche Kinder sind nicht Agnaten ihres Vaters und ebensowenig ihrer Mutter. Konkubinenkinder können aber durch Legitimation (§ 55) in die patria potestas des Vaters gelangen.

[3] S. Ulp. D. 50, 16, 195, 2. 5.

[4] Es entseht dadurch eine capitis deminutio minima, § 50 Ziff. 4 c.

[1] Dennoch konnte er, als willensbegabtes Wesen G e s c h ä f t e a b s c h l i e ß e n, aus denen er n a t u r a l i t e r (§ 30) verpflichtet wurde. Ebenso war er deliktsfähig (§ 44 i. f.) und konnte nach der Freilassung auch selbst wegen des Delikts verklagt werden.

[2] S c h u l d e n des Sklaven an den Herrn (z. B. aus Darlehen) verminderten, Forderungen des Sklaven an den Herrn (z. B. wegen Auslagen) vermehrten das peculium. Anders konnten sie nicht wirken, da zivilrechtliche Obligationen zwischen Herrn und Sklaven unmöglich sind.

mögen verbleibt rechtlich dem Herrn (der Sklave besitzt es nur de facto); der Herr kann es jederzeit wieder einziehen, und mit dem Tod des Sklaven fällt es an den Herrn zurück. Immerhin beließ man es tatsächlich meist dem Sklaven [3]. Es wurde als Lohn für seinen Fleiß betrachtet, und der Sklave konnte sich dadurch allerlei Erleichterung verschaffen (oft einen Untersklaven halten) oder Geschäfte mit Dritten schließen, woraus gegen den Herrn die actio de peculio erwuchs (§ 49 II Ziff. 3). Entsprechend ging bei Delikten des Sklaven die Noxalklage gegen den Herrn, auf Grund deren der letztere zahlen mußte, wenn er sich den Sklaven erhalten wollte (§ 44 i. f.).

2. Sklave ward man durch Geburt von einer Sklavin (die von der Empfängnis ab dauernd Sklavin gewesen war, § 50 Ziff. 6); oder durch Kriegsgefangenschaft — wobei aber der in Gefangenschaft geratene römische Bürger für seine einheimischen Verhältnisse begünstigt wird. Bei ihm bleibt (außer Ehe und Besitz) zunächst alles in der Schwebe, bis sich entscheidet, ob er zurückkehrt [4]. Entkommt er aus der Gefangenschaft, so tritt er kraft des jus postliminii in alle seine Rechte wieder ein, wie wenn er sie nie verloren hätte. Stirbt er aber in der Gefangenschaft, so wird es nach der fictio legis Corneliae (von Sulla) so angesehen, als ob er schon im Augenblick der Gefangennahme verstorben wäre, so daß seine Beerbung (auch aus seinem Testamente) gesichert ist. — Im neueren Recht konnte ein römischer Bürger sogar im Inland Sklave werden, infolge strafgerichtlicher Verurteilung: zum Tode, zur Zwangsarbeit in den Bergwerken (ad metalla) usw. Der servus poenae ist Staatssklave, wie sein Vermögen dem Staate verfällt. Sklave blieb auch ein Freier, der sich einem anderen betrügerisch als Sklave verkaufen ließ, um den Preis mit dem Helfershelfer

[3] Daher kam es sogar vor, daß der Sklave Geld gab, damit der Herr ihn freilasse (Ziff. 3), was freilich gegen den Herrn nicht erzwingbar war. Hatte jedoch ein Dritter den Sklaven mit dessen Mitteln gekauft unter Abrede der Freilassung im Kaufvertrag, so erlangte nach einem Erlaß Mark Aurels der Sklave bei Nichterfüllung von selbst die Freiheit. S. Seuffert, Der Loskauf der Sklaven mit ihrem Geld (1907, Festg. f. Bekker) u. u. N. 9.

[4] S. Mitteis, R. Privatr. I 127 ff.

zu teilen, — vor Justinian auch eine Freie, die mit einem Sklaven trotz Widerspruchs von dessen Herrn im contubernium (§ 58 N. 13) verharrte, in welchem Fall sie und ihr Vermögen dem Herrn zufiel.

3. Dagegen endigte die Sklaverei nicht durch Derelikttion seitens des Herrn (der servus ist dann sine domino). Der Hauptendigungsgrund ist vielmehr die Freilassung (manumissio) durch den Herrn. Die alten zivilrechtlichen Formen der Freilassung waren die letztwillige: testamento „Stichus servus meus liber esto" (dann ist der Sklave mit Eintritt der Testamentswirkung von selbst frei. Über die oft damit verbundene Erbeseinsetzung § 62 N. 18). Später erfolgt vielfach bloß ein Ersuchen an den Erben oder sonst Bedachten, die Freilassung vorzunehmen: manumissio fideicommissaria (dann wird der Sklave nicht von selbst frei, sondern erst, wenn der Erbe dem Ersuchen durch Freilassung in einer der gleich folgenden Formen entspricht). Unter Lebenden erfolgte die Freilassung zunächst vindicta[5] vor der Obrigkeit: nach Art der in jure cessio (§ 12 Ziff. I), was in der späteren Kaiserzeit zur bloßen Freilassungserklärung vor dem Magistrat wurde (D. 40, 2), und der durch Konstantin auch die Ausrufung zur Freiheit vor der kirchlichen Gemeinde gleichgestellt wurde (man. in ecclesia); — im älteren Recht auch censu[6]: durch Anmeldung zur Bürgerliste. Die Freilassung gab Bürgerrecht. Anderseits hatte der Prätor von Alters her auch formlose Freilassungen (durch Verweigerung der vindicatio in servitutem) geschützt: so die mündliche inter amicos, und die schriftliche per epistulam[7].

Dasselbe galt auch bei förmlichen Freilassungen durch einen nur bonitarischen Eigentümer (§ 7 IV). Eine lex Junia aus der ersten Kaiserzeit gab allen diesen Freigelassenen die Rechtsstellung der alten Latiner (§ 50 N. 1) mit dem Zusatz

---

[5] S. Wlassak i. Pauly-Wiss. s. v. addicere; Ztschr. d. Sav.-Stift. 28, 1 ff. Der Magistrat bestätigte die Erklärung des Herrn.

[6] Degenkolb, Die Befreiung durch Census (1892).

[7] Wenn also Zeugen- oder Urkundenbeweis über die Freilassung vorliegt. S. im übrigen Wlassak, Ztschr. d. Sav.-Stift. 26, 367 ff.

Juniani[8]. Sie erzeugten freie Kinder, waren aber auf das jus commercii beschränkt. „Sie lebten als Freie, und starben als Sklaven", d. h. konnten nicht beerbt werden, sondern ihr Vermögen fiel an den Herrn zurück. • In dieselbe Stellung kamen später auch Sklaven, die zur Strafe des Herrn (weil er sie in Alter oder Krankheit im Stiche ließ) oder zur Belohnung für gewisse Anzeigen die Freiheit erwarben. Übrigens erlangten die Latini Juniani das Bürgerrecht, teils nach den Kaisergesetzen zur Beförderung der Ehe und Kindererzeugung, teils durch Verdienste im öffentlichen Verwaltungswesen, oder auch durch wiederholte (förmliche) Freilassung oder kaiserliches Privilegium. — Verschieden davon war die rechtspolitische Beschränkung des Bürgerrechts für solche Freigelassenen, die wegen Verbrechen bestraft worden waren. Diese kamen nach der lex Aelia Sentia (4 n. Chr.) in die Stellung heimatloser Fremden (dediticii, § 50 N. 1), durften sich in Rom und 100 Meilen im Umkreis nicht niederlassen und erlangten unter keinen Bedingungen das Bürgerrecht. Eine lex Fufia Caninia beschränkte die Zahl der testamentarischen Freilassungen. Justinian hat alle diese Beschränkungen aufgehoben. Jede Freilassung gibt volles Bürgerrecht. Nur muß sie, ob schriftlich oder mündlich, vor fünf Zeugen geschehen. In einigen Fällen wird ein Sklave kraft Gesetzes frei (D. 40, 8), insbesondere soll er nach einem Erlaß Mark Aurels bei Nichterfüllung einer der Veräußerung beigefügten Freilassungsauflage die Freiheit erlangen, wie wenn die Freilassung geschehen wäre[9]. — Freilassungen in fraudem creditorum, die schon die lex Aelia Sentia verboten hatte, bleiben fortdauernd ungültig.

4. Patronat. Abgesehen von gewissen Zurücksetzungen im öffentlichen Recht, steht der Freigelassene (libertus) auch privatrechtlich einem Freigeborenen (ingenuus) nicht völlig gleich[10]. Vor allem bleibt er im Treue- und Ergebenheitsverhältnis zu seinem früheren Herrn (patronus). Er kann ihn nicht ohne Ermächtigung der Behörde vor Gericht fordern und ist ihm wie ein Sohn zu allerlei

---

[8] Mitteis, R. Privatr. I 71 u. o. § 50 Note 1.

[9] S. Haymann, Freilassungspflicht und Reurecht (1905); Lotmar, Ztschr. d. Sav.-Stift. 33, 304.

[10] Vgl. Mommsen, R. Staatsrecht III 420 ff.; Mitteis, Ztschr. d. Sav.-Stift. 23, 143 ff.

Diensten (operae) verpflichtet. Der Patron und dessen nähere Verwandten haben ein Erbrecht (§ 64) und bei Bedürftigkeit auch einen Alimentationsanspruch gegen den libertus [11]. Wenn der Patron den Freigelassenen in Not nicht unterstützt, kann er sein Recht verwirken. Dem libertus können durch besonderen Regierungsakt die Rechte eines Freigeborenen verliehen werden, sowohl unter Erhaltung des Patronatsrechts, als unter gleichzeitiger Aufhebung des letzteren (durch sog. natalium restitutio). Bei Justinian geschieht dies ohne weiteres, wenn der Patron auf seine Rechte verzichtet.

5. Statuliber wurde der Freigelassene genannt, dessen Entlassung im Testament an eine Bedingung oder späteren Termin geknüpft war [12]. Bis zu deren Eintritt stand er unter Sklavenrecht. Bei Eintritt wurde er von selbst frei, und zwar so, daß kollidierende Verfügungen des Erben über ihn oder eine inzwischen vollendete Ersitzung diesen Erfolg nicht mehr beeinträchtigen konnten (§ 41). — Wer bona fide einem anderen als Sklave diente, oder umgekehrt als Sklave tatsächlich die Freiheit genoß, wurde in Ansehung seiner Handlungen und Geschäfte aus der betreffenden Zeit so behandelt, als wenn er wirklich ein Sklave oder Freier wäre.

6. Eine eigentümliche Stellung nehmen die coloni der späteren Zeit ein. Sie sind „servi terrae“, als ehemalige freie Pächter von den großen Grundherrn zu einer Art Leibeigenen herabgedrückt, so daß sie und ihre Kinder das Grundstück, welches sie bewirtschaften, nicht verlassen dürfen. Insofern stehen auch sie in einer Art potestas des Herrn, der ihnen seinerseits schutzherrliche Fürsorge (patroni sollicitudo) zu gewähren hat [13].

---

[11] Schenkungen des Patrons an den Freigelassenen konnten frei widerrufen werden, aber nicht mehr von den Erben des Patrons; — seit Justinian auch vom Patron selbst nur wegen nachgeborener Kinder. C. 8, 55, 8.

[12] Verwandt ist der Fall o. N. 9.

[13] Vgl. C. 11, 52, 1, 1. Heisterbergk, Entstehung des Kolonats (1876); Schulten, Die röm. Grundherrschaften (1896); His, Die Domänen d. röm. Kaiserzeit (1896); Seek i. Pauly-Wiss. s. v. Colonatus; Partsch i. Gött. Gel. Anz. 1911, 322 u. die o. § 24 N. 5 Zitierten.

§ 54.

3. Die väterliche Gewalt (patria potestas)*.

a) Inhalt. — Die Pekulien.

I. Während in alter Zeit Frau und Kinder im Herrenrecht des Familienhaupts standen, ist nach und nach die Ehe eine freie geworden, so daß die Frau nicht mehr als eine Art Haustochter in der Gewalt des Mannes ist. Die Manusehe ist daher nur noch als Einleitung in § 58 erwähnt. Dagegen stehen die Kinder fortdauernd in der patria potestas des Hausherrn.

II. Die Gewalt bedeutete ursprünglich eine absolute Macht über das Kind, mit dem Recht der Tötung und des Verkaufs. Von der Hingabe in mancipium s. § 50 Ziff. 3. Allerdings wurde der Verkauf (mancipatio) schon früh mißbilligt. Während der Sohn nach Freilassung durch den Dritten in die väterliche Gewalt zurückfiel, soll diese bei erfolgtem dreimaligem Verkauf schon nach den XII Tafeln verloren sein (bei Töchtern nach einmaligem Verkaufe). Anderseits mußte die noxae datio der Kinder, solange sie vorkam (§ 44 i. f.) durch solchen Verkauf bewerkstelligt werden. Der Verkauf dient auch den Zwecken der Adoption (§ 55). Später beschränkt sich die persönliche Machtausübung des Gewalthabers auf ein Züchtigungsrecht. Gegen Dritte hat er ein Herausgaberecht[1].

In Deutschland wurde die väterliche Gewalt als ein Recht des Vaters aufgefaßt, das ihm nur im Interesse des Kindes zusteht. Nach BGB. (§ 1627) hat er daher das Recht und die Pflicht der Sorge für die Person und das Vermögen (s. u.) des Kindes. Die Mutter hat ähnliche Rechte erhalten. Das Züchtigungsrecht ist auf ein entsprechendes Maß zurückgeführt — das Erziehungsrecht (berufliches und religiöses) in den Vordergrund getreten. Der Staat wacht (durch die Vormundschaftsbehörden) über die Ausübung.

III. In vermögensrechtlicher Beziehung ist das Hauskind,

---

* Fitting, Das castrense peculium (1871); Taubenschlag, Die patria potestas im Recht der Papyri. Ztschr. d. Sav.-Stift. 37, 177.

[1] Die vindicatio in patriam potestatem, später das prätorische interdictum de liberis exhibendis oder ducendis. Demelius, Exhibitionspflicht (1872) 244 ff. — Wird die Eigenschaft als Hauskind bestritten, so findet ein praejudicium (auf Feststellung) statt.

ganz ähnlich wie der Sklave, nur ein Erwerbsorgan des Hausvaters und selbst vermögenslos.

1. Jeder Erwerb des Hauskindes fällt also ipso jure an den Herrn[2]; und dies endigt nicht etwa mit der Erwachsenheit des Kindes, sondern dauert grundsätzlich (§ 56) bis zum Tode des Vaters. Daß anderseits die Hauskinder sich persönlich verpflichten konnten, folgt aus ihrer Rechtsfähigkeit von selbst. Nur gab es aus der Schuld mangels Vermögens des Kindes keine Exekution[3]. Verpflichtungen zwischen Vater und Sohn wurden als Naturalverbindlichkeiten erachtet.

2. Die wirtschaftliche Unselbständigkeit erwachsener Kinder ließ sich auf die Dauer nicht aufrecht erhalten. Einesteils nahmen die Emanzipationen (§ 56) immer größeren Raum ein; aber das ist keine Abmilderung des Zustands, sondern nur ein Verzicht des Vaters auf seine Rechte. Der Abmilderung dienten die Pekulien. Wie schon beim Sklaven (§ 53), lag es nahe, auch dem Hauskind ein Sondergut zu eigener Verwaltung und Bewirtschaftung zu überlassen. Grundsätzlich gehörte dieses und das damit Erworbene auch wieder dem Vater. Aber die Entwicklung der Sondergüter hat dahin geführt, daß das Gut, wenn es nicht gerade vom Vater selbst herrührte, schließlich als Eigentum des Sohnes galt, und der Vater nur noch ein Nutznießungsrecht (und auch das nicht immer) daran hatte.

a) Zunächst ließ sich das Militär die pekuniäre Unselbständigkeit nicht mehr gefallen, und das auf die Militärherrschaft gegründete Kaisertum reserviert ihm seit Augustus das castrense peculium. Dazu gehört alles, was der Haussohn als Soldat erwirbt, also der militärische Sold, die Beute, Belohnungen, Erwerb durch Schenkung, Erbeinsetzung, Vermächtnis von Kameraden usw., ja die ganze militärische Ausrüstung, die der Haussohn vom Vater, sonstigen Angehörigen

[2] Daher konnte sich der Vater, wie der Sklaven § 53, so auch der Hauskinder in einfachster Art zu seiner Vertretung bedienen. S. o. § 49 Ziff. II.

[3] Inwiefern der Vater nach Pekuliarrecht haftet, ist o. § 49 II Ziff. 3 erwähnt. Nach Verurteilung des Sohnes geht gegen ihn die actio judicati de peculio. Vgl. Seckel i. d. Festschr. f. Bekker (1907) 326 ff.

oder Freunden erhalten hat. Aus ursprünglich freier Verwaltung dieses peculium wird sehr bald freies Eigentum des Sohnes, mit Testierbefugnis. Nur wenn der Sohn ohne Testament verstarb, konnte der Vater dieses Vermögen bis zur Nov. 118 noch jure peculii einziehen. Von da ab vererbt es sich auch von selbst als Nachlaß des Sohnes.

b) Dasselbe gilt seit Konstantin auch für Vermögen, welches der Haussohn in einer öffentlichen Stellung des Zivildienstes, als Beamter, Advokat, Geistlicher erwirbt. Peculium quasi castrense.

c) Daneben wird dem Hauskind anderweitiger Erwerb von auswärts gestattet. Zunächst beläßt man ihm die Erbschaft der Mutter, dann unentgeltlichen Erwerb seitens der mütterlichen Verwandten. Anfangs nur als praecipuum beim Tode des Hausvaters, dann als eigenes Eigentum, unter Nutznießung und Verwaltung des Vaters[4]. In gleicher Ausdehnung erwirbt das Kind seit Justinian alles, was es nicht ex substantia patris, sondern von Dritten oder durch eigene Arbeit erlangt. Man spricht hier von einem peculium adventicium. Durch die Verwaltung und Nutzung des Vaters steht dieses Vermögen nicht so frei, wie das aus dem öffentlichen Militär- und Zivildienst. Auch kann das Kind kein Testament darüber errichten. — Im justinianischen Recht ist aber zugelassen, die Verwaltung und Nutznießung des Vaters auszuschließen. So wenn ein Dritter dem Kinde etwas durch Schenkung oder letztwillige Verfügung (mit dieser Klausel) zuwendet, oder der Vater den Erwerb überhaupt nicht will: sog. Peculium adventicium irregulare.

d) Als Gegensatz zu alledem spricht man vom peculium profecticium, als einem Erwerb des Kindes vom Gewalthaber selbst. In bezug hierauf bleibt es beim alten Recht, daß das Gegebene und damit Erworbene im Eigentum des Vaters steht, wenn auch der Sohn es verwaltet und Geschäfte damit macht. Wegen der Verpflichtung des Vaters aus diesen Geschäften s. § 49 Ziff. II.

---

[4] Wegen des Pfandrechts am Vermögen des Vaters s. § 26 I Ziff. 3.

3. Wie Ziff. II bemerkt, ist die väterliche Gewalt in Deutschland als eine den Eltern wesentlich im Interesse der Kinder zustehende Gewalt betrachtet worden. Wie sie daher nicht länger als bis zur Selbständigkeit der Kinder dauert (s. § 56 i. f.), so soll sie auch während ihres Bestehens das Kind nicht rechtlos stellen. Rechtsgeschäfte des Vaters mit dem Kinde sind in Deutschland mit Vollwirkung (Klagbarkeit) zugelassen. Für ein peculium profecticium war daher kein Raum. Dagegen hatte der Gewalthaber regelmäßig Verwaltung und Nutznießung des Kindesvermögens, was im allgemeinen dem peculium adventicium entsprach. Es war das sog. nichtfreie Kindesvermögen. Ihm gegenüber setzte sich dann auf der Basis des peculium castrense, quasicastrense und adventicium irregulare ein sog. freies Kindesvermögen durch, woran dem Vater die Nutznießung fehlt. Die Verwaltung kann er als gesetzlicher Vertreter des Kindes haben (abgesehen vom Falle § 1638 BGB.). Was zum freien Kindesvermögen gehört, war partikulär verschieden; s. jetzt §§ 1650 ff. BGB. Der Staat wacht (durch die Vormundschaftsbehörden) auch über die Vermögensverwaltung. §§ 1666 ff.

§ 55.

b) Entstehung der väterlichen Gewalt. — Legitimation. — Adoption.

1. Über das in justis nuptiis (§ 58) erzeugte Kind erwirbt der Vater die patria potestas entweder für sich selbst oder, wenn er noch unfrei ist, für seinen Gewalthaber. Das Kind gilt in der Ehe erzeugt, wenn es von der Frau in der Zeit vom 182. Tage seit Abschluß der Ehe oder bis zum 300. Tage nach Auflösung der Ehe geboren ist. Dabei gilt die Vermutung: pater est quem nuptiae demonstrant. Der Mann kann jedoch den Beweis der Unehelichkeit führen, also das Kind verleugnen[1].

Dagegen legt unser heutiges Recht das Hauptgewicht auf die Geburt in der Ehe. Zu frühe Geburt schadet nicht, wenn das Kind vom späteren Ehemann erzeugt ist, d. h. wenn er der Mutter innerhalb der Empfängniszeit, d. i. jetzt vom 181. bis 302. Tage vor der Geburt beigewohnt hat. Die Beiwohnung innerhalb der Ehe wird vermutet. §§ 1591 ff. BGB. Die Anfechtung der Ehelichkeit eines Kindes durch den Ehemann ist nach §§ 1593 ff. stark eingeschränkt.

---

[1] Auch diese Feststellung ist ein praejudicium (de partu agnoscendo). Näheres Karlowa, R. Rechtsg. II 1105 ff.; Declareuil i. Mél. Girard I 315.

2. Anderseits können die im Konkubinat (§ 58 N. 12) erzeugten liberi naturales durch Legitimation in die väterliche Gewalt des Erzeugers gebracht werden: entweder per subsequens matrimonium, indem der Erzeuger nachträglich die Mutter heiratet; oder, wenn dies nicht möglich und keine rechtmäßigen Kinder vorhanden sind, per rescriptum principis, also auf Antrag durch Regierungsakt[2]. Zustimmung des Kindes ist vorauszusetzen[3].

Die Legitimation (für alle unehelichen Kinder) wurde in Deutschland aufgenommen. Bezüglich der zu frühe Geborenen bedarf es der Legitimation nach Ziff. 1 nicht (dieselben sind ehelich). Im übrigen vollzieht sich die legitimatio per subsequens matrimonium heute von selbst, wenn die Erzeugung durch den Mann nach den Regeln der Empfängniszeit (s. o.) feststeht (also selbst gegen seinen Willen).

3. Endlich entsteht die väterliche Gewalt durch Adoption[4]. Diese ist künstliche Schaffung des Gewaltverhältnisses durch Vertrag, die, wenn der Aufgenommene homo sui juris war, eine Entrechtung desselben darstellt. Daher der Unterschied von Arrogation und Adoption im engeren Sinne.

a) Die Arrogation, als Annahme eines homo sui juris, macht nicht nur den letzteren selbst unselbständig, sondern auch seine Gewaltunterworfenen gehen in die potestas des Annehmenden über. Ebenso erwirbt der Annehmende dessen Vermögen durch Gesamtnachfolge[5]. Seit Justinian verbleibt das Vermögen dem Arrogierten und kommt im allgemeinen in die Rechtsstellung des peculium adventicium, also in Verwaltung und Nutznießung des Annehmenden. — Wegen dieser tiefgreifenden Folgen konnte die Arrogation von jeher nur stattfinden nach vorheriger Sachuntersuchung und durch

[2] Auch durch Bestimmung zum Dekurionenstand (per oblationem curiae), als besonderes Mittel, um diesen belasteten Stand der Munizipalräte, die für den Eingang der Steuern verantwortlich waren, zu erhalten.

[3] Weil es durch Eintritt in die väterliche Gewalt seine Rechte verliert. Nov. 89, 11.

[4] R. Leonhard i. Pauly-Wiss. s. v. Adoption u. adrogatio; Desserteaux, Etudes sur les effets de l'adrogation (1892); Gunnar Bergmann, Beitr. z. röm. Adoptionsrecht (1912); Peters, Ztschr. d. Sav.-Stift. 33, 582.

[5] Bezüglich der Schulden des arrogatus aus Kontrakten und Quasikontrakten, die nach Zivilrecht untergingen, half der Prätor den Gläubigern durch eine actio ficticia gegen den Arrogierten. § 50 N. 10.

öffentlichen Akt (Erklärung der Parteien und Beschluß in calatis comitiis, später durch Regierungsreskript). Frauen konnten diesen Akt nicht vornehmen, Unmündige die Zustimmung nicht erteilen. In der Kaiserzeit wird aber die Arrogation eines impubes gestattet, wenn sie vorteilhaft für ihn ist, die Vormünder zustimmen (§ 60), und der pater arrogans Kaution leistet, daß das Vermögen, falls der Arrogierte intra impubertatem verstirbt, den bisherigen Erben herausgegeben werde. Auch hat der impubes Anspruch auf den vierten Teil des Nachlasses des Arrogierenden (quarta Divi Pii), wenn letzterer ihn vor der Mündigkeit emanzipiert (§ 56) oder enterbt hatte.

b) Dagegen wird durch die Adoption i. e. S. nur ein Gewaltunterworfener durch seinen paterfamilias in die Gewalt eines anderen römischen Bürgers gebracht. Dies kann durch Privatakt geschehen. Die Form war zunächst die mancipatio, s. § 50 Ziff. 3 (bei Söhnen dreimal), um das bisherige Gewaltverhältnis zu zerstören[6]. Der Erwerber hatte das Kind jetzt in mancipio, worauf es im Wege der in jure cessio (§ 12 I) an den Adoptivvater kam[7]. Justinian ersetzte diese umständlichen Formen durch eine Erklärung des leiblichen Vaters vor Gericht in Anwesenheit des Adoptivvaters. Ist das Kind willensfähig, so kann es der Adoption widersprechen. Der Annahme von Töchtern und Unmündigen stand hier nichts im Wege.

Justinian hat die Wirkung der Adoption i. e. S. in der Art abgeschwächt, daß sie ein Gewaltverhältnis (patria potestas und familiae mutatio) nur noch in dem Falle erzeugt, wenn der Annehmende ein väterlicher Aszendent (Großvater) des Kindes ist. Adoptio plena. In anderen Fällen tritt

[6] Da bei Söhnen erst dreimaliger Verkauf die väterliche Gewalt vernichtete. § 54 Ziff. II. Nach den beiden ersten Verkäufen ließ der Erwerber den Sohn sofort wieder frei. Eine latein. Emanzipationsurkunde a. d. 3. J. n. Chr. bei Mitteis, Leipz. Progr. d. jur. Fak. 1912.

[7] D. h. letzterer vindizierte das Kind nach § 54 Note 1 als das seinige (in patriam potestatem). War schon die Manzipation an ihn, u. nicht an einen Dritten erfolgt, so remanzipierte er zunächst das Kind an den leiblichen Vater und vindizierte es dann von ihm. Auf confessio in jure des Beklagten beließ darauf der Magistrat dem Adoptivvater das Kind.

ein Wechsel der patria potestas nicht mehr ein. Das Kind bleibt in seiner leiblichen Familie, und die Wirkung der Adoption beschränkt sich auf ein Intestaterbrecht des Kindes gegenüber dem Adoptivvater[8]. Adoptio minus plena. Mit ähnlicher Wirkung war seit Diokletian auch schon die Adoption durch eine Frau, die ihre Kinder verloren, gestattet worden. Diese Adoption schafft sogar ein gegenseitiges Intestaterbrecht.

In Deutschland ist die Adoption aufgenommen worden; aber im wesentlichen nur in Gestalt der röm. adoptio minus plena. Das BGB. hat die Wirkung der Annahme wieder verstärkt, indem der Annehmende für seine Person die elterliche Gewalt über das Kind bekommt, wenn letzteres noch minderjährig ist (§§ 1757 ff.). Er wird von dem Kinde beerbt (nicht umgekehrt). Auch eine Frau kann mit dieser Wirkung adoptieren. Zwischen Adoption und Arrogation ist nicht mehr zu unterscheiden.

§ 56.

c) Endigung der väterlichen Gewalt. — Emanzipation.

1. Die Gewalt des Hausherrn erlischt grundsätzlich erst mit seinem Tode[1]. Dadurch werden diejenigen Kinder frei, welche in seiner unmittelbaren Gewalt gestanden hatten, also seine Söhne, Töchter und Enkel von verstorbenen Söhnen her — nicht aber die von noch lebenden Söhnen, da letztere nunmehr selbst väterliche Gewalt über ihre Kinder erlangen.

2. Erlangte staatliche Würden des Kindes heben die väterliche Gewalt nicht auf; nur einige priesterliche Würden (flamen Dialis, vestalische Jungfrau, später die Würde eines Bischofs) und die eines patricius hatten diese Kraft. Ebensowenig erlischt sie durch Verheiratung des Kindes[2].

Wohl aber kann sich der Herr freiwillig seiner Gewalt entäußern, indem er das Kind daraus entläßt. Das ist die Emanzipation. Zu ihrer Bewerkstelligung mußte zunächst, wie bei der Adoption, durch mancipatio des Kindes an einen Ver-

[8] Nach dem Vorgang der orientalischen Rechtssitte, s. Ztschr. d. Sav.-Stift. 33, 582, 633, 644. Mitteis, Grundz. d. Papyrusk. 274 ff.

[1] Ebenso mit capitis deminutio (auch minima) des Vaters. § 50, bes. Ziff. 4.

[2] Abgesehen vom Fall der älteren Ehe, wenn die Tochter in die manus des Ehemannes gelangte. — Wegen der Hingabe in Adoption s. o. § 55 gegen Ende.

trauensmann (bei Söhnen dreimal) das bisherige Gewaltverhältnis zerstört werden. Der Dritte manzipierte dann gewöhnlich das Kind an den bisherigen Gewalthaber zurück[3] und dieser (als parens manumissor) ließ es dann frei. Als leichtere Form kam daneben die Emanzipation auf Grund kaiserlichen Reskripts auf (emanc. Anastasiana). Justinian hob die alte Form und die Notwendigkeit des Reskripts auf (emancipatio Justiniana). Die Entlassung vollzieht sich jetzt durch Erklärung zu gerichtlichem Protokoll. Bei Widerspruch des Kindes kann sie nicht stattfinden.

Die vor der Emanzipation geborenen Kinder des Entlassenen bleiben, wenn sie nicht mit emanzipiert werden, in der Gewalt des manumissor. Der Entlassene hat infolge der von ihm erlittenen capitis deminutio kein Recht an ihnen. An den später erzeugten Kindern erlangt er, als homo sui juris, die väterliche Gewalt. Wegen des Erbrechts s. § 64.

3. In einigen Fällen konnte die väterliche Gewalt zur Strafe verloren gehen, so spätrömisch[4] wegen Aussetzung des Kindes. Auch konnte der Sohn wegen schlechter Behandlung die Emanzipation fordern (D. 37, 12, 5).

4. In Deutschland erschien die Fortdauer der väterlichen Gewalt bis zum Tode des Vaters unerträglich. Seit Alters her endigte hier das Gewaltverhältnis mit Erlangung wirtschaftlicher Selbständigkeit des Kindes, also mit der Gründung einer eigenen Wirtschaft (separata oeconomia), bei Töchtern mit der Verheiratung. Dieser Zustand erhält sich auch nach der Rezeption. Man erblickt darin eine vom Vater bewilligte Emanzipation (emancipatio germanica seu saxonica). — Partikularrechtlich ließ man auch die väterliche Gewalt mit Erreichung eines bestimmten Alters (Volljährigkeit) endigen. So auch nach § 1626 BGB., wodurch alle Emanzipationen beseitigt sind. Denn bis zur Volljährigkeit bedarf das Kind des väterlichen Schutzes, kann also daraus nicht willkürlich entlassen werden. Stirbt der Vater vor Volljährigkeit des Kindes so tritt heutzutage die Mutter an Stelle des Vaters (daher redet das BGB. von „elterlicher Gewalt", cf. §§ 1684 ff.).

Beaufsichtigung bei der Ausübung, und eventuelle Verwirkung der elterlichen Gewalt nach §§ 1665 ff., 1680, 1686 BGB.

[3] Da er bei persönlicher Freilassung Patronatsrechte erlangt hätte. Diese und das Erbrecht wollte sich aber natürlich der Hausvater selbst sichern.

[4] Nach den XII Tafeln hatte hierhin schon der Fall des (bei Söhnen dreimaligen) Verkaufes des Kindes gehört. S. o. § 54 Ziff. II.

§ 57.
IV. Die kognatische Familie.

Den Gegensatz zum Haus- oder Agnatenverband (§§ 50, 52) bildet die kognatische Familie. Diese beruht auf der Blutsverwandtschaft, also auf der Abstammung von Vater und Mutter. Die kognatischen Verwandten sind daher nicht gleichen Namens — sie sind solche von Vaters- und Mutterseite. Sie bilden daher auch keine feste unterscheidbare Gruppe im Staat — als ein Haus, mit Rechten der Zugehörigkeit zu diesem Hause. Die kognatische Verwandtschaft kann daher auch nicht künstlich geschaffen und aufgehoben werden.

Das römische Recht ist von der ausschließlichen Berücksichtigung der agnatischen Verwandtschaft im Familien- und Erbrecht ausgegangen. Das prätorische und spätere Kaiserrecht steigerte die Bedeutung der Blutsverwandtschaft, bis Justinian die letztere, namentlich in seiner Novellengesetzgebung, bis auf wenige Reste vollends zugrunde legte. Insbesondere hat er im Vormundschafts- und Erbrecht die mütterlichen Verwandten den väterlichen gleichgestellt. Bei Annahme an Kindesstatt (§ 55 Ziff. 3) wurden dem Angenommenen auch die Kognatenrechte gegeben.

Die Nähe der kognatischen Verwandtschaft wird nach Graden berechnet. Der Grad setzt eine Zeugung voraus. Die voneinander abstammenden Personen, Vater, Sohn usw., aber auch Großmutter, Mutter, Tochter und Enkel, heißen Aszendenten und Deszendenten, und sind Verwandte in gerader Linie (linea recta). Die von einem gemeinsamen Dritten abstammenden, wie Geschwister, Geschwisterkinder, Onkel und Nichte, Tante und Neffe, stehen in Seitenverwandtschaft (linea transversa). Die Seitenverwandtschaft ist eine vollbürtige, wenn Vater und Mutter gemeinsam sind; sonst ist sie eine halbbürtige. Vollbürtige Geschwister und solche, die den Vater gemeinsam haben, heißen consanguinei; Geschwister, die nur die Mutter gemeinsam haben, heißen uterini. — Man kann mit einem anderen auch mehrfach verwandt sein (wenn schon die Eltern verwandt waren).

Durch Hinzutritt der Ehe entsteht dann die Schwägerschaft (adfinitas). Sie ist das Verhältnis der Ehegatten zueinander und zu den Kognaten des anderen Ehegatten. Sie gliedert sich wie die Verwandtschaft: besteht also in gerader Linie zu den Aszendenten (Schwiegerverhältnis) und zu den Deszendenten des anderen Ehegatten (Stiefverhältnis); in der Seitenlinie besteht sie zu den Seitenverwandten des anderen Ehegatten. Sie endigt mit Auflösung der Ehe, auf der sie beruht. — Die beiderseitigen Verwandten der Ehegatten untereinander sind nicht miteinander verschwägert.

Das kanonische Recht zählte die Verwandtschaft in gerader Linie wie das römische; in der Seitenlinie zählte es nur bis zum gemeinsamen Stammvater herauf, nicht wieder von ihm herab bis zu dem anderen Verwandten. Es rechnete also nach Generationen, nicht nach Graden (sind die Seiten ungleich, nach der längeren Seite). Darin liegt Unklarheit. BGB. § 1589 hat daher das römische System zugrunde gelegt. Das kanonische Recht ließ Schwägerschaft auch aus außerehelicher Geschlechtsverbindung entstehen. Dies ist beseitigt. Dagegen erlischt bei uns die Schwägerschaft nicht mehr mit Auflösung der sie begründenden Ehe. § 1590.

§ 58.
V. Die Ehe.

1. Begriff und Wirkungen. — Eheschließung und Aufhebung, insbesondere Scheidung.

Die Ehe (nuptiae, matrimonium) ist das gesetzmäßige Zusammenleben von Mann und Weib in dauernder Absicht und im Interesse der Erhaltung und Fortpflanzung der Familie des Mannes. Die Ehe wird als consortium omnis vitae, als divini et humani juris communicatio bezeichnet — ebenso aber auch die Frau als uxor liberorum quaerendorum causa.

I. Das durch die Ehe[1] zu begründende Familienband war ursprünglich das rein agnatische (§ 52). Demgemäß gab es kein besonderes Eherecht, sondern ausschließlich ein Herrenrecht des Mannes über die Frau mit anfänglicher Gewalt über Leben und Tod, wenn es auch Sitte war, in schwereren

[1] Karlowa, Die Formen der röm. Ehe u. manus (1868); R. Rechtsgesch. II 151 ff.; Leonhard i. Pauly-Wiss. s. v. coëmptio.

Fällen ein Hausgericht (judicium domesticum) zu berufen. Die Frau trat durch die Heirat in die manus des Ehemannes, die ein Seitenstück der patria potestas über die Kinder war. Die Frau hatte nur die Stellung einer Haustochter. Was sie besaß oder erwarb, fiel dem Manne zu. Dafür gehörte sie (mit dem Ehrentitel einer materfamilias und einer durch die Sitte geheiligten Stellung) der familia des Mannes an[2] und war aus ihrem früheren Agnatenverband, unter Erleidung einer capitis deminutio minima, geschieden. Entsprechend vollzog sich der Eheschluß — abgesehen von dem nur den Patriziergeschlechtern vorbehaltenen öffentlichen Ritus solenner gemeinschaftlicher Opfer (confarreatio) — wieder durch ein Kaufgeschäft (coëmptio), in welchem der Bräutigam die Frau durch Manzipation für einen Scheinpreis erwarb, wobei der Ehezweck durch Frage des Mannes und der Frau „an sibi materfamilias esse vellet" usw. zum Ausdruck kam. Bei Formfehlern konnte die manus durch einjährige ununterbrochene Ehedauer (usus) ersessen werden[3], weshalb, als später die freie Ehe (Ziff. II) aufkam, die Frau sich jährlich für drei aufeinanderfolgende Nächte (trinoctium) außerhalb des Hauses des Ehemanns aufhielt, um die Ersitzung zu unterbrechen. Usurpatio (ähnlich wie o. § 15 I Ziff. 1).

II. Die strenge Ehe war schon im 1. Jahrh. n. Chr. im Aussterben[4]. Sie war durch die freie Ehe überholt. Die Frau entzieht sich dem Herrenrecht des Mannes. Sie bleibt uxor liberorum quaerendorum causa, ihr Zusammenleben mit dem Mann bleibt Quelle der väterlichen Gewalt über die Kinder (§§ 54 ff.). Über sie selbst aber hat der Mann keine Gewalt mehr im alten Sinne. War die Frau gewaltfrei

---

[2] Mit dem entsprechenden Erbrecht einer Haustochter. — Stand der Mann selbst noch in patria potestas, so erstreckte sich die Herrschaft des Familienoberhauptes auch auf die Frau, während die manus des Mannes ruhte, bis er gewaltfrei geworden war.

[3] Vgl. dazu Mitteis, R. Privatr. I 252. — Z. B. wenn nur einer der Manzipationszeugen (vgl. o. § 12 I) des röm. Bürgerrechts ermangelte.

[4] Die Entstehung durch usus bezeichnet schon Gai. 1, 111 als beseitigt; von der coëmptio wurde Gebrauch gemacht, um die Frau der Hausgewalt ihres Vaters oder des tutor legitimus (§ 60 II) zu entziehen. Gai. I, 114 ff.

gewesen, so bleibt sie es; stand sie in väterlicher Gewalt, so bleibt sie darin. Es bildet sich der neue Familienbegriff (§ 57), da die Frau dem agnatischen Familienkreis fernbleibt. Sie heißt uxor, nicht mehr mater familias. Es bildet sich ein besonderes Eherecht, sowohl für das Verhältnis der Ehegatten untereinander, als gegen Dritte, z. B. den Vater der Frau. Letzterer darf seine väterliche Gewalt über die Frau nur so ausüben, wie die entgegenstehenden Rechte des Ehemanns es gestatten. Z. B. gegen Vorenthaltung der Frau hat der Mann das interdictum de uxore exhibenda et ducenda auch gegen den Vater[5]. Untereinander sind die Ehegatten Genossen gleichen Rechts. Doch wird betont, daß eine Überordnung des Mannes besteht; z. B. er bestimmt den Wohnsitz, er hat ein Anklagerecht der Frau wegen Ehebruchs[6]. Aber die Mutter steht mit an der Spitze der kognatischen Familie[7]. — In vermögensrechtlicher Beziehung bleibt jeder Ehegatte Eigentümer des Seinigen. Es herrscht Gütertrennung[8]. Der Mann hat die Kosten des ehelichen Haushalts, einschließlich der Unterhaltung und Erziehung der Kinder zu tragen. Deshalb wird in Gestalt der Aussteuer oder Mitgift (dos) ein Vermögensstück geschaffen, das von seiten der Frau oder für sie dem Manne zugebracht wird als Beitrag zur Tragung der Ehelasten (§ 59). Ja die Tendenz der vermögensrechtlichen Trennung der Ehegatten geht soweit, daß man in der ehelichen Liebe ein zu überwindendes Hindernis der Rechtsgestaltung erblickt. Darum sind Schenkungen unter Ehegatten, die das Maß gewöhnlichen Unterhalts übersteigen, nichtig und

[5] Hermogenian. D. 43, 20, 2. Ehemals kannte man das Interdikt nur auf Grund der patria potestas § 54 N. 1. — Umgekehrt hatte bei der freien Ehe der Vater der Frau, der über sie die väterliche Gewalt behielt, ein Scheidungsrecht der Ehe gehabt. Dieses Scheidungsrecht verliert er unter Antoninus Pius (Paul. sent. 5, 6, 15; vgl. auch Mark Aurel C. 5, 17, 5).

[6] Nach der lex Julia de adulteriis v. J. 18 v. Chr.

[7] Sie steht nicht mehr sororis loco neben den Kindern. — Anderseits bleibt es nach der röm. Auffassung Hauptaufgabe der Ehe, legitime Kinder zu erzeugen, die in der väterlichen Gewalt des Mannes stehen.

[8] Trotz aller Freiheit der Frau bleibt sie doch in mannigfacher Beziehung benachteiligt (Schenkungen unter Ehegatten sind nichtig; es fehlt ein eheliches Erbrecht, s. u.). Und mit Erlangung der Freiheit ging der Verfall der Zucht Hand in Hand.

können zurückgefordert werden[9]. Nur eine donatio mortis causa (§ 75) wird dadurch nicht betroffen[10]; sie hat inhaltlich den Charakter eines Vermächtnisses. In Anlehnung daran bleibt auch eine Schenkung unter Lebenden bestehen, wenn der schenkende Ehegatte, ohne die Schenkung widerrufen zu haben, vor dem beschenkten stirbt (D. 24, 1).

1. Die freie Ehe wird durch formlose Einigung geschlossen, die auf gegenwärtige Begründung der Ehe mit entsprechenden Wirkungen gerichtet ist. Dies findet Ausdruck in der Überführung der Braut in das Haus des Mannes, besonders wenn er abwesend ist und seinen Konsens (wie zulässig) durch Boten oder Brief erklärt hat. Zum Bestand der Ehe ist der Fortbestand der tatsächlichen Lebensgemeinschaft erforderlich (matrimonium dirimitur morte, captivitate. militia). Vor der Ehe kennt auch das klassische Recht noch ein Verlöbnis (sponsalia). Dieses ist klaglos[11]. — Ist zwischen zwei Personen eine rechte Ehe ausgeschlossen[12], so stellt ihr Zusammenleben einen Konkubinat dar, in dem Frau und Kinder nicht den Stand des Mannes teilen und nicht in väterlicher Gewalt stehen. Die Kinder (liberi naturales) können aber durch Legitimation in die väterliche Gewalt gebracht werden (§ 55).

In diesem Sinne sagt man: consensus facit nuptias. Zum justum matrimonium gehört Ehefähigkeit.

---

[9] S. Windscheid-Kipp, Pand. § 509 u. Zit. u. unten § 59 Ziff. I. — Übrigens muß aus dem Vermögen des einen Ehegatten etwas in das des anderen hineingesetzt sein. Ausschlagen von Erbschaften und Vermächtnissen ist keine Schenkung in diesem Sinne. D. 24, 1, 5, 13 ff.

[10] Ebensowenig die donatio propter nuptias (§ 59 III), die eine Versorgung der Frau nach Auflösung der Ehe bezweckt.

[11] Über die Entwicklung s. Karlowa, Rechtsgesch. II 178. Die zur Verstärkung des Vertrags in Übung gewesenen Strafstipulationen fielen in der Kaiserzeit hinweg. S. D. 23, 1, 2. Koschaker, Zur Geschichte der arrha sponsalicia, Ztschr. d. Sav.-Stift. 33, 383 ff. Die interpolierte Paulusstelle D. 23, 2, 38 pr. gibt spätere orientalische Sitte wieder.

[12] Z. B. zwischen einem Senator und einer libertina. S. P. Meyer, Der römische Konkubinat (1895); R. Leonhard in Pauly-Wiss. s. v. concubinatus; Mitteis, Ztschr. d. Sav.-Stift. 23, 308. — Zwischen der unehelichen Mutter und dem Kinde besteht, selbst bei vulgo concepti, kognatische Verwandtschaft und später auch ein wechselseitiges Erbrecht. Vgl. I. 3, 3, 7; I. 3, 4, 3; D. 38, 8, 2. 4. 8.

Also conubium, was regelmäßig den Ausländern fehlte[13] (§ 50). Bei Kindern in väterlicher Gewalt muß Einwilligung des Gewalthabers vorliegen[14]. Endlich dürfen keine trennenden Ehehindernisse bestehen — weder absolute: wie Impubertät, Kastration oder anderweitige Verheiratung, — noch relative: wie zu nahe Verwandtschaft mit dem anderen Teil (unbedingt in gerader Linie einschließlich des Adoptiv- und Schwägerverhältnisses; in der Seitenlinie bei Justinian nur noch zwischen Geschwistern, zwischen Oheim und Nichte und zwischen Schwager und Schwägerin)[15]. Auch Mündel und Vormund resp. dessen Sohn dürfen sich nicht heiraten[16]; ebensowenig schon nach der lex Julia de adulteriis die an einem Ehebruch Beteiligten. — Ältere Beschränkungen, so der lex Julia de maritandis ordinibus und Papia Poppaea wegen Standesunterschied usw.[17] sind bei Justinian beseitigt[18]. Ebenso verfehlte Bestimmungen dieser Gesetze zur Beförderung des Eheschlusses und der Kindererzeugung[19], die schon frühere Kaiser aufhoben.

Im Mittelalter ordnet sich das staatliche persönliche Eherecht völlig dem kirchlichen unter. Auch nach kanonischem Recht genügte der formlose Ehekonsens zunächst. Erst das Tridentinische Konzil verlangte die förmliche Erklärung des Eheschlusses vor dem

---

[13] Hier entstand auch keine väterliche Gewalt. Die Kinder folgten dem Recht der Mutter. — Sogar die Sklaven konnten in einer tatsächlichen Ehe (ohne Rechtsfolgen) leben. Contubernium.

[14] D. 23, 2, 2. Bei Töchtern genügt nach D. 23, 1, 7, 1 stillschweigende Zustimmung.

[15] Rechtsvergleichende Studie v. Weiß, Ztschr. d. Sav.-Stift. 29, 340.

[16] D. 23, 2, 59. 60. Hängt mit der Rechenschaftsablegung zusammen (§ 60).

[17] Jörs, Die Ehegesetze des Augustus (1894).

[18] Doch kam in der christlichen Kaiserzeit ein Eheverbot zwischen Christen und Juden auf.

[19] So das sog. jus liberorum. Die Frau, welche als Freigeborene drei, als Freigelassene vier Kinder hatte, war von der Geschlechtsvormundschaft (§ 60 II) befreit. Umgekehrt caelibes d. i. grundlos Unverheiratete und orbi, Kinderlose waren (die ersteren ganz, die letzteren teilweise) unfähig, aus einem Testamente zu erwerben. Sog. Inkapazität, s. u. § 68 I Ziff. 2. Frauen konnten aus einem Testament nur dann das Ganze erwerben, wenn sie das jus liberorum hatten (vorbehaltlich kaiserlichen Privilegs). Was hiernach nicht erworben werden konnte, war caducum, § 70 i. f. S. Kübler, Über das jus liberorum, Ztschr. d. Sav.-Stift. 30, 154; 31, 176.

Pfarrer und zwei Zeugen. Auch bei den Protestanten wurde die Trauung durch den Geistlichen verlangt. Im Anschluß an die französische Revolution bedarf es seit dem RG. v. 6. Febr. 1875 u. nach § 1317 BGB. der Erklärung des Eheschlusses vor dem weltlichen Standesbeamten. — Die Ehemündigkeit wurde auf 20, jetzt 21 Jahre für Männer, und auf 16 Jahre für Frauen festgesetzt. Die durch das kanonische Recht stark vermehrten Ehehindernisse der Verwandtschaft sind in § 1310 BGB. wieder beschränkt. Ebenso das Recht der elterlichen Einwilligung. § 1305. Die Ehehindernisse sind impedimenta dirimentia: welche als dirimentia publica (aus öffentlichen Gründen) die Ehe nichtig machen, als dirimentia privata dem benachteiligten Ehegatten nur ein Anfechtungsrecht geben. Andere sind bloß impedimenta impedientia, wobei die trotz des Ehehindernisses geschlossene Ehe gültig bleibt.

2. Die freie Ehe wird im römischen Recht durch Tod, Verlust der Freiheit und des Bürgerrechts[20], ferner durch das jedem Teil beliebig zustehende Recht der Scheidung aufgelöst[21]. Das divortium kann auf wechselseitiger Übereinstimmung beruhen oder auf einseitiger Abneigung. Zum Beweise der Ernstlichkeit bedarf es einer ausdrücklichen Erklärung (durch Boten oder Scheidebrief), nach der lex Julia vor 7 Zeugen. Repudium.

Zur Eindämmung von Mißbräuchen hat die Kaiserzeit grundlose Scheidungen mit Vermögensstrafen belegt (besonders mit Verlust der dos bzw. der donatio propter nuptias[22] für den schuldigen Teil). Dasselbe gilt für den, der dem anderen Teil gerechten Grund zur Scheidung gibt. Bestimmte gesetzlich anerkannte Scheidungsgründe schließen die Strafen aus.

Diese Verhältnisse änderten sich, als das Eherecht unter den Einfluß der Kirche gelangte. Die katholische Kirche erklärte die Ehe unter

[20] Die alte Ehe mit manus auch durch Verlust der Familienstellung (cap. dem. minima).

[21] Die Manusehe wurde durch einen ihrem Abschluß entgegengesetzten Akt geschieden: die Konfarreationsehe durch diffarreatio, die als sakraler Akt nicht willkürlich war. Die durch coëmptio geschlossene Ehe wurde durch remancipatio der Frau in ein manicipium mit nachfolgender Freilassung aufgelöst. Dabei war ursprünglich ein judicium domesticum einzuholen, was sich unter dem Einfluß der freien Ehe verlor. Wollte die Frau sich scheiden lassen, so konnte sie später in derselben Weise vom Mann die Aufgabe seiner Gewalt über sie verlangen.

[22] Die auch regelmäßig von vornherein, wie eine Art Kaution für die Dauerhaftigkeit, bestellt wurden. S. § 59, bes. Ziff. III.

Christen für unauflöslich, und erkannte bei Ehebruch nur eine körperliche Trennung der Ehegatten (separatio a mensa atque thoro) an, ohne Möglichkeit anderweitiger Wiederverheiratung. Diese Trennung wird nach Prüfung der Sachlage durch die Ehegerichte ausgesprochen. Nach protestantischem Kirchenrecht ist eine Scheidung aus erheblichen Gründen durch den Richter zulässig. Dies wurde gemeines Recht (welches sich hier nur als protestantisches entwickeln konnte). S. heute §§ 1565 ff., 1575 ff. BGB.

Ehescheidungsstrafen bestehen nicht mehr. Nur muß der schuldige Ehegatte den unschuldig geschiedenen alimentieren.

3. Strafen für weiteren Eheschluß (poenae secundarum nuptiarum) sind erst in der christlichen Kaiserzeit[23] aufgekommen. Der parens binubus verliert, was ihm vom vorverstorbenen Ehegatten unentgeltlich[24] zugewendet war (die sog. lucra nuptialia) an die ersteheliehen Kinder, und behält daran nur den Nießbrauch. — Von Alters her durfte die Witwe erst nach Ablauf von 10, später 12 Monaten wieder heiraten (bei Vermeidung der Infamie, von Verlust der lucra nuptialia und Beschränkungen im Erbrecht).

Die Nachteile der Wiederverheiratung sind (in Konsequenz von Ziff. 2) beseitigt. Bloße Sicherungsvorschriften sind, daß nach §§ 1314, 1669 BGB. der parens binubus sich mit den ersteheliehen Kindern vermögensrechtlich auseinandersetzen muß, und daß die wiederheiratende Mutter die elterliche Gewalt verliert (§ 1697). Die zehnmonatliche Wartefrist der Frau ist Ehehindernis (§ 1313).

§ 59.

2. Von der Mitgift (dos) und der donatio propter nuptias.

I. Da die Ehegatten in der freien Ehe sich vermögensrechtlich wie Fremde gegenüberstehen, wird nur durch die dos und in der Spätzeit durch donatio propter nuptias für die vermögensrechtlichen Interessen während und nach der Ehe gesorgt. Es herrscht vollständige Gütertrennung, — nur mit der Maßgabe, daß die Frau dem Manne einen Beitrag zu den ehelichen Lasten (cf. § 1427, 2 BGB.) zu leisten hat. Da dieses System für den Kreditverkehr gefährlich ist, gilt

[23] Vorher nötigten die Kaduzitätsgesetze (Note 19) geradezu zur Wiederverheiratung.

[24] Z. B. als dos, donatio propter nuptias und letztwillige Zuwendung.

einerseits von alters her das Verbot der Schenkungen unter Ehegatten (§ 58 N. 9), anderseits sind die Gläubiger des Mannes für die Zwangsvollstreckung dadurch geschützt, daß alles, was die Frau während der Ehe erwirbt, als vom Manne herrührend gilt, vorbehaltlich des Gegenbeweises (praesumptio Muciana)[1].

II. Weil der Mann die Lasten der Ehe zu tragen hat, verlangen Sitte und Anstand, daß seitens der Frau ein Vermögensstück (Dos) als Beitrag zu diesen Lasten gegeben werde. Dasselbe wird dem Manne zu Eigentum gegeben (mancipatio, traditio ex causa dotis)[2]. Der Bestellungsakt kann auch darin liegen, daß ein ausgeliehenes Kapital zu diesem Zwecke an den Mann zediert (§ 48), oder daß dessen Schuld an den Besteller erlassen wird. — Einen Rechtsanspruch auf Dotierung hat der Mann nicht gegen die Frau — wohl aber die Frau gegen ihren Vater resp. väterlichen Großvater[3], falls sie kein hinreichendes Vermögen hat (nach Art eines Alimentationsanspruchs als Kognatin). Auch konnte die Frau sich durch Vertrag mit einem Dritten die Bestellung einer Dos aushalten, oder sie erhielt eine solche geschenkt[4] oder letztwillig versprochen. Die vom Gewalthaber herstammende Dos heißt dos profecticia, jede andere heißt dos adventicia.

1. Die Dos entsteht durch den Akt der Bestellung (constitutio dotis). Dies ist das Geschäft, durch welches das Vermögen des Mannes dotis causa vermehrt wird[5]. Es ist dotis datio, wenn der Mann durch Tradition (§ 12) zum Eigentümer von Sachen oder zum dinglich Berechtigten ge-

---

[1] D. 24, 1, 51. Die Vermutung ist in Deutschland dahin verstärkt worden, daß alles in Händen eines Ehegatten Befindliche im Zweifel dem Manne gehört. In § 1362 BGB. gilt sie in abgemilderter Gestalt.

[2] S. o. § 12 und Bechmann, Das röm. Dotalrecht (1863 ff.); Czyhlarz, Das röm. Dotalrecht (1870); Solazzi, La restituzione della dote (1899); Gradenwitz, Mél. Gérardin (1907) 283. S. auch Mitteis, Gr. d. Papk. II 219.

[3] Die Entstehungszeit des Anspruchs ist streitig. Eine soziale Verpflichtung bestand jedenfalls schon früh.

[4] Dabei wird sogar von der Form der gerichtlichen Insinuation (§ 40 III Ziff. 3) Abstand genommen, um die Dotierung zu erleichtern. C. 5, 12, 31. Behält sich der Dritte die Rückgabe vor (dos recepticia), so ist das Geschäft keine Schenkung.

[5] Der Dotaleffekt tritt aber erst mit der Ehe ein, sollte die Bestellung auch vorher stattgefunden haben.

macht wird. Sind die Sachen unter einer Schätzung übergeben, so ist später nur der Schätzungspreis zurückzugeben (aestimatio venditio est); der Schätzungspreis ist dann das eigentliche Dotalobjekt. Die Dos kann aber auch durch Begründung einer Forderung für den Mann bestellt werden[6], entweder im Wege der Stipulation, dotis promissio (§ 34), oder indem der Gewalthaber durch eine Erklärung, bei der nur er spricht, dem Manne eine Dos von bestimmter Höhe zudiktiert (dotis dictio). Seit Theodosius genügt formloses pactum (dotis pollicitatio) § 40 N. 19.

2. Durch den Bestellungsakt wird die Dos Eigentum des Mannes, mit dem Recht freier Verfügung. Anderseits hat er die Dos (abgesehen von älterer Zeit, wo hierfür besondere cautiones rei uxoriae stattfanden) nach Auflösung der Ehe von Rechts wegen zurückzugeben[7]. Die Dos ist daher eigentlich ein Frauengut (res uxoria) und dem Manne nur deshalb übereignet, weil man die Rechtsform eines geeigneten Nutzungsrechts mit Veräußerungsbefugnis ursprünglich nicht kannte[8]. Indem man sonach die Rechte des Mannes überspannte, ihm schrankenloses Eigenrecht an der Dos verlieh, ging es bald praktisch nicht an, den Rückforderungsberechtigten nach Auflösung der Ehe bloß auf ein obligatorisches Recht zu beschränken (das sich, wenn die Sachen beseitigt und der Mann zahlungsunfähig ist, oft als wertlos herausstellt). Daher wurde zunächst durch die sog. lex Julia de fundo dotali das wichtigste Vermögensstück der damaligen Zeit: der fundus Italicus[9] mit einem Veräußerungs- und Verpfändungsverbot belegt; ein Verbot, das Justinian auf alle Dotalgrundstücke ausdehnte. Bei Zuwiderhandlung ist die Verfügung nichtig. Auch Zustimmung

---

[6] Wohl zu unterscheiden von dem Versprechen an die Frau, ihr eine Dos bestellen zu wollen. Dieses Versprechen kann möglicherweise durch dotis promissio erfüllt werden.

[7] Im Gegensatz zur Manusehe (§ 58 I), wo das Vermögen der Frau grundsätzlich dem Manne verfiel, die Frau aber auch das dort erwähnte Erbrecht hatte, das bei der freien Ehe fehlt.

[8] Im griechischen Recht blieb die Frau Eigentümerin. Mitteis, Reichsrecht 230 ff. In Deutschland wurde sie es wieder, s. u. Ziff. 5.

[9] S. § 6 Ziff. 1. Das Gesetz ist ein Kapitel der lex Julia de adulteriis.

der Frau macht die Verpfändung nicht gültig, seit Justinian heilt sie auch nicht die Veräußerung (was zuweit ging, da sich in Notfällen oft die Veräußerung nicht hinausschieben läßt). Nach Auflösung der Ehe kann das Geschäft jedoch gültig werden, wenn nach Dotalrecht kein Rückforderungsanspruch auf den fundus besteht[10].

Abgesehen davon bleibt es dabei, daß der Mann für die Rückgabe obligatorisch haftet. Die Klage dafür war die actio rei uxoriae, mit weitem Spielraum für den Richter in Ansehung der Verurteilung[11]. Die Grundlage ist der Gedanke, daß es der Frau gegenüber eine Härte ist, den Mann das übergebene Dotalkapital voll behalten zu lassen, wenn die Ehe durch Scheidung oder Tod des Mannes vorzeitig endigt. Endet die Ehe durch den Tod der Frau, so behält der Mann die dos adventicia (d. a. cedit lucro mariti). Die dos profecticia muß an den Gewalthaber zurückgegeben werden. Endet die Ehe durch Scheidung oder Tod des Mannes, so kann die gewaltfreie Frau persönlich, aber nicht ihre Erben, die Dos zurückverlangen. Steht die Frau in der Gewalt, so kann ihr Gewalthaber die Dos nur mit Zustimmung der Frau zurückfordern. Für die Rückgabe sind dem Manne Fristen bewilligt (Geld und vertretbare Sachen erstattet er in drei Jahresraten). Weil die actio rei uxoriae von vornherein gar nicht auf Rückstellung der ganzen Dos geht, hat der Mann Retentionsrechte[12].

---

[10] Z. B. auch wenn nur der Schätzungspreis (s. o.) zurückzugeben ist.

[11] Herausgewachsen ist sie aus dem alten judicium domesticum (§ 58 I), an dessen Stelle bald ein familienrechtlicher Schlichtungsprozeß (judicium rei uxoriae) trat, in dem nicht selten entschieden wurde, daß es aequius melius sei, einen Teil des Frauenguts herauszugeben. Daraus entwickelten sich die gleich zu erwähnenden retentiones. Die Klage bürgert sich dann auf Grund der bei Note 7 erwähnten cautiones ein. In I 4, 6, 29 wird sie als actio bonae fidei bezeichnet.

[12] Wegen der von ihm geschenkten Sachen (propter res donatas), wegen Entwendungen (propter res amotas) und propter impensas. Über das Impensenrecht bei der Dos nach klassischem und justinianischem Recht s. Fr. Schulz, Impensae necessariae dotem ipso jure minuunt: Ztschr. d. Sav.-Stift. 34, 57 ff. Ferner kann der Mann abziehen: propter mores graviores (Ehebruch der Frau) $^1/_6$, propter mores leviores (anderweitige Verschuldung) $^1/_8$ der Dos. Außerdem propter liberos: wegen jedes Kindes $^1/_6$, doch nie mehr als $^3/_6$. — Umgekehrt verliert er bei eigenem Verschulden die Fristen (bei mores graviores ganz, sonst zur Hälfte) und muß einen Teil der Früchte erstatten.

Wo ein ausdrücklicher Dotalvertrag mit Stipulationsklausel abgeschlossen war, beruhte die Rückleistung auf der Stipulation. Sie wurde dann mit der actio ex stipulatu geltend gemacht, und der Umfang der Rückleistung richtete sich in diesem Falle nach der Fassung der Stipulation [13], wie anderseits jeder zurückfordern konnte, der sich als Gläubiger die Stipulation hatte erklären lassen. Der Anspruch gehört hier zum Nachlaß des Bestellenden und richtet sich gegen die Erben des Ehemannes.

Justinian hat die Regeln der actio ex stipulatu und der actio rei uxoriae, soweit sie noch Sinn hatten [14], verschmolzen. Die Dos muß immer vom Manne oder seinen Erben zurückgegeben werden, außer wenn die Frau Schuld an der Scheidung hat (§ 58 zu N. 22). Der Rückgabeanspruch ist ein fester Vermögensanspruch der Frau oder ihrer Erben. Nur der noch lebende Besteller einer dos profecticia schließt die Erben der Frau aus. Die Hauptpunkte sind der früheren kontraktlichen Klage entnommen; doch besteht sie jetzt auch ohne Ehevertrag kraft Gesetzes, und ist bonae fidei. So spricht man von einer actio tacita ex stipulatu, welche die Vorteile der älteren Klagen verbindet. Die Retentionen sind aufgehoben, außer einem Zurückbehaltungsrecht von Auslagen, die zur Erhaltung von Dotalsachen notwendig waren: Ipso jure minuunt dotem impensae necessariae [15]. Wegen dieser und wegen impensae utiles hat der Mann auch ein Ersatzrecht wie ein Vermögensverwalter, wegen impensae voluptuariae ein Wegnahmerecht. Im übrigen genießt er die Rechtswohltat des Notbedarfs (§ 31 IV).

Die Dotalgegenstände sind in der Regel in Natur herauszugeben, Grundstücke sofort, bewegliche Gegenstände nach einem Jahr; Gattungssachen in gleicher Art und Güte; für res

---

[13] Ohne Rücksicht auf die konkreten Bedürfnisse der Frau und ohne Retentionsrechte und Fristen.

[14] Das Zurückbehaltungsrecht des Mannes wegen der Kinder aus der Ehe hatte seinen Zweck verloren, seitdem die Kinder ihre Mutter beerbten (§ 64), — das Rückforderungsrecht der geschiedenen und überlebenden Frau zwecks Wiederheirat, seitdem die zweite Ehe mißbilligt wurde (§ 58 i. f.).

[15] S. N. 12. Über den Begriff o. § 16 bei N. 16.

aestimatae der Schätzungspreis. Für Fehlendes ist Schadensersatz zu leisten, wenn den Mann ein Verschulden trifft. Doch ist der Mann für die Verwaltung des Dotalvermögens nur wegen culpa in concreto (§ 31) verantwortlich.

3. Daneben tritt (mit dem formalen Eigentum des Mannes kaum vereinbar, aber der veränderten Anschauung über ein hier vorliegendes Frauengut[16] entsprechend) eine dingliche Sicherung der Frau. Dem schon vorhandenen Konkursprivilegium für die Dotalklage fügt Justinian ein privilegiertes Pfandrecht der Frau am ganzen Vermögen des Mannes hinzu (§ 26). Ja die Frau kann die noch vorhandenen und aus Dotalgeld angeschafften Sachen mit einer rei vindicatio utilis als ihr Eigentum ansprechen[17].

4. Bei Vermögensverfall des Mannes hat die Frau schon während der Ehe ein Recht auf Herausgabe der Dotalgegenstände (zu eigener Verwaltung)[18]. Ebenso darf sie in gewissen Zweckmäßigkeitsfällen (Schulden, Notlage ihrer Angehörigen, Grundstückskauf) ihr Dotalgut ganz oder teilweise zurücknehmen.

5. In Deutschland wurde das Dotalrecht partikulär mit der schon angebahnten Änderung aufgenommen, daß die Dos im Eigentum der Frau verbleibt, während der Mann nur Verwaltung und Nutznießung daran hat („modifiziertes Dotalsystem"). So kam das Dotalrecht inhaltlich mit der seit alters her in Deutschland verbreiteten „Verwaltungsgemeinschaft" (§§ 1363 ff. BGB.) überein[19]), wonach der Mann am Frauengut überhaupt Verwaltung und Nutzung hatte. — Entsprechend den bona paraphernalia, d. i. allem Vermögen, das nach dem Corpus juris neben der Dos steht, also nicht dem Manne als Dos zugebracht ist[20], wurde die Verwaltungs-

---

[16] S. o. Note 8 und den Inhalt der Konstitution C. 5, 12, 30 v. J. 529.

[17] C. 5, 12, 30 v. J. 529; C. 5, 13, 1 v. J. 530; C. 8, 17, 12 v. J. 531 u. Nov. 97, 2—4 v. J. 539. Der griechische Gedanke des Eigentums der Frau an der Dos (N. 8) ist damit durchgedrungen. — Wegen der aus Dotalgeld angeschafften Sachen s. bes. C. 8, 17, 12, 5 (licet res dotales vel ex his aliae comparatae non extent). Pringsheim, Kauf mit fremdem Geld (1916) 96, 119 ff., 123 ff., 130 ff.

[18] C. 5, 12, 29; Nov. 97, 6. Ursprung der sog. Gütertrennungsklage.

[19] Besonders deutlich zeigt sich dies im französischen C. c. Art. 1530 ff., 1540 ff., wo die beiden Systeme nebeneinander kodifiziert sind.

[20] Über diesen justinianischen Begriff vgl. besonders Castelli, *Παράφερνα* (1913).

gemeinschaft dahin fortgebildet, daß ein der Verwaltung und Nutznießung des Mannes entzogenes Vorbehaltsgut (§§ 1365 ff.) der Frau entstehen kann. Für das gemeine Recht bildet sich der Gedanke, daß das von der Frau als Aussteuer in die Ehe gebrachte Vermögen Dos sei, im Gegensatz zum Paraphernalvermögen. — Das Nutzungsrecht des Ehemanns an der Dos wurde als ususfructus maritalis, nach Art des Nießbrauchs (§ 21 Ziff. II) konstruiert. Das Vorbehaltsgut oder Paraphernalvermögen steht im Zustande der Gütertrennung (an ihm hat der Mann keine Rechte). Wegen der wesentlichen Übereinstimmung mit der Verwaltungsgemeinschaft ist das Dotalsystem vom BGB. nicht aufgenommen. Dagegen ist die Verwaltungsgemeinschaft der heutige gesetzliche Güterstand Deutschlands. — Über die durch Ehevertrag daneben möglichen Güterstände der allgemeinen Gütergemeinschaft, Errungenschaftsgemeinschaft, Fahrnisgemeinschaft, und umgekehrt der vollständigen Gütertrennung s. §§ 1426 ff., 1432 ff., 1519 ff., 1549 ff. BGB.

III. Den Ehezwecken dient auch die donatio propter nuptias[21]. Als Gegenstück zur Dos ist sie eine Zuwendung des Mannes an die Frau, um letztere nach Auflösung der Ehe sicherzustellen, sowohl beim Tod des Mannes als auch bei von ihm verschuldeter Scheidung.

Das Institut ist hervorgegangen aus der alt verbreiteten Sitte, wonach der Bräutigam der Braut vor Abschluß der Ehe eine Schenkung (donatio ante nuptias) machte, deren Zweck nach orientalischer Sitte später ein wirtschaftlicher zur Versorgung der Frau wurde. Demgemäß behielt der Mann die Schenkung einstweilen in der Hand und in seiner Verwaltung, setzte sie also im Ehevertrag der Frau nur aus; häufig wandte die Frau das Empfangene gleich wieder als Dos dem Manne zu.

Justinian begünstigte das Institut, indem er es vom Schenkungsverbot unter Ehegatten (§ 58 II) und der Insinuationsvorschrift (§ 40 III Ziff. 3) ausnahm, und demgemäß die Bestellung auch während der Ehe zuließ. Die Zuwendung heißt jetzt donatio propter nuptias. Sie soll gewissermaßen als Antidos erscheinen und dem Betrag der Dos gleich sein. Der Vater des Mannes ist zu ihrer Bestellung (ähnlich wie der Vater der Braut zur Dotierung) verpflichtet, — die verschriebenen Grundstücke sind ebenso unveräußerlich

[21] Mitteis, Reichsrecht und Volksrecht 256 ff.; Holldack i. Festg. f. Güterbock (1910).

wie die Dotalgrundstücke. Die donatio propter nuptias bleibt während der Ehe in der Hand des Mannes. Die Frau hat sie erst nach Auflösung der Ehe zu fordern und ist dafür durch ein gesetzliches Pfandrecht sichergestellt. Bei Tod der Frau oder einer von ihr verschuldeten Scheidung verbleibt die donatio dem Manne.

Die donatio propter nuptias hat sich in Deutschland nicht eingebürgert. Die Bestellung einer Versorgung für die Frau nach Auflösung der Ehe (Wittum) erfolgt in anderer Weise.

§ 60.

VI. Vormundschaft und Pflegschaft (tutela und cura)*.

1. Die Tutel.

Die vormundschaftlichen Einrichtungen sind nur für gewaltfreie Personen bestimmt, also insbesondere für solche, die nicht in patria potestas oder manus (§§ 50, 52, 54 ff.) standen.

I. Ursprünglich handelte es sich nur um einen Ersatz der Familiengewalt bis zu erreichter Mündigkeit (tutela impuberum), bei Weibern darüber hinaus für das ganze Leben (tutela mulierum, Geschlechtstutel). Das Recht des pater familias ging auf den nächsten Agnaten über. Er ist der tutor legitimus[1]. Bei ihm finden die sui juris gewordenen Unmündigen und Frauen jetzt Schutz; viel mehr aber sorgt er dafür, daß ihr Vermögen nicht in fremde Hände gelangt, sondern ihm und der Familie erhalten bleibt. Er nutzt auch persönlich dieses Vermögen[2]. Über seine unmündigen

* S. Rudorff, Das Recht der Vormundschaft, 3 Bde. (1831 ff.); Pernice, Labeo I 184, Ztschr. d. Sav.-Stift. 5, 25; Karlowa, R. Rechtsgesch. II 269 ff.; Mitteis, R. Pr. I 75 ff.; Taubenschlag, Vormundschaftsrechtliche Studien (1913). Solazzi, Tutele e curatele i. d. Rivista ital. Bd. 53 ff.; La minore età (1912); L'età del tutore (1920).

[1] Auch die tutela legitima fiel unter den Begriff der manus, § 50 N. 4; Mitteis a. a. O. 75 N. 3 (nicht die sonstigen Fälle).

[2] So ist die tutela für ihn wesentlich ein Recht, keine Pflicht. S. auch D. 26, 4, 1 pr. (ne delapidarentur). Daher konnte der proximus adgnatus die Tutel in alter Zeit auch abtreten (durch in jure cessio, § 12), und sie konnte Objekt eines Vindikationsstreits sein. Daher auch anfangs bloße Dolushaftung des tutor (§ 31 I Ziff. 2 i. f.).

Freigelassenen hatte die Tutel der Patron und Manumissor [3]. Bei Justinian (§ 64 IV) geht in Anlehnung an die Umgestaltung der Intestaterbfolge die gesetzliche Tutel auf die Blutsverwandten über.

Der (trotz des anerkannten Treueverhältnisses) egoistische Ausgangspunkt der römischen Vormundschaft hat das Detail bestimmt, wenn er auch später mehr überwunden wurde.

Zunächst gestattete schon das ältere Recht dem Hausvater (in Fortwirkung seiner Gewalt), den Ausschluß der gesetzlichen Tutel des nächsten Agnaten durch testamentarische Ernennung eines anderen Vormunds herbeizuführen (tutela testamentaria). Seit der lex Atilia v. J. 186 v. Chr. (in den Provinzen seit der lex Julia et Titia) nimmt sich auch der Staat der Waisen an, in der richtigen Erkenntnis, daß es sich hier nicht bloß um private, sondern auch um öffentliche Interessen handelt. So kommt es zu einer obrigkeitlichen Bestellung von Vormündern, wenn ein gesetzlicher oder testamentarischer fehlt, durch den Prätor in Verbindung mit der Mehrheit der Volkstribunen [4] (tutor Atilianus); in der Kaiserzeit durch besondere Magistrate (extra ordinem) [5]. Tutela dativa. — Der Umschwung der Anschauung führt auch zu einer Beaufsichtigung der Vormünder durch den Magistrat [6]. Bald wird die Vormundschaft als öffentlichrechtliche Pflicht (munus publicum) betrachtet, der man sich nicht ohne wichtige Gründe entziehen kann. Die Exkusationsgründe (z. B. Alter von 70 Jahren, mehrere eigene Kinder) prüft bei rechtzeitiger Geltendmachung

[3] Wer ein liberum caput e mancipio manumittiert hatte, erlangte diese Tutel als tutela fiduciaria (s. § 56 N. 3), während der parens manumissor als tutor legitimus angesehen wurde. Seit Justinian hat der emanzipierende parens ohne weiteres die Tutel.

[4] Nach Mitteis, R. Privatr. I 41 scheint es bei der lex Atilia besonders auf eine Beschränkung der Macht der Prätoren durch die Tribunen angekommen zu sein.

[5] So durch einen bes. praetor tutelaris, die Konsuln, auswärts die betr. Munizipalbehörden resp. den Provinzialstatthalter. — Gewisse Personen sind verpflichtet, den Tutor dativus zu erbitten (postulatio tutoris), so die Mutter und vermutliche Intestaterben bei Verlust ihres Erbrechts.

[6] Im vollen Umfang ist diese Beaufsichtigung erst in Deutschland ausgebildet worden. — Heute s. §§ 1837 ff. BGB.

die Obrigkeit[7]. — Auch wird ein Verpflichtungsverhältnis zwischen Mündel und Vormund aus der Führung der Vormundschaft anerkannt, durch Ausbildung der actio tutelae auf Rechnungslegung und Schadensersatz. § 43 Ziff. II.

II. Die Geschlechtstutel konnte sich auf die Dauer nicht halten. Man rechtfertigte sie nur notdürftig mit der Schwäche des weiblichen Geschlechts. Schon immer war die Macht des Vormunds hier beschränkter gewesen als bei den Unmündigen. Von einer Personenfürsorge und Vermögensverwaltung war keine Rede. Die mündige Frau war völlige Herrin ihres Vermögens und verwaltete es selbst. Man verlangte nur den Beitritt des Vormunds zu wichtigeren Rechtshandlungen der Frau, so zu den zivilrechtlichen Geschäften, einschließlich der Testamentserrichtung, und zu Verpflichtungsgeschäften (auctoritatis interpositio). Zu diesem Beitritt konnte der tutor legitimus nicht gezwungen werden, denn das Familieninteresse ging vor, wohl aber bald die übrigen Tutoren durch Entscheidung des Magistrats. Vielfach entzog sich die Frau darum der Agnatentutel durch einen fiduziarischen Eintritt in die manus (durch coëmptio, § 58 N. 4), oder ließ ihren tutor legitimus die Tutel an einen bequemeren Tutor zedieren. In der Kaiserzeit tritt die Geschlechtstutel zurück. Frauen mit jus liberorum[8] unterliegen ihr nicht mehr. Die Agnatentutel wird unter Claudius aufgehoben. Das nachklassische Recht kennt die Geschlechtsvormundschaft überhaupt nicht mehr.

III. Um so wichtiger ward im fortschreitenden Recht die Tutel über Unmündige.

1. Die Unmündigkeit dauert (nach Festsetzung der späteren Zeit) bei Knaben bis zum vollendeten 14., bei Mädchen bis zum vollendeten 12. Lebensjahre[9]. Doch sind hier zwei Abstufungen: a) die Kindheit (infantia) d. i. die Zeit der

[7] S. heutzutage §§ 1785, 1786 BGB.

[8] § 58 N. 19 u. Kübler, Ztschr. d. Sav.-Stift. 30, 154; 31, 176.

[9] So für Mädchen schon seit der Kaiserzeit; für Knaben nach der Lehre der Prokulianer, während die Sabinianer die individuelle Reife entscheiden lassen wollten. Justinian nahm auch hier den festen Termin an.

völligen Handlungsunfähigkeit des Unmündigen, „der noch nicht sprechen kann“ [10], die später bis zum vollendeten 7. Lebensjahre angenommen wird. In dieser Zeit muß der Vormund regelmäßig für den Unmündigen handeln; doch konnte er auch Erwerbsgeschäfte für den Mündel durch Sklaven desselben mit unmittelbarer Wirkung für ihn vornehmen lassen, und als mittelbarer Stellvertreter für ihn handeln (§ 49 II Ziff. 1, 2, 4). Nur zum Besitzerwerb durch Tradition ist der Mündel auch allein fähig (§ 9). — b) Dagegen sind die impuberes infantia majores fähig, sich durch vermögensrechtliche Geschäfte zu berechtigen, nicht aber zu verpflichten. Sie können also z. B. eine Schenkung annehmen, aber kein Darlehen aufnehmen. Bringt das Geschäft Berechtigung und Verpflichtung mit sich, so wird der Mündel aus demselben zwar berechtigt, aber nicht verpflichtet [11]. Bei gegenseitigen Verträgen (Kauf, Miete usw.) entsteht dadurch ein sog. negotium claudicans [12]. Regulär soll der Mündel seine Rechtsgeschäfte zwar selbst abschließen [13], aber im Beisein unter Beitrittserklärung des Vormunds (auctoritatis interpositio). Der Beitritt erfolgt mündlich im Anschluß an die Erklärung des Mündels (die vom Vormund oft instruiert war). Solenne Wortformeln (auctor fio) sind später fortgefallen, nicht aber das Erfordernis der Assistenz in praesenti; denn das Vollwort des Vormunds ergänzt die unvollständige Persönlichkeit des Mündels. Der Beitritt muß ohne Bedingungen erfolgen, und der Vormund darf am Geschäfte nicht persönlich interessiert sein (nemo in rem suam auctor fieri potest). Andere als vermögensrechtliche Geschäfte kann der Unmündige überhaupt nicht vornehmen, z. B. kein Testament machen [14].

---

[10] S. Pernice, Labeo I 214.

[11] Z. B. wenn ihm ein Darlehn gegeben wurde, erwirbt er das Geld, ohne vertraglich zur Rückzahlung verpflichtet zu sein.

[12] S. o. § 32 N. 5 ff. Eine außerkontraktliche Haftung des Mündels wegen ungerechtfertigter Bereicherung war nicht ausgeschlossen. Vgl. D. 26, 8, 5 pr. 1. S. ferner o. § 30 Ziff. 3 c. — Deliktsfähig ist der impubes beim Vorhandensein genügender Einsicht. D. 44, 4, 4, 26; D. 47, 2, 23. Vgl. § 828 BGB.

[13] Heutzutage handelt der Vormund für den Mündel als dessen gesetzlicher Stellvertreter. §§ 1793 ff. BGB.

[14] Selbstverständlich keine Ehe schließen, auch nicht adoptieren. — Wegen Erbschaftsantritts s. u. § 68.

2. Die Fürsorge für die Person des Mündels tritt sehr zurück; sie bleibt gewöhnlich der Mutter überlassen. Der Vormund hat nur die Mittel aus dem Mündelvermögen zur Verfügung zu stellen. Das Hauptinteresse dreht sich um die Vermögensverwaltung. Auf diesem Gebiete bringt die gestio tutelae eine Administration des Mündelvermögens mit sich, da das Vermögen dem Vormund in die Hand gegeben ist. Mit Ausbildung des Verpflichtungsgedankens aus der gestio (Ziff. I i. f.) werden Vorschriften für die Administration gegeben. Der Vormund hat bei Beginn seines Amtes ein Inventar des Mündelvermögens zu errichten [15] und, wenn er nicht aus besonderem Vertrauen berufen ist, Kaution für gehörige Verwaltung zu leisten [16]. Entbehrliche Sachen pflegte er meistens zu veräußern. Doch sollen Veräußerungen nur gültig sein, wenn sie bona fide geschehen [17], und nach der oratio D. Severi setzt die Veräußerung von praedia rustica und suburbana ein obervormundschaftliches Bewilligungsdekret voraus [18]. Das Verbot wird von Konstantin auf die Veräußerung anderer wertvollerer Mündelgüter, und von Justinian auf Annahme von Kapitalzahlungen erstreckt. Bei Zuwiderhandlung ist das Geschäft nichtig. Der Vormund soll auf sichere Anlegung des Mündelvermögens (besonders in Grundstücken), und womöglich auf Mehrung desselben bedacht sein, und haftet für jede Verwendung von Mündelvermögen in den eigenen Nutzen.

3. Für die gehörige Führung der Vormundschaft hatte ursprünglich nur ein Bußanspruch (wegen Veruntreuungen) gesorgt, der noch im klassischen Recht blieb [19]. Daneben

---

[15] Vgl. D. 26, 7, 7 pr.; C. 5, 37, 24. S. heute § 1802 BGB.

[16] Die Kaution bildet die Grundlage der Verpflichtung. Heutzutage besteht die Verpflichtung des Vormunds von selbst kraft Gesetzes. Kaution wird daher nur noch in besonderen Fällen verlangt. § 1844 BGB.

[17] Vgl. D. 26, 7, 12, 1 (Paulus).

[18] Vgl. D. 27, 9, 1. Peters, Ztschr. d. Sav.-Stift. 32, 299 ff.

[19] Die actio rationibus distrahendis (aufs duplum). Die Ersatzfunktion übernahm später die actio tutelae. Mit ihr haften auch die Erben des Vormunds und werden dessen bloße Ungeschicklichkeiten getroffen. Über Konkurrenz beider s. Levy, Konk. d. Aktionen I (1918) 143 ff. Über die actio tutelae im Verhältnis zu anderen Klagen, Peters i. d. Ztschr. d. Sav.-Stift. 32, 188 ff., 190 ff., 201 ff., 218 ff.

entstehen die wechselseitigen Ansprüche von Mündel und Vormund aus der Administration (§ 43 II) mit Haftung des Vormunds für diligentia quam in suis rebus[20]. Doch kann die Haftung erst nach Beendigung der Vormundschaft geltend gemacht werden, da die Geschäftsführung im Gesamtresultat zu betrachten ist. Der Mündel hat die actio tutelae directa[21] auf Rechnungslage und Herausgabe des sich daraus ergebenden Vermögens[22]; der Vormund wegen seiner Auslagen die justinianische actio tutelae contraria[23].

4. Hat ein impubes mehrere Vormünder[24], z. B. durch Testament oder bei der tutela legitima durch Vorhandensein mehrerer gleich naher Verwandten, so hat im Zweifel jeder volle Geschäftsführung. Es kann die Verwaltung aber auch einem von ihnen (tutor gerens) übertragen sein; dann haben die anderen ein Kontrollrecht. Umfangreichere Verwaltungen können unter die mehreren Vormünder auch nach Geschäftszweigen geteilt werden. Dann hat jeder die gestio nur in seinem Ressort. — Mehrere Tutoren haften solidarisch, der tutor gerens aber in erster Linie. Nach den Tutoren können auch diejenigen in Anspruch genommen werden, die den tutor vorgeschlagen (postulatores, nominatores) oder seine Tauglichkeit bestätigt haben (affirmatores); schließlich den Magistrat (jedoch nur ein magistratus minor, Munizipalmagistrat), der bei Bestellung oder Beaufsichtigung des Tutors nachlässig war.

5. Die Verantwortlichkeit des Vormunds wird auch auf rechtzeitigen Amtsantritt erstreckt, also auf die nachteiligen Folgen von Untätigkeit (cessatio). Der tutor legitimus war

---

20 D. 27, 3, 1 pr. — Heutzutage haftet der Vormund für jedes Verschulden. § 1833 BGB.

21 D. 27, 3, 1, 24. Verurteilung wegen Untreue macht infam.

22 Über das gesetzliche Pfandrecht des Mündels am Vermögen des Vormunds nach späterem Recht s. o. § 26 Ziff. I i. f.

23 S. dazu Partsch, Studien zur negotiorum gestio (1913) 47 ff.

24 Peters, Ztschr. d. Sav.-Stift. 32, 227 ff. E. Levy, das. 37, 14 ff. (s. auch Konkurrenz der Aktionen 1918 I 220 ff.). Es ist außer Zweifel, daß von Justinian in der Materie der Kontutoren bedeutende Änderungen eingeführt sind. Statt der Haftung für das ganze tutelam gerere trat die Haftung für das Einzelgeschäft. Die Subsidiarhaftung der Mitvormünder gründet man dogmatisch auf eine Überwachungspflicht. Tutores honorari haften nicht. Aber nicht jeder, der nicht tutor gerens ist, ist tutor honorarius, sondern wer im Testament als Tutor honoris causa bestellt ist usw.

sofort, ohne Rücksicht auf seinen Willen Vormund, mit den entsprechenden Rechten und Pflichten; der tutor testamentarius mit dem Erwerb der Erbschaft. Die Verantwortlichkeit des tutor dativus beginnt erst mit seiner Bestellung. Mit der Anerkennung der Vormundschaft als munus publicum werden Entschuldigungsgründe aufgestellt (Ziff. I). Wer davon keinen Gebrauch machen kann, muß die Verwaltung, bei Vermeidung der Verantwortlichkeit, in Angriff nehmen. Macht der Vormund ein Exkusationsgesuch, so trifft ihn die Gefahr der etwaigen Abweisung. — Verwaltete jemand die Vormundschaft, ohne Tutor zu sein, so entstanden (mit der actio protutelae directa und contraria) zwischen Mündel und Protutor ähnliche Verpflichtungen wie aus richtiger Vormundschaft [25].

6. Die Vormundschaft **endigt** mit Aufhebung des Bedürfnisses, also mit Eintritt der Mündigkeit, Tod oder Arrogation des Mündels durch einen Dritten; selbstverständlich auch mit capitis deminutio maxima und media, da hiermit die Rechtsfähigkeit aufhört.

Bei fortbestehendem Bedürfnis, also auf Seiten des Tutors (wo dann ein neuer eintritt), endigte die Vormundschaft durch Tod und eintretende Unfähigkeit infolge capitis deminutio maxima oder media (infolge der minima auch ehedem bei gesetzlicher Vormundschaft). Bei testamentaria tutela kann auch ein Endtermin oder eine auflösende Bedingung gesetzt sein. Ferner ist Absetzung des Vormunds seitens der Obrigkeit wegen Unfähigkeit (sog. excusatio necessaria), oder wegen Unredlichkeit (remotio suspecti tutoris) möglich [26]. Ein tutor testamentarius konnte sein Amt durch abdicatio niederlegen. Justinian gestattet die Niederlegung aller Vormundschaften, aber nur bei Eintritt wichtiger Gründe, unter Bewilligung der Obrigkeit.

---

[25] Mochte er sich für den richtigen Tutor gehalten haben oder nicht (protutor, falsus tutor). Es kamen auch unberechtigte Eingriffe vor. — Über die actio protutelae s. **Peters**, Ztschr. d. Sav.-Stift. 32, 243 ff. Vgl. **Partsch**, Negot. gestio 63 ff., 67 ff.

[26] S. dazu **Taubenschlag** 27 ff., **Berger**, Ztschr. d. Sav.-Stift. 35, 39 auch in Betreff der accusatio suspecti tutoris durch Dritte und Mitvormünder. **Solazzi**, Tutor suspectus, Boll. dell' Ist. di Dir. Rom. 1916. Vgl. I, 1, 26; D. 26, 10.

§ 61.

2. Die Cura*.

Für gewaltfreie Personen anderer Art, die unter Umständen einer Fürsorge bedurften, diente die cura, die sich als eine Pflegschaft bezeichnen läßt. Ausgegangen ist sie (ähnlich wie beim impubes) vom Herrschaftsrecht der Agnaten über Geisteskranke (furiosi) und Verschwender (prodigi), deren Vermögen dem Familienverband erhalten werden sollte. Aber schon zur klassischen Zeit ist die Gewalt Schutzgewalt geworden. Und zu den alten Fällen tritt gebieterisch ein neuer: die cura minorum[1], die für uns zur wichtigsten wird.

I. Mit der Mündigkeit ward man in Rom vollkommen handlungsfähig. Der Geschlechtsreife (pubes) konnte eine Ehe schließen und ein Testament machen. Vermögensrechtlich konnte er sich als homo sui juris durch Geschäftsabschlüsse aller Art nicht nur berechtigen, sondern auch verpflichten, veräußern usw. Weil aber Jugendliche dabei oft übervorteilt wurden, setzte die lex Plaetoria (um 190 v. Chr.) eine Grenze der Minderjährigkeit bis zum vollendeten 25. Lebensjahr (legitima aetas) fest, in dem Sinne, daß Minderjährige durch Strafdrohung gegen Übervorteilung (circumscriptio) aus Geschäften geschützt waren, denen nicht ein vom Prätor für den Minderjährigen bestellter Kurator zugestimmt hatte. Auch erhielt der Minderjährige nach prätorischem Edikt eine Einrede gegen die aus dem benachteiligenden Geschäft wider ihn erhobene Klage (exceptio legis Plaetoriae). Ferner gewährte der Prätor gegen eine auch nur objektive Benachteiligung aus Geschäften die restitutio in integrum (§ 5 IV). Durch die lex Plaetoria ward den Minderjährigen zugleich die Befugnis gegeben, sich für die Ver-

---

* Karlowa, R. Rechtsg. II 301 ff.; Bruns, Kl. Schr. II 464 ff.

[1] Pernice, Labeo I 225; Ubbelohde i. Grünhuts Ztschr. 4, 671; Solazzi, La minore età (1912); Partsch, Negot. gestio (1913) 71 ff.; Lenel, Ztschr. d. Sav.-Stift. 35, 129 ff.; Peters, das. 32, 273 ff.; Debray, Mél. Girard. I, 265; Taubenschlag, Vormundschaftsr. Studien (1913) 47 ff.; Solazzi, Curator impuberis (1917).

waltung ihres Vermögens einen Kurator zu erbitten. In der Kaiserzeit wird dies die Regel. Sogar ein Schuldner kann die Bestellung verlangen, um gefahrlos an den Minderjährigen erfüllen zu können (so der tutor, der nach Beendigung seines Amts ihm das Vermögen herauszugeben hat). Auch testamentarische Anordnung eines Pflegers kommt vor. Der Kurator wird von der Obrigkeit bestellt. Ob er eine Vermögensverwaltung schon in der klassischen Zeit führt, ist zweifelhaft. Wahrscheinlich ist er stets nur Geschäftsführer ohne Auftrag (§ 43 I), wie er auch nur die actio negotiorum gestorum hat. Später wird der Minderjährigenkurator genau so behandelt wie der Kurator des prodigus (Ziff. III) und wird in seiner Rechtsstellung dem tutor angeglichen.

Die volle Geschäftsfähigkeit des Minderjährigen hatte jetzt ihre innere Berechtigung verloren. Nur äußerlich blieb sie gewahrt (D. 45, 1, 101). Unvermindert blieb sie bei den wenigen Minderjährigen, die keinen Kurator hatten. Dagegen ist seit Diokletian (C. 2, 21, 3) der Minderjährige zur selbständigen Vornahme von Veräußerungs- und Verpflichtungsgeschäften nicht mehr fähig. Vielmehr können solche Geschäfte nur noch unter Konsens des Kurators gültig vorgenommen werden. Der consensus curatoris ist von der auctoritatis interpositio des Tutors verschieden. Der minor ist persönlich geschäftsfähig, nur sein Vermögen ist durch die Kuratel gebunden: die Wirksamkeit für das Vermögen tritt durch den Konsens des Kurators ein. Daher kann der Konsens auch nachträglich und in Abwesenheit des minor (formlos) erteilt werden. — Die Verantwortlichkeit des Kurators aus seiner Vermögensverwaltung ist nach Art der für die gestio des Tutors zu beurteilen. Die Klage des minor ist die actio negotiorum gestorum directa, die des Kurators die a. neg. gest. contraria[2].

Da die Befreiung von den angedeuteten Beschränkungen mit dem Alter von 25 Jahren jetzt eine verhältnismäßig

[2] Auch das Erlöschen tritt aus entsprechenden Gründen, wie bei der tutela impuberum (§ 60 III, Ziff. 6) ein. An Stelle der pubertas tritt die Volljährigkeit des Minderjährigen. — Das gesetzliche Pfandrecht am Vermögen des Verwalters (§ 26) wird auf die cura erstreckt.

späte ist, wurde eine venia aetatis eingeführt, die durch Konstantin ihre endgültige Regelung erfuhr (C. 2, 44). Danach kann einem Minderjährigen (mit oder ohne Kurator), der als Mann 20, als Frau 18 Jahre alt ist und den Nachweis der Befähigung zur eigenen Vermögensverwaltung erbringt, durch kaiserliches Privileg der Mangel der Volljährigkeit nachgesehen werden, wodurch er der beschränkten Unfähigkeit zu Geschäften und Erlangung der in integrum restitutio verlustig geht[3].

II. Schon nach den XII Tafeln gab es die cura furiosi[4], die später auf alle Geisteskranken erstreckt wurde. Der furiosus ist vollkommen handlungsunfähig, solange sein Zustand dauert; auch zum Erbschaftsantritt. Ebenso fehlt ihm die Deliktsfähigkeit (D. 9, 2, 5, 2). Dagegen ist er in den lichten Augenblicken (dilucida intervalla) voll geschäftsfähig, so daß das römische Recht für die Geisteskranken keine absolute, sondern nur eine relative Geschäftsunfähigkeit kennt[5].

Diese cura stand gesetzlich dem nächsten Agnaten (Erben) § 64 I als Familiensache zu. Dann ließ man auch hier im Interesse des Schutzbedürftigen eine obrigkeitliche Bestellung zu[6]. Hatte der Hausvater dem Gewaltunterworfenen testamentarisch einen Kurator bestellt, so ward meist dieser bestätigt (cf. § 60 Ziff. I). Die gesetzliche Kuratel starb ab. — Der Kurator hatte den Geisteskranken ursprünglich zu verpflegen, später wird in anderer Art für seine Person gesorgt. Die Hauptfrage ist auch hier die nach der Vermögensverwaltung. Da ein eigenes Handeln des Wahnsinnigen nicht in Frage kommt, vertritt der Kurator ihn wie ein unmündiges Kind (§ 60 III) und führt die Vermögensverwaltung im all-

---

[3] Ähnlich § 3 BGB. mit Verleihung aller Rechte eines Großjährigen.

[4] Pernice, Labeo I 234; H. Krüger, Ztschr. d. Sav.-Stift. 14, 260; Mitteis, Röm. Privatr. I 81.

[5] Beim einzelnen Geschäfte wird geprüft, ob der Handelnde geschäftsfähig war oder nicht. Vgl. C. 5, 70, 6; C. 6, 22, 9. — Unsere heutige Entmündigung geht weiter. Sie schafft einen Zustand künstlicher Handlungsunfähigkeit, vom gerichtlichen Entmündigungserkenntnis bis zu dessen Aufhebung (wie römisch beim Verschwender, Ziff. III) für alle in diese Zeit fallenden Geschäfte. §§ 6, 104 BGB.

[6] Bezüglich der Exkusationsgründe gilt ähnliches wie bei der Tutel.

gemeinen wie ein Vormund[7]. Er wird denselben Einschränkungen und derselben Verantwortlichkeit unterworfen. Die Klage (actio negotiorum gestorum) kann vor Beendigung der cura erhoben werden (D. 27, 3, 4, 3)[8].

III. Der vorigen nachgebildet ist die cura prodigi[9], die auch auf die XII Tafeln zurückgeht. Sie setzt voraus, daß jemand wegen Verschwendung (ursprünglich nur der bona paterna avitaque, später des Vermögens überhaupt) durch Dekret der Obrigkeit entmündigt ist[10]. Sie endigt erst mit Wiederaufhebung der Entmündigung[11]. Ursprünglich bestand auch hier die cura legitima des nächsten Erben (§ 64 I), jedoch mit Einschränkung seiner Befugnisse zugunsten des Pfleglings; später tritt sie vor der obrigkeitlich bestellten ganz zurück. Während das alte Recht dem Verschwender die zivile Geschäftsfähigkeit unter Lebenden (commercium) absprach, ist der Verschwender nach klassischem Recht zu Erwerbsgeschäften befähigt, dagegen unfähig zu Veräußerungen und Verpflichtungsgeschäften. Enthält das Geschäft zugleich einen Erwerb und eine Belastung, so wird auf das Gesamtergebnis gesehen[12]. Ein Testament kann der Verschwender nicht machen[13], wohl aber einen Erbschaftsantritt vornehmen[14] und wird durch Delikte verpflichtet. Die Geschäftsführung des Kurators, seine Befugnisse und seine Verantwortlichkeit entsprechen der des curator furiosi.

IV. Außerdem konnten Personen, die wegen Gebrechlichkeit (Alter, Krankheit, Schwäche) zur Besorgung ihrer

---

[7] Früher hatte der Kurator die res nec. mancipi des furiosus zu freier Verfügung behalten dürfen. — Erbschaftsannahme s. § 68 N. 3.

[8] Endigung nach Art der Tutel, cf. Note 2.

[9] Ubbelohde i. Grünhuts Ztschr. 4, 671; I. Pfaff, Z. Gesch. d. Prodigialitätserklärung (1911) u. dazu H. Krüger, eod. 39, 344. — Über eine Warnung, dem Verschwender zu kreditieren s. Weiß, Ztschr. d. Sav.-Stift. 33, 488.

[10] Per praetorem bonis interdicitur. Vgl. gegensätzlich o. N. 5. Bei uns wird der Verschwender ebenfalls entmündigt. §§ 6, 114 BGB.

[11] Im übrigen nach Art der cura furiosi (N. 8).

[12] Anders als beim Unmündigen, § 60 N. 11 ff.

[13] Dies stammt aus dem alten Recht, da das testamentum per aes et libram das commercium voraussetzte, außerdem die Entziehung der bona paterna avitaque ihn der Möglichkeit der Verfügung über den Rest nach der Regel nemo pro parte testatus pro parte intestatus decedere potest (§ 62 II) beraubte.

[14] D. 29 2, 5, 1.

Angelegenheiten außerstande waren, dazu auf Antrag vom Magistrat einen curator (debilium personarum) erhalten[15]. Die persönliche Geschäftsfähigkeit des Pfleglings wird dadurch nicht berührt.

Anhang.

Entwicklung der Vormundschaft in Deutschland.

1. Nach deutschem und heutigem Recht soll die Vormundschaft ausschließlich im Interesse des Mündels ausgeübt werden und ist daher für den Vormund nicht nur ein Recht, sondern in erster Linie eine Pflicht. § 1793 BGB. Auch bezieht sie sich auf die Person des Mündels (Erziehung, Unterbringung usw.) ebensosehr wie auf die Sorge für das Vermögen.

2. Durch die Reichspolizeiordnung v. J. 1548 ist angeordnet, daß Pupillen und Minderjährigen ein Vormund gegeben werden soll, wodurch sich die tutela impuberum und cura minorum zur einheitlichen Altersvormundschaft zusammenschloß, die bis zur Volljährigkeit dauert. Das Recht der auctoritatis interpositio, die mit dem Kuratorialkonsens verschmolzen wurde, tritt in den Hintergrund. Mit dem Aufkommen der Stellvertretung (§ 49 i. f.) führt der Vormund die Vermögensverwaltung für den Mündel. Vgl. §§ 1773—1895 u. §§ 1793 ff. BGB.

3. Schon die Reichspolizeiordnung verbietet jede Einmischung des Vormunds in die Verwaltung vor seiner gerichtlichen Einsetzung. Die tutela legitima, testamentaria usw. verschwindet oder wird zu einem bloßen Titel (Berufungsgrund). Jede Vormundschaft ist fortan im Sinne des römischen Rechts eine tutela dativa. §§ 1774 ff., 1776 ff., 1789 ff. BGB.

4. Durch die Reichspolizeiordnung von 1577 werden besondere Sicherungsvorschriften für die vormundschaftliche Verwaltung gegeben. Der Vormund wird eidlich in Pflicht genommen und hat jährlich der Vormundschaftsbehörde Rechnung über seine Verwaltung zu legen. Ähnlich §§ 1789, 1802, 1840 ff. BGB.

5. Der Altersvormundschaft entsprechend wurde die Vormundschaft über Geisteskranke und Verschwender organisiert. Vgl. §§ 1896 ff. BGB.

6. Als Fälle der cura (Kuratel) blieben jetzt nur diejenigen übrig, denen es eigentümlich ist, daß der Kurator nur einzelne Verwaltungsbefugnisse, keine volle Vertretung hat. Sog. Pflegschaft. §§ 1909 ff. BGB. Der Pfleger wird innerhalb des ihm zustehenden Geschäftskreises wie ein Vormund behandelt (§ 1915).

7. Die restitutio in integrum der Minderjährigen ist gegenüber diesen Neuerungen unnötig geworden und beseitigt.

---

[15] S. auch den Fall o. § 50 N. 13 u. heute §§ 1910 ff. BGB.

IV. Buch.

Erbrecht*.

§ 62.

I. Begriff und Berufung zur Erbfolge. — Erwerb durch Hausangehörige und Fremde.

I. Die römische Hausgewalt (§ 52) hat auch dem Erbrecht sein Gepräge gegeben[1]. Das sämtliche Hausvermögen ist in der Hand des pater familias vereinigt. Die Hausangehörigen stehen in seiner Gewalt, die Ehefrau in manu, die Kinder in potestate: was sie erwerben, fällt dem Familienvater zu. Die späteren Abbröckelungen von dieser Gewalt berühren hier nicht: das Erbrecht nimmt seinen Ausgangspunkt vom ältesten Rechtszustand. Das kraft der beispiellosen Autorität des Hausherrn auf seinem Haupte angesammelte Familienvermögen ist tatsächlich den Hauskindern nicht fremd. Schon immer haben sie es tatsächlich mitbesessen und mitgenossen, wenn es auch in geschichtlicher Zeit nicht mehr als ein Gesamteigentum des Geschlechtsverbands nachweisbar ist. Wenn das Oberhaupt wegfällt, lebt der Gedanke wieder auf, daß die Hausgenossen eigentlich schon bei Lebzeiten des Vaters ein Mitrecht an dem Vermögen hatten, das nur gewissermaßen ruhte und jetzt von seiner Fessel befreit ist. Folglich erwerben sie den väterlichen Nachlaß nicht eigentlich neu, sondern erlangen nur daran die Rechte, die ihnen bisher durch die Strenge der Hausgewalt entzogen waren[2]. Daher erhalten sie auch, sobald der Haus-

* Köppen, System (1862/64) u. Lehrbuch (1886—95) d. röm. Erbrechts; Fadda, Concetti fondamentali d. dir. ereditario rom. 1900/2; Hölder, Erbgründe u. Erbfolge, Ztschr. d. Sav.-Stift. 30, 65 ff.; v. Woeß, D. röm. Erbrecht u. die Erbanwärter (1911); Manigk i. Pauly-Wiss. hereditarium jus; Windscheid-Kipp, Pand. § 527 Zit.; Mitteis, R. Privatr. I 93 ff.

[1] S. auch o. § 50. Nur römische Bürger sind erbfähig. Jedoch zugunsten des röm. Bürgers auch seine Haussklaven (s. u. N. 18, 19). — Zuweilen ist die Erbfähigkeit zur Strafe entzogen, so Söhnen und Töchtern von Hochverrätern; Ketzern und Apostaten; der Witwe, die das Trauerjahr verletzt usw.

[2] So auch Paulus in D. 28, 2, 11. — Eine Frau hat keine sui heredes.

vater stirbt, ipso jure, ja selbst gegen ihren Willen den Nachlaß. Sie sind sui et necessarii heredes. In dieser Rechtslage befinden sich die agnatischen Deszendenten des Erblassers[3], welche, in dessen unmittelbarer Gewalt stehend, durch seinen Tod homines sui juris werden. Sie sind jetzt Herrn des Vermögens, aus dessen Oberleitung der Verstorbene ausgeschieden ist. Daraus erklärt sich auch, daß die XII Tafeln die sui als Erben gar nicht nennen; vielmehr nur bestimmen, daß in Ermangelung von sui der nächste Agnat die Erbschaft haben soll.

Dieser Ausgangspunkt hat auch das Wesen der Erbfolge bestimmt. Sie besteht nicht bloß in dem Erwerb von Sachen oder Rechten des Verstorbenen. Die sui treten an den Platz, den der pater familias durch seinen Tod verlassen hat. Dessen Familiengewalt überkommen sie (so auch über ihre Nachkommen, die bisher gleichfalls in der patria potestas des Hausherrn gestanden hatten). Und mit der Familiengewalt zugleich überkommen sie das Vermögen. So treten sie vermögensrechtlich in die gesamte Rechtsstellung des Verstorbenen ein (man sagt auch wohl, daß sie ihn „repräsentieren"). Hinsichtlich aller seiner Rechte und Pflichten bleibt es so, wie wenn er noch lebte. Diese erlöschen nicht, auch nicht die Schulden. Das ist Verkehrsbedürfnis und wird verallgemeinert. Die Schulden sind daher nicht bloß soweit zu zahlen, als sie aus den Aktiven Deckung finden. Sondern, wie die gesamten Aktiven jetzt Güter derjenigen geworden sind, die durch den Tod des Erblassers in dessen Rechtsstellung einrücken, so sind auch die Schulden deren eigene Schulden geworden, ohne Rücksicht auf die Höhe der Aktiven. Das ist der Begriff der Universalsukzession, von der das römische Recht ausgeht, und durch die es auf diesem Gebiet allen anderen Rechten überlegen ist. Denn auf der Universalsukzession beruht die Sicherheit des Kredits. Niemand könnte dem andern Vermögenswerte anvertrauen, wenn er nicht sicher wäre, auch

[3] Auch die Frau in manu gehörte dazu, da sie sororis loco ist. Ebenso plene Adoptierte u. Arrogierte. Nicht aber ein emanzipiertes Kind.

nach dessen Tod die Rückzahlung so prompt wie zu seinen Lebzeiten zu erlangen. Der Erbe ist dem Gläubiger jetzt geradeso verpflichtet wie der Erblasser. Er muß aus dem Eigenen zahlen, auch wenn der Nachlaß nicht ausreicht. Letzterer mischt sich vollständig mit dem sonstigen Vermögen des Erben. Darum erlöschen auch alle Rechte und Pflichten, die der Erblasser gegen den Erben und umgekehrt hatte, durch confusio[4].

So ist die Idee der Universalsukzession, als Gesamtnachfolge in omne jus defuncti, vom römischen Zivilrecht aus in die modernen Rechte, abgesehen vom anglo-amerikanischen Rechtssystem, übergegangen und hat sich kraft der ihr innewohnenden Logik erhalten, auch wo manche Sätze des römischen Erbrechts durch andere Entwicklung ausgeschaltet sind. Cf. § 1922 BGB.

1. Die Universalsukzession ist der Eintritt in das Vermögen des Verstorbenen als eine Einheit[5]. Nichts dazu Gehöriges (Sachen, Forderungen und Schulden usw.) nimmt einen besonderen Weg oder hat ein besonderes Rechtsschicksal. Der Erwerb aller Einzelobjekte ist für den Erben nur eine Folge seines Gesamterwerbes. Als Erbe übernimmt er die Rolle des Erblassers. Zufolge dessen gehen nicht bloß fertige Rechte und Pflichten auf den Erben über, sondern auch unfertige, noch in der Entwicklung begriffene (sog. Rechtslagen), z. B. kann der Erbe ohne Rücksicht auf eigene bona fides (§ 15) die begonnene Ersitzung fortsetzen. Nur einzelne Rechte und Pflichten erlöschen mit dem Tode ihres Subjekts und gehen daher auf den Erben nicht über: so die Personalservituten (§ 20 Ziff. II), gewisse Vertragsverhältnisse wie Sozietät, Mandat (§ 38 Ziff. III, IV), Ansprüche, die nur persönliche Genugtuung bezwecken, und die Strafzahlungsschuld aus einem Delikt (§ 44). Der Besitz, als reine Tatsache, geht nicht über, sondern muß vom Erben neu ergriffen werden[6].

---

[4] S. o. § 7 Ziff. V (§ 20 I, § 26 Ziff. III), § 45 I Ziff. 3.

[5] Verschieden davon ist der Erwerb zugunsten des Familienoberhaupts unter Lebenden, wenn ein homo sui juris sich durch Arrogation in fremde Gewalt begab, s. o. § 55 N. 5. Dieser Erwerb ergreift nicht die Schulden.

[6] Anders § 857 BGB. S. o. § 9 Note 11.

2. Anderseits läßt der Begriff der Universalsukzession zu, daß mehrere Personen nebeneinander in das verwaiste Vermögenszentrum eintreten. Sie sind Miterben (coheredes). Sie beschränken einander durch Konkurrenz, was z. B. beim Wegfall einzelner (durch entsprechende Ausdehnung des Rechts der anderen) praktisch werden kann, und haben einen entsprechenden Anteil an der Gesamtheit des auf sie übergegangenen Vermögens (§ 70).

II. Da die Struktur des römischen Erbrechts vom normalen Fall der Kindeserbfolge im agnatischen Hausverband ausgeht, haben die sui heredes dauernd die Vorzugsstellung, daß sie von selbst: ipso jure und mit einem Schlage (Anfall der Erbschaft) in die Rechtsstellung ihres verstorbenen Aszendenten eintreten. Aber sie haben in historischer Zeit kein ausschließliches und unentziehbares Recht am Familienvermögen. Vielmehr befähigt die Hausgewalt des Familienvaters den letzteren auch, sich seinen Nachfolger anderweitig auszusuchen und das Kindeserbrecht zu beseitigen. Dies tut er durch Testamentserrichtung. So tritt der Intestaterbfolge die testamentarische gegenüber. Ja diese hat über das Kindeserbrecht obgesiegt: kraft des beispiellosen Gewaltrechts des römischen Hausvaters, noch über den Tod hinaus zu herrschen und das Schicksal des von ihm besessenen Vermögens zu bestimmen[7]. So erlangt das testamentarische Erbrecht den Vorrang vor der Intestaterbfolge[8]. Die Testamentserrichtung hat ursprünglich den Charakter einer Veräußerung[9] der familia[10], oder gar der künstlichen Sohnesschaffung für den Todesfall[11]. Darum muß auch das Testament eine Erbeseinsetzung enthalten, und diese muß an der Spitze des Testamentes

---

[7] S. Lasalle, System der erworbenen Rechte (zuerst 1861) bes. T. II.

[8] (Pater familias) uti legassit suae rei, ita jus esto. Das ist schon der Grundsatz der XII Tafeln.

[9] So beim testamentum per aes et libram, s. u. § 65 II Ziff. 1.

[10] Im sachlichen Sinne; s. § 52 Ziff. 1.

[11] Beim testamentum calatis comitis, § 65 II. Vgl. Bruck, Die Schenkung auf den Todesfall im griechischen Recht (1909). Verfüg. v. Todeswegen im altgriech. Recht (1909); Z. Entwicklungsgesch. d. Testamentsvollstreckers i. Grünhuts Ztschr. 40, 533.

stehen[12]. Es wird dadurch die gesamte Intestaterbfolge ausgeschlossen (nemo pro parte testatus pro parte intestatus decedere potest).

Von diesem Gewaltrecht machen die Familienväter den häufigsten Gebrauch. Es wird geradezu Sitte, ein Testament zu errichten; die gesetzliche Berufung hat lediglich subsidiären Charakter: für den Fall, daß der Erblasser ohne Testament (intestatus) verstirbt. Der Gedanke der Universalsukzession gilt gerade so, wie für die gesetzliche Erbfolge. Auch der Ernannte soll, nachdem er Erbe geworden ist, die Erbschaft behalten: semel heres semper heres. Endtermine und auflösende Bedingungen bei der Erbeseinsetzung sind ausgeschlossen.

III. Gleichwohl erhielt sich ein Vorzugsrecht der sui, als der nächsten Familienangehörigen des Hausvaters und ehemaligen Mitgenossen des Vermögens in einem Noterbrecht. Sie sind die mutmaßlichen Erben. Sie sollen durch die Testierfreiheit des Erblassers nicht gekränkt, sie sollen später auch nicht ohne gerechten Grund gänzlich enterbt werden können. Dadurch kann unter Umständen ein gesetzliches Erbrecht neben das testamentarische treten.

IV. Die erbrechtlichen Berufungen gliedern sich hiernach in drei Fälle. Jemand wird Erbe durch Testament des Erblassers: successio ex testamento. Oder die Berufung erfolgt durch das Gesetz. Und zwar entweder in Ermangelung eines Testments: d. i. die successio ab intestato. Hier sind in erster Linie die sui heredes berufen. Es gibt aber auch extranei heredes, die agnatischen Seitenverwandten und andere Verwandte, die das Gesetz im weiteren Verlauf in Ermangelung von sui noch berücksichtigt. Endlich gibt es eine gesetzliche Berufung in Widerspruch mit einem Testament: successio contra testamentum, die Noterbfolge (§§ 64—67). — Nur aus didaktischen Gründen stellen wir die Intestaterbfolge voran.

V. Aber noch in einer andern Richtung zeigt sich das Vorrecht der sui, und in minderem Maße auch der übrigen Hausangehörigen des Erblassers (die schon bei

[12] In befehlender Form, z. B. Titius heres esto.

dessen Lebzeiten dem hinterlassenen Vermögen am nächsten standen). Zusammenfassend bezeichnet man sie als domestici heredes, im Gegensatz zu den extranei.

1. Für letztere (also in den meisten Fällen) gilt folgendes. Die Berufung zur Erbschaft, mag sie durch Gesetz oder durch letzten Willen erfolgen, ist zunächst nur eine Bezeichnung des Erben: eine Art Angebot der Erbschaft (durch das Gesetz oder den Testator) an eine bestimmte Person[13], das dieser die Möglichkeit eröffnet, Erbe zu werden. Die Berufung (Delation) macht ihn noch nicht zum Erben. Um Erbe zu werden, ist eine Handlung des Berufenen nötig, der Erwerb (Akquisition) der Erbschaft. Der Erbe ist heres voluntarius. Um ihn zur Annahme zu drängen, schreibt ihm vielfach der Erblasser eine formelle Annahmeerklärung, die mit bestimmten Worten zu geschehen hatte, vor (cretio)[14], indem, wenn die Erklärung nicht binnen bestimmter Frist abgegeben wird[15], der eingesetzte Erbe enterbt wird. Sonst gab es formlose Annahme (aditio hereditatis) durch Handlungen (pro herede gestio), welche den Willen, Erbe zu werden, tatsächlich zum Ausdruck bringen[16], wie Verkauf von Erbschaftsgegenständen, Schuldenzahlung u. dgl. Jetzt ist auch eine Ablehnung der Erbschaft möglich (repudiatio), welche die Wirkungen der Delation beseitigt, also den Berufenen ausschließt. Annahme und Ausschlagung sind unwiderruflich.

2. Dagegen erwerben die sui heredes schon seit

[13] Dieses Angebot, also die Delation, tritt nicht stets schon mit dem Tode des Erblassers ein, sondern kann sich z. B. durch eine Bedingung der Erbeseinsetzung (§ 66 Ziff. IV) hinausschieben.

[14] Solenne Wortformel: adeo (was die Besitzergreifung ausdrückt) cernoque (was die Berechtigung des Ergreifens zum Ausdruck bringt). Bei Widerstand stellte der Prätor seine Hilfe zur Verfügung. S. § 63 (bonorum possessio juris civilis adjuvandi causa). — Im justinianischen Recht gibt es die cretio nicht mehr.

[15] Gewöhnlich von centum dies utiles. Gai. II 165, 170: Ulpian Reg. 22, 27. Eine repudiatio der Erbschaft gab es hier nicht, sondern nur ein praetermittere hereditatem durch Fristversäumnis. Innerhalb der Frist konnte trotz einer repudiatio die cretio immer noch vorgenommen werden.

[16] Die pro herede gestio hat der formlosen Antrittserklärung die Wege geebnet. Sie muß ohne Bedingung und Zeitbestimmung geschehen.

frühester Zeit die Erbschaft unmittelbar (ohne Antretung) und mit Notwendigkeit. Delation und Akquisition fallen also bei ihnen zusammen, mögen sie ab intestato oder durch Testament berufen sein. Dies erklärt sich durch ihre Hausgenossenschaft, ihre Beziehung zum Erblasser und dem vererbten Vermögen (Ziff. I). Darum können sie sich nach Zivilrecht der Erbschaft nicht einmal entschlagen (sie sind necessarii heredes). Später gibt ihnen der Prätor das beneficium abstinendi: geltend zu machen durch Erklärung, worauf er den Erbschaftsgläubigern die Klagen wider den Ausschlagenden versagt. Dagegen geht den sui das Ausschlagungsrecht durch jede Handlung verloren, in welcher eine pro herede gestio zu finden ist.

Die Hausgenossenschaft mit dem Erblasser wirkt noch über den Kreis der sui hinaus auf die in mittelbarer Gewalt des Erblassers gewesenen agnatischen Deszendenten, also Enkel usw. von noch lebenden Söhnen her[17]. Diese beerben den Hausvater zwar nicht ab intestato; aber sie können von ihm zu Erben eingesetzt sein und sind dann (als heredes domestici) gleichfalls necessarii heredes. D. h. die Erbschaft erwirbt ihr Vater: kraft seiner patria potestas über das Kind — aber gleichfalls ipso jure und notwendig.

Entsprechend konnte endlich auch ein Sklave durch Testament des Hausherrn unter gleichzeitiger Freilassung zum Erben eingesetzt werden, und erwarb dann ipso jure und notwendig die Freiheit und die Erbschaft zugleich[18]. Dieser letzte heres domesticus war meist freilich ein Prügelknabe: ein beneficium abstinendi hatte er nicht. Die Einsetzung geschah regelmäßig, damit er die Schulden und den Konkurs der überschuldeten Erbschaft auf sich nehme. Sein eigenes späteres Vermögen wurde in den Konkurs nicht hineingezogen[19].

---

[17] S. o. bei Note 3. — Enkel von einer Tochter her kommen nach Note 2 nicht in Betracht. Sie gehören zum Hause ihres Vaters, nicht ihrer Mutter (hier sind sie nur Kognaten).

[18] Eine schon früh vertretene und von Justinian angenommene Meinung findet in der Erbeseinsetzung stillschweigend die Freilassung. I. 2, 14 pr. S. o. § 53 vor N. 5.

[19] Verschieden davon ist und wirkt die Einsetzung eines fremden Sklaven. Diese ist gültig, wenn man zu seinem Herrn in testamenti factio steht (§ 65 Ziff. I). Dieser kann den Sklaven nach Belieben

§ 63.

II. Bonorum possessio*.

Auch auf dem Gebiet des Erbrechts kehrt der Gegensatz des jus civile und des prätorischen Rechtes wieder. Das Edikt hat aus dunklen Anfängen sich zunächst unterstützend (juris civilis adjuvandi causa) mit der Einweisung des Zivilerben in den Erbschaftsbesitz beschäftigt. So für den heres extraneus, der auf ein Testament zu seinen Gunsten verweist[1]. Oder für den suus heres, der seine Einweisung in den Nachlaß beim Prätor beantragt[2]. Der Prätor gibt dabei die bonorum possessio auch in gewissen Fällen, in denen kein ziviles Erbrecht vorlag (man spricht dort von bon. possessio juris civilis supplendi gratia), so z. B. beim emancipatus, der kein ziviles Erbrecht hatte und beim Fehlen ehelicher Abkömmlinge allein zur prätorischen Folge gelangt (s. § 64 Ziff. I, II). Endlich ist das prätorische Folgerecht vielfach corrigendi juris civilis gratia verliehen worden, z. B. wenn der Agnat sich schon auf Grund des Zivilrechts in den Besitz des Nachlasses gesetzt hat und der prätorische bonorum possessor ein emancipatus ist, der auf Grund des prätorischen Edikts die Einweisung beantragt hatte. — Dabei ist die bonorum possessio von materieller Tragweite (cum re), wenn der prätorische Folger sich gegen ein ziviles Erbrecht aufrecht erhalten kann, wie der emancipatus im letzten Falle. Sie ist sine re, wenn der prätorische Folger dem zivilrechtlichen weichen muß, wie z. B. wenn der Testamentserbe auf Grund zivilen Erbrechts gegen den ab intestato in den Besitz gewiesenen emancipatus vorgeht.

---

erwerben (antreten) lassen, und erlangt damit selbst die Erbschaft. Die Einsetzung des Sklaven war oft praktisch vorteilhafter als die des Herrn (z. B. bei Todesgefahr, bei einem infans usw.). Wäre der Sklave vor dem Erbfall freigelassen, so kann er auch für sich selbst erwerben.

* Leist, Bonorum possessio (2 Bde. 1844, 48) u. in Glück, Pand. 37/38 I—V (1870—79); Schmidt, Ztschr. d. Sav.-Stift. 17, 324 ff.

[1] Wobei es sich nur an das Vorliegen der äußeren Form eines gültigen Testamentes hielt. S. u. § 65 II, Ziff. 2.

[2] Für gewöhnlich ist er schon im Besitz. § 62 I, V Ziff. 2.

Wenn der Prätor den zivilen Berechtigten gegen den prätorischen Folger durchdringen läßt, so läßt er der hereditatis petitio des Zivilerben (§ 69) freien Lauf. Soll dagegen der prätorische bon. possessor geschützt werden, so erhält er die exceptio doli gegen die hereditatis petitio des Zivilerben.

Der prozessuale Rechtsschutz des prätorischen bonorum possessor ist das interdictum quorum bonorum und eine hereditatis petitio utilis. Auf Grund des ersteren kann der bonorum possessor sich in den Besitz der Erbschaftssachen setzen, selbst gegenüber jemand, der ziviler Erbe ist[3] oder durch usucapio pro herede[4] ersessen hat. Ist er im Besitz der Erbschaftssachen, so erwirbt er selbst durch usucapio pro herede ziviles Eigentum an den Erbschaftsgegenständen.

Der Prätor gibt solche bonorum possessio nicht von Amts wegen, sondern nur auf Antrag. Wer zur bon. possessio berechtigt ist, hat 100 Tage, die Deszendenten ein Jahr zur Erbittung (Agnoszierung) der bonorum possessio.

Der Sache nach entsteht hierdurch ein wirkliches prätorisches Erbrecht neben dem zivilen[5], welches den gewandelten Zeitanschauungen Rechnung trägt, so z. B. durch die sukzessive Berufung mehrerer Erbenklassen hintereinander, wenn die erste Berufung erfolglos blieb[6] und durch Berücksichtigung auch der kognatischen Verwandtschaft[7]. Der bonorum possessor sukzediert, genau so wie der Erbe, in das gesamte Aktiv- und Passivvermögen des Erblassers, haftet also als Universalsukzessor für die Erbschaftschulden. Auch

---

[3] Damit war der Prätor auch in der Lage, den testamentarisch berufenen Erben zu zwingen, die Erbschaft anzutreten (wozu es nach Zivilrecht keine Frist gab), indem er sonst den nächsten Intestaterben in den Besitz einwies. Vgl. § 68 I Ziff. 3. — Die bonorum possessio diente dem Prätor weiter dazu, sein eigenes edictum successorium (§ 64 Ziff. II) durchzusetzen.

[4] S. u. § 68 bei N. 12.

[5] Natürlich nur auf Grund der jedesmaligen Einweisung. Eine Annahme durch eigene Handlungen des Berufenen nach Art der pro herede gestio (§ 62 V) und eine Ausschlagung gibt es hier nicht.

[6] Nach Zivilrecht (§ 64 I) fand hier kein Nachrücken der Entfernteren statt. Es galt der Grundsatz: In legitimis hereditatibus non est successio.

[7] S. § 57. So zunächst des emanzipierten Sohnes neben den sui (§ 64 II).

die Berufungsgründe sind dieselben wie für die hereditas (§ 62 IV). Es gibt eine bonorum possessio secundum tabulas auf Grund eines Testamentes. Es gibt eine bonorum possessio intestati in Ermangelung eines Testaments (unter derselben Unvereinbarkeit mit der testamentarischen wie nach Zivilrecht). Endlich gibt es eine bonorum possessio contra tabulas, also ein prätorisches Noterbrecht.

Der durch das Nebeneinanderstehen der zivilen und prätorischen Erbfolge verursachte Dualismus wurde im römischen Recht nie völlig ausgeglichen. Die älteren Kaisergesetze und Senatuskonsulte helfen noch bald der einen bald der anderen nach, und den großen Juristen steht mindestens die theoretische Bedeutung des zivilen Erbrechts noch völlig außer Zweifel. Spätere Kaisergesetze geben dann einigen anfangs nur prätorisch berechtigten Personen (namentlich Kognaten) ein ziviles Erbrecht. Aber der Gegensatz beider Systeme zieht sich bis auf Justinian hin, wenn er auch an Bedeutung verlor. Z. B. die Agnition der bonorum possessio wird zu einer Form des Erbschaftsantritts (aditio) durch Erklärung vor dem Richter. In Justinians Institutionen, den Pandekten und dem Kodex stehen die Institute sich noch gegenüber. Erst in seinen Novellen hat Justinian eine durchgreifende Reform des Erbrechts vollzogen, in der er auf die beiden Bestandteile des früheren Rechts keine Rücksicht mehr nimmt. Trotzdem bleibt einiges von ihnen durch die Neuerung ungedeckt. Aus diesen Gründen zeigt selbst das neueste römische Erbrecht noch eine etwas altertümliche Gestalt.

Anhang zur Hereditas und Bonorum possessio.

Für das deutsche Recht konnte auf die Herkunft der einzelnen erbrechtlichen Bestimmungen (aus dem zivilen oder prätorischen Rechte) nichts mehr ankommen. Die meisten Fälle des letzteren waren zu zivilen geworden, die Restfälle standen ohne organischen Zusammenhang daneben. Man hatte

I. das Prinzip der Universalsukzession, also die Vererbung des Nachlasses als eine Einheit in schroffster Form. Dasselbe überwand die deutschrechtliche Auffassung wonach die Güter (Heergewäte, Gerade, Lehen, Allod) in verschiedene Hände gingen, nicht ganz. Für Stammgüter, Familienfideikommisse, Bauergüter (Anerbenrecht) blieb es partikularrechtlich beim alten. Das BGB. hat die Universalsukzession angenommen (§ 1922), aber jene partikularrechtlichen Ausnahmen belassen (Art. 59, 64 BGB.).

2. Hand in Hand damit geht die unbeschränkte Haftung des Erben für die Schulden des Nachlasses. Auch sie setzte sich durch (so auch in § 1967 BGB.), und überwand die entgegengesetzte deutschrechtliche Anschauung, wonach die Schulden auf den Gütern lasten, so daß der Empfänger derselben nur mit diesen (also beschränkt) haftete. Aber die Erlangung der beschränkten Haftung, die Justinian (§ 69 Ziff. III) als ein beneficium gewährte, ist ein festes Recht des Erben geworden, worauf er, wenn er sich entsprechend benimmt und den Bestand des Empfangenen einwandfrei klarstellt, unbedingt Anspruch hat. S. §§ 1975 ff. BGB.

3. Der Satz nemo pro parte testatus pro parte intestatus decedere potest (§ 62 Ziff. II), den schon die Römer z. B. bei Soldaten nicht festhielten, widersprach der Ziff. 1 besprochenen deutschrechtlichen Anschauung und wurde partikularrechtlich beseitigt. Ebenso §§ 2087, 2088 BGB.

4. Hinsichtlich des Erwerbs der Erbschaft (mit der Konsequenz der Schuldenhaftung) hatte man das Prinzip des Erbschaftsantritts für extranei, den Erwerb ipso jure (unter Ausschlagungsbefugnis) für die sui et necessarii heredes (§ 62 Ziff. V), endlich den Erwerb durch gerichtlichen Akt bei der bonorum possessio. In Deutschland mußte man eines dieser Systeme bevorzugen. Die Entscheidung ist auf Grund des altdeutschen Prinzips: „Der Tote erbt den Lebendigen" (le mort saisit le vif), dem schon die hauptsächlichsten Partikularrechte gefolgt waren, im BGB. zugunsten des unmittelbaren Anfalls der Erbschaft erfolgt: also Erwerb ipso jure (mit Ausschlagungsbefugnis) für alle Erben, sowohl die gesetzlichen, wie die testamentarischen, und die in Deutschland hinzugetretenen durch Erbvertrag eingesetzten Erben (§§ 1922, 1942 ff.). Römischrechtlich gesprochen stehen also die Erben heutzutage in dieser Beziehung den sui heredes gleich. — Doch gilt dies Prinzip des § 1922 praktisch auch nur für die nächsten Verwandten. Entferntere, und insbesondere auch die eingesetzten Erben müssen sich auch heute regelmäßig, durch die gerichtlichen Prozeduren der Nachlaßsicherung, Nachlaßverwaltung, Testamentseröffnung und Erteilung eines Erbscheins hindurch, in den Besitz des Nachlasses einweisen lassen. Der Gedanke der bonorum possessio ist also noch keineswegs tot oder überlebt. Ähnlich hat ihn das französische Recht in der Unterscheidung der (nächsten) Erben und Erbfolger (Art. 723, 766 C. c.) resp. testamentarisch Eingesetzten (vorbehaltlich des einzigen Falles in Art. 1006 C. c.) konserviert. Die letztgenannten haben nicht die Erbschaftsgewere, sondern müssen sich in den Besitz einweisen lassen.

§ 64.
III. Die Berufung zur Erbfolge.
1. Intestaterbfolge.

I. Zur gesetzlichen Erbfolge, die nur eintritt, wenn ein Testament nicht errichtet, ungültig oder unwirksam ist (§ 65 III), berief das Zivilrecht in erster Linie die sui heredes, also die agnatischen Deszendenten des Erblassers, die in seiner unmittelbaren Gewalt gestanden hatten und durch seinen Tod homines sui juris werden (§ 62 Ziff. I). Ihr Erwerb wird als selbstverständlich angesehen und erfolgt ipso jure. Emanzipierte nehmen nicht teil, selbstverständlich auch nicht Enkel von noch lebenden Söhnen; wohl aber ein postumus: ex justis nuptiis (§ 55 Ziff. 1), und Enkel von verstorbenen und emanzipierten Söhnen. Auch Haustöchter gehören dazu, aber nicht Enkel von vorverstorbenen Töchtern[1]. Adoptierte sind sui. Die sui sukzedieren nach Kopfteilen (in capita), in den entfernteren Graden nach Stammteilen (in stirpes), d. h. diese erben zusammen, was ihr verstorbener parens erhalten hätte.

In Ermangelung von sui war der nächste Agnat berufen[2], z. B. der Bruder; mehrere gleich nahe zusammen. Agnatische Schwestern (consanguineae) werden berücksichtigt, aber keine Nichten (lex Voconia). Ein Emanzipierter hat keine Agnaten (nur sui). An die Stelle tritt hier sein manumissor resp. dessen agnatische Abkömmlinge. Ebenso bei anderen Freigelassenen.

In Ermangelung von Agnaten berief das älteste Recht, in Erinnerung an den ursprünglichen Geschlechterstaat (§ 62 I), die Mitglieder der gens[3], was in der Kaiserzeit verschwunden ist.

---

[1] S. § 62 Note 2. Die uxor in manu ist gleich einer Haustochter. — Über das Erbrecht der Frauen im alten Rom s. Kübler, Ztschr. d. Sav.-Stift. 41, 15 ff.

[2] S. dazu Lenel, Rechtsstellung des prox. adgnatus i. d. Ztschr. d. Sav.-Stift. 37, 129. — Diese zweite Klasse ist für die Erbfolge nach einer Frau die erste, da Frauen keine sui haben können (§ 62 Note 2).

[3] Über die Gentilen s. Mommsen, Röm. Staatsrecht III 9 ff., 27 ff.; Bernhöft, Ztschr. f. vergl. Rechtswiss. 36, 99.

Daß nur eine einmalige Delation erfolgte (ein Nachrücken Entfernterer nicht stattfand), ist schon erwähnt[4].

II. Erhebliche Verbesserungen brachte das prätorische Edikt mit seiner bonorum possessio intestati. Hier wird schon kognatische Verwandtschaft mitberücksichtigt und ein Nachrücken ermöglicht.

1. Es werden sukzessive vier Klassen von Erbberechtigten berufen.

a) Ex edicto: Unde liberi (bon. poss. petere possunt) zuerst wieder die sui[5], aber einschließlich derjenigen leiblichen Abkömmlinge, die sui sein würden, wenn keine capitis deminutio minima stattgefunden hätte[6], vor allem der emancipati[7]. Sie teilen die Erbschaft wie die sui des Zivilrechts.

b) Ex edicto: Unde legitimi sind berufen (wenn sich innerhalb der Agnitionsfrist keine liberi melden) die zivilen Intestaterben: also die sui noch einmal, sodann die Agnaten (Ziff. I). Später, als durch die Gesetzgebung auch einzelne kognatische Verwandte ein Intestaterbrecht erhielten (III), werden sie an dieser Stelle auch zur bonorum possessio gerufen.

c) Als dritte Klasse sind ex edicto: Unde cognati (nachdem die Agnitionsfrist für die legitimi verstrichen ist) die Blutsverwandten des Erblassers berufen, und zwar bis zum 6. Grade einschließlich, aus dem 7. Grade die Kinder von Geschwisterenkeln (sobrino sobrinave natus). Entscheidend ist die Gradesnähe. Mehrere gleich nahe teilen nach

---

[4] S. § 63 N. 6 über die prätorischen Hilfsmittel. — Aber der gesetzliche Erbe, der nicht antreten wollte, konnte nach Zivilrecht die Erbschaft durch in jure cessio auf einen anderen übertragen. § 68 I Ziff. 2.

[5] Keineswegs werden also hier bereits alle Blutsverwandten berücksichtigt. Z. B. die Mutter hat keine liberi in diesem Sinne.

[6] Also keine emanzipierten Adoptivkinder. Auch nicht wer, als in Adoption gegebenes Kind, in einer neuen familia steht.

[7] Da hier eine Unbilligkeit eintrat, wenn der Sohn emanzipiert, die Enkel von diesem Sohn in der väterlichen Gewalt zurückgeblieben waren (indem in solchem Falle alle nebeneinander erbten), so schrieb das sog. edictum de conjungendis cum emancipato liberis eius (Julian) vor, daß der Emanzipierte mit seinen Kindern nicht mehr bekommen soll, als wie er ohne die Emanzipation erhalten hätte. Er selbst bekommt davon die Hälfte, das andere teilen die Kinder. — Einer anderen Unbilligkeit wurde durch die collatio emancipati (s. u. § 70 II) abgeholfen.

Köpfen. Da hier nur Blutsverwandtschaft in Betracht kommt, werden nicht nur emanzipierte, sondern auch in Adoption gegebene Kinder berücksichtigt[8]. Die Mutter wird von ihren Kindern beerbt, und die Deszendenten der Töchter erben mit. Die Mutter erbt, aber erst nach den Kindern, neben dem Vater[9].

d) Nach den Kognaten erhielt ex edicto: Unde vir et uxor der überlebende Ehegatte die Erbschaft, vorausgesetzt, daß das justum matrimonium bis zum Tode bestanden hat[10].

2. Zufolge des Nachrückens wird die Erbschaft jeder folgenden Klasse immer erst dann angeboten, wenn in der früheren niemand vorhanden ist oder die Einweisung innerhalb der Frist nachgesucht hat (successio ordinum). Wo Gradesnähe entscheidet, wie in Klasse c, findet auch in der Klasse selbst ein Nachrücken statt, wenn die Näheren die Einweisung nicht nachsuchen (successio graduum)[11].

III. Gesetze der Kaiserzeit haben das zivile Erbrecht zugunsten kognatischer Verwandten fortgebildet. So gab das SC. Tertullianum (unter Hadrian) der Mutter, falls sie das jus liberorum hat[12], ein gesetzliches Erbrecht in das Vermögen ihrer Kinder in der Klasse der Agnaten: hinter Abkömmlingen, dem Vater und agnatischen Brüdern des Verstorbenen, aber zusammen mit agnatischen Schwestern. Weiter ging das SC. Orfitianum (aus der Zeit Mark Aurels), das den Kindern ein Erbrecht gegen die Mutter, und zwar an erster Stelle gab (dadurch gelangt zuerst das Muttervermögen in die väterliche Familie, und auch die uneheliche Verwandtschaft zwischen Mutter und Kind erfährt Berücksichtigung. Unter Valentinian II. und Theodosius erhalten die Kinder mit gewissen Einschränkungen auch ein Erbrecht gegen ihre mütter-

---

[8] Die uxor in manu erbt hier nicht mit. — Der Emanzipierte schließt seine Kinder aus.

[9] Der Übelstand war nur, daß die Berufung an so schlechter Stelle erfolgt. Der entfernteste Agnat schließt die Kognaten aus.

[10] Aber ohne Rücksicht auf manus.

[11] War der Verstorbene ein Freigelassener, so kam (nach verwickelten Grundsätzen) auch noch dessen Patron und Familie in Betracht.

[12] S. darüber o. § 58 Note 19. Justinian hat die Bedingung beseitigt.

lichen Aszendenten. In der Seitenlinie blieb es vorerst noch beim Vorrecht der Agnaten. Doch sollen unter Anastasius (498 n. Chr.) die emanzipierten Geschwister neben den agnatischen erben (wenn auch nur die Hälfte). Auch Justinian schloß sich zunächst noch mit Detailbestimmungen an[13].

IV. Endlich hat Justinian durch seine Reform der Intestaterbfolge in Nov. 118 u. 127 den Einfluß der Hausgewalt auf das Erbrecht aufgehoben und die Verwandtenerbfolge lediglich auf die Blutsverwandtschaft gegründet. Diese Sukzessionsordnung kommt daher auch zur Anwendung, wenn ein in väterlicher Gewalt befindliches Hauskind verstirbt und bona adventicia hinterläßt (§ 54). Das Hauskind wird insofern wie ein pater familias beerbt; sein Vermögen fällt also an seine eigenen Kinder (Ziff. 1 a): nur daß der Gewalthaber Verwaltung und Nutzung daran erhält (§ 54 III Ziff. 2 c). Ebenso steht die Beerbung von Vater und Mutter gleich.

1. Die Verwandten werden nach Gradesnähe (und in infinitum) berufen. Daneben werden sie in vier Klassen geteilt, entsprechend der sittlichen und sozialen Zusammengehörigkeit. Auch findet ein Nachrücken: der entfernteren Verwandten in derselben Gruppe (successio graduum) und sodann der folgenden Gruppe statt (successio ordinum). Ein Angehöriger der früheren Klasse schließt alle späteren aus.

a) In der ersten Klasse sind sämtliche Deszendenten des Erblassers berufen; entferntere Deszendenten natürlich nur, wenn kein näherer, durch den sie vom Erblasser abstammen, vorhanden ist. Die Deszendenten ersten Grads teilen nach Köpfen, die anderen nach Stämmen[14]. Ein Adoptierter beerbt seine leiblichen Eltern und den Adoptivvater[15].

---

[13] So hob er für das SC. Tertullianum die Bedingung des jus liberorum und beim Gesetz des Anastasius die Beschränkung des Erbteils der emanzipierten Geschwister auf. Er beseitigte die Zurücksetzung der weiblichen Agnaten, und den Vorzug der agnatischen vor den kognatischen Geschwistern (CC. 6, 58, 14. 15) usw.

[14] Entsprechend der ersten Parentel des deutschen Rechts. Cf. § 1924 BGB.

[15] Die ersteren als leiblicher Kognat, — den letzteren, da die Agnation nach § 57 auch kognatische Rechte verleiht. S. auch § 55 über die Wirkungen der Adoption.

b) Sind keine Deszendenten vorhanden, so erben (in der zweiten Klasse) die Aszendenten, und zwar nach Gradesnähe, also zunächst Vater und Mutter, in Ermangelung beider die Großeltern; daneben die vollbürtigen Geschwister und Kinder vorverstorbener vollbürtiger Geschwister. Unter Großeltern allein wird die Erbschaft nach Linien geteilt, die eine Hälfte für die väterlichen, die andere für die mütterlichen Großeltern. Sind dagegen Aszendenten und Geschwister berufen, oder Geschwister allein, so teilen sie nach Köpfen. Die Kinder vorverstorbener Geschwister erhalten deren Stammteil.

Sind nur Geschwisterkinder (also Neffen und Nichten des Erblassers von verschiedenen Geschwistern desselben) vorhanden, so bestand schon bei den Glossatoren Streit, ob diese nach Stammteilen (Accursius) oder nach Köpfen (Azo) berufen seien. Ersteres war die allein konsequente, letzteres erschien als die billigere Meinung. Sie wurde durch den Reichsabschied zu Speyer v. J. 1529 für das gemeine Recht gesetzlich festgelegt [16].

c) Die dritte Klasse bilden die halbbürtigen Geschwister des Erblassers und Kinder vorverstorbener halbbürtiger Geschwister, ohne Rücksicht ob von Vaters- oder Mutterseite. Teilung wie bei den vollbürtigen Geschwistern.

d) Endlich folgen sämtliche übrigen Seitenverwandten. Der dem Grade nach nächste schließt die anderen aus. Gleich nahe teilen nach Köpfen [17].

2. Durch diese Neuordnung wurde das System der hereditas und bonorum possessio intestati absorbiert. Aber nur für die Verwandtenerbfolge, da Justinian diese allein geregelt hat. Das Erbrecht des überlebenden Ehegatten hinter den Verwandten blieb nach dem edictum Unde vir et uxor bestehen.

---

[16] Umgekehrt wurde in manchen Partikularrechten die zweite römische Erbklasse durch Ausscheidung der entfernteren Aszendenten zur zweiten deutschrechtlichen Parentel (Eltern des Erblassers und deren Abkömmlinge) umgestaltet. Vgl. auch § 1925 BGB.

[17] Dagegen hat das deutsche Recht, und so auch § 1926 BGB. in der dritten Parentel (bei den Großeltern des Erblassers und deren Abkömmlingen) die Teilung nach Stämmen fortgesetzt. Erst in den weiteren Parentelen (§§ 1928, 1929) läßt das BGB. unter den Abkömmlingen Gradesnähe entscheiden, weil die Stammteilung hier zu einer Pulverisierung der Erbschaft führen würde.

Ferner gab Justinian der armen Witwe neben den Verwandten eine Forderung auf ein Viertel des Nachlasses ihres vermögenden Gatten (bei Konkurrenz von mehr als 3 Kindern auf ein Kopfteil, und wenn es ihre eigenen Kinder sind, bloß auf den Nießbrauch dieser Portion), vorausgesetzt daß die Ehe bis zum Tode bestand [18].

Dagegen hatte es in den germanischen Rechten, wenn auch in verschiedener Ausbildung, ein eigentliches Erbrecht des überlebenden Ehegatten gegeben. Dasselbe erhielt sich auch nach der Rezeption in den Partikularrechten als sog. portio statutaria (Statut ist das betr. Landesrecht). § 1931 BGB. gibt dem Ehegaten neben den Verwandten ein Intestaterbrecht.

3. Konkubinenkinder erhielten durch Justinian ein außerordentliches Erbrecht auf ein Sechstel des Vermögens ihres pater naturalis [19], wenn letzterer weder eine Frau noch eheliche Kinder hinterließ. Die uneheliche Mutter partizipiert mit einem Kopfteil [20].

4. Einem Freigelassenen soll zunächst seine leibliche Deszendenz, beim Fehlen der Patron und seine Deszendenten, und in deren Ermangelung seine Seitenverwandten bis zum fünften Grad einschließlich folgen. — Das Erbrecht des parens manumissor ist aufgehoben; die Beerbung des Emanzipierten erfolgt nach Ziff. 1.

§ 65.

2. Testamentarische Erbfolge.

a) Testamentserrichtung.

Schon nach ältestem Recht kann der Hausvater sich den Erben selbst bestimmen. Diese Ernennung und die Ausschließung der gesetzlichen Erben kann nur durch Testament geschehen.

Die Erbeseinsetzung ist ausschließlich, duldet also grundsätzlich keine gesetzliche Erbfolge [1] neben

[18] Nov. 53, 6; Nov. 117, 5. Die „Quart" der armen Witwe ist sogar ein unentziehbares Recht. § 67 i. f.

[19] Die Mutter beerben sie in regulärer Weise als Kognaten. S. o. Ziff. III u. § 58 N. 12.

[20] Nov. 18, 5; Nov. 89, 12.

[1] Eine Noterbfolge kann daneben vorkommen. S. u. § 67 N. 5. Auch im Fall abweichender Urteile kann es zu einer Konkurrenz beider Beerbungen kommen, D. 5, 2, 15, 2. Für Soldatentestamente

sich (§ 62 Ziff. II). Folgeweise muß, wenn durch das Testament dem Eingesetzten nur Teile des Nachlasses zugewiesen sind oder ein ernannter Miterbe wegfällt, das Zugewiesene sich erhöhen[2], eventuell bis zum Betrage des ganzen Nachlasses. Denn darauf ist immer grundsätzlich eingesetzt. Nur durch die verschiedenen Arten der Vermächtnisse (§§ 71 ff.) können dem Erben Abzüge auferlegt sein, die freilich die Erbschaft erschöpfen können[3]. Weil der Erbe als Universalsukzessor das Gesamtvermögen bekommt, ist die Erbeinsetzung auf eine Einzelsache (institutio ex re certa) ein innerer Widerspruch (§§ 66 Ziff. I).

Wie die Beerbung nicht gleichzeitig aus Gesetz und einem Testament erfolgen kann, so kann sie auch nicht gleichzeitig aus mehreren Testamenten erfolgen. Vielmehr hebt jedes Testament schon durch sein Dasein ein älteres auf, auch wenn der Inhalt beider sich miteinander vereinigen ließe (s. dazu Ziff. III). Anders nur bei Soldatentestamenten. Der Zwang, wegen jeder geringfügigen Änderung ein neues Testament machen zu müssen, entfiel erst durch die in der Kaiserzeit aufgekommene Einrichtung der Kodizille, durch die Vermächtniszuwendungen in Form von Fideikommissen, Ernennung eines Vormunds, Freilassungen nachträglich gültig erfolgen können. Von den Kodizillen s. u. § 71.

I. Das Recht eines römischen Bürgers, ein Testament zu errichten oder darin bedacht zu werden[4], heißt testamenti factio.

1. Die Fähigkeit zur Errichtung (test. factio activa) ist Ausfluß der Hausgewalt, fehlt also den Hauskindern (ab-

---

gilt die Regel: nemo pro parte . . . . überhaupt nicht. Daher heißt die Regel vollständig: nemo ex paganis pro parte testatus pro parte intestatus decedere potest. Pagani sind Nichtsoldaten.

[2] Im letzteren Fall spricht man von Anwachsung (Akkreszenz). S. u. § 70 III. — Anders bei Einsetzung eines Substituten an Stelle des Weggefallenen (§ 66 Ziff. V).

[3] Gegen ein Übermaß in dieser Hinsicht hat die lex Falcidia Vorsorge getroffen. S. u. § 73 II.

[4] Man spricht auch von einer testamenti factio der Zeugen der Testamentserrichtung (Ziff. II). Diese müssen römische Bürger, männlichen Geschlechts, mündig sein und nicht unter cura furiosi oder prodigi stehen. Ebensowenig dürfen besondere Gründe der Zeugnisunfähigkeit bei ihnen vorliegen. S. I. 2, 10, 6. 9 ff.

gesehen von ihrem peculium castrense und quasi castrense). Das Testierrecht muß im Augenblick der Testamentserrichtung und des Todes vorhanden sein. Unfähig zur Errichtung sind auch Unmündige, Geisteskranke, abgesehen von lichten Augenblicken, entmündigte Verschwender[5], und wer den Formvorschriften (Ziff. II) nicht genügen kann, z. B. taubstumm Geborene. Der pubes minor ist testierfähig (§ 61).

2. Die Fähigkeit, zum Erben eingesetzt zu werden, (test. factio passiva) ist mehr als die allgemeine Erbfähigkeit (§ 62 N. 1). Man geht davon aus, der Erblasser müsse sich die Person des Erben genügend vorstellen können. Die testam. factio passiva muß demnach im Augenblick der Testamentserrichtung, und sodann von der Berufung bis zum Erbantritt bestehen[6]. Doch wird zugelassen, daß sich der Eingesetzte bei der Berufung noch im Mutterleibe befindet (§ 50 Ziff. 6), — es dürfen Sklaven (§ 62 i. f.) und auch juristische Personen (hauptsächlich des öffentlichen Rechts und fromme Stiftungen) als Erben eingesetzt werden. § 51 i. f.

II. Die Art der Errichtung (Testamentsform) war im alten Zivilrecht, dem prätorischen und späteren Recht verschieden.

1. Zivilrechtlich gab es ursprünglich nur die öffentliche Form, die Ernennung des Erben vor der Volksversammlung (calatis comitiis) nach Art der Arrogation[7]. Im Kriege auch seitens des Soldaten vor der Schlachtreihe (in procinctu). Ein Privattestament kommt später in der üblichen Verkaufsform: per aes et libram vor. Der Erblasser überträgt durch mancipatio (§ 12 I) vor 5 Zeugen und dem libripens für einen Scheinpreis seinen Nachlaß (familia) an einen Vertrauensmann (familiae emptor),

[5] Das vorher errichtete Testament bleibt hier gültig, D. 37, 11, 1, 9. — Frauen, die sui juris waren, konnten seit Hadrian unter erzwingbarer auctoritas ihres Vormunds testieren (mit Kinderprivileg auch allein). Mit Wegfall der Geschlechtsvormundschaft fiel die ganze Beschränkung. Dagegen kamen solche für Häretiker und Apostaten auf.

[6] S. Fr. Schulz, Die Lehre von den drei Momenten i. Ztschr. d. Sav.-Stift. 35, 112 ff.

[7] S. § 55 Ziff. 3 a, § 62 N. 11. Eine Art Sohnesannahme von Todeswegen. Vgl. Mommsen, R. Staatsrecht III 39.

der ursprünglich wohl selbst der Erbe, bald aber ein Treuhänder war, der zufolge der den Akt begleitenden nuncupatio des Erblassers den Nachlaß oder einzelne Teile desselben den vom Erblasser bezeichneten Personen auszuantworten hatte[8]. Aus dem Treuhänder (der Eigentümer der Nachlaßsachen wurde) ist in den historischen Quellen eine bloße Urkundsperson geworden, die nur der Form wegen (dicis causa) die Manzipationsworte spricht. Die einzelnen Verfügungen des Erblassers konnten schriftlich geschehen: in tabulis, die verschlossen und von allen Mitwirkenden mit dabei gesetztem Namen gesiegelt wurden[9]. Es waren praktisch einseitige letztwillige Verfügungen.

2. Aus diesem zivilrechtlichen entwickelte sich das prätorische Testament, als Grundlage einer bonorum possessio secundum tabulas. D. 37, 11. Der Prätor legt auf den Manzipationsvorgang (der auch auf anderen Gebieten längst ein Formalismus geworden war) kein Gewicht mehr. Es genügt ihm, wenn ein mit sieben Siegeln verschlossenes, äußerlich formgerechtes Testament vorgelegt wird. Die 7 Personen (5 Zeugen, libripens und familiae emptor[10], welch letztere damit auch zu bloßen Zeugen herabsinken) deuten den alten Vorgang an, auch wenn keine mancipatio stattgefunden hat. Die Testamentserrichtung wird damit eine einseitige Erklärung des Testators vor 7 Zeugen. Der Eingesetzte erlangt bonorum possessio, seit Antoninus Pius auch gegen den heres legitimus, der ihm die Erbschaft abnehmen will, eine Einrede. Damit ist die neue Testamentsform durchgesetzt.

3. Theodosius II schuf dann durch Verschmelzung der zivilen und prätorischen Bestandteile das ordentliche Privattestament der späteren Zeit, das mündlich oder

---

[8] Verwandt mit dem Salmann des deutschen Rechts, — als Vollstrecker des letzten Willens auch wohl mit einem Testamentsvollstrecker. Vgl. Appleton, Testament romain (1903) 110 ff.; Bruck i. Grünhuts Ztschr. 40, 533 ff.; Weiß, Ztschr. d. Sav.-Stift. 42, 102.

[9] Das Buch mit sieben Siegeln! — Vgl. Hölder, test. per. aes et libram Ztschr. d. Sav.-Stift. 1, 67 ff.; Wenger, Über Stempel u. Siegel, das. 42, 611 ff., 624.

[10] Bruns, Verm. Schr. II 138; Mitteis, R. Privatr. I 295 N. 16.

schriftlich errichtet werden kann. Die Errichtung erfolgt vor 7 Zeugen, die römische Bürger, frei[11], männlichen Geschlechts, vollkommen handlungs- und wahrnehmungsfähig sein müssen, nicht mit dem Testator oder Erben durch väterliche Gewalt verbunden (N. 4) und speziell geladen sind. In deren Gegenwart muß der Testierakt ohne Unterbrechung vollzogen werden (unitas loci, temporis et actus). Entweder mündlich durch Erklärung des letzten Willens an die Zeugen, oder schriftlich durch Vorlegung einer Urkunde, mit Erklärung, daß darin der letzte Wille enthalten sei, darauf durch Unterschrift des Testators[12] und der Zeugen[13] nebst ihrer Siegelung[14].

Nachdem die Kodizille aufgekommen waren (§ 71), wurde es zulässig, auf eine spätere Urkunde zu verweisen, in welcher der Erbe oder sonst Bedachte bezeichnet werden soll (testamentum mysticum). D. 28, 5, 78. Damit dispensiert sich der Erblasser gewissermaßen selbst von der Testamentsform und hält seinen letzten Willen, damit er nicht bekannt werde, zurück. Ein ungesunder, die Rechtssicherheit gefährdender Gedanke[15].

Daneben kommen privilegierte Formen auf: so für Soldaten (seit Justinian nur während des Feldzugs), wo jede formlose mündliche oder schriftliche Erklärung genügt[16], — zur Zeit einer Epidemie (test. tempore pestis conditum), wo die Zeugen nicht gleichzeitig zu erscheinen brauchen, — auf dem Lande (test. ruri conditum), wo im

---

[11] Probabeler Irrtum soll jedoch nicht schaden. C. 6, 23, 1.

[12] Kann der Testator nicht schreiben, so muß ein octavus subscriptor zugezogen werden.

[13] Nach einem SC. Libonianum sind Verfügungen zugunsten des Testamentsschreibers ungültig.

[14] Aus der unitas actus wird hergeleitet, daß gemeinschaftliche Testamente bei den Römern unmöglich gewesen seien (neuerdings bestritten). Jedenfalls erhellen einige Spuren sogar von Erbverträgen aus der ägyptischen Papyri. Mitteis, Grundz. d. Papyruskunde 241.

[15] Trotzdem ist die Gültigkeit von „Nachzetteln" auch im gemeinen Recht behauptet worden, wobei man außer acht ließ, daß für die Kodizille (und zwar solche jeder Art) im späteren Kaiserrecht bestimmte Formen vorgeschrieben sind (§ 71 I Ziff. 2). Unser BGB. hat den Nachzetteln ein Ende gemacht. § 2238 kennt aber eine Testamentsform, bei welcher der letzte Wille verschlossen eingereicht werden kann.

[16] Vgl. Fitting, Z. Geschichte des Soldatentestaments (1866).

Notfalle 5 Zeugen genügen[17], und bei Vergabungen an die Deszendenten (test. parentis inter liberos), wo 2 Zeugen oder ein eigenhändiger datierter Schriftsatz ohne Zeugen genügt[18]. Verschieden davon ist die bloße divisio inter liberos[19].

Schließlich entsteht auch eine neue Form des öffentlichen Testamentes: entweder durch Überreichung der Testamentsurkunde an den Kaiser (testamentum principi oblatum), oder zu gerichtlichem Protokoll (testamentum aput acta conditum).

III. Das Testament ist ungültig (nullum, injustum), wenn es bei seiner Errichtung an einem wesentlichen Mangel leidet, z. B. in Ansehung der Testierfähigkeit oder der Form[20]. Fällt die testamenti factio des Testators durch capitis deminutio hinweg, so wird es vernichtet (test. irritum), kann aber prätorisch wiederaufleben, wenn der Testator, z. B. durch Entlassung aus der fremden Gewalt, die testamenti factio zurückerlangt[21]. Verschieden davon ist die Anfechtbarkeit bei gewissen Verstößen gegen das Pflichtteilsrecht[22], und die Unwirksamkeit, wenn keiner der im Testamente Eingesetzten Erbe wird, z. B. weil sie verstorben oder nicht erwerbfähig sind, oder ausschlagen (test. destitutum). Mit der Ausschlagung des Erben fällt das Testament samt den darin angeordneten Vermächtnissen zusammen[23]. Erfolgte die Ausschlagung absichtlich, um die Legate zu Fall zu bringen und ab intestato anzutreten, so gab der Prätor den Vermächtnisnehmern eine Klage (D. 29, 4).

---

17 Umgekehrt muß beim Blindentestament (ähnlich wie Note 12) ein achter Zeuge zugezogen werden.

18 An diese letztere Form und an eine in das Corpus juris nicht übergegangene weströmische Testamentsform Valentinians III., wonach ein Testament überhaupt auch ohne Zeugen gültig war, wenn es ganz von der Hand des Testators geschrieben ist (Nov. Valent. III 20, 2, 1), knüpft das moderne holographische Testament des Code civil Art. 970 und des BGB. § 2231 Ziff. 2 an.

19 S. darüber u. 71 bei Note 15 u. § 75 N. 1 u. Zit.

20 Oder wegen gewisser Verstöße gegen das Noterbrecht (Übergehung eines suus) § 67 I.

21 Dies kommt nach dem BGB. nicht mehr vor.

22 Die querella inofficiosi testamenti (§ 67 II) ist eine Anfechtungsklage. — Heutzutage kommt die Anfechtbarkeit in breiterem Umfange vor. §§ 2078 ff. BGB.

23 Dies gilt nach BGB. nicht mehr. S. § 2085. — Römisch konnte der Effekt eventuell mittelst der Kodizillarklausel (§ 71) abgewendet werden.

Schließlich können Testamente nachträglich vernichtet werden (test. ruptum). Nach älterem Recht durch Anwachsen eines postumus (suus heres), dem der Testator keine Beachtung geschenkt hatte (§ 67 I), und allgemein durch Widerruf des Testaments. Dieser liegt in Errichtung eines neuen Testamentes [24], sofern sich nicht die alte Verfügung als kodizillarische (§ 71) Belastung des neuen Erben auffassen und inhaltlich neben der neuen halten läßt. D. 28, 3, 12, 1; D. 36, 1, 30. Ein Widerruf ohne neue Verfügung liegt in absichtlicher Zerstörung der Testamentsurkunde resp. ihres Verschlusses [25]. Justinian gestattet nach zehn Jahren seit der Errichtung auch eine einfache Widerrufserklärung vor Gericht oder drei Zeugen [26].

IV. Die im neuesten röm. Recht entwickelten Testamentsformen sind rezipiert, doch spielte das Privattestament vor sieben Zeugen in Deutschland kaum eine Rolle. Es wurde in der Notariatsordnung von 1512 näher erläutert. Dagegen kamen besonders die gerichtlichen Testamente auf: sowohl durch Erklärung des letzten Willens des Erblassers zu gerichtlichem Protokoll, als auch durch Überreichung einer den letzten Willen enthaltenden (offenen oder verschlossenen) Urkunde an das Gericht, unter Protokollierung der Übergabe. Ähnlich § 2231 Ziff. 1 BGB.

Daneben entwickelte sich das holographische Testament, Note 18.

Ferner führte die Erbeinsetzung durch Ehegatten in Deutschland zur Zulassung gemeinschaftlicher Testamente, auch in weiterem Umfang. Entweder die Verfügungen werden rein äußerlich verbunden (testamenta simultanea), oder es findet eine gegenseitige Einsetzung statt (testamenta reciproca); möglicherweise so, daß die beierseitigen Verfügungen voneinander abhängig sein sollen (testamenta correspectiva). Wegen der Gefährlichkeit schränkt § 2263 BGB. die gemeinschaftlichen Testamente wieder streng auf Ehegatten ein.

Daneben hatte es in Deutschland auch Erbverträge gegeben [27], die sich gegenüber dem Corpus juris (teilweise unter Berufung auf die privilegia militum) behaupteten. Hier bindet sich

---

[24] Ohne besondere Aufhebungserklärung und selbst bei Vereinbarkeit der Verfügungen. S. o. vor Ziff. I. Anders bei Soldaten und heute allgemein nach BGB. § 2258.

[25] Mittelst bonorum possessio cum re zugunsten der Intestaterben durchzusetzen. S. Krüger, Ztschr. d. Sav.-Stift. 1, 53 ff.; 7 II 91; 8, 109.

[26] S. heute §§ 2254, 2255 BGB.

[27] Übrigens auch schon im Hellenismus. Mitteis, Papyrusk. II 241 ff.

der Erblasser zu einer bestimmten Vergabung seines Nachlasses. In den meisten Landesrechten wurde dafür gerichtliche oder wenigstens schriftliche Form verlangt. BGB. § 2276 verlangt gerichtlichen Abschluß. Auch hier gibt es gegenseitige und korrespektive Verfügungen.

Zur Ausführung der testamentarischen und erbvertragsmäßigen Anordnungen können Testamentsvollstrecker[28] eingesetzt werden. § 2197 ff. BGB.

§ 66.

b) Inhalt des Testaments.

I. Das Testament muß eine Erbeseinsetzung enthalten. Fehlt diese, oder ist sie durch Tod oder Ausschlagung infirmiert (§ 65 III), so ist das ganze Testament ungültig. Die heredis institutio ist caput et fundamentum testamenti. An der Spitze des Testaments braucht sie jedoch seit Justinian nicht mehr zu stehen. Seit Konstantin sind keine Befehlsworte mehr nötig, sondern es genügt deutliche Bezeichnung einer bestimmten Person (§ 65 I Ziff. 2). Soll die Individualität sich erst später herausstellen, z. B. durch Bestimmung eines Dritten, so ist die Einsetzung ungültig.

Im übrigen greift Auslegung Platz, mit der Tendenz, die Verfügungen möglichst aufrecht zu erhalten (favor testamenti).

Wegen des Satzes: nemo pro parte . . . (§ 62 II) gilt jeder eingesetzte Erbe, auch wenn er Miterben hat, oder ihm sonst nur eine Quote zugewiesen ist, gegebenenfalls als Erbe des ganzen Nachlasses[1]. Das zeigt sich z. B. wenn andere die ihnen zugewiesenen Quoten nicht erwerben. Aber auch wenn niemand darauf eingesetzt ist. Hier erhalten den Rest nicht etwa die gesetzlichen Erben, sondern er fällt dem Eingesetzten zu. Daraus erklärt sich auch die Behandlung des sog. heres ex re certa: dem nur eine Einzelsache

[28] Über Ansätze im röm. Recht s. Mitteis, R. Privatr. I 105 N. 30 u. Grundzüge d. Papk. 239 ff.; Kübler, Ztschr. d. Sav.-Stift. 28, 182—185; 31, 189. S. auch Deutsch, Vorläufer d. heut. Testamentsvollstr. i. röm. R. (1899, Gött. Diss.); v. Hollander, Krit. Vjschr. 45, 501; Bruck, Entwicklung der Testamentsvollstreckung im röm. Recht i. Grünhuts Ztschr. 40, 533 ff.

[1] S. wegen der Miterben u. Ziff. VI, und wegen des aus dem Textsatz sich ergebenden Anwachsungsrechts § 70 Ziff. III.

zugewiesen ist[2]. Die Erwähnung der Sache wird gestrichen[3]. Nach Kaiserrecht kann die Einsetzung anderer Personen auf den übrigen Nachlaß als Universalfideikommiß aufrecht erhalten werden (§ 74), und Justinian behandelt dann den auf die certa res Eingesetzten unter Umständen wie einen bloßen Legatar (C. 6, 24, 13).

Auch in Deutschland nahm man die Erbeseinsetzung als notwendigen Inhalt des Testamentes an. Dagegen nicht mehr nach dem Code civil (Art. 967) und BGB. (§ 1937—1940). Dasselbe gilt für die heute hinzugetretenen Erbverträge. §§ 1941, 2278 BGB. — Grund der Veränderung ist die im heutigen Recht zulässige Verbindung der Intestat- mit der gewillkürten Erbfolge. S. Anhang zu § 63 (Ziff. 3). Damit veränderte sich die Bedeutung der Einsetzung. Dazu kam die Möglichkeit der Einsetzung auf bestimmte Einzelgegenstände (s. o.). Die institutio ex re certa in Verbindung mit der Anordnung eines Universalfideikommisses konnte schon römisch dazu führen, daß der heres nur etwas Geringfügiges aus der Erbschaft erhielt, der Universalfideikommissar aber den ganzen Nachlaß. Gleichwohl konnte das Universalfideikommiß durch ein bloßes Kodizill (§ 71) errichtet werden. Demgemäß war es nur folgerecht (ebenso wie das Universalfideikommiß zu einer Erbschaft wurde), Testamente und Kodizille zu verschmelzen, und den römischen heres ex re certa für einen bloßen Vermächtnisnehmer zu erklären (§ 2087 Abs. 2 BGB.). Das heutige Testament kann somit den Inhalt der römischen Testamente und Kodizille zugleich haben und ohne Erbeseinsetzung z. B. nur Vermächtnisse, Auflagen, Enterbungen anordnen.

II. Schwierigkeit machte die Berücksichtigung von Willensmängeln, besonders eines Irrtums oder gegen den Testator verübten Betruges. Deckt sich der Wille nicht mit der Erklärung, z. B. ist eine andere Person ins Testament geschrieben, als der Testator bedenken wollte, so ist die Verfügung ungültig[4]. Ist nur der Beweggrund beeinflußt, so ist die Erbeseinsetzung gültig, doch wird offenbaren Unbilligkeiten (z. B. bei Kindesunterschiebung, irriger Meinung vom Tod früher Eingesetzter) auf Umwegen entgegen-

[2] S. Neuner, Die heredis institutio ex re certa (1853); Kuntze, Erbeins. auf best. Nachlaßstücke (1875), Leipz. akad. Progr.; Kohler, Arch. f. ziv. Prax. 91, 342.

[3] Sind mehrere Personen auf res certae eingesetzt, so kann darin eine Teilungsanordnung des Erlassers liegen.

[4] Vgl. D. 28, 5, 9 pr. 1. — Nach § 2078 BGB. besteht Anfechtbarkeit.

getreten [5]. Bei Vermächtnissen wird der Klage des Vermächtnisnehmers eine exceptio doli entgegengesetzt, wenn erhellt, daß der Testator bei richtiger Kenntnis der Umstände die Verfügung nicht getroffen haben würde [6].

III. Die Voraussetzung des Erblassers kann aber auch in die Zukunft gehen: daß der Eingesetzte das Empfangene in bestimmter Weise verwende (z. B. dem Erblasser ein Denkmal setze) oder irgend etwas leiste. Hier liegt eine Auflage vor. Anfänglich war sie, als bloßer Wunsch, unverbindlich [7]. Dann wurde sie, wenn sie zugunsten eines bestimmten Dritten lautet, als Vermächtnis (fideicommissum) konstruiert. Sonst wurde indirekt geholfen: durch exceptio doli gegen den beschwerten Legatar, wenn er nicht Kaution wegen Erfüllung der Auflage stellte [8], und gegen einen beschwerten Miterben durch die Teilungsklage [9]. Lag die Erfüllung der Auflage im öffentlichen Interesse, so schritt auch wohl die Behörde ein [10].

IV. Endtermine und Resolutivbedingungen sind als Verstoß gegen den Grundsatz „semel heres semper heres" unzulässig [11] und werden gestrichen [12]. Dasselbe gilt für Anfangstermine, da der Erbschaftsantritt vom Tode des Erblassers an datieren soll [13]. Dagegen sind suspensiv bedingte Erbeseinsetzungen gültig und schieben die Delation hinaus. Bis zum Eintritt der Bedingung ist hier niemand berufen. Die Berufung erfolgt nur, wenn der Eingesetzte den Eintritt der Bedingung erlebt. Inzwischen kann er gegen Kaution bonorum possessio secundum tabulas er-

[5] S. z. B. D. 28, 5, 93; D. 49, 14, 46 pr. Unter Zuhilfenahme der Indignitätsvorschriften! § 76 Ziff. II.

[6] D. 35, 1, 72, 6. Si probetur alias legaturus non fuisse.

[7] S. für das ältere Recht Mitteis, R. Pr. I 196 ff. Vgl. für Schenkungen o. § 40 N. 15 ff.

[8] D. 35, 1, 40, 5.

[9] D. 10, 2, 18, 2; D. 33, 1, 7 u. unten § 70.

[10] D. 5, 3, 50, 1; D. 33, 1, 7, wo die Schlußworte wohl erst Justinian angehören (Eisele, Ztschr. d. Sav.-Stift. 13, 141). — Heute § 2194 S. 2 BGB.

[11] Bis zu Justinian galt die Unzulässigkeit auch für Vermächtnisse, quae ad tempus relicta sunt. Seitdem sind sie hier gültig. C. 6, 37, 26.

[12] Wegen des favor testamenti (Ziff. I). S. noch u. Note 17.

[13] Doch wurde der dies incertus (§ 41 II) der aufschiebenden Bedingung, s. u. gleichgestellt. — Heutzutage sind alle Nebenbestimmungen bei testamentarischen Verfügungen zulässig.

wirken[14]. Da der Tod des Eingesetzten vor Erfüllung der Bedingung die Delation hinfällig macht, so würde die Beifügung einer negativen Potestativbedingung (§ 41) die Erbeinsetzung vernichten. Auf Anregung von Q. Mucius Scaevola (für Legate), die später ausgedehnt wurde, kann hier der eingesetzte Erbe Kaution leisten, daß er der Bedingung nicht zuwiderhandeln werde, was als Erfüllung der Bedingung angesehen wird[15] (cautio Muciana).

Unmögliche[16] und unsittliche Bedingungen werden in Testamenten gestrichen. Kaptatorische Verfügungen, z. B. die Bedingung, daß der Empfänger den Testator oder einen Dritten bedenke, sind nichtig[17].

V. Besondere Erbeseinsetzungen sind die Substitutionen. Es gibt 3 Fälle:

1. Die Vulgarsubstitution (substitutio vulgaris). Sie besteht in der Einsetzung eines Ersatzerben (substitutus) für den Fall, daß der zuerst Eingesetzte (institutus) nicht Erbe werden sollte. Sie ist eine bedingte Einsetzung. Die Delation an den Ersatzerben findet daher erst statt, wenn der institutus weggefallen ist, z. B. ausgeschlagen hat[18]. Der substitutus erwirbt die Portion mit den darauf ruhenden Lasten (D. 31, 61, 1). Der ersten können sich auch weitere Substitutionen anschließen[19].

2. Etwas anderes ist die Pupillarsubstitution (substitutio pupillaris). Der paterfamilias hat das Recht, dem in

---

[14] D. 28, 5, 23 pr.; D. 37, 11, 6; D. 2, 8, 12. — In Deutschland ward statt dessen ein Nachlaßpfleger bestellt.

[15] D. 35, 1, 7 pr. (für Erbeseinsetzung interpoliert) u. 73. Ein Beispiel ist: nicht wieder zu heiraten. S. Mitteis, R. Privatr. I 198 ff.; Levy, Ztschr. d. Sav.-Stift. 24, 122; H. Krüger, Mél. Girard (1912)) II 1 u. ü. § 72 N. 9. — Heute wird die aufschiebende negative Potestativbedingung im Zweifel als auflösende Bedingung angesehen. § 2075 BGB.

[16] S. dazu oben § 41 Note 4.

[17] Die beiden letzteren Sätze gelten heute nicht mehr. Die unmöglichen und unsittlichen Bedingungen vernichten die Zuwendung. Korrespektive Verfügungen sind zulässig (§ 65 IV).

[18] Und der Substitut diesen Zeitpunkt erlebt (s. o.).

[19] Ein letzter Substitut war meist der Sklave, von dem § 62 Note 18 die Rede war, um das Testament gegen Ungültigkeit (Ziff. I) zu schützen. — Die mehreren Substituten brauchen nicht der Reihe nach wegzufallen. Jeder Substitut ist vielmehr an Stelle des Eingesetzten berufen (substitutus substituto substitutus est instituto).

seiner Gewalt stehenden unmündigen Hauskinde (impubes) einen Erben zu ernennen, für den Fall daß das Kind ihn überlebt, also sein Erbe wird, aber vor erreichter Mündigkeit verstirbt[20]. Der Pupillarsubstitut ist also nicht Erbe des Vaters, sondern des Kindes. Der Vater macht ein Testament für das Kind, muß aber auch ein eigenes machen: er verfügt also über zwei Erbschaften. Nach späterem Recht braucht er das Kind nicht einmal zum Erben einzusetzen: der Substitut erhält den Nachlaß des Pupillen, auch wenn er nicht vom Vater stammt. Die Substitution wird kraftlos mit der Mündigkeit des Kindes, oder wenn es zur Zeit seines Todes nicht mehr in der Gewalt des Vaters steht.

3. Eine Nachbildung ist die substitutio quasi pupillaris. Im justinianischen Recht können Eltern und Großeltern auch ohne väterliche Gewalt ihrem wahnsinnigen Deszendenten einen Erben ernennen für den Fall daß dieser im Wahnsinn verstirbt.

Die Pupillar- und Quasipupillarsubstitution sind im BGB. beseitigt. — Dei Vulgarsubstitution besteht als Einsetzung eines Ersatzerben (§ 2096) fort, ist aber keine bedingte Einsetzung, sondern eine subsidiarische (der so Eingesetze steht hinter dem zuerst Berufenen, wie bei der gesetzlichen Erbfolge ein entfernterer Verwandter hinter dem näheren Verwandten). Daher braucht er nur den Erbfall zu erleben, nicht den Wegfall des zunächst Eingesetzen.

VI. Hat der Erblasser mehrere Personen gleichzeitig zu Erben ernannt, so sind sie Miterben und erhalten im Zweifel gleiche Anteile. Hat der Testator aber die Teile bestimmt, so ist diese Bestimmung maßgebend[21].

Römisch wird nach Zwölfteln gerechnet (das Ganze heißt As, die Zwölftel heißen Unzien). Erschöpfen die zugewiesenen Anteile das Ganze nicht, so dehnen sie sich entsprechend aus (Ziff. I); übersteigen sie das Ganze, so muß eine verhältnismäßige Reduktion eintreten. Hat der Erblasser das As durch ausdrückliche Zuweisungen bereits vergeben und dann noch andere ohne Teilbestimmung eingesetzt, so werden die Unzien vermehrt, die Erbschaft also zu 24 oder 36 Unzien gerechnet, so daß nach Befriedigung der heredes cum partibus,

---

[20] Natürlich kann er ihm auch einen Vulgarsubstituten ernennen (für den Fall, daß das Kind nicht sein Erbe wird). In der Kaiserzeit wird anerkannt, daß die eine Art der Substitution im Zweifel die andere in sich schließe.

[21] S. hierzu und zum Folgenden I. 2, 14, 5—6; D. 28, 5, 9, 12.

die andern noch einen entsprechenden Rest erhalten können[22]. Die Absicht ungleicher Verteilung kann sich auch aus der Gruppierung der Miterben im Testamente ergeben, indem mehrere auf dieselbe Portion (einen gemeinschaftlichen Erbteil) eingesetzt sind. Bei der Feinheit der römischen Sprache wird zwischen re conjunctio, re et verbis conjunctio und verbis tantum conjunctio unterschieden[23]. Letzteres, als bloß sprachliche Zusammenberufung, ohne Identität der Portion ist sachlich regelmäßig bedeutungslos. Die sachlich auf denselben Anteil Berufenen aber gelten den anderen Miterben gegenüber als engere Einheit und haben ihren Erbteil nach ähnlichen Grundsätzen zu teilen, wie sonst Miterben die ganze Erbschaft[24].

VII. Eine Testamentseröffnung wurde, wegen des Verfalls der caduca an den Fiskus (§ 70 III) und wegen der Erbschaftssteuer (lex Julia vicesimaria de testamentis), durch scharfe Bestimmungen über Ablieferung der Testamente und Kodizille an das Gericht herbeigeführt. D. 29, 3. Im justinianischen Recht abgeschwächt (C. 6, 32, 1), wurde die amtliche Eröffnung in Deutschland vor allem bei den Testamenten Brauch, die sich in der Verwahrung des Gerichts oder Notars befanden. §§ 2259 ff. BGB. schreibt Ablieferung und gerichtliche Eröffnung vor.

§ 67.

3. Noterbfolge*.

Führt die Hausgewalt durch das Testierrecht zur Beherrschung des Hauses auch noch über den Tod des paterfamilias hinaus, so traten doch Einschränkungen ein, um vor Übereilung zu bewahren und die nächsten Angehörigen zu schützen.

I. Zuerst sucht man dies lediglich durch formale Schranken zu erreichen. Formelles Noterbrecht.

---

[22] Zweckmäßigere Regelung nach § 2092 Abs. 2 BGB.

[23] D. 50, 16, 142. Die re et verbis conjunctio drückt die Sachverbindung auch mit Worten aus, z. B. Titius et Maevius ex parte dimidia heredes sunto.

[24] Ähnl. § 2093 BGB. — Wegen des Anwachsungsrechts § 70 Ziff. III.

* Francke, D. Recht der Noterben u. Pflichtteilsberechtigten (1831); A. Schmidt, D. formelle Recht der Noterben (1862); Pflichtteilsrecht des Patronus u. Parens manumissor (1868); Fr. Schröder, Noterbenrecht I (1877); Leist b. Glück Pand. 37/38 IV, V; v. Woess, R. Erbr. u. die Erbanwärter 129 ff.

1. Das Zivilrecht sah das Erbrecht der sui (§ 64 I) als so selbstverständlich an, daß der Erblasser es ihnen, um es zu nehmen, durch eine Enterbung ausdrücklich entziehen mußte[1]. Macht er ein Testament, so muß er die sui also entweder rite instituieren[2] oder rite exheredieren[3]. Präterieren (mit Stillschweigen übergehen) darf er sie nicht[4]. Der Schutz liegt hier also lediglich in einer Form. Dabei mußten filii sui jeder besonders (nominatim) exherediert werden, Töchter und Enkel bloß inter ceteros, d. h. in einer allgemeinen Klausel („ceteri omnes exheredes sunto").

Die Folgen der Zuwiderhandlung waren: Ist ein filius suus präteriert, so ist das Testament nichtig, so daß Intestaterbfolge eintritt. Sind andere sui übergangen, so treten sie den eingesetzten Erben hinzu (adcrescunt); und zwar erhalten sie neben eingesetzten sui ein Kopfteil, neben eingesetzten extranei die Hälfte der Erbschaft[5].

Die Ungültigkeit des Testaments trat (unterschiedslos) auch infolge nichtberücksichtigter nachgeborener sui ein (§ 65 III ruptio testamenti). Um die Nichtigkeit zu vermeiden, mußte man also auch den postumus, wenn man ihn nicht bedachte, vorsorglich enterben, was, wie die Einsetzung, zulässig wurde[6]. Dasselbe galt seit der lex Junia Vellaea für

[1] In dieser Hinsicht ist zu beachten, daß das älteste Testament (§ 65 N. 7) einen Beschluß der Volksversammlung voraussetzte. Die Enterbung des suus stand also damals gar nicht im freien Belieben des Erblassers. Das änderte sich erst mit dem Aufkommen des Privattestaments per aes et libram.

[2] Unter Potestativbedingung genügt. Bei anderen Bedingungen bedurfte es einer Institution oder Exheredation auch für den Fall, daß die Bedingung vereitelt würde. — Auch mußte die Enterbung des suus, wenn der Testator einen Substituten ernannt hatte, ab omnibus gradibus, also nicht nur dem institutus, sondern auch dem substitutus gegenüber erfolgt sein.

[3] Die Enterbung hatte übrigens oft guten Grund wegen etwaiger Vorempfänge des Sohnes oder der Tochter (dos), die ihren künftigen Erbteil erschöpften.

[4] Dies erklärt sich aus ihrem latenten Mitrecht am Familiengute (§ 62 I).

[5] Hier wird das Testament nicht aufgehoben, sondern nur berichtigt, offenbar weil diesen Personen regelmäßig nicht das ganze Vermögen hinterlassen wurde.

[6] Postumi legitimi. — Aquilius Gallus erfand auch eine Formel, um den Enkel des Testators zu berücksichtigen, der bei dessen Tode empfangen war, für den Fall, daß sein Vater, also der Sohn des Testa-

die noch bei Lebzeiten des Erblassers, aber nach der Testamentserrichtung hinzugetretenen sui[7].

2. Der Prätor erweiterte dieses Noterbrecht durch eine bonorum possessio contra tabulas.

Wie im Intestaterbrecht (§ 64 Ziff. II), setzte er an Stelle der sui die liberi, was also vornehmlich den emanzipierten Kindern des Erblassers zugute kam. Alle männlichen liberi müssen nominatim exherediert werden (nur die weiblichen inter ceteros). Die Übergehung hat die Folge, daß die Übergangenen während eines annus utilis die bonorum possessio contra tabulas nachsuchen können, wodurch sie ihren Intestaterbteil[8] (durch die Schutzmittel der bonorum possessio, § 63) gegenüber den eingesetzten Erben und Legataren erlangen[9]. Die Enterbungen des Testaments, Ernennung eines Vormunds, Pupillarsubstitutionen bleiben bestehen[10].

Gegen das Testament eines Freigelassenen, der seinem Patron nichts oder weniger als die Hälfte seines Vermögens hinterlassen hat, konnte auch letzterer ein Noterbrecht geltend machen[11] durch Erbittung einer bon. possessio partis dimidiae (contras tabulas).

II. Materielles Noterbrecht.

In der Praxis des Zentumviralgerichts, das über Erbschaftsstreitigkeiten entschied, brach sich zuerst die Auffassung Bahn, daß man die nächsten Angehörigen nicht mit Beobachtung einer bloßen Form abfinden dürfe, sondern daß

---

tors, schon bei dessen Lebzeiten, aber nach der Testamentserrichtung verstarb (postumi Aquiliani).

[7] Die nur im uneigentlichen Sinne postumi (Velleiani) genannt werden.

[8] Die Beschränkung auf den bloßen Akkreszenzteil (oben Note 5) wurde hier also beseitigt.

[9] Wie die Vermächtnisse werden auch etwaige testamentarische Freilassungen aufgehoben.

[10] Ebenso Vermächtnisse an gewisse nahe Verwandte (exceptae personae). — Richtig enterbte liberi erhalten also auch hier nichts. Wohl aber können eingesetzte liberi, wenn es ihnen vorteilhaft ist (z. B. wenn sie auf weniger als den Intestaterbteil eingesetzt sind), bei Eröffnung der bon. poss. contra tabulas für einen Übergangenen, diese („commisso per alium edicto") ebenfalls erbitten.

[11] Ähnlich wie nach § 64 N. 11 sein prätorisches Intestaterbrecht. Das Noterbrecht des Patrons ist der erste Fall eines Pflichtteilsrechts (Ziff. II). S. daher auch u. Note 14.

ihnen ein materieller Anteil am Nachlaß gebühre. Testamente, welche dem Erblasser nahestehende Personen aus der Zahl seiner Blutsverwandten nicht bedachten, werden als relativ (d. h. diesen Personen gegenüber) unwirksam behandelt. Die Richter sagen, das lieblose Testament sei in einem Anfall von Geistesgestörtheit (color insaniae) errichtet; aber die Juristen machen mit diesem Gedanken nicht ernst. Sie behandeln das Testament nicht als nichtig, sondern lassen nur die Anfechtung durch den Verletzten zu. Querella inofficiosi testamenti[12].

1. Das Recht zu solcher Anfechtung haben die Abkömmlinge, Eltern und Voreltern des Erblassers, beschränkt auch Geschwister; seit Konstantin Geschwister und Halbgeschwister von Vatersseite nur, wenn ihnen eine persona turpis vorgezogen ist. Außerdem müssen die Betreffenden ab intestato berechtigt sein (sonst sind sie nicht verletzt). Gewisse Verfehlungen gegen den Erblasser schlossen nach freiem Ermessen des Gerichtes die Klage aus.

Der Mindestbetrag, der diesen Verwandten gebührt, wird Pflichtteil genannt (portio legitima). Im Anschluß an die lex Falcidia (§ 73 II) setzte er sich auf ein Viertel der Intestatportion fest. Da das materielle Noterbrecht nur auf wirkliche Zuwendung sieht, genügt die Hinterlassung des Viertels in irgendeiner Form (auch durch Vermächtnis oder Schenkung von Todeswegen).

Ist der Pflichtteil nicht hinterlassen oder beschränkt (auch durch Bedingungen, Vermächtnisse usw.), so erlangt der Verletzte mit der Querel nicht bloß den Pflichtteil, sondern seinen vollen Intestaterbteil. Insoweit wird das Testament umgestoßen (reszindiert). Die Klage geht gegen die Eingesetzten. Ob diesen noch etwas verbleibt, ist Tatfrage. Die Klage ist vindictam spirans, daher auf Seiten des Klägers unvererblich (bis zur Litiskontestation)[13]. Gegenüber dem

---

12 G. Hartmann, Über d. quer. inoff. test. (1864); Eisele, Ztschr. d. Sav.-Stift. 15, 256*; Unzner, Quer. inoff. test. (1891); H. Hellwig, Erbrechsfeststellung u. Reszission d. Erbschaftserwerbs (1908); v. Woess 178 ff.

13 Umgekehrt führt die Anstellung der Klage, wenn sie nicht durchdringt, Erbunwürdigkeit herbei (§ 76 II).

formellen Noterbrecht und dessen Schutzmitteln ist sie subsidiär, und verjährt in 5 Jahren.

Auch gegen dolose Vermögensverminderung unter Lebenden, ward vorgesehen. Wird das Vermögen durch Schenkungen oder Dosbestellung so vermindert, daß der Pflichtteilsberechtigte schließlich aus dem Nachlaß weniger erhält, als sein Pflichtteil betragen würde, wenn jene Schenkungen usw. nicht vorgenommen wären, so hat er die querella inofficiosae donationis und dotis zur Reszindierung dieser Zuwendungen wider den Empfänger[14]. Letzterer ist bis zur Beseitigung der Verletzung[15] zur Rückgabe verpflichtet. Subsidiarität und sonstige Beschränkungen wie bei der querella inofficiosi testamenti.

2. Justinian hat den Pflichtteil erhöht, und zwar auf ein Drittel der Intestatportion. Beträgt letztere aber weniger als ein Viertel des Nachlasses, so soll der Pflichtteil in der Hälfte der Intestatportion bestehen (Nov. 18).

Ferner hat er den Anspruch des Verletzten beschränkt. Wenn diesem vom Erblasser etwas zugewiesen worden ist, nur nicht genug, so soll er nicht mit der Querel seinen vollen Intestaterbteil, sondern mit einer actio ad supplendam legitimam nur soviel fordern können, als am Betrag des Pflichtteils fehlt.

III. Schließlich hat Justinian in Nov. 115 für Aszendenten und Deszendenten die Hauptgrundsätze des formellen und materiellen Noterbrechts verschmolzen. Danach haben Aszendenten und Deszendenten, sofern sie ab intestato sukzessionsberechtigt sein würden, einen Anspruch, daß der Erblasser sie zu Erben einsetze, und daß er ihnen mindestens den Pflichtteil zuwende (gleichviel in welcher Form, z. B. auch durch Vermächtnis). Anders nur,

---

[14] Entsprechende Klagen sind für den Patron zum Schutze seiner bonorum possessio (o. Note 11) die actio Fabiana und Calvisiana gegen Geschäfte unter Lebenden des Freigelassenen; und zwar die erstere, wenn der Freigelassene mit Hinterlassung eines Testaments, die letztere, wenn er ohne Testament gestorben ist.

[15] C. 3, 29, 8 pr. bzw. 3, 30, 1. Die verletzenden Verfügungen werden nicht umgestoßen, sondern nur gemindert. Mit der jüngsten Zuwendung ist der Anfang zu machen, dann sukzessiv zu den älteren fortzuschreiten.

wenn einer der im Gesetz speziell aufgezählten Enterbungsgründe vorliegt und im Testament angegeben ist[16]. Ist der Pflichterbe ohne gesetzlichen Grund übergangen oder enterbt, so kann er die Erbeseinsetzungen mit querella inofficiosi testamenti bis zum Betrage seines vollen Intestaterbteils entkräften; die anderen letztwilligen Anordnungen des Erblassers, auch die Vermächtnisse, bleiben bestehen, soweit der Pflichtteilsberechtigte nicht dadurch verkürzt wird[17]. War der Noterbe dagegen zum Erben eingesetzt, nur nicht auf genug, so kann er mit der actio ad supplendam legitimam bloß den ihm fehlenden Rest des Pflichtteils nachfordern.

Die querella inofficiosae donationis und dotis besteht daneben fort, ebenso das alte Noterbrecht der Geschwister (Ziff. II).

Eine Enterbung in guter Absicht (exheredatio bona mente) gegen Verschleuderung der Erbschaft hatte schon das ältere Recht entwickelt. Dies ist von der Novelle 115 nicht berührt. Z. B. wenn der Noterbe ein impubes oder in der Gewalt eines verschwenderischen Vaters ist. Die gute Absicht zeigt sich darin, daß gleichzeitig anders für den Noterben gesorgt wird[18]. Dann ist die Enterbung gültig.

Unberührt blieb auch das Recht der armen Witwe (§ 64 IV Ziff. 2) und des impubes arrogatus (§ 55 Ziff. 3a), die unentziehbar sind, aber nur ein Forderungsrecht begründen.

IV. Dem deutschen Rechtsbewußtsein fehlte jedes Verständnis für ein formelles Noterbrecht. Ihm kam es nur auf die Erlangung des Pflichtteils an. Die Partikularrechte haben

---

[16] S. J. Merkel, Die justinianischen Enterbungsgründe (1908). S. heutzutage §§ 2333, 2334 BGB.

[17] Über die Frage ob die ungesetzlichen Erbeseinsetzungen nur, wie im Text gesagt, inoffiziös und reszissibel (Inoffiziositätssystem) oder nichtig seien (Nullitätssystem, was eine hereditatis petitio auslösen würde), bestand jahrhundertelanger Streit. Die Vertreter der Nullität nahmen entweder absolute Nullität (die jedem Interessenten zugute kam) oder relative Nullität an (die nur vom verletzten Noterben geltend gemacht werden konnte). Endlich nahm das sog. gemischte System Nichtigkeit an, wenn kein Enterbungsgrund im Testament angegeben war, dagegen Inoffiziosität, wenn der angegebene Enterbungsgrund unrichtig war.

[18] Z. B. indem ein Dritter eingesetzt wird, der dem Noterben das Vermögen später als Universalfideikommiß (§ 74) herausgeben soll. D. 28, 2, 18; D. 37, 4, 16; D. 38, 2, 12, 2; C. 3, 28, 25. S. heutzutage § 2338 BGB.

dem Rechnung getragen. Außerdem fügten sie den überlebenden Ehegatten als Pflichtteilsberechtigten hinzu. — Die Höhe des Pflichtteils wurde verschiedentlich bestimmt. Nach BGB. beträgt sie die Hälfte des Intestaterbteils (§ 2303). Als Folge der Verletzung ward in den neueren Gesetzen regelmäßig nur ein Anspruch auf den Pflichtteil anerkannt. Nur ein postumus oder dem Erblasser unbekannter Pflichtteilsberechtigter kann seinen vollen Intestaterbteil ansprechen (weil der Erblasser ihn offenbar nicht auf den Pflichtteil beschränken wollte). Ähnlich BGB. §§ 2303, 2305, 2079. Die querella inofficiosi testamenti ist beseitigt.

Dagegen gingen die Partikularrechte in der Frage auseinander, ob der Verletzte den Pflichtteil als einen ihm zustehenden Erbteil oder nur als Gläubiger verlangen könne (was der actio ad supplendam legitimam entspricht). Nach BGB. kann der Pflichtteilsberechtigte zum Erben eingesetzt oder mit Vermächtnissen bedacht werden. Ist dies vom Erblasser nicht geschehen, so kann er den Pflichtteil oder was daran fehlt, nur als Gläubiger, und nur dem Werte nach (also in Geld) fordern. Ein bloßes Vermächtnis braucht nicht angenommen zu werden. §§ 2303—2307. — Wegen pflichtwidriger Schenkungen des Erblassers unter Lebenden besteht, an Stelle der querella inofficiosae donationis, ein Anspruch auf Ergänzung des Pflichtteils. §§ 2325 ff., 2329 BGB. — Enterbungsgründe (§§ 2333 ff.) schließen das Recht auf den Pflichtteil aus. Über Enterbung in guter Absicht s. § 2338.

Nach der Erfindung des italienischen Juristen Socinus kann der Erblasser den Pflichtteil belasten, wenn er dem Berechtigten ein Mehreres als den Pflichtteil, dieses aber mit der Last zuwendet, und bestimmt, daß der Bedachte, wenn er die so beschwerte Zuwendung ablehne, auf den Pflichtteil beschränkt sein soll (cautela Socini). Dies gilt auch heute, bei belasteter Erbeinsetzung nach § 2306 sogar von selbst.

§ 68.

IV. Erwerb der Erbschaft.

1. Voraussetzungen des Erwerbs. Hereditas jacens. Transmission.

I. Wir haben gesehen, daß die Berufung zur Erbschaft (Delation) dem berufenen heres extraneus nur die Möglichkeit gibt, Erbe zu werden. Der Erwerb der Erbschaft (Akquisition) ist ein davon verschiedener Vorgang. Im entwickelten Recht setzt er den Erbschaftsantritt durch hereditatis aditio oder pro herede gestio (§ 62 V) voraus. Nur die Hauserben, insbesondere die sui des Erblassers erwerben die Erbschaft mit einem Schlage, so daß Delation und Akquisition zusammenfallen. — Dagegen mußte die bonorum possessio stets, also auch von diesen Personen, besonders erbeten (agnosziert) werden (§ 63), wofür Fristen gesetzt waren[1], nach deren Ablauf der Antritt nach dem edictum successorium den nächstfolgenden Berufenen offen stand.

1. Dieses, dem römischen Recht eigentümliche Auseinanderfallen von Berufung und Erbschaftserwerb[2] hat verschiedene Konsequenzen. Zunächst gibt es eine besondere Erwerbsunfähigkeit, die (bei gültiger Delation) die Annahme der Erbschaft verhindert. Vor allem kann sie, als Willensakt (§ 62 V Ziff. 1), weder von einem Kinde, noch von einem Wahnsinnigen, noch von jemand, der nicht weiß, daß er Erbe geworden ist, vorgenommen werden. Wer sich nicht verpflichten kann, muß unter Beihilfe seines Tutors oder Kurators annehmen (§§ 60, 61); der Erwerb des Vaters oder Vormunds für infantes ist erst später freigegeben worden[3].

Handelt es sich um Annahme einer testamentarischen Einsetzung, so muß neben der testamenti factio passiva (§ 65 I, Ziff. 2) noch die besondere Kapazität zum Erwerb aus solchen Verfügungen vorliegen. Im justinianischen Recht ist letztere nicht mehr besonders beschränkt; wohl aber war sie es früher durch die Kaduzitätsgesetze der lex Julia und Papia Poppaea unter Augustus, wonach (von Ausnahmen abgesehen) Hagestolze und Kinderlose[4] aus Testamenten ganz oder zur Hälfte nicht erwerben konnten. Was einem incapax zugewandt war,

---

[1] Im Agnoszieren der bonorum possessio liegt auch ein Erbschaftsantritt (pro herede gestio) im Sinne des Zivilrechts (C. 6, 30, 12).

[2] Im Gegensatz zu unserm Recht, §§ 1942 ff. BGB.

[3] S. z. B. D. 29, 2, 8; D. 38, 17, 2, 13; C. 6, 30, 18, 1—3; C. 5, 37, 26 u. o. § 60 bei N. 10. Für einen Geisteskranken konnte der Kurator eine provisorische bonorum possessio erbitten. D. 29, 2, 63; C. 5, 70, 7. Das definitive Schicksal hing von seiner Gesundung ab. Dann konnte er annehmen. Starb er im Wahnsinn, so traten (nach Ziff. 3) nicht seine Erben an die Stelle, sondern die Nächstberufenen. C. 5, 70, 7, 8. Ein prodigus konnte allein annehmen. S. § 61 Ziff. II, III N. 14. — In Deutschland gibt es in allen diesen Fällen notwendige, — ebenso auch sonst freie Stellvertretung.

[4] S. o. § 58 Note 19. Binnen 100 Tagen seit der Berufung zur Erbschaft konnte man sich den Vorschriften des Gesetzes noch anpassen.

wurde caducum und fiel anderen zu (§ 70 Ziff. III), nach provinzialer Praxis dem Fiskus[5].

2. Statt der Annahme (§ 62, Ziff. V) konnte der berufene heres extraneus, sofern er nur nicht Testamentserbe war[6], die deferierte Erbschaft noch nach klassischem Recht durch in jure cessio (§ 12 I) auf einen anderen übertragen, der dann vollständig als Erbe angesehen wurde und den Erbschaftsgläubigern haftete, während der Zedent von der Delation nicht weiter berührt wurde. Im justinianischen Recht ist dies weggefallen[7].

3. Übler war, daß der Erbschaftserwerb oft lange auf sich warten ließ. Z. B. wegen befürchteter Überschuldung des Nachlasses, oder wegen Unfähigkeit des Erben zur Annahme (als Kind, Geisteskranker) oder wegen Ungewißheit über seine Person.

Bis zum Erbschaftsantritt wird die Erbschaft als eine ruhende bezeichnet (hereditas jacens)[8]. In der klassischen Zeit sind drei Anschauungen der Juristen nachweisbar, die miteinander kämpfen. Die Ansicht, daß die hereditas jacens herrenlos sei, wird überwunden. Wenn der Erbe annimmt, wird er so angesehen, als ob er schon mit dem Todestage erworben habe (D. 45, 3, 28, 4; D. 29, 2, 54). In der Zwischenzeit sagen die Einen, daß die hereditas jacens non heredis

[5] Vgl. Leonhard i. Pauly-Wiss. s. v. caduca, capacitas u. Partsch-Lenel, zum Gnomon des Idios Logos (1920). — Eine andere Erwerbsbeschränkung bestand nach der lex Junia (Norbana) in betreff der Latini Juniani (§ 53 N. 8), falls sie nicht binnen 100 Tagen seit Berufung zur Erbschaft das Bürgerrecht erlangten. Justinian hat auch diese Beschränkung aufgehoben.

[6] Wegen des hier vorliegenden Vertrauensverhältnisses zum Erblasser. — Eigentliches Objekt dieser in jure cessio war die hereditatis petitio (§ 69). Dadurch gestand der Zedent, daß er nicht Erbe sei. — Durch dieses Mittel war insbesondere der proximus adgnatus in der Lage, ein Nachrücken anderer Verwandter in die Erbschaft zu ermöglichen, da es ein solches Nachrücken nach Zivilrecht nicht gab (§ 64 Ziff. I).

[7] In völligem Gegensatz zu dieser Abtretung ante aditam hereditatem steht die der angetretenen Erbschaft, die auch weiter zulässig blieb und nur die Nachlaßsachen auf den Erwerber überträgt, während die Schulden nicht übergehen. Römisch erloschen die Nachlaßforderungen, weil sie nicht in jure zediert werden konnten. Heutzutage s. §§ 2371 ff. BGB.

[8] Jhering, Abhandl. (1843) 147 ff., Jahrb. f. Dogm. 10, 408; Steinlechner, Das schwebende Erbrecht und die Unmittelbarkeit der Erbfolge (1893, 1897) u. Zit.

personam sed defuncti sustinet (D. 41, 1, 34), so daß z. B. ein zur Erbschaft gehöriger Sklave wirksame Geschäfte für dieselbe vornehmen kann. Von anderen wird ein für sich bestehendes Vermögen (wie bei Vereinen, Stadtgemeinden) angenommen[9]. Sicher ist, daß die hereditas jacens einen Zuwachs (z. B. durch Fruchtgewinn, Vollendung einer Ersitzung), als auch Verminderung erfahren kann (z. B. durch Noxalhaftung für einen zur Masse gehörigen Sklaven). Durch die Rückziehung des Erbschaftsantritts werden alle diese Folgen für den späteren Erben begründet.

Der Erbschaftsantritt erfolgt durch stillschweigende Annahme der Erbschaft (pro herede gestio). Die bonorum possessio muß (nach § 63) agnosziert werden, wofür Fristen bestehen. Im übrigen diente zur Herbeiführung einer raschen Entscheidung über die Annahme vor allem, daß dic Delation nur dem Berufenen selbst die Möglichkeit eröffnete, die Erbschaft für sich zu erwerben, und daß sie grundsätzlich mit seinem Tode erlosch (s. jedoch über Ausnahmen von dieser Regel u. Ziff. II). Die Delation erlischt auch, wenn der Berufene die Erbschaft ausschlägt[10], oder nachträglich die Erwerbfähigkeit verliert[11].

Ergänzend trat als Druckmittel im alten Recht die usucapio pro herede hinzu. Diese erlaubte die Inbesitznahme einer „herrenlos" daliegenden Erbschaft und deren Ersitzung in Jahresfrist durch jeden Dritten. Letzterer wurde dadurch zum Erben und zur Zahlung der Erbschaftsschulden verpflichtet[12]. Dann macht sich der Prätor das Institut durch Einweisung bestimmter Personen in den Erbschaftsbesitz (bonorum possessio) zunutze. § 63 N. 3ff. Die usucapio pro herede beschränkte sich jetzt auf die herrenlosen Erbschaftssachen, ohne daß Titel und guter Glaube

[9] D. 46, 1, 22. Die Schlußworte: quia hereditas personae vice fungitur, sicuti municipium et decuria et societas, sind vielleicht interpoliert.

[10] Von der repudiatio s. o. § 62 V Ziff. 1.

[11] S. § 65 Note 6 über die kritischen Zeitpunkte, in denen bei testamentarischer Berufung die Erwerbfähigkeit vorhanden sein muß.

[12] Darauf und auf die Verantwortlichkeit für die sacra scheint es der rechtskundigen Priesterschaft (§ 2 Ziff. I) vor allem angekommen zu sein. Die Erbschaft wurde zu den ceterae res gerechnet, die nach dem XII Tafelsatz über Usus auctoritas (§ 15 N. 2) in einem Jahr ersessen werden konnten.

erfordert wurden. Dagegen war sie dem interdictum quorum bonorum des bonorum possessor gegenüber unwirksam, und seit der Hadrianischen Zeit kann auch der Erbe, der noch angenommen hat, mit der hereditatis petitio (§ 69) einem solchen Usukapienten trotz Ablaufs der Jahresfrist die Sachen wieder abnehmen. Nur ein Diebstahl an Erbschaftssachen (abgesehen von den in dritter Hand befindlichen) wurde noch immer nicht anerkannt, so lange der heres extraneus die Erbschaft noch nicht angetreten hatte, bis Mark Aurel die Ausplünderung von Nachlässen als crimen expilatae hereditatis bestrafte (D. 47, 19), womit die längst als „improba" empfundene usucapio lucrativa pro herede verschwand.

Ein durchgreifendes Mittel, um Gewißheit über den Erbschaftsantritt zu erlangen, wurde schon früh den Erbschaftsgläubigern gegeben. Diese können den vermutlichen Erben vor den Magistrat laden und durch interrogatio in jure die Frage an ihn stellen, ob er der Erbe sei. Auf Verlangen ist ihm dann vom Prätor eine Antwortsfrist (spatium deliberandi) zu gewähren[13]. Erklärt er sich dann nicht während der Frist, so gilt er als ausschlagend, und wurden die Nächstfolgenden zum Erwerb zugelassen und befragt, bis schließlich einer erwirbt oder der Nachlaß erblos bleibt und den Gläubigern zum konkursmäßigen Verkaufe überlassen wird (§ 76 I). Im justinianischen Recht gilt das Verstreichenlassen der Überlegungsfrist als Annahme der Erbschaft. Durch das Aufkommen des beneficium inventarii verliert die Überlegungsfrist sehr an Bedeutung. § 69 III.

Um sich Einsicht in den Bestand des Nachlasses zu verschaffen, konnte der Erbe auch von sich aus eine Überlegungsfrist erbitten, was Justinian aber (wegen der Furcht vor Unterschlagungen) mit der Gefahr erhöhter Haftung für den Erben verbindet.

4. Für die sui heredes gibt es (nach § 62 V Ziff. 2) keinen besonderen Erbschaftsantritt. Sie erwerben den Nachlaß ihres Aszendenten ipso jure ohne Wissen und Willen, also auch wenn sie Kinder oder Geisteskranke sind. Eine hereditas jacens gibt es hier nicht[14]. Dieser Erwerb konnte

---

[13] S. Dedekind, Das Deliberationsrecht des Erben (1870).
[14] Ebensowenig gab es gegen sie die usucapio pro herede (N. 12).

gefährlich für den suus werden, wenn der Nachlaß überschuldet war. Daher mußte der Prätor hier umgekehrt dem suus gegen die Erbschaftsgläubiger helfen, deren Klagen er ausgesetzt war. Dies geschah durch das beneficium abstinendi. Infolge der Ausschlagungserklärung wird der suus wie ein Nichterbe behandelt, vorausgesetzt, daß er sich nicht in die Erbschaftsangelegenheiten eingemischt hatte[15]. Auch dem suus kann dafür ein spatium deliberandi (Ziff. 3) gesetzt werden.

II. Stirbt der berufene suus vor der Entscheidung über die Ausschlagung (z. B. ehe er von der Berufung Kenntnis erlangt), so geht sein gesamtes Recht auf seine Erben über. Dagegen gibt dem berufenen extraneus heres die Delation nur die persönliche Befugnis, durch Erbschaftsantritt Erbe zu werden. Diese Möglichkeit erlischt durch seinen Tod. Nicht seine Erben können also noch antreten, sondern es erfolgt eine neue Delation an die Nächstberufenen. Wer diese sind, bestimmt sich nicht einmal (wie bei der ersten Berufung) nach der Zeit des Erbfalls, sondern nach dem gegenwärtigen Zeitpunkt. Wenn auch der Erbschaftsantritt auf den Tod des Erblassers zurückwirkt (Ziff. 3), so gilt das Gleiche nicht für die Delation. Der Nächstberufene muß daher die neue Berufung erleben; es genügt nicht, daß er beim Tod des Erblassers lebte. Ist er vorher gestorben, so ist weder ihm selbst, noch seinen Erben deferiert.

Von dem Grundsatz, daß die Rechte aus der Berufung sich nicht vererben, hat man im späteren Recht Ausnahmen zugestanden. Hier spricht man von Transmission. Das klassische Recht ließ sie nur aus dem Gesichtspunkt einer in integrum restitutio (§ 5 IV) zu, also wegen eines Restitutionsgrundes, der Berücksichtigung verdient, z. B. wenn der Berufene in Staatsgeschäften abwesend war. Nach späteren Kaisergesetzen transmittieren die Abkömmlinge des Erblassers, die vor Eröffnung des Testaments starben, die Berufung auf ihre weiteren Deszendenten (transmissio

[15] Nur einem Unmündigen soll dies wegen seiner Unerfahrenheit nicht schaden. D. 29, 2, 57 pr. Das bona fide Vorgenommene bleibt gültig.

Theodosiana)[16], und ein Kind unter 7 Jahren, das ohne angenommen zu haben, stirbt, auf seinen Vater (transmissio ex capite infantiae)[17]. Schließlich hat Justinian die Transmission für sämtliche Erben zugelassen, falls der Berufene innerhalb der Überlegungsfrist (Ziff. 3), oder innerhalb eines Jahres verstorben ist, seitdem er von der Berufung Kenntnis hatte (transmissio Justiniana). C. 6, 30, 19.

III. Der heutige Erbschaftserwerb durch Anfall mit dem Rechte der Ausschlagung (§§ 1922, 1942 ff. BGB., s. Anhang zu § 63 Ziff. 4) schließt auch das in sich, daß jeder zur Erbschaft Berufene, — auch ein nur eventuell (hinter anderen) Berufener, wenn er wirklich Erbe wird, es vom Zeitpunkt des Erbfalls an wird. Die Berufung wirkt auf diesen Tag zurück, die frühere Berufung gilt (rückwärts) als nicht erfolgt. § 1953 Abs. 1 u. 2 BGB. Damit entfällt die hereditas jacens; es entfällt die Notwendigkeit des Erbschaftsantritts für alle Berufenen (das in dieser Beziehung für die römischen sui geltende gilt heute für alle Erben). Ein später Berufener braucht daher heutzutage auch nicht mehr den Wegfall des früher Berufenen zu erleben; und die Transmission ist ebenso entbehrlich (oder wenn man will, selbstverständlich) wie bei den römischen sui heredes. Denn das feste, durch den Anfall erlangte Recht eines Berufenen vererbt sich von selbst auf seine Erben (mit der gleichen Möglichkeit der Ausschlagung). §§ 1942, 1952.

§ 69.

2. Wirkungen des Erwerbs.

a) Erbschaftsschutz. Hereditatis petitio usw. — Schulden des Nachlasses*.

I. Durch den Erwerb der Erbschaft wird der Berufene zum Erben und daher zum Universalsukzessor des Verstorbenen. An dessen Stelle ist er jetzt Subjekt aller

[16] C. 6, 52. Darin liegt eine Ausdehnung des Rechts der sui (s. o.), z. B. bei testamentarischer Beerbung ihrer Mutter.

[17] C. 6, 30, 18, 1.

* Dernburg, Verh. der hereditatis petitio zu den erbschaftlichen Singularklagen (1852); Francke, Pandektentitel de her. petit. (1864); Leist i. Glück Pand. 37/38 I; Lammfromm, Gesch. d. Erbschaftsklage (1887); Hölder, Die Stellung des röm. Erben, Ztschr. d. Sav.-Stift. 16, 221 ff.; R. Leonhard, Der Erbschaftsbesitz (1899); Leinweber, Die Hered. petitio (1899); W. Stintzing, Beitr. z. röm. Rechtsgeschichte (1901) 62 ff.; Starke, Der Besitz bei der Erbschaftsklage (1905); Levy, Konkurrenz der Aktionen und Personen I (1918) 123 ff., 131 ff.; Beseler, Beiträge IV (1920) 4 ff.

Rechte und Verpflichtungen geworden, welche den Nachlaß bilden (§ 62). Er ist Eigentümer der Erbschaftssachen; die Forderungen und Schulden des Erblassers sind seine Forderungen und Schulden. Folglich kann der Erbe jetzt sämtliche Klagen anstellen, die aus den zum Nachlaß gehörigen Rechtsverhältnissen entspringen, z. B. die rei vindicatio aus dem auf ihn übergegangenen Eigentum — die schuldrechtlichen Klagen aus den auf ihn übergegangenen Forderungen des Erblassers. Zur Anstellung dieser Sonderklagen ist vornehmlich dann Veranlassung, wenn der Gegner nicht dem Kläger sein Erbrecht streitig macht, sondern das spezielle Rechtsverhältnis bestreitet, aus dem er leisten soll, z. B. sagt, daß er das eingeklagte Darlehn nicht empfangen habe. Wenn dagegen der Beklagte dem Kläger in seiner Eigenschaft als Erbe nicht leisten will, so kann letzterer eine allgemeine Klage aus dem Erbrecht erheben und damit sämtliche Gegenstände eintreiben, die Beklagter vom Nachlasse in Händen hat.

Diese Gesamtklage ist die dem zivilen Erben zustehende hereditatis petitio. Es handelt sich um eine Vindikation des Nachlasses (soweit der Beklagte ihn dem Kläger vorenthält), — nicht bloß der Sachen (mit Zubehör und Früchten)[1], sondern auch der Rechte: z. B. kann auch der Nachlaßschuldner verklagt werden, wenn er nicht leistet, weil er selbst Erbe sei. Der Besitz des Beklagten, der die Klage rechtfertigt, ist also eine Art Rechtsbesitz. Ebenso sind eingelaufene Zahlungen, — Sachen an denen der Erblasser ein dingliches Recht oder, wie bei Depositen, nur Inhabung hatte, während er anderen dafür haftbar ist, Gegenstand der Klage. Ferner auch die Surrogate von Erbschaftsgegenständen, wenn der Erbschaftsbesitzer sie veräußert hatte (also der Preis resp. die dafür angeschafften Sachen)[2].

Die Klage geht gegen denjenigen, der selbst Erbe zu sein glaubt oder (böswillig) zu sein behauptet: den sog. possessor pro herede. Sie geht aber auch gegen den sog. possessor pro possessore, d. i. denjenigen, der auf die

[1] Auch mit Zivilfrüchten. S. § 14 i. f.
[2] Pretium succedit in locum rei, res succedit in locum pretii.

interrogatio in jure, warum er dem Kläger den Nachlaß vorenthalte, dessen Recht nur aus ganz ungenügenden Gründen bestreitet (also ebenfalls wissentlich). Das ältere Recht hatte offenbar den Okkupanten des Nachlasses im Auge, der ihn durch usucapio pro herede an sich bringen wollte (§ 68 I Ziff. 3). Der Vorteil der Gesamtklage gegen einen solchen grundlosen Besitzer lag darin, daß sie sämtliche Nachlaßgegenstände umfaßte und deren Herausgabe auf den bloßen Beweis des Erbrechts gründete[3].

Zur Überwindung der usucapio pro herede (§ 68 I Ziff. 3) und in Wahrung des Charakters der Gesamtklage, wird der Besitzer wie ein Verwalter der Erbschaft angesehen, so daß er die aus dieser Verwaltung erlangte Bereicherung herauszugeben hat. Dabei unterscheidet das SC. Juventianum (129 n. Chr.) zwischen dem gutgläubigen und bösgläubigen Besitzer[4]. Der gutgläubige hat die tatsächlich vorhandene Bereicherung herauszugeben und darf seine Aufwendungen[5] abziehen, da sie die Bereicherung mindern. Ebensowenig braucht er für fehlende, verschlechterte und konsumierte Gegenstände Ersatz zu leisten. Das ändert sich erst mit der Klagerhebung (litiscontestatio). Von hier ab haftet er auf Obhut[6]. Der bösgläubige Nachlaßbesitzer dagegen hat diejenige Bereicherung herauszugeben, die er haben würde, wenn er den Nachlaß von Anfang an sorgfältig behandelt hätte. Er hat daher für jede schuldhafte Verminderung des Nachlasses aufzukommen, und den Wert der konsumierten und versäumten Früchte zu erstatten. Nach Prozeßbeginn haftet er für zufällige Nachteile[7].

Wird der Besitzer pro herede, statt mit der Erbschaftsklage, mit den Sonderklagen des Erblassers (z. B. der rei vindicatio) belangt, so kann er durch Einrede die Er-

---

[3] Logisch müßten gegen ihn die Sonderklagen des Erblassers angestellt werden. BGB. §§ 2018 ff. gibt hier die Erbschaftsklage nicht mehr.

[4] D. 5, 3, 20, 6. Die Klage geht auch gegen den, der dolo desiit possideae. S. o. § 16 bei Note 8.

[5] S. § 16 I Ziff. 3, bes. N. 16 ff. Er steht also günstiger als der Beklagte gegenüber der rei vindicatio.

[6] S. § 16 zu N. 11 u. Zit.

[7] Ähnlich wie der bösgläubige Beklagte bei der rei vindicatio. § 16 I Ziff. 3 a u. b am Ende.

hebung der Erbschaftsklage erzwingen, damit der Erbfrage nicht vorgegriffen und seine günstigere Stellung als Erbschaftsbesitzer[8] nicht zerstört werde.

II. Seitdem die bonorum possessio als prätorisches Erbrecht anerkannt war, diente zu ihrem Schutz weiter das interdictum quorum bonorum (§ 63); und zwar gleichfalls gegen den Besitzer pro herede und pro possessore, aber nicht gegen den, der aus besonderen Titeln besitzt. Daher auch nicht gegen den, der als Legatar sich eigenmächtig, insbesondere auch vorzeitig, in den Besitz von Nachlaßsachen gesetzt hatte. Hiergegen wurde ein besonderes interdictum quod legatorum gegeben[9].

Das interdictum quod legatorum wurde zu gleichem Zweck auch auf den Zivilerben ausgedehnt.

Das interdictum quorum bonorum ist ein definitives Schutzmittel; nur bezieht es sich bloß auf die körperlichen Erbschaftssachen, da es sich früher nur darum gehandelt hatte, den Besitz zu erlangen. Soweit es sich also um die Nachfolge des bonorum possessor in die gesamten Aktiven handelt, genügte es nicht. Man gab dem prätorischen Erben daher nicht nur die Sonderklagen für und gegen den Erblasser als actiones ficticiae, sondern auch die Universalerbschaftsklage als utilis. Sog. hereditatis petitio possessoria.

Das Interdictum quorum bonorum wird im byzantinischen Recht zu einem provisorischen Rechtsmittel neuer Art (C. Theod. 11, 36, 22), und geht gegen alle diejenigen, die aus irgendeinem Titel Erbschaftssachen in Besitz genommen haben, ohne ihr Eigentum daran dartun zu können (C. Theod. 4, 21, 1, von Justinian in C. 8, 2, 3 aufgenommen). Im Mittelalter wurde daraus ein summarisches Schutzmittel für denjenigen, der sein Erbrecht prima facie bescheinigt[10].

Als vermutlicher Erbe erscheint auch, wer in einem äußerlich fehlerfreien Testament eingesetzt ist (er wird ex

---

[8] S. oben Note 5. Sog. exceptio ne praejudicium hereditati fiat. — Heutzutage erreicht § 2029 BGB. dasselbe Ziel auf andere Weise.

[9] S. Lenel, Edict. 2. A. 436; Lotmar, Ztschr. d. Sav.-Stift. 31, 89 ff.; Lenel, Mél. Girard (1912) II 63; Perrot, Etudes Girard I 171.

[10] Vgl. Kipp, Z. Gesch. d. röm. Zivilprozesses u. des int. quorum bonorum (1889).

lege ultima de edicto divi Hadriani tollendo[11] in den Nachlaß eingewiesen). C. 6, 33, 3. Ein Unmündiger, dem die Kindeseigenschaft bestritten ist, wird ex Carboniano edicto in den väterlichen Nachlaß eingewiesen. D. 37, 10. Für einen nasciturus erfolgt eine missio in possessionem ventris nomine an die Mutter. D. 37. 9[12].

III. Die Schulden des Nachlasses sind nach dem Wesen der Universalsukzession eigene Schulden des Erben geworden. Der Erbe haftet daher für deren Betrag auch dann, wenn die Aktiven des Nachlasses zur Befriedigung der Nachlaßgläubiger nicht ausreichen. Anders bei dem cum libertate eingesetzten Sklaven, der den Nachlaßkonkurs auf sich nehmen muß (§ 62 i. f.). Sonstige Berufene müssen, um die Folgen der hereditas damnosa von sich abzuwenden, den Erwerb unterlassen, resp. als sui vom beneficium abstinendi Gebrauch machen[13]. Erst Justinian erlaubt einen Erbschaftsantritt mit beschränkter Haftung durch das sog. beneficium inventarii. Danach soll jeder Erbe, wenn er, ohne vorher eine Überlegungsfrist zu verlangen[14], binnen 30 Tagen seit Kenntnis von der Berufung ein vollständiges Verzeichnis der Nachlaßaktiven anzufertigen beginnt und das Inventar dann binnen zwei Monaten vollendet, den Nachlaßgläubigern nur beschränkt, d. h. nur bis zum Wert der Nachlaßaktiven haften[15]. Besondere Sicherungsvorschriften für die Gläubiger (z. B. durch getrennte Verwal-

---

[11] Das Edikt belohnte den scriptus heres, der die inzwischen abgeschaffte Erbschaftssteuer bezahlt hatte, durch ein besonderes Rechtsmittel. Paulus sent. 3, 5, 14 ff.

[12] Von der provisorischen bonorum possessio zugunsten eines furiosus, bis er gesund wird und annehmen kann, oder bis sein Tod ihn ausschließt, war oben § 68 N. 3 schon die Rede.

[13] Ausnahmsweise wird in einem der dafür geeigneten Fälle (§ 5 Ziff. IV) dem Erben restitutio in integrum gewährt. Gordian dehnte dies auf Soldaten aus. I. 2, 19, 6.

[14] Was hierneben überflüssig erschien. S. auch § 68 I Ziff. 3 am Ende.

[15] S. C. 6, 30, 22, 4: in tantum hereditariis creditoribus teneantur, in quantum res substantiae ad eos devolutae valeant. Man hat dies, praktisch zweckmäßiger, als einfache Haftung mit den Erbschaftsgegenständen (cum viribus hereditatis) gedeutet. Nach dem Wortlaut ist es eine Haftung des Erben mit dem eigenen Vermögen, aber beschränkt auf den Taxwert der inventarisierten Gegenstände (pro viribus hereditatis), wobei die Gefahr des Untergangs den Erben trifft.

tung des Nachlasses) fehlen[16]; auch kann der Erbe die andringenden Gläubiger in der Reihenfolge befriedigen, wie sie sich melden. Die letzten gehen leer aus.

Nach BGB. führt die Inventarerrichtung allein noch keine Beschränkung der Haftung des Erben auf den Nachlaß herbei. Das rechtzeitig errichtete Verzeichnis begründet vielmehr nur die Vermutung eines entsprechenden Bestandes der Erbschaft. § 2009. Zur Erlangung der beschränkten Haftung bedarf es einer gesonderten Verwaltung des Nachlasses durch Dritte, eventuell einer Konkursverwaltung. §§ 1975 ff. Anders nur bei geringfügigen Nachlässen. § 1990. Dadurch wird auch eine möglichst gerechte Verteilung des Vermögens unter die verschiedenen Gläubiger ermöglicht. Zur Ermittelung derselben kann ein Aufgebotsverfahren eingeleitet werden. Wer sich darin nicht meldet, hat nur Anspruch auf Befriedigung hinter den angemeldeten Gläubigern, soweit der Nachlaß reicht. § 1973. Dagegen haftet der Erbe mangels rechtzeitiger und redlicher Inventarerrichtung den Gläubigern definitiv unbeschränkt. §§ 1994, 2005.

Durch die Vermischung des Nachlasses mit dem sonstigen Vermögen des Erben können auch die Nachlaßgläubiger benachteiligt werden, wenn nämlich der Erbe überschuldet ist. Hiergegen gab schon das prätorische Edikt die separatio bonorum[17] zugunsten der Nachlaßgläubiger, die sich noch nicht mit dem Erben als neuen Schuldner eingelassen haben und eine Nachlaßverwaltung während der Dauer von 5 Jahren seit dem Erbschaftserwerb nachsuchen, soweit sie tatsächlich noch möglich ist: Für die Verwaltung wird ein curator bonorum bestellt, der die Nachlaßgläubiger befriedigt und den Überschuß dem Erben herausgibt[18].

Die hier schon im römischen Recht anerkannte Nachlaßverwaltung gibt es auch heute nach BGB. § 1981 Abs. 2. Jeder Nachlaßgläubiger kann sie beantragen.

---

[16] Abgesehen von einem Eid über die Richtigkeit des Inventars. Offenbarungseid. S. § 2006 BGB.

[17] S. Oertmann, Das benef. separationis i. Grünhuts Ztschr. 17, 257 ff.; Jherings Jahrb. 34, 82.

[18] Wenn die Nachlaßgläubiger aus dem Nachlaß die erhoffte Befriedigung nicht finden, so können sie sich, infolge der erlangten Separation, nicht mehr an den Erben halten. So nach der neueren Ansicht von Ulpian D. 42, 6, 1, 17 u. Paulus D. 42, 6, 5, während Papinian D. 42, 6, 3 noch einen vermittelnden Standpunkt vertritt.

§ 70.

b) Miterben. Teilungsklage. Kollation. Anwachsung.

Haben mehrere Personen als Miterben die Erbschaft erworben (§ 62 I Ziff. 2), so ist jeder in omne jus defuncti eingetreten. Das Zusammentreffen jedes mit jedem anderen an jedem Teil der Erbschaft führt aber von selbst zur Quotalberechtigung der Einzelnen an allen Aktiven und Passiven. Die Erbschaftsforderungen und Erbschaftsschulden sind von selbst unter den Miterben nach Maßgabe ihrer Quotalberechtigung[1] geteilt (nomina hereditaria ipso jure inter heredes divisa sunt), mit der Folge, daß jeder nur seinen Anteil beitreiben darf resp. zu leisten hat. Bei Unteilbarkeit der Forderung tritt Solidarität ein (§ 29 Ziff. 5). An den Nachlaßsachen entsteht Miteigentum, also gleichfalls Quotalberechtigung, mit Verfügungsbefugnis jedes Miterben über seinen Anteil. § 11 Ziff. V.

I. Die Auseinandersetzung der Erbengemeinschaft kann jeder Miterbe gegen die andern mit der actio familiae erciscundae betreiben. Es gelten ähnliche Grundsätze wie bei allen Teilungen (§ 19); die a. familiae erciscundae war sogar für diese das älteste Vorbild. Vereinbarungen der Miterben bei der Teilung sind zu beobachten, ebenso gültige testamentarische Anordnungen des Erblassers[2]. Die Teilungsklage dient der rechtlichen Auseinandersetzung insbesondere der Eigentumsgemeinschaft der Miterben und kann durch Vereinbarung nicht ausgeschlossen werden. Der Teilungsrichter hat freie Hand. Die einzelnen Erbschaftssachen kann er verschiedenen Miterben zuweisen (adjudicatio), oder dem einen Eigentum, dem andern den Nießbrauch oder eine obligatorische Abfindung zusprechen[3]. Er kann auch die Sachen versteigern und den Erlös verteilen. Die Früchte der Erbschaftssachen werden mit verteilt; ebenso sind die prae-

---

[1] Die Bruchteile bestimmen sich nach Maßgabe des Testaments, s. bes. § 66 Ziff. VI; bei Intestaterben nach Maßgabe der in § 64 besprochenen Verteilung der Erbschaft nach Köpfen resp. Stämmen.

[2] S. z. B. D. 10, 2, 2, 5; D. 10, 2, 3; 20, 3—5.

[3] Über die Adjudikation von Faustpfändern s. D. 10, 2, 29, u. Vangerow, Pand. I § 365.

stationes personales der einzelnen Miterben aus Führung der Nachlaßgeschäfte, aus notwendigen und nützlichen Verwendungen auf den Nachlaß usw. in die Teilung einzubeziehen [4]. Mehrere bonorum possessores haben die Klage als utilis [5]. Die actio familiae erciscundae ist eine duplex actio (§ 19 I).

Auf Grund deutschrechtlicher Anschauung ist in neueren Partikularrechten, z. B. dem preuß. Recht, die Erbengemeinschaft als eine Gemeinschaft zu gesamter Hand (also ohne Quotenteilung) aufgefaßt. Das BGB. nimmt eine Mittelstellung ein. §§ 2033 ff.

Die Teilung wurde auf Grund vormundschaftlicher Einmischung in die Nachlaßregulierung zu einem Verfahren der freiwilligen Gerichtsbarkeit; nur hervortretende eigentliche Streitpunkte werden auf den Prozeßweg verwiesen. Ebenso nach RG. ü. d. Angel. der freiwill. Gerichtsbarkeit v. 17. Mai 1898 §§ 86 ff.

II. Erfolgt die Teilung unter mehreren Abkömmlingen des Erblassers, so bedarf es zur Erreichung einer richtigen Gleichstellung der Beteiligten der Kollation [6]. Sie ist als eine Ergänzung der Intestaterbfolge zu betrachten, im späteren Recht dann auch auf testamentarische Einsetzung der Abkömmlinge übertragen worden. Die Kollation bedeutet ein Einwerfen (conferre) von Vermögensgegenständen seitens Einzelner in die Erbmasse, um erst danach die Teilung vorzunehmen.

1. Die ältere Kollation betraf die Ausgleichung von Vorteilen, die der Abkömmling zufolge seiner Selbständigkeit, also durch Befreiung von der Hausgewalt des Erblassers, bei dessen Lebzeiten (wenn auch nicht von ihm selbst) erlangt hatte. Daher mußte ein Emanzipierter, der nach dem Edictum unde liberi (§ 64 II) mit den sui [7] an der väterlichen Erbschaft teilnahm, sein Vermögen, das er als emancipatus erworben hatte, unter Abzug dessen, was er auch als Hauskind (z. B. als Soldat) hätte erwerben können, in die Teilungsmasse einwerfen. Collatio emancipati. Im späteren Recht blieb davon nur übrig, was er vom Vater

[4] S. z. B. D. 10, 2, 25, 15. 49.

[5] Ähnlich wie die hereditatis petitio auf den b. p. erstreckt wurde. § 69 II.

[6] Fein, Recht der Kollation (1842); Leist-Glück Pand. B. 37/38 III (1875) 201 ff. u. Zit.; Kohler, Abh. (1883) 124 ff.

[7] Sie konferierten nicht anderen Emanzipierten. Cf. D. 37, 6, 1, 24.

selbst erworben hatte (§ 54 i. f.), bis infolge von Justinians Reform des ganzen Intestaterbrechts der letzte Rest dieser Kollation verschwand. Was den Vollzug anlangt, so hatten die Pflichtigen Kaution zu leisten[8], daß sie das betr. Vermögen nach billigem Ermessen in die Teilung einbeziehen lassen. — Ähnlich hatte eine Haustochter, welche eine Dos zur Heirat empfing, damit ein Sondervermögen erlangt, das den anderen sui fehlte, und ward schon nach prätorischem Edikt zu dessen Einwerfung verpflichtet. Collatio dotis. Später erfolgt diese Kollation nicht bloß gegenüber den sui, sondern auch gegenüber den emanzipierten Geschwistern, jedoch nur hinsichtlich der dos profecticia (§ 59 II), ein Gedanke der die neuere Kollation einleitet.

2. Die neuere Kollation will nur Zuwendungen ausgleichen, die ein Abkömmling vom gemeinsamen Erblasser, als eine Art Vorempfang unter Lebenden erhalten hat. Auf die väterliche Gewalt kommt es nicht mehr an. Den ersten Schritt tat Kaiser Leo (C. 6, 20, 17) für die von einem Aszendenten gewährte dos und donatio propter nuptias, die allen ab intestato miterbenden Deszendenten zu konferieren ist. Im justinianischen Recht ist dann die allgemeine Deszendentenkollation entwickelt[9]. Sie betrifft die dos, die donatio propter nuptias, den Kaufpreis für ein Amt: militia; ferner Schenkungen, wenn der Erblasser die Anrechnung vorgeschrieben hat, oder wenn ein anderer Abkömmling eine der vorerwähnten Zuwendungen konferieren muß, ohne daß er selbst eine Schenkung erhielt (C. 6, 20, 20). Die Kollationspflicht besteht, wenn der Abkömmling an der Erbschaft teilnimmt. Der Vollzug geschieht nicht bloß durch Versprechen, sondern in Natur[10] — entweder unmittelbar oder in Gestalt eines Abzugs vom Erbteil. Diese Kollation tritt bei jeder Art von Intestaterbfolge (hereditas und bonorum possessio) ein. Justinian hat sie auch auf den Fall testamentarischer Einsetzung der Abkömmlinge

[8] Also „verbis" unter Sicherstellung durch Bürgen.
[9] S. heutzutage §§ 2050 ff. BGB.
[10] Also „re". Diese schon in D. 37, 6, 1, 11—12 als zulässig bezeichnete Methode wird in C. 6, 20, 17 als selbstverständlich zugrunde gelegt.

erstreckt, vorausgesetzt daß der Erblasser offensichtlich nicht die Verpflichtung erlassen hat[11]. Nov. 18 c. 6.

In Deutschland trat als kollationspflichtige Zuwendung bes. die Ausstattung der Kinder zur Begründung eines selbständigen Hausstandes (§ 56 i. f.) hinzu.

Anderseits blieb streitig, wie die Einwerfung zu geschehen habe, ob durch unmittelbare Teilung der Objekte oder nur durch Anrechnung. Letzteres gilt nach BGB. § 2055 Abs. 1. — Streitig war auch der Wert der Anrechnung (ob zum gegenwärtigen Wert oder zum Werte bei der Zuwendung). Da die Vorausgabe als antizipierter Teil der Erbportion erscheint, muß letzteres als das Richtige gelten und ist vom BGB. § 2055 Abs. 2 angenommen. — Endlich war zweifelhaft, wie die Berechnung zu erfolgen habe, wenn neben den kollationsberechtigten Deszendenten noch Dritte miterben (z. B. die Ehefrau). § 2055 Abs. 1 ordnet die Zurechnung auf denjenigen Teil des Nachlasses an, der auf die kollationsberechtigten Abkömmlinge entfällt.

III. Aus dem Umstand, daß jeder Erbe grundsätzlich in das ganze Recht des Erblassers eintritt, und nur concursu partes fiunt (§ 66 I), folgt, daß beim Wegfall eines Miterben, wenn dessen Portion nicht durch Substitution (§ 66 V) oder das sachlich gleichstehende Nachrücken eines entfernteren Verwandten bei der Intestaterbfolge (§ 64 IV), oder durch Transmission (§ 68 II) an einen anderen fällt, die Anteile der Miterben des Weggefallenen sich entsprechend vergrößern müssen. Dies nennt man Anwachsung (Akkreszenz). Sie vollzieht sich von selbst mit Wegfall des konkurrierenden Miterben, und mit Rechtsnotwendigkeit, so daß der Zuwachs (nach Erwerb der Urportion) nicht zurückgewiesen werden kann[12]. Die Anwachsung erfolgt auch nach dem Tode des Miterben, der seine Urportion erwarb (portio

[11] S. dazu heute § 2052 BGB.

[12] D. 29, 2, 53, 1. — Nur wenn ein Miterbe sich gegen den Erbschaftsantritt hatte in integrum restituieren lassen, kann die dadurch für einen anderen eintretende Akkreszenz zurückgewiesen werden (D. 29, 2, 61). Etwas anderes ist es, wenn ein necessarius heres (§ 62 V) nachträglich vom beneficium abstinendi Gebrauch macht, nachdem ein Miterbe seine Portion schon angetreten hatte. Dann wird letzterem die Wahl gelassen, seine durch Akkreszenz vermehrte Portion gleichfalls noch abzulehnen (D. 29, 2, 55).

portioni adcrescit); und die Lasten der anwachsenden Portion gehen, wie bei der Substitution[13], mit über. D. 31, 61, 1.

In der Kaiserzeit wurde die Anwachsung durch die Kaduzitätsvorschriften der Ehegesetze durchbrochen[14]. Das alte Anwachsungsrecht blieb nur für Aszendenten und Deszendenten bis zum 3. Grad. Im übrigen fiel das caducum und in causa caduci den im Testament benannten Erben, eventuell Vermächtnisnehmern, sofern sie mit Kindern gesegnet waren (caducorum vindicatio), und in deren Ermangelung dem Fiskus zu (s. § 66 VII). Nachdem die Grundlage der Beschränkungen im späteren Recht hinweggefallen war, hob Justinian die Vorschriften über das caducum auf und stellte die alte Anwachsung wieder her. C. 6, 51.

Die Anwachsung erfolgt grundsätzlich nach Verhältnis der Urportionen. Den auf einen gemeinschaftlichen Erbteil Berufenen (§ 66 VI) gebührt aber diese ihre Portion zunächst, unter Ausschluß der übrigen; so daß, wenn von ihnen einer wegfällt, die Anwachsung nur unter ihnen eintritt. Fällt aber von den anderen Miterben einer weg, so sind die conjuncti für ihren gemeinschaftlichen Erbteil an der Anwachsung beteiligt[15].

Nach BGB. kommt es unter Intestaterben (unter dem Namen Erhöhung des Erbteils) zur Anwachsung im obigen Sinne. In bezug auf die Lastentragung s. schon o. Note 13 und § 1935. Unter eingesetzten Erben kann es nach Wegfall des Satzes: nemo pro parte .... zur Anwachsung nur kommen, wenn der Eintritt der gesetzlichen Erbfolge für den frei werdenden Teil ausgeschlossen ist. § 2094. Aber auch dann kann der Erblasser anderweitig bestimmen. Abs. 3.

---

[13] Portio adcrescit cum onere. S. o. § 66 V Ziff. 1. Logisch ist das nicht, weil die Anwachsung nicht freiwillig ist, und nicht der Erbteil des Belasteten auf den anderen übergeht. — S. heutzutage §§ 1935, 2095 BGB.

[14] S. o. § 68 I Ziff. 1 u. § 58 Note 19. Sie benachteiligten die caelibes und belohnten die patres. Als pro non scripto bezeichnete man die von Anfang an nichtigen Verfügungen. In causa caduci war die von Anfang an gültige Verfügung, deren Unwirksamkeit aber vor dem Tode des Testators eintrat (z. B. beim Vorversterben des Eingesetzten). Caducum war das, was erst nach dem Tode des Testators wegen Inkapazität des Eingesetzten (§ 68 I) oder aus sonstigem Grunde (Verzicht, Ausfall der Bedingung usw.) hinfällig wurde.

[15] D. 28, 5, 64 u. C. 6, 51, 1, 10 (anders D. 28, 5, 17, 1).

§ 71.

V. Vermächtnisse*.

1. Singularvermächtnisse.

a) Legate und Fideikommisse. — Errichtung und Erwerb des Vermächtnisses.

Vermächtnisse sind Zuwendungen aus dem Nachlaß, die keine Erbeseinsetzung enthalten. Der Empfänger wird dadurch also nicht Universalsukzessor des Erblassers, sondern empfängt als Sondernachfolger nur eine Freigebigkeit. Darum haftet er auch grundsätzlich nicht für die Erbschaftsschulden.

Die freigebige Verfügung des Erblassers ist eine einseitige. Darin ähnelt sie der Erbeseinsetzung. Doch gibt es auch eine Schenkung von Todeswegen (§ 75).

Das Vermächtnis setzt die Erbfolge eines anderen voraus. Für letzteren bildet das Vermächtnis eine Verminderung dessen, was er selbst aus dem Nachlasse erhält. Darum erfordert jede Vermächtnisverfügung drei Personen: den Erblasser der die freigebige Zuwendung macht, den Belasteten, auf dessen Kosten sie geschieht, und den Bedachten, der sie empfängt.

I. Die Römer unterschieden zwei Arten von Vermächtnissen.

1. Die Legate waren das ältere und strengere Institut. Sie konnten nur im Testament, seit der Kaiserzeit auch in einem durch Testament bestätigten Kodizill[1] errichtet werden. Sie bildeten also eine dem eingesetzten Erben auferlegte Beschwerung, und mußten gleich der Erbeseinsetzung in bestimmten Worten erfolgen, die zugleich die Wirkung bezeichneten. Es gab:

a) das legatum per vindicationem: in der Form do, lego, welches dem Bedachten das Eigentum der

* Arndts-Glück Pand. 46—48 u. Salkowski, das. 49; Fein, Das Recht der Kodizille in Glück 44—45; Ferrini, Teoria generale dei legati e de fedecommissi (1889); Karlowa, R. Rechtsg. II 914; Wlassak i. d. Ztschr. d. Sav.-Stift. 31, 196 ff.; R. Leonhard i. Pauly-Wiss. s. v. fideicommissum; Declareuil i. Mél. Gérardin (1907) 135.

[1] S. o. § 65 vor Ziff. I sowie gleich unten Ziff. 2.

hinterlassenen Sache übertrug, daher auch Eigentum des Erblassers zur Zeit der Errichtung und bei seinem Tode voraussetzte. Ebenso konnte der Erblasser in dieser Weise dem Bedachten unmittelbar eine Servitut an seiner Sache begründen[2]. Der Bedachte hat darauf nach Antritt des Erben sofort die rei vindicatio oder die Servitutenklage. Einer Übertragung des Eigentums usw. durch den Erben bedarf es nicht. Auctor des Bedachten ist der Testator, nicht der Erbe[3].

b) Dagegen begründete das legatum per damnationem in der Form: heres meus damnas esto dare nur ein Forderungsrecht des Bedachten gegen den Erben[4]. Dafür konnten in dieser Gestalt auch fremde (dem Testator nicht gehörende) Sachen vermacht werden, die der Beschwerte sich erst noch verschaffen muß oder deren Wert er zu leisten hat.

c) Eine Abart war das legatum sinendi modo (heres meus damnas esto sinere, L. Titium sumere sibique habere), das den Erben nur zur Duldung der Wegnahme, also nicht zu eigener positiver Tätigkeit verpflichtete.

d) Endlich gab es ein legatum per praeceptionem (L. Titius illam rem praecipito), das ein Vorausvermächtnis für einen Miterben bedeutete und im Teilungsverfahren geltend zu machen war, später auch als Vermächtnis für Dritte vorkam und zu einer Abart des legatum per vindicationem wurde[5].

Ein SC. Neronianum bestimmte, daß das Legat bei Fehlern der gewählten Form, wenn möglich, als Legat anderer Form aufrecht erhalten werden solle (d. h. vor allem als Damnationslegat, da dessen Voraussetzungen die leichtesten waren).

2. Neben den Legaten kamen in der Kaiserzeit die Fideikommisse auf. Sie waren formlos. Früher nur als

---

[2] Nicht aber andere jura in re aliena, da sie nicht dem Zivilrecht angehörten. Auch beim vermachten Eigentum handelte es sich um quiritisches Eigentum. — S. noch o. § 22 Note 4.

[3] Wegen des interdictum quod legatorum gegen eigenmächtige Inbesitznahme s. § 69 N. 9.

[4] Bei bestimmtem Gegenstand und ungerechtfertigtem Ableugnen war vor Justinian das Doppelte zu entrichten (lis infitiando crescit in duplum).

[5] Für Sachen des Erblassers (wie lit. a), aber ohne daß quiritisches Eigentum erfordert wurde. — Über das Alter der verschiedenen Formen s. bes. Wlassak a. a. O.

rechtsunverbindlicher Rat oder Wunsch des Erblassers gewertet und befolgt, erhielten sie nunmehr obligatorische Kraft und waren vor den kaiserlichen Gerichten (extra ordinem) verfolgbar[6]. Der Beschwerte heißt Fiduziar, der Bedachte ist der Fideikommissar. Bestechend ist die große Geschmeidigkeit des Fideikommisses, so daß es jedem auferlegt werden kann, der vom Erblasser etwas erhält, z. B. auch einem Vermächtnisnehmer oder Fideikommissar selber, während die starke (insbesondere dingliche) Wirkung der Legate fehlt. Das Fideikommiß erzeugt immer nur ein Forderungsrecht. Gewöhnlich wurden auch die Fideikommisse schriftlich errichtet. Dies geschah meist in einem Schreiben an den Beschwerten: Kodizill. Solche codicilli waren zuerst als Zusatz zu Testamenten in Gebrauch, konnten in ihnen vorbehalten oder bestätigt werden (codicilli testamento confirmati), und konnten dann auch Legate enthalten (Ziff. 1). Für Fideikommisse bedarf es nicht dieser Bestätigung (es genügen codicilli non confirmati); ja das Kodizill kann sie einem Intestaterben auferlegen (Intestatkodizille). Dagegen blieben die Kodizille unfähig, eine Erbeinsetzung oder Enterbung auszusprechen. Es kam jedoch die Kodizillarklausel auf, wonach der Testator verfügen kann, daß sein Testament, wenn es wegen eines Fehlers nicht bestehen könne, als Kodizill gegenüber seinen Intestaterben aufrecht zu erhalten sei. Dadurch können sogar die in dem ungültigen Testament enthaltenen Erbeseinsetzungen gerettet werden, indem man sie als Universalfideikommisse (§ 74) zu Lasten der Intestaterben umdeutet. Wegen der gesteigerten Bedeutung verlangen Konstantin und Theodosius für Kodizille die gleiche Zeugenzahl wie für Testamente; Justinian begnügt sich mit 5 Zeugen, so daß die Kodizillarklausel immerhin Wert behält[7].

5. Schließlich hat Justinian Legate und Fideikommisse verschmolzen, nachdem die strenge Wortform für

[6] Ja es wurde ein eigener praetor fideicommissarius für diese Angelegenheiten bestellt.

[7] Vgl. C. Theod. 4, 4, 1 u. 7, 2 (Konstant. betr. die Intestatkodizille u. Theodos. betr. Kodizille jeder Art). Daraus entstand C. 6, 36, 8, 3 über die Kodizillarform im jüngsten Recht. — Über die heutige Verschmelzung der Kodizille mit den Testamenten s. § 66 Ziff. I i. f.

erstere in Wegfall gekommen und letztere einer Errichtungsform unterworfen worden waren — auch Erwerbfähigkeit (Ziff. II) und Höchstgrenze (§ 73) bei beiden wesentlich gleichgestaltet worden waren. Was das eine Institut an Vorteilen bietet, soll auch dem anderen zugute kommen. Unter den beiden Namen gibt es also sachlich nur noch ein einheitliches Vermächtnis. Dasselbe läßt Nebenbestimmungen aller Art zu, auch Termine und Resolutivbedingungen [8]. Aus demselben folgt zunächst die obligatorische Klage (actio legati, actio ex testamento, petitio fideicommissi) wider den Belasteten, welche von Justinian noch durch ein gesetzliches Pfandrecht an den Nachlaßgegenständen gesichert wird [9]. Sodann aber folgt daraus die Eigentumsklage (§ 16) oder sonstige dingliche Klage, wenn der Erblasser dem Bedachten das Eigentum oder ein dingliches Recht an einer Nachlaßsache vermacht hat, weil dadurch unmittelbar Eigentum usw. erworben wird (Vindikationslegat) [10].

II. Zur Errichtung eines Vermächtnisses bedarf es:

1. Für den Erblasser der aktiven Testierfähigkeit, für den Bedachten der testamenti factio passiva (§ 65 I). Die früheren Ausnahmen bei Fideikommissen verloren sich im Lauf der Zeit. Auch die vorjustinianischen Inkapazitätsvorschriften (§ 68 I Ziff. 1) waren auf Vermächtnisse bezogen worden. Für die Rechtsbeständigkeit der Fideikommisse kommt es aber nicht darauf an, daß der Bedachte sich zur Zeit des Erbfalls schon im Mutterleibe befand. Auch der Kreis der zu bedenkenden juristischen Personen war ein weiterer [11].

2. Beschwert mit einem Vermächtnis kann nicht nur der eingesetzte Erbe, sondern (nach Fideikommißrecht) jeder

[8] Im Gegensatz zu den Erbeseinsetzungen (§ 66 IV). Dies ist besonders in Verbindung mit der Kodizillarklausel wichtig.

[9] S. o. § 26 I Ziff. 3. In Deutschland wurde ein bloßer Pfandrechtstitel daraus. Heute ist es ganz beseitigt. — Wegen der Kaution bei befristeten Vermächtnissen s. § 72 Ziff. III.

[10] Sobald das Vermächtnis fällig ist (§ 72 Ziff. IV). — Der dingliche Anspruch ist im BGB., als zu weitgehend, beseitigt. Jedes Vermächtnis erzeugt nach § 2174 BGB. nur ein Forderungsrecht.

[11] Wegen Geisteskranker s. Wlassak, Ztschr. d. Sav.-Stift. 31, 262.

werden, der aus dem Vermögen des Erblassers etwas erhält, also auch ein Vermächtnisnehmer und der Intestaterbe[12].

Die Errichtung kann in einem Testament oder in einem bestätigten oder unbestätigten Kodizill[13] geschehen, wobei die Kodizillarform, also Zuziehung von 5 Zeugen, natürlich zu beobachten ist.

Trotz Einrichtung dieser Form hat Justinian jedoch noch ein nur mündliches, aber dem Beschwerten unmittelbar mitgeteiltes Fideikommiß zugelassen, das gültig ist, wenn Kläger schwört, daß er nicht aus Schikane klage, und Beklagter sich daraufhin nicht durch den Eid befreit, daß er „nihil tale a testatore audivit"[14].

Bei der sog. elterlichen Teilung (divisio parentis inter liberos), ohne daß die gesetzliche Erbfolge verändert wird, hat man auch nach Konstantin an der Formlosigkeit des Kodizills festgehalten. Im justinianischen Recht wird eine vom Erblasser resp. von allen Kindern unterschriebene Urkunde verlangt[15].

III. Der Bestand des Vermächtnisses hängt von der Erbschaftsannahme des belasteten Erben ab. Ist letzterer also nicht ein heres necessarius, so muß der Bedachte abwarten, bis der Erbe sich über die Annahme entscheidet. Der Vermächtniserwerb vollzieht sich regelmäßig mit dem Erbschaftserwerb des Erben, da die Singularsukzession durch den Erben vermittelt wird. Der Erwerbszeitpunkt wird als dies veniens (legati) bezeichnet. Aus dem Damnationslegat entsteht die Vermächtnisforderung (actio ex testamento) gegen den Erben, aus dem Fideikommiß die persönliche Klage (persecutio fideicommissi). Beim Vindikationslegat hat der Bedachte die Eigentumsklage. Das Eigentum selbst geht nach der Lehre der Sabinianer ohne besondere Annahme-

---

[12] Hierdurch, und mangels des Erfordernisses der Koexistenz mit dem Erblasser (s. o.), kommt man zu der Möglichkeit von Familienfideikommissen, indem der Bedachte sukzessiv den Gegenstand bestimmten Deszendenten aus der Familie herausgeben soll.

[13] S. o. I Ziff. 2. Also insbesondere auch in einem Intestatkodizill (unter Beschwerung der Intestaterben).

[14] C. 6, 42, 32; I. 2, 23, 12. Als sog. Oralfideikommiß rezipiert, und heute beseitigt.

[15] Nov. 18 c. 7; Nov. 107 c. 3. — Die elterliche Teilung kann auch unter Lebenden bewerkstelligt werden. S. § 75 Note 1 u. Zit.

erklärung auf den Bedachten über, die Prokulianer verlangen, daß der Bedachte vindiziert[16]. Bei Justinian wird anzunehmen sein, daß der Erwerb des Vermächtnisses in allen Fällen von selbst erfolgt[17], möglicherweise ohne Kenntnis des Vermächtnisnehmers. Er kann das Vermächtnis aber ausschlagen (repudiatio), in welchem Fall er so angesehen wird, als hätte er niemals erworben. — Bei befristeten Vermächtnissen tritt der dies veniens erst mit dem gesetzten Termin ein.

Da der Antritt eines heres extraneus oft lange auf sich warten läßt, mußte der Vermächtnisnehmer gegen Verlust des Vermächtnisses geschützt werden, der durch seinen Tod vor diesen Zeitpunkten eingetreten wäre. Dies geschieht durch Eröffnung einer Art Anwartschaft auf das Vermächtnis für den Bedachten schon von einem früheren Zeitpunkt an: dem sog. dies cedens. Es genügt, daß der Vermächtnisnehmer diesen Tag erlebt. Dann vererbt sich sein Recht auf das Vermächtnis. Der dies cedens tritt regelmäßig mit dem Tode des Erblassers ein[18], bei aufschiebend bedingten Vermächtnissen aber nicht vor Erfüllung der Bedingung (womit bei früherem Antritt des Erben auch der dies veniens hinausgeschoben wird)[19].

Nach dem System des BGB. fällt das Vermächtnis (ähnlich wie die Erbschaft) dem Bedachten an, und zwar regelmäßig im Moment des Erbfalls. In diesem Augenblick entsteht für den Bedachten das Forderungsrecht aus dem Vermächtnis. Ist es bedingt oder betagt, so erfolgt der Anfall entsprechend später; der Bedachte hat aber schon vom Erbfall ab (ähnlich wie beim dies cedens) eine Antwartschaft auf das Vermächtnis (§§ 2177—2179), wobei jedoch die Auslegungsregel des § 2074 zu beachten ist.

---

[16] Tut er dies oder schlägt er nach erlangter Kenntnis nicht unverzüglich aus, so wird von Ulpian D. 30, 44, 1 (cf. D. 34, 5, 15; D. 30, 86, 2) angenommen, daß er von Anfang an Eigentümer war (schwebendes Eigentum). Vgl. Wlassak, Ztschr. d. Sav.-Stift. 31, 196.

[17] Vorausgesetzt, daß das Legat nicht vorher ungültig geworden ist (§ 73).

[18] Früher (nach der lex Papia) war es der Tag der Testamentseröffnung gewesen. Die betr. Stellen sind interpoliert. Vgl. Wlassak a. a. O. 237 ff.

[19] So daß der Bedachte, um zu erwerben, diesen Zeitpunkt erleben muß.

§ 72.

b) Inhalt und Wirkungen des Vermächtnisses.

I. Gegenstand des Vermächtnisses kann im allgemeinen jeder mögliche und erlaubte Vermögensvorteil sein. Das Angeordnete muß sich aus der Verfügung des Erblassers mit genügender Deutlichkeit erkennen lassen. Das gilt sowohl für den Gegenstand als den Empfänger der Zuwendung [1]. Nachdem an Stelle des ursprünglich durch den Wortformalismus (§ 71 I) gekennzeichneten Inhalts die Möglichkeit freier Bestimmung trat, wurden von den römischen Juristen (nach Maßgabe von Herkommen und Sitte) insbesondere bei Legaten eine Anzahl Typen ausgebildet, während bei Fideikommissen nach der erkennbaren Willensabsicht des Erblassers zu entscheiden ist. Aus der Kombination der umfangreichen Literatur über diesen Gegenstand sind D. 30—34 (s. auch J. 2, 20, 4—23) hervorgegangen. Besonders zu erwähnen ist das Vermächtnis eines genus, welches regelmäßig umfaßt, was von bezüglichen Stücken beim Tod des Erblassers in seinem Nachlasse vorhanden ist, — verschieden vom legatum optionis, bei dem der Bedachte sich aus dem Nachlaß eine oder mehrere Sachen aussuchen darf [2]. — Es gibt Vermächtnisse von Sachinbegriffen (grex, suppellex), ein Vermächtnis des peculium — und von bestimmten Einzelsachen, eigenen oder fremden [3]. — Auch wiederkehrende Leistungen (Alimente, Renten) können vermacht werden — ferner Rechte, z. B. Dienstbarkeiten, Forderungsrechte. Letztere können als bestehende vermacht sein (nomen legatum), wobei der Bedachte vom Erben Abtretung der Klagen verlangen kann und eine actio utilis

[1] Wegen Irrtums des Verfügenden s. o. § 66 Ziff. II.

[2] Ursprünglich als rein persönliche Befugnis gedacht, später nicht mehr. I. 2, 20, 23. S. Bernstein, Ztschr. d. Sav.-Stift. 1, 151 ff. — Vgl. §§ 2154 ff. BGB.

[3] Vgl. o. § 71 I Ziff. 1 a u. b. Man stellt darauf ab, ob der Erblasser wußte, daß die Sache einem anderen gehört. Dann muß der Belastete sie erwerben, um sie dem Bedachten zu übertragen. Ist der Preis nicht zu erschwingen, so darf der Belastete sich durch Zahlung des Wertes an den Bedachten befreien. I. 2, 20, 4; D. 30, 39, 7—8. — Vgl. §§ 2169 ff. BGB.

gegen den Drittschuldner erlangt[4], oder es kann ein Schulderlaß vermacht sein (liberatio legata)[5]. Vermacht der Schuldner seinem Gläubiger, was er ihm schuldet (legatum debiti), so hat das Vermächtnis nur Bestand, wenn es dem Gläubiger einen Vorteil bringt, z. B. im Zahlungsmodus, oder durch Beseitigung einer Einrede[6].

II. Für die Gültigkeit (Unmöglichkeit usw.) kommt es nach der regula Catoniana (D. 34, 7) darauf an, daß das Vermächtnis sowohl im Moment der Testamentserrichtung, wie des Todes des Erblassers, und auch im Moment des Erwerbs der Erbschaft hätte gültig sein können[7]. Z. B. ist ungültig das Vermächtnis einer Sache, die dem Bedachten zur Zeit der letztwilligen Verfügung gehörte (I. 2, 20, 10). Ob das Hindernis bis zum Erbfall wegfällt, wird nicht beachtet. Nur wo der Erblasser selbst die Wirkung des Vermächtnisses über seinen Tod hinaus an einen späteren Zeitpunkt angeknüpft hat, kommt es auf die Möglichkeit oder Erlaubtheit in diesem Zeitpunkt an, so insbesondere bei bedingten Vermächtnissen[8].

III. Der Belastete hat als Schuldner für die gehörige Entrichtung des Vermächtnisses quasi ex contractu (§ 43 VI) einzustehen, und haftet für culpa levis.

War das Vermächtnis befristet oder aus anderen Gründen nicht sofort zahlbar, so konnte der Bedachte schon seit alter Zeit Kaution durch Bürgen für die Entrichtung fordern, und wenn diese nicht geleistet wurde, prätorische Einweisung in das Nachlaßvermögen (missio in possessionem legatorum servandorum causa), — ja seit Caracalla, wenn er nicht binnen 6 Monaten nach der Klage ausbezahlt war, sogar in das eigene

---

[4] S. I. 2, 20, 21; C. 6, 37, 18 u. o. § 48. — Vgl. § 2173 BGB.

[5] So wird häufig auch die Rückgabe der dos erlassen. — Umkehrt kann auch der Rückgabeanspruch vom Rückforderungsberechtigten an einen Dritten vermacht werden.

[6] So auch bei der dos relegata, wodurch die Gegenansprüche des Rückgabeverpflichteten wegen Verwendungen und die Rückgabefrist wegfielen. — Im justinianischen Recht ist das legatum debiti wegen des gesetzlichen Pfandrechts (§ 71 N. 9) meistens vorteilhaft.

[7] S. über die drei Momente o. § 65 bei u. in Note 6. — Heutzutage kommt es auf die Unmöglichkeit oder Unerlaubtheit zur Zeit des Erbfalls an. § 2171.

[8] D. 30, 41, 2.

Vermögen des Erben (missio Antoniniana). Justinian fügte das § 71 N. 9 erwähnte gesetzliche Pfandrecht hinzu.

IV. Von der Zulässigkeit aller Art Bedingungen und Zeitbestimmungen war schon die Rede. § 71 N. 8. Beim Vermächtnis mit Anfangstermin wird nur der dies veniens, beim Vermächtnis mit Suspensivbedingung wird auch der dies cedens hinausgeschoben. Infolgedessen würde ein Vermächtnis unter negativer Potestativbedingung nie gültig werden können. Jedoch darf der Bedachte in diesem Falle Kaution stellen, daß er der Bedingung nicht zuwiderhandeln werde, und daraufhin vom Erben sofortige Erfüllung des Vermächtnisses verlangen. Cautio Muciana[9].

V. Auch Substitutionen kommen bei Vermächtnissen vor. Zunächst die Vulgarsubstitution, durch welche ein Ersatzmann bestimmt wird, falls der Erstbedachte das Vermächtnis nicht erwirbt (vgl. § 66 V). Es kann aber auch dem Erstbedachten aufgegeben werden, den vermachten Gegenstand nach Ablauf einer Frist oder bei Eintritt einer Bedingung einem zweiten Bedachten herauszugeben, dem das Vermächtnis alsdann zufallen soll[10]. Fideikommissarische Substitution.

VI. Wie der Erblasser mehrere Erben einsetzen kann, so kann er auch zugunsten mehrerer Personen ein Vermächtnis errichten, welches denselben Gegenstand betrifft. Der Gegenstand ist nicht derselbe, wenn den mehreren verschiedene Teile einer Sache vermacht sind. Hier erhält einfach jeder seinen Teil. Anders, wenn die Sache den mehreren ohne Bestimmung von Teilen zugewiesen ist. Hier spricht man von Kollegataren. Diese sind regelmäßig zu gleichen Teilen bedacht und an dem Gegenstand berechtigt. Beim Vindikationslegat entsteht Miteigentum, bei anderen Vermächtnissen Teilforderungen (nach der gewöhnlichen Regel § 29 Ziff. 5). Fällt einer der Kollegatare weg, und tritt keine Substitution ein (Ziff. V), so fragt es sich auch hier nach der

---

[9] S. schon oben § 66 Ziff. IV, N. 15.

[10] Mit Rücksicht auf die Zulässigkeit von Endtermin und Resolutivbedingung, und das Nichterfordernis der Koexistenz des Bedachten mit dem Erblasser bei Vermächtnissen. S. o. § 71 N. 12.

Anwachsung (§ 70 III) des freiwerdenden Teiles an die Kollegatare.

Sie erschien zunächst beim Vindikationslegat selbstverständlich, wenn den mehreren conjunctim[11] die Sache zugewiesen war; bei anderen Vermächtnissen erschien der Beschwerte von der betreffenden Teilforderung befreit. Die Entwicklung wurde dann zeitweise durch die Kaduzitätsgesetze, wie bei Miterben (§ 70 III), gestört. Als Justinian die Anwachsung wieder herstellte, legte er die Regel des Vindikationslegats zugrunde, so daß für alle Vermächtnisse Anwachsung eintritt[12]. Doch können die Kollegatare sie ablehnen. Dafür tragen sie auch die dem Weggefallenen auferlegten Lasten. Das Anwachsungsrecht tritt aber auch ein, wenn die mehreren Bedachten in getrennten Verfügungen (disjunctim) berufen sind[13]. Hier können die Kollegatare die Anwachsung nicht einmal ablehnen, und tragen auch nicht die dem Weggefallenen auferlegte Last[14].

VII. Prälegat[15]. — Auch ein Miterbe kann mit einem Vermächtnis bedacht sein. Dann erhält er es als einen besonderen Vorteil neben seiner Erbquote. Ist ein bestimmt Belasteter bezeichnet, so behält es dabei sein Bewenden. Im umgekehrten Fall sind sämtliche Miterben beschwert, darunter auch der Bedachte; und da er sich nicht selbst leisten kann (§ 45 I Ziff. 3), so folgert man Unwirksamkeit des Legats, soweit der bedachte Miterbe sich selbst zu leisten hätte.

---

[11] S. § 66 bei Note 23 ff. In der Zusammenberufung in einem Satze auf denselben Gegenstand liegt eine re et verbis conjunctio, die für die Betreffenden eine engere Anwachsung begründet.

[12] Vgl. § 2158 BGB. Hier ist die Anwachsung auch für den Fall anerkannt, daß der Erblasser den Mehreren verschiedene Teile des Gegenstandes zugewiesen hat (s. o.), also wenn eine verbis tantum conjunctio vorliegt. Doch gilt dies nur dann, wenn sie in Wirklichkeit auch re conjuncti sind, d. h. wenn der Erblasser ihnen eventuell auch das Ganze geben wollte. Nach Abs. 2 kann der Erblasser die Anwachsung ausschließen.

[13] Denn auch hier ist jedem das Ganze gegeben. Beim Vindikationslegat lag jedenfalls eine re conjunctio (§ 66 N. 23) vor. Justinian hat auch hier die Regel des Vindikationslegats verallgemeinert. I. 2, 20, 8.

[14] S. über die Lastentragung D. 35, 1, 54, 1; C. 6, 51, 1, 11. — Heutzutage s. einheitlich § 2159 BGB.

[15] S. Arndts-Glück 47, 22 u. Zit.; Kretschmar, Die Natur des Prälegats (1884); Kohler, Gemeinschaften mit Zwangsteilung i. Arch. f. ziv. Prax. 91, 347 ff., Bernstein, Ztschr. d. Sav.-Stift. 15, 26; Ferrini, Bull. del Ist. di Dir. rom. 8, 1; Kübler, Ztschr. d. Sav.-Stift. 28, 179. S. § 71 I Ziff. 1 d.

Je größer sein Erbteil ist, desto kleiner ist hiernach der gültige Teil des Prälegats. Den ungültigen Teil behält er als Erbe. Hat er aber Kollegatare (Ziff. VI), so wächst diesen das inutiliter legatum an, und er erhält infolgedessen vom Prälegat oft nichts oder nur sehr wenig[16].

§ 73.

c) Nachträgliche Ungültigkeit und Höchstgrenze.

I. Ein Vermächtnis erlischt durch Tod oder eintretende Erbunfähigkeit des Bedachten vor dem dies cedens (§ 71 III). Ferner durch Untergang der Sache, der die Erfüllung unmöglich macht, und anderweitigen unentgeltlichen Erwerb des Gegenstands durch den Bedachten (§ 45 N. 14). Endlich durch Entkräftung der anordnenden Verfügung, also des Testaments in der gewöhnlichen Weise (§ 65 III), — abgesehen von einzelnen Fällen der Verletzung des Noterbrechts (s. § 67 III), in denen die Vermächtnisse bestehen bleiben, — und vom Fall ihrer Erhaltung durch prätorische exceptio doli, wenn der Belastete zugleich nächster Intestaterbe war und ex testamento ausschlug, um die Erbschaft lastenfrei ab intestato zu erwerben (D. 29, 4; C. 6, 39). — Auch durch Aufkommen der Kodizillarklausel konnte die Verfügung (im Fall ihrer Ungültigkeit als Testament) wirksam bleiben[1]. Umgekehrt konnte in der Kaiserzeit bei Aufrechterhaltung des übrigen Testamentsinhalts ein einzelnes Vermächtnis durch formlose Erklärung wider-

[16] Z. B. der Erblasser hat verfügt: Mein Erbe A und Freund X sollen mein Haus erhalten. A. ist einziger Erbe. Sich selbst hat dieser also die eine Hälfte, dem X die andere Hälfte zu leisten. Die eine Hälfte ist als Legat hinfällig und wächst dem X an: dieser erhält also das Haus. — Oder: A und B sind Miterben. A ist auf ein Zwölftel eingesetzt, B auf elf Zwölftel. Beiden zusammen ist ein Prälegat von 1200 vermacht. Hiervon muß sich A $^1/_{12}$ selbst auszahlen, B sich selbst $^{11}/_{12}$. Diese beiden Teile sind ungültig. Da jedem die Hälfte des Vermachten gebührte und der ungültige Teil des anderen anwächst, so akkreszieren dem B: 50, dem A: 550. Also erhält schließlich A: $600-50+550=1100$; B erhält $600-550+50=100$. Vgl. D. 30, 34, 11 ff. Diese berüchtigten Ergebnisse hat § 2150 BGB. für unser heutiges Recht ausgeschlossen.

[1] S. § 71 I Ziff. 2. Die Vermächtnisse galten dann den Intestaterben auferlegt.

rufen werden, z. B. indem der Erblasser es mit dem Willen der Aufhebung durchstrich oder den Gegenstand veräußerte (ademptio legati). In derselben Weise ist auch die Ersetzung eines alten Vermächtnisses durch ein neues möglich (translatio).

II. Vermächtnisse sind nur soweit zu entrichten, als der Bestand der Erbschaft reicht, resp. der Beschwerte selbst etwas empfangen hat. Sie sind eine Gabe aus dem Aktivbestand der Zuwendung (D. 36, 1, 1, 17; C. 6, 21, 12). Aber selbst diese Begrenzung genügte regelmäßig noch nicht. Wenn der Erbe nichts für sich selbst behielt, war er meistens geneigt, die Erbschaft ganz auszuschlagen, und dieses Ergebnis mußte man tunlichst vermeiden, um nicht mit Hinfälligkeit des Testaments auch die darin angeordneten Vermächtnisse zu entkräften. Es wurden daher Höchstgrenzen für die Belastung mit Legaten festgesetzt. Die lex Furia testamentaria erlaubte sie nur bis zur Höhe von 1000 As, die lex Voconia nur in der Höhe wie der Erbe selbst etwas aus dem Nachlasse erhielt. Schließlich wird durch die lex Falcidia (40 v. Chr.) bestimmt, daß der Erbe ein Viertel seiner Erbportion frei von Vermächtnissen behalten soll[2]. Quarta Falcidia. Der Erbe kann den überschießenden Teil abziehen und irrtümlich zuviel Geleistetes als indebitum zurückfordern. Die Quart wird von dem gerechnet, was er als Erbe empfängt (§ 72 VII)[3]. Durch das SC. Pegasianum wurde der Abzug der falcidischen Quart auch auf die Belastung mit Fideikommissen erstreckt. Justinian hat dem Gesetz die Spitze abgebrochen, indem er dem Erblasser erlaubt, das Recht des Erben auf die quarta Falcidia auszuschließen. Auch soll der Erbe sich bei Versäumung des Nachlaßinventars nicht darauf berufen können[4].

[2] Die lex Falcidia selbst verfügte dies nur für den Testamentserben und für Legate. Das SC. Pegasianum dehnte es auf Fideikommisse aus (s. u.). Eine Konstitution von Antoninus Pius bestimmte es auch zugunsten des gesetzlichen Erben.

[3] Falls nicht der Erblasser etwas anderes angeordnet hat.

[4] Nach heutigem Recht wird die Gültigkeit der Vermächtnisse durch Ausschlagung des Erben grundsätzlich nicht beeinflußt. §§ 2147, 2161 BGB. Es liegt somit kein Anlaß vor, den Erben bei der Erbschaft zu halten. Unser Recht hat die Quarta Falcidia beseitigt.

Ein beschwerter Vermächtnisnehmer kann für sich keinen entsprechenden Abzug machen. Er kann nur, wenn ihm sein eigenes Vermächtnis vom Erben gekürzt wird, die Untervermächtnisse im Verhältnis des ihm gemachten Abzugs kürzen.

§ 74.
2. Universalvermächtnis.

Gegenstand eines Vermächtnisses können nicht bloß einzelne Nachlaßgegenstände, sondern auch Nachlaßquoten, ja eventuell die Erbschaft selbst sein. Für eine solche Herausgabe besteht nicht selten ein Bedürfnis [1]. Diesem ist schrittweise nachgekommen worden, und zwar durch das Institut der Legate und der Fideikommisse.

1. In Legatsform konnte die ganze Erbschaft wegen der Vorschriften der lex Voconia und Falcidia (§ 73 i. f.) nicht vermacht werden. Häufig vermachte man aber die Hälfte usw. in Form des Damnationslegats (§ 71 I Ziff. 1 b), z. B. an die Tochter, während der Sohn zum Erben eingesetzt wurde. Legatum partitionis oder partitio legata. Der legatarius partiarius ist nicht Erbe: er hat weder Eigentum an den Erbschaftssachen, noch haftet er für die Erbschaftsschulden. Er hat nur ein Forderungsrecht auf Herausgabe des entsprechenden Teils der Nachlaßgegenstände resp. ihres Wertes gegen den Erben (D. 30, 26, 2), während dieser gegen ihn eine Forderung auf Erstattung eines entsprechenden Teils der Erbschaftsschulden hat [2]. Zur näheren Regelung der wechselseitigen Leistungen dienten stipulationes partis et pro parte zwischen dem Erben und Legatar.

2. Bald verwendete man das geschmeidigere Recht der Fideikommisse auch für dieses Problem. Es entsteht das

---

[1] So besonders auch nach gemeinem Recht, um die Erbschaft zuerst dem überlebenden Ehegatten und dann den Verwandten zuzuweisen. Oder wenn die Verfügung als Testament ungültig war, zufolge der Kodizillarklausel. § 71 bei N. 7.

[2] Ähnlich wie beim Erbschaftsverkauf von seiten des Erben nach Erwerb der Erbschaft, § 68 Note 7, wo der Erwerber auch nur Singularsukzessor ist und die einzelnen Gegenstände durch Sonderübertragung erlangt.

fideicommissum hereditatis (fideicommissaria hereditas, Universalfideikommiß). Hierdurch wird dem Erben (heres oder bonorum possessor) aufgetragen, die ganze Erbschaft oder einen Teil entweder sofort oder nach einer gewissen Zeit, z. B. beim Tode einem Dritten (dem Fideikommissar) herauszugeben. Die Ausführung erfolgte zunächst im Weg der Manzipation (der ganzen Erbschaft oder des Bruchteils). Der Herausgabepflichtige (Fiduziar) kann ein Testaments- oder Intestaterbe, es kann auch wiederum ein Universalfideikommissar sein. Auch hier war der Fideikommissar noch immer ein Sonderrechtsnachfolger des Fiduziars[3] und haftete als solcher nicht für die Erbschaftsschulden; daher wurden wegen der Herausgabe und Abzüge wieder stipulationes partis et pro parte, und bei Totalherausgabe stipulationes emptae venditae hereditatis geschlossen. Der Fideikommissar versprach auch, die gegen den Erben erhobenen Ansprüche zu vertreten, während der Fiduziar ihm die zur Erbschaft gehörigen Ansprüche zu eigener Ausübung überließ. Das SC. Trebellianum bestimmte dann zur Entlastung des Erben, daß nach erfolgter Herausgabe der Erbschaft an den Fideikommissar nur dieser, und nicht mehr der Erbe für die Erbschaftsschulden hafte, und daß ihm die Erbschaftsklagen von selbst (als utiles) zustehen. Dadurch stand der Universalfideikommissar nunmehr heredis loco; er wurde praktisch zu einem Nacherben. Die stipulationes partis et pro parte wurden überflüssig.

Indes trat nochmals eine rückläufige Bewegung ein. Das SC. Pegasianum suchte dem fiduziarischen Erben, damit er nicht ausschlug, durch Verleihung der quarta Falcidia (§ 73 i. f.) zu Hilfe zu kommen, da von seinem Antritt der Bestand des ganzen Fideikommisses abhängig war. Wenn man dem Fiduziar aber ein Viertel der Erbschaft beließ und ihn so als Erben — den Fideikommissar als Vermächtnisnehmer behandelte, erschien es nicht angängig, letzterem nach der Restitution (wie einem Erben) aktiv und passiv die Erb-

[3] Der Fortschritt gegenüber dem legatem partitionis lag nur in der Möglichkeit der Totalübertragung und darin, daß der Fideikommissar in Nachlaßangelegenheiten in rem suam auftreten konnte (s. u.).

schaftsklagen zuzusprechen. Demnach bedurfte es jetzt wieder der Sonderübertragung an den Fideikommissar, und blieb es bei der Schuldenhaftung der Fiduziars, weshalb die stipulationes partis et pro parte wieder notwendig wurden. Daneben wurde freilich durch das SC. Pegasianum auch der Fideikommissar berechtigt, den Fiduziar, der die (verschuldete) Erbschaft nicht annehmen wollte, zum Antritt zu zwingen. Dann verblieb es beim Fortschritt des SC. Trebellianum, indem die Quart nicht abgezogen wurde. Der Fideikommissar trat dann ganz an Stelle des Fiduziars (letzterer war nur dem Namen nach Erbe).

Schließlich hat Justinian die Bestimmungen des SC. Trebellianum und Pegasianum verschmolzen. Was es brachte, soll als im SC. Trebellianum enthalten angesehen werden. Danach darf der Fiduziar die Quart abziehen. Trotzdem erscheint nach erfolgter Restitution der Erbschaft an den Fideikommissar der letztere als Erbe, so daß er wie ein Miterbe die Erbschaftsklagen hat und für die Schulden haftet. Anderseits kann der Fiduziar zum Antritt gezwungen werden (sogar bei nicht überschuldetem Nachlaß), wobei ihm die Quart verloren geht und der Fideikommissar vollständig als Erbe an seine Stelle tritt.

Weiter ist die Entwicklung im römischen Recht nicht gediehen [4]. Also die Überweisung der Erbschaft an einen zweiten Empfänger beginnt nach Vermächtnisrecht, und erst im weiteren Verlauf wird eine Nacherbfolge daraus. D. h. erst mit der Restitution der Erbschaft an den Fideikommissar, nicht durch direkte Anordnung des Erblassers.

In dieser Gestalt lebte das Universalfideikommiß auch im gemeinen Recht fort. Z. B. für den Fall, daß der Erblasser seine gesetzlichen Erben bes. seine Kinder nicht ausschließen, die Vorteile der Erbschaft aber für gewisse Zeit einem anderen zuwenden wollte, ohne ihn den Beschränkungen zu unterwerfen, die mit dem bloßen Vermächtnis eines Nießbrauchs an der Erbschaft verbunden sind. Oder wenn der Erblasser befürchten muß, daß der zunächst berufene Erbe das Vermögen der Familie nicht erhalten werde. Nachdem das BGB. den Satz:

---

[4] Über weitergehende Anordnungen in den Papyri s. Kübler, Ztschr. d. Sav.-Stift. 29, 183 ff.

semel heres semper heres beseitigt, die quarta Falcidia aufgehoben und den Unterschied der Testamente und Kodizille ausgeglichen hatte, bestand kein Grund mehr, die fideikommissarische Erbeseinsetzung nicht als solche zuzulassen. Ein Erbe kann heutzutage auf Zeit ernannt, und es kann bestimmt werden, daß der Nachlaß danach an einen anderen fallen soll. Der erstere ist der Vorerbe, der letztere der Nacherbe. §§ 2100 ff. BGB. Zu diesem Abschluß der Konstruktion drängte schon die gesamte römische Rechtsentwicklung; sie wurde nur durch formale Bedenken aufgehalten.

§ 75.

VI. Donatio mortis causa*.

Während ein Erbvertrag im römischen Recht grundsätzlich nicht anerkannt ist (§ 65 N. 27), hat sich in einem Punkt[1] doch eine vertragsmäßige Zuwendung von Todeswegen erhalten[2]. Die Schenkung auf den Todesfall ist eine Schenkung (§ 40 III Ziff. 3), die aber von der Voraussetzung abhängig gemacht ist, daß der Beschenkte den Schenker überlebt. Diese Schenkung wird daher erst im letzten Lebensmoment des Schenkers perfekt, erfolgt nicht aus dem Nachlaß des Schenkers, ist daher auch nicht, wie ein Vermächtnis, den Regeln des dies cedens und veniens unterworfen, und ist vom Antritt des Erben unabhängig.

Die Schenkung von Todeswegen kann wie jede Schenkung durch direkte Übereignung, Schenkungsversprechen, Schulderlaß usw. erfolgen. Eine Schenkung von Todeswegen liegt aber nur dann vor, wenn sie in der Voraussicht des Todes vor dem Beschenkten ge-

* A. Cohen, Schenkung von Todeswegen (1878; Pernice, Labeo III 263; Karlowa, R. Rechtsgesch. II 944; Bruck, Die Schenkung auf den Todesfall im griech. Recht (1909); Grünhuts Ztschr. 40, 550 ff.

[1] Einen anderen Urfall gibt es in Gestalt der elterlichen Teilung unter Lebenden, besonders wenn die Verteilung schon bei Lebzeiten erfolgt. S. z. B. D. 10, 2, 20, 3. Wegen letztwilliger Anordnung s. § 71 Ziff. II i. f. Vgl. Kohler, Arch. f. ziv. Prax. 91, 311, 355 ff.; Rabel, Elterliche Teilung (1907) i. d. Festschr. z. 49. Vers. d. deutsch. Phil.; Mitteis, Papyrusk. II 244.

[2] Sie datiert wahrscheinlich aus Zeiten, da es noch keine eigentliche Testamentserrichtung gab. Das römische Privattestament war ursprünglich auch ein Vertrag mit dem familiae emptor (§ 65 II), ähnlich wie in Deutschland die Veräußerung an den Salmann. In Rom verlor sich der Vertragscharakter der testamentarischen Zuwendung. Für die donatio mortis causa blieb daneben ein Bedürfnis.

macht ist, sei es ausdrücklich, oder stillschweigend im Hinblick auf eine bestimmte Lebensgefahr, einen Kampf oder eine Krankheit. Dies kann im Sinne einer aufschiebenden oder einer auflösenden Bedingung gemeint sein. Im letzteren Falle ist das Eigentum sofort übertragen, die Zuwendung soll aber als nicht erfolgt gelten, wenn der Beschenkte stirbt, oder die Gefahr überstanden wird.

Mit Rücksicht auf diese Eigenart ist die Schenkung von Todeswegen von den die Schenkung beschränkenden Vorschriften[3], namentlich vom Verbote unter Ehegatten ausgenommen. Anderseits sind zahlreiche Bestimmungen der Vermächtnisse auf sie angewendet[4]. So sind diese Schenkungen auch im Betrag über 500 solidi von gerichtlicher Insinuation befreit und können in Kodizillarform (also vor fünf Zeugen) errichtet werden. Ferner kommen die Einschränkungen der lex Furia, der lex Voconia und lex Falcidia für Vermächtnisse dem Erben auch gegenüber diesen Schenkungen zugute. Dieselben kommen eben wirtschaftlich mit den Vermächtnissen überein und mindern de facto den Nachlaß.

Wird die Schenkung von Todeswegen durch Überleben des Schenkers hinfällig, so ist die suspendierte Vergabung wirkungslos und findet nicht statt. War die Zuwendung schon erfolgt, so hat der Schenker eine condictio auf Rückleistung ob causam non secutam (§ 43 V) oder eine dingliche Klage.

Unser heutiges Recht unterscheidet: Ist die Schenkung von Todeswegen bei Lebzeiten des Schenkers durch Leistung des Geschenkten schon vollzogen, so gilt Schenkungsrecht. Ist unter der Bedingung des Überlebens nur versprochen, so gilt das Recht der Verfügungen von Todeswegen, also heutzutage der Erbverträge (Vermächtnisverträge). § 2301 BGB.

§ 76.

VII. Vakanz des Nachlasses und Ereption*.

I. Daß der Nachlaß keinen Erben fand, hatte man ursprünglich durch Zulassung der usucapio pro herede, auch durch Entwicklung der bonorum possessio abzuwenden ver-

[3] Auch zufolge ihres Charakters schon von denen der lex Cincia.
[4] So vor Justinian auch die Kaduzitätsvorschriften
* Partsch-Lenel, Zum sog. Gnomon des Idios Logos (1920).

sucht (§ 68). Zu Ende der Republik gab das prätorische Edikt den Gläubigern die Möglichkeit, Einweisung in den erblosen Nachlaß zu erlangen, um sich durch Verkauf desselben zu befriedigen (missio in bona mit daran anschließender bonorum venditio). Nachlaßkonkurs. Abgesehen davon wurde seit dem Julischen Ehegesetz[1] ein erbloser Nachlaß als caducum dem aerarium, später dem Fiskus (§ 51) überwiesen[2]. Wenn der Fiskus sich die Erbschaft aneignet, muß er die Schulden und Vermächtnisse auszahlen. Stellt sich die Überschuldung heraus, so werden die Gläubiger noch nachträglich in den Nachlaß eingewiesen[3].

Gewisse Korporationen und Anstalten gehen dem Fiskus vor: so das Regiment, die städtischen Kurien, die Kirche bezüglich der vakanten Nachlässe ihrer Angehörigen und Angestellten.

II. Eine Ereption[4] der Erbschaft oder eines Vermächtnisses findet in gewissen Fällen wegen Unwürdigkeit des Empfängers statt, z. B. wenn er den Erblasser getötet oder sein Testament grundlos als falsch oder inoffiziös angegriffen hat[5]. Viele Indignitätsgründe hatten einen stark fiskalischen Beigeschmack. Die Indignität hebt weder die Delation, noch die Annahme der Erbschaft auf. Der indignus hat das ihm Zugewiesene gültig erworben. Darum haben die nach ihm Berechtigten darauf keinen Anspruch[6]. Dem Unwürdigen wird das Erworbene entrissen. Die bona ereptoria fallen an den Fiskus, der die Schulden und Vermächtnisse ausbezahlt. In einigen Fällen wird das Entrissene anderen Personen zugewiesen.

[1] S. o. § 58 N. 17—19 u. § 70 N. 14.
[2] Seine vindicatio bonorum verjährt in 4 Jahren.
[3] Nach § 1936 BGB. ist der Staat gesetzlicher Erbe an letzter Stelle und belastet sich als solcher selbst mit der Liquidation des Nachlasses rep. läßt den Konkurs einleiten. Er haftet nur bis zum Belaufe der Erbschaft.
[4] Leonhard i. Pauly-Wiss. s. v. bona ereptoria.
[5] S. C. 9, 22, 6; D. 5, 2, 8, 14.
[6] Gerade an diese fällt das dem Unwürdigen Entrissene nach § 2344 BGB.

Register.

Die Zahlen bezeichnen die Seiten (eingeklammerte die Noten).

FSC
www.fsc.org
MIX
Papier | Fördert
gute Waldnutzung
FSC® C083411

Kolibri 360 GmbH
Ferdinand-Jühlke-Straße 7
99095 Erfurt, Deutschland
produktsicherheit@kolibri360.de